Begleitung von Flüchtlingen mit traumatischen Erfahrungen

Ulrike Imm-Bazlen
Anne-Kathrin Schmieg

Begleitung von Flüchtlingen mit traumatischen Erfahrungen

Ulrike Imm-Bazlen
Untermünkheim
Deutschland

Anne-Kathrin Schmieg
Bad Mergentheim
Deutschland

ISBN 978-3-662-49560-5   ISBN 978-3-662-49561-2   (ebook)
DOI 10.1007/978-3-662-49561-2

Die Deutsche Nationalbibliothek verzeichnet diese Publikation in der Deutschen Nationalbibliografie; detaillierte bibliografische Daten sind im Internet über http://dnb.d-nb.de abrufbar.

Springer
© Springer-Verlag Berlin Heidelberg 2017
Das Werk einschließlich aller seiner Teile ist urheberrechtlich geschützt. Jede Verwertung, die nicht ausdrücklich vom Urheberrechtsgesetz zugelassen ist, bedarf der vorherigen Zustimmung des Verlags. Das gilt insbesondere für Vervielfältigungen, Bearbeitungen, Übersetzungen, Mikroverfilmungen und die Einspeicherung und Verarbeitung in elektronischen Systemen.
Die Wiedergabe von Gebrauchsnamen, Handelsnamen, Warenbezeichnungen usw. in diesem Werk berechtigt auch ohne besondere Kennzeichnung nicht zu der Annahme, dass solche Namen im Sinne der Warenzeichen- und Markenschutz-Gesetzgebung als frei zu betrachten wären und daher von jedermann benutzt werden dürften.
Der Verlag, die Autoren und die Herausgeber gehen davon aus, dass die Angaben und Informationen in diesem Werk zum Zeitpunkt der Veröffentlichung vollständig und korrekt sind. Weder der Verlag, noch die Autoren oder die Herausgeber übernehmen, ausdrücklich oder implizit, Gewähr für den Inhalt des Werkes, etwaige Fehler oder Äußerungen.

Planung: Marion Krämer
Einbandabbildung: © Daniel Ernst, Fotolia

Gedruckt auf säurefreiem und chlorfrei gebleichtem Papier

Springer ist Teil von Springer Nature
Die eingetragene Gesellschaft ist Springer-Verlag GmbH Berlin Heidelberg

Geleitwort

Der Raum Passau wurde im Verlauf des Jahres 2015 zu einem Hauptzugang der Flüchtlinge über die sogenannte Balkanroute. Die hier gewonnenen Erfahrungen der haupt- und ehrenamtlichen Helferinnen und Helfer fließen in das vorliegende Buch mit ein.

Die Autorin Frau Anne-Kathrin Schmieg leitet im Auftrag des Kreiscaritasverbands Passau-Land die Einrichtungen für unbegleitete minderjährige Flüchtlinge im Landkreis Passau. Mit großer Fachkompetenz und Wertschätzung hinsichtlich der betreuten Jugendlichen wird diese anspruchsvolle Aufgabe bewältigt. Gerade im Bereich der Traumabegleitung leistet dieses Werk wertvolle Dienste für die Flüchtlingsarbeit. Daher danke ich ebenfalls der Erstautorin Ulrike Imm-Bazlen, die seit Jahren als Systemische Therapeutin sowie christlich orientierte Traumabegleiterin tätig ist.

Vor uns liegt die Herausforderung der gesellschaftlichen Integration zahlreicher Migranten, die auf Dauer bei uns bleiben wollen. Dazu benötigen wir auch Erkenntnisse, wie sie in diesem Buch beschrieben werden, damit wir Sicherheit im Umgang mit traumatisierten Menschen gewinnen und ihnen gezielt helfen können.

Papst Franziskus hat 2015 ein außerordentliches Heiliges Jahr der Barmherzigkeit ausgerufen. „Ich war fremd und obdachlos und ihr habt mich aufgenommen" (Mt. 25,35), heißt es in der Bibel bei den Werken der Barmherzigkeit. Diese Botschaft ist bei zahlreichen Männern und Frauen angekommen, die sich in der Flüchtlingshilfe engagieren.

Ich wünsche dem Buch eine weite Verbreitung, damit es zum segensreichen Wirken der Kirche und der Gesellschaft im Dienst an den Flüchtlingen beitragen kann.

Monsignore Dr. Michael Bär, Dompropst, Bischöflicher Beauftragter für die Caritas im Bistum Passau

Warum ist dieses Buch so wichtig und lesenswert?

Ein Rückblick: Der Landkreis Passau mit seinen 187.000 Einwohnern liegt im südöstlichsten Teil von Deutschland und grenzt an die Staatsgrenze zu Österreich. Im Jahr 2014 wurden durch die Bundespolizei an diesen Grenzen etwa 200 unbegleitete minderjährige Flüchtlinge aufgegriffen und dem Kreisjugendamt zur Inobhutnahme zugeführt. Seitens der Bundes- und Landespolitik ging man davon aus, dass sich diese Zahl im Jahr 2015 durchaus verdreifachen kann.

Tatsächlich wurden dem Kreisjugendamt im Jahr 2015 durch die Bundespolizei etwa 3700 unbegleitete minderjährige Flüchtlinge zur Inobhutnahme übergeben. Deutschlandweit sind im Jahr 2015 rund 60.000 unbegleitete minderjährige Flüchtlinge ohne Eltern angekommen; etwa die Hälfte davon in Bayern. Bei 600 Jugendämtern in Deutschland wäre statistisch gesehen jedes Jugendamt auf 100 Inobhutnahmen gekommen. Dies zeigt die enorme Belastung des Kreisjugendamtes Passau bei ca. 3700 Aufgriffen im Jahr 2015.

Im Frühsommer 2015 hat der Caritasverband für den Landkreis Passau e.V. in enger Absprache mit dem Kreisjugendamt die Trägerschaft für eine Erstversorgungseinrichtung für junge Flüchtlinge im Landkreis Passau übernommen. In der Folgezeit entstand zwischen beiden Partnern eine sehr intensive Kooperation.

Das Buch ist infolge dieser Zusammenarbeit, der Herausforderungen in der Flüchtlingsarbeit und der daraus resultierenden Erfahrungen entstanden und bindet den Leser[1] nachvollziehbar

---

1 Im Interesse einer besseren Lesbarkeit wird nicht ausdrücklich in geschlechtsspezifischen Personenbezeichnungen differenziert. Die gewählte männliche Form schließt eine adäquate weibliche Form gleichberechtigt ein.

in die Arbeit mit unbegleiteten minderjährigen wie auch erwachsenen Flüchtlingen ein. Es stellt konkrete Situationen dar und zeigt Ansätze und Lösungsmöglichkeiten in der täglichen Flüchtlingsarbeit auf.

Die verständliche Sprache, mit der Erlebnisse und Problemlagen der jungen Flüchtlinge dargestellt werden, gibt sowohl den Ehrenamtlichen als auch den Hauptamtlichen viele Einblicke in deren Kultur. Gerade für Mitarbeiter in den Flüchtlingseinrichtungen ist es wichtig, sich selbst und ihre Arbeit zu reflektieren und Methoden an die Hand zu bekommen, mit denen sie auch traumatisierten Flüchtlingen Hilfe und Unterstützung anbieten können, den neuen Lebensabschnitt mit mehr Stabilität, Sicherheit und Offenheit anzugehen.

Im Raum Passau kamen und kommen nach wie vor viele Flüchtlinge an, sodass im Bereich der Flüchtlingsarbeit bereits viele Erfahrungen gesammelt werden konnten. Das vorliegende Buch der Autorinnen Ulrike Imm-Bazlen und Anne-Kathrin Schmieg ist deshalb für die Leser eine gelungene Hilfestellung und Ermutigung, die Flüchtlinge mit traumatischen Erfahrungen zu begleiten und sich selbst weiterzuentwickeln.

Mit Blick auf die vielen Flüchtlinge in Deutschland wäre es wünschenswert, wenn viele ehrenamtliche und hauptamtliche Helfer dieses Fachbuch lesen würden, um den traumatisierten Schutzsuchenden eine bestmögliche Begleitung anbieten zu können.

Franz Prügl, Leiter des Kreisjugendamtes Passau

Vorwort

Gehören Sie zu den Menschen, die am Überlegen sind, ob sie sich in die ehrenamtliche oder berufliche Arbeit mit Flüchtlingen einlassen sollen, aber unsicher sind, ob das etwas für Sie ist? Viele Menschen berichten uns von ihren Unsicherheiten. Unsicherheiten im Hinblick auf die Menschen aus anderen Kulturen. Unsicherheiten aufgrund der zum Teil unklaren Rechtslage. Unsicherheit im Hinblick auf das, was vermeintlich mit einem Trauma verbunden ist. Hier kursieren viele Meinungen und Geschichten. Diesen Unsicherheiten möchten wir Fakten und Informationen gegenüberstellen. Vor allem aber möchten wir Ihnen Mut machen, sich auf die Begleitung von traumatisierten Flüchtlingen einzulassen, geht es hier um die Begegnung von Mensch zu Mensch. Und genau darauf geht das Buch ausführlich ein. Es möchte Ihnen Rüstzeug für Ihre Arbeit mit traumatisierten Flüchtlingen geben. Sollten Sie dabei feststellen, dass etwas im Buch fehlt, von dem Sie erwartet hätten, dass es Inhalt sei, oder dass etwas besonders hilfreich war, würden wir uns über eine Rückmeldung von Ihnen freuen, ebenso über Anregungen und Kritik. Zusätzlich können Sie das Buch auch für Ihre persönliche Weiterbildung nutzen. Somit ist es ein Buch für alle, die noch in den Vorbereitungen stecken, aber auch für alle, die bereits in der Begleitung traumatisierter Flüchtlinge tätig sind. Wir wünschen Ihnen viel Weisheit, Kraft und Mut.

Ulrike Imm-Bazlen,
imm-bazlen@warteschleife-sha.de
www.warteschleife-sha.de

Anne-Kathrin Schmieg,
info@systemisch-pädagogisch.de
www.systemisch-pädagogisch.de

Danksagung

Die Arbeit an diesem Buch war für uns ein großes Abenteuer. Zuerst war es nur eine vage Idee, als wir nach einer Fortbildung abends froh und erschöpft auf dem Sofa saßen und ein Glas Wein genossen. Aus dieser vagen Idee wurde Ernst. Und dann begann ein Wettlauf mit der Zeit, wollten wir das Buch so schnell wie möglich erscheinen lassen, um es Ihnen und allen anderen (potenziellen) Mitarbeitern in Flüchtlingseinrichtungen zur Verfügung stellen zu können. Es sollte ein gut lesbares und gleichzeitig wissenschaftlich fundiertes Buch werden. Ob uns das gelungen ist, entscheiden Sie.

Viele Menschen haben uns bei der Arbeit an diesem Buch unterstützt. So danken wir

- Herrn Prof. Dr. Joachim Bauer, dessen Bücher für mich, Ulrike Imm-Bazlen, oft wie eine Offenbarung waren, indem sie mein inneres Wissen wissenschaftlich untermauerten,
- Herrn Dr. Karl Heinz Brisch, dessen Fortbildung „Bindungspsychotherapie" mir, Ulrike Imm-Bazlen, neben seinen Büchern in vielen Dingen die Augen geöffnet hat,
- Herrn Prof. Dr. Gerhard Roth,
- Frau Ursula Roderus und
- Frau Petra Haubner

für ihre Offenheit bei Fragen und ihre partielle Unterstützung. Ebenso danken wir den verschiedenen Verlagen, die uns ihr Bildmaterial zur Verfügung gestellt haben, und den Mitarbeitern in den Einrichtungen der Caritas im Landkreis Passau für das Prüfen von Texten und Methoden auf ihre Alltagstauglichkeit in Flüchtlingseinrichtungen hin. Auch möchten wir uns für die vielen wertvollen und bereichernden Gespräche bei den Fortbildungen und im Alltag bedanken.

Ein ganz besonderer Dank gilt unseren Ehemännern. Ich, Ulrike Imm-Bazlen, danke meinem Mann Dieter von ganzem Herzen. Er hat mich immer wieder ermutigt und mich auch ganz praktisch im Haushalt unterstützt. Und er musste auf gemeinsame Zeit mit mir verzichten – was auch auf unseren Hund Banjo zutrifft. Ich verspreche: Ab jetzt habe ich wieder mehr Zeit.

Ich, Anne-Kathrin Schmieg, danke meinem Mann Ralph für seine kluge, weise und liebevolle Art, mich zu unterstützen und mir bei den vielfältigen Herausforderungen zur Seite zu stehen. Ich gelobe: Ich werde auch wieder öfter kochen.

Inhaltsverzeichnis

I A Traumatisierte Flüchtlinge verstehen

1 Hintergrundwissen – Zahlen und Fakten 3
Anne-Kathrin Schmieg
1.1 **Flüchtlinge in Deutschland** 4
1.1.1 Anzahl der Flüchtlinge in Deutschland 4
1.1.2 Unbegleitete minderjährige Flüchtlinge, erwachsene Flüchtlinge und Asylbewerber in Deutschland 4
1.1.3 Einreise in Deutschland 7
1.1.4 Sicherung und Feststellung der Identität 8
1.2 **Gründe der Flucht, Fluchtwege und Fluchterlebnisse** 10
1.2.1 Gründe der Flucht 10
1.2.2 Fluchtwege 10
1.2.3 Fluchterlebnisse 11
1.3 **Herausforderungen in der täglichen Flüchtlingsarbeit** 11
1.3.1 Verschiedene Nationalitäten und ihre Kulturen 11
1.3.2 Unterschiedliche Altersklassen 21
1.3.3 Sprachbarrieren 21
1.3.4 Unterbringungen 22
1.3.5 Sorgen und Nöte der Flüchtlinge 23
Literatur 23

2 Asylrecht 25
Anne-Kathrin Schmieg
2.1 **Grundlagen des Asylrechts** 26
2.1.1 Grundgesetz der Bundesrepublik Deutschland 26
2.1.2 Asylgesetz 26
2.1.3 Asylverfahrensbeschleunigungsgesetz 27
2.1.4 Genfer Flüchtlingskonvention 27
2.1.5 UN-Kinderrechtskonvention 27
2.2 **Asylverfahren** 28
2.2.1 Asylantrag 28
2.2.2 Aufenthaltsgestattung während der Prüfung des Asylantrags 29
2.2.3 Prüfung des Asylantrags 29
2.2.4 Entscheidung über den Asylantrag 31
2.2.5 Rechtsmittel gegen den Asylbescheid 32
2.3 **Informationsveranstaltungen** 32
2.3.1 Informationsveranstaltungen durch Professionelle 32
2.3.2 Informationsveranstaltungen von Flüchtlingen für Flüchtlinge 32
Literatur 33

3 Trauma und Traumafolgestörungen 35
Ulrike Imm-Bazlen
3.1 **Was ist ein Trauma?** 36

3.1.1	Situationsfaktoren und Traumaklassifikationen	36
3.1.2	Individuelle Bewältigungsmöglichkeiten	37
3.2	**Wie entsteht ein Trauma?**	52
3.2.1	Stressreaktionen	53
3.2.2	Traumareaktionenen	54
3.3	**Wie erkenne ich ein Trauma bzw. eine Traumafolgestörung?**	69
3.3.1	Symptome der posttraumatischen Belastungsreaktion	70
3.3.2	Symptome der posttraumatischen Belastungsstörung	70
3.3.3	Symptome der dissoziativen Identitätsstörung	74
3.4	**Soforthilfe bei einem Traumaereignis**	74
	Literatur	74

II Traumatisierten Flüchtlingen begegnen

4 Traumatherapie, Traumabegleitung und Traumapädagogik ... 79
Ulrike Imm-Bazlen
Literatur ... 82

5 Bindungssicherheit und Vertrauen aufbauen ... 83
Ulrike Imm-Bazlen

5.1	**Kontinuität**	85
5.1.1	Kontinuität bei den Bezugspersonen	85
5.1.2	Kontinuität im Verhalten der Mitarbeiter	86
5.2	**Bedingungslose Annahme**	88
5.2.1	Werkzeuge für die nonverbale Vermittlung von Annahme	89
5.2.2	Strukturelle Voraussetzung für die Anwendung der Werkzeuge	97
5.3	**Feinfühligkeit**	97
5.3.1	Rasche Wahrnehmung, prompte Reaktion	98
5.3.2	Interpretation der Beziehungssignale und dialogische Kommunikation	99
5.4	**Selbstwirksamkeit**	104
5.5	**Wahrung der Grenzen**	106
	Literatur	107

6 Stabilisieren ... 111
Ulrike Imm-Bazlen

6.1	**Autonomie gewinnen**	113
6.1.1	Selbstvertrauen aufbauen	113
6.1.2	Selbstwert stärken	116
6.1.3	Selbstannahme erlernen	120
6.1.4	Selbstverantwortung tragen	121
6.2	**Sich selbst erkennen**	127
6.2.1	Achtsamkeit	127
6.2.2	Zeit der Stille	133
6.2.3	Ressourcenorientierung	135
6.2.4	Innere Bilder	155
6.2.5	Psychoedukation	159

6.3	**Selbstfürsorge erlernen**	160
6.3.1	Wertschätzender Umgang mit Gefühlen	161
6.3.2	Wertschätzender Umgang mit Gedanken	170
6.3.3	Wertschätzender Umgang mit Bedürfnissen	172
	Literatur	179

7	**Sicherheit erreichen**	183
	Ulrike Imm-Bazlen	
	Anne-Kathrin Schmieg	
7.1	Erfüllung der Grundbedürfnisse als Basis des Sich-sicher-Fühlens	184
7.1.1	Physiologische Grundbedürfnisse	184
7.1.2	Bedürfnis nach Bindung und Zugehörigkeit	187
7.1.3	Bedürfnis nach Exploration und Selbstwirksamkeit	193
7.1.4	Bedürfnis nach sensorisch-sexueller Stimulation	204
7.1.5	Bedürfnis nach Vermeidung von negativen Stimuli	207
7.1.6	Bedürfnis nach Sinn	208
7.2	**Rahmenbedingungen als Basis des Sich-sicher-Fühlens**	211
7.2.1	Bezugsbetreuersystem	211
7.2.2	Mentorensystem	216
7.2.3	Tagesstruktur	219
7.2.4	Geregelter Schlaf-Wach-Rhythmus	223
7.2.5	Grundversorgung mit Nahrung	225
7.2.6	Gesundheitsförderung	227
7.2.7	Räumliche Ausstattung	231
7.2.8	Informationsmanagement	232
	Literatur	234

III Traumatisierte Flüchtlinge begleiten – ja oder nein?

8	**Motivationsaspekte für die Arbeit mit traumatisierten Flüchtlingen**	239
	Anne-Kathrin Schmieg	
8.1	Motivationsaspekt 1: Seien Sie mutig und fangen Sie an	240
8.2	Motivationsaspekt 2: Wenn etwas nicht mehr heil ist, geht es nicht mehr kaputt	241
8.3	Motivationsaspekt 3: Ohne Entwicklung geht es fast nicht	241
8.4	Motivationsaspekt 4: Ihre Ideen sind wichtig	242
8.5	Motivationsaspekt 5: Führen Sie Regie	242
8.6	Motivationsaspekt 6: Nutzen Sie Ihre Fähigkeiten	243
8.7	Motivationsaspekt 7: Es ist wie es ist	243
8.8	Motivationsaspekt 8: Motivation ist nicht von anderen Menschen abhängig	243
8.9	Motivationsaspekt 9: Ermöglichen Sie Zukunftsperspektiven	245
8.10	Motivationsaspekt 10: Sie ganz persönlich sind gefragt	245
	Literatur	246

	Serviceteil	247
	Stichwortverzeichnis	248

A Traumatisierte Flüchtlinge verstehen

Kapitel 1   Hintergrundwissen – Zahlen und Fakten – 3
              Anne-Kathrin Schmieg

Kapitel 2   **Asylrecht – 25**
              Anne-Kathrin Schmieg

Kapitel 3   **Trauma und Traumafolgestörungen – 35**
              Ulrike Imm-Bazlen

Hintergrundwissen – Zahlen und Fakten

Anne-Kathrin Schmieg

1.1	**Flüchtlinge in Deutschland – 4**	
1.1.1	Anzahl der Flüchtlinge in Deutschland – 4	
1.1.2	Unbegleitete minderjährige Flüchtlinge, erwachsene Flüchtlinge und Asylbewerber in Deutschland – 4	
1.1.3	Einreise in Deutschland – 7	
1.1.4	Sicherung und Feststellung der Identität – 8	
1.2	**Gründe der Flucht, Fluchtwege und Fluchterlebnisse – 10**	
1.2.1	Gründe der Flucht – 10	
1.2.2	Fluchtwege – 10	
1.2.3	Fluchterlebnisse – 11	
1.3	**Herausforderungen in der täglichen Flüchtlingsarbeit – 11**	
1.3.1	Verschiedene Nationalitäten und ihre Kulturen – 11	
1.3.2	Unterschiedliche Altersklassen – 21	
1.3.3	Sprachbarrieren – 21	
1.3.4	Unterbringungen – 22	
1.3.5	Sorgen und Nöte der Flüchtlinge – 23	
	Literatur – 23	

© Springer-Verlag Berlin Heidelberg 2017
U. Imm-Bazlen, A.-K. Schmieg, *Begleitung von Flüchtlingen mit traumatischen Erfahrungen*,
DOI 10.1007/978-3-662-49561-2_1

1.1 Flüchtlinge in Deutschland

1.1.1 Anzahl der Flüchtlinge in Deutschland

Viele Menschen sind auf der Flucht. Das zeigen die Medien seit geraumer Zeit sehr deutlich. Aber um wie viele Menschen geht es genau?

Die Statistiken der letzten Jahre zeigen eine deutliche Zunahme der Flüchtlingszahlen. So waren laut einer Schätzung der Vereinten Nationen (UNHCR 2015)

- im Jahr 2013 weltweit 51,2 Millionen,
- im Jahr 2014 weltweit 59,5 Millionen,
- im Jahr 2015 weltweit über 60 Millionen

Menschen auf der Flucht.

Die steigenden Flüchtlingszahlen gehen vor allem auf den 2011 ausgebrochenen Krieg in Syrien zurück sowie auf etwa 15 neue Konflikte in den letzten fünf Jahren vor allem in Afrika, im Nahen Osten, in Asien und in Europa (Ukraine). Zudem gibt es eine andauernde Instabilität in Afghanistan und Somalia (vgl. UNHCR 2015). Der UN-Flüchtlingskommissar António Guterres sagte: „Wir werden aktuell Zeugen eines Paradigmenwechsels. Wir geraten in eine Epoche, in der das Ausmaß der globalen Flucht und Vertreibung sowie die zu deren Bewältigung notwendigen Reaktionen alles davor Gewesene in den Schatten stellen" (UNHCR 2015).

Von den steigenden Flüchtlingszahlen ist auch Deutschland betroffen. Im Jahr 2014 wurden insgesamt 202.834 Asylanträge gestellt, darunter 173.072 Erstanträge. Im Jahr 2015 wurden insgesamt 476.649 Asylanträge eingereicht, darunter 441.899 Erstanträge (vgl. BAMF 2016b, S. 4). Das heißt, die Antragszahlen haben sich im Jahr 2015 im Vergleich zum Vorjahr um über 130 Prozent erhöht. Bedenkt man, dass über eine Million Flüchtlinge im Jahr 2015 eingereist sind, fehlen noch etwa 500.000 Anträge. Für das Bundesamt für Migration und Flüchtlinge (BAMF), das die Asylanträge bearbeitet, stellt das eine große Herausforderung dar. Um ihr gerecht werden zu können, ist das Bundesamt kontinuierlich dabei, neue Stellen zu schaffen (2014: 300 und 2015: 1000 neue Stellen), um dem Verwaltungsaufwand und der damit verbundenen Organisation nachkommen zu können (vgl. BAMF 2015a, b).

Hinsichtlich der Bundesländer haben vor allem Bayern mit 67.639, Nordrhein-Westfalen mit 66.758 und Baden-Württemberg mit 57.578 Asylanträgen die meisten Asylanträge im Jahr 2015 erhalten (vgl. BAMF 2016b, S. 7). Jedes Jahr werden die Quoten anhand der Steuereinnahmen und der Bevölkerungszahl der Länder errechnet (vgl. Hirseland 2015, S. 23; ◘ Tab. 1.1). Nach bisherigen Informationen ändern sich die Aufnahmequoten von 2015 im Jahr 2016 nicht.

Etwa 33 Prozent der Antragsteller sind im mittleren Alter zwischen 25 und 40 Jahren (vgl. BAMF 2016b, S. 7), und etwa 11 Prozent sind älter als 40 Jahre. Etwa 56 Prozent der Asylanträge werden von jungen Menschen unter 25 Jahren gestellt, darunter zahlreichen unbegleiteten minderjährigen Flüchtlingen. Auch ihre Zahl ist im Jahr 2015 im Vergleich zu den Vorjahren stark gestiegen (◘ Tab. 1.2).

1.1.2 Unbegleitete minderjährige Flüchtlinge, erwachsene Flüchtlinge und Asylbewerber in Deutschland

Bei den Flüchtlingen werden unbegleitete minderjährige sowie erwachsene Flüchtlinge unterschieden. Das hat insbesondere juristische Hintergründe.

Tab. 1.1 Aufnahme- bzw. Verteilungsquoten der Bundesländer 2016 („Königsteiner Schlüssel"). (BAMF 2016a)

Bundesland	Quote
Baden-Württemberg	12,86456 %
Bayern	15,51873 %
Berlin	5,04927 %
Brandenburg	3,08092 %
Bremen	0,94097 %
Hamburg	2,52968 %
Hessen	7,35890 %
Mecklenburg-Vorpommern	2,02906 %
Niedersachsen	9,32104 %
Nordrhein-Westfalen	21,21010 %
Rheinland-Pfalz	4,83710 %
Saarland	1,22173 %
Sachsen	5,08386 %
Sachsen-Anhalt	2,83068 %
Schleswig-Holstein	3,40337 %
Thüringen	2,72451 %

1.1.2.1 Unbegleitete minderjährige Flüchtlinge

Ein minderjähriger Flüchtling ist unter 18 Jahre alt. Die Altersspanne liegt in den Einrichtungen, die ich leite, zwischen 5 und 17 Jahren. Unbegleitet heißt, dass diese Kinder und Jugendlichen ohne Eltern bzw. ohne Sorgeberechtigten auf der Flucht sind. Entweder reisen sie alleine, mit Geschwistern oder in Gruppen. Sie kommen aus einem Nicht-EU-Land und sind somit sogenannte Drittstaatsangehörige. Die genaue Definition nach Artikel 2 (i) der am 29. April 2004 vom Rat der Europäischen Union beschlossenen Richtlinie Nr. 2004/83/EG („Qualifikationsrichtlinie") für unbegleitete Minderjährige lautet: „Drittstaatsangehörige oder Staatenlose unter 18 Jahren, die ohne Begleitung eines gesetzlich oder nach den Gepflogenheiten für sie verantwortlichen Erwachsenen in das Hoheitsgebiet eines Mitgliedstaats einreisen, solange sie sich nicht tatsächlich in die Obhut einer solchen Person genommen werden; hierzu gehören auch Minderjährige, die ohne Begleitung zurückgelassen werden, nachdem sie in das Hoheitsgebiet der Mitgliedstaaten eingereist sind" (BAMF 2009).

Vielerorts werden die Abkürzungen „umF" für unbegleitete minderjährige Flüchtlinge und „uM" für unbegleitete Minderjährige benutzt. Neuerdings gibt es auch den Begriff „umA" für unbegleitete minderjährige Ausländer (vgl. B-umF 2015, S. 1). Im behördlichen Sprachgebrauch wird zumeist „uM" oder „umA" verwendet, da der Begriff „Flüchtling" rechtlich nicht immer ganz korrekt ist. So müssen nicht alle in Deutschland eingereisten Minderjährige der oben genannten Definition nach Flüchtlinge sein. Sie können zum Beispiel auch aus ökonomischen Gründen von ihren Eltern losgeschickt worden (vgl. BAMF 2009, S. 14) oder aufgrund von Zuständen, die sie als unerträglich empfunden haben, selbst gegangen sein. Ob ein Flüchtling – erwachsen oder minderjährig – ein rechtlich anerkannter Flüchtling ist, muss erst

Tab. 1.2 Jährliche Aufnahmezahlen unbegleiteter minderjähriger Flüchtlinge

Jahr	Aufnahmezahlen
2003–2008	76–174/Jahr
2013	5605
2014	10.400
2015	etwa 60.000

festgestellt werden. In diesem Buch steht der Begriff „Flüchtling" synonym für alle Menschen, die geflohen sind.

1.1.2.2 Erwachsene Flüchtlinge

Bei erwachsenen Flüchtlingen handelt es sich um volljährige Flüchtlinge. Ein Flüchtling ist laut § 3 Abs. 1 AsylG (früher Asylverfahrensgesetz, heute Asylgesetz; ▶ Kap. 2) ein Mensch aus dem nichteuropäischen Ausland, der sich aufgrund seiner

- Rasse,
- Nationalität,
- politischen Überzeugung,
- Religion und/oder
- Zugehörigkeit zu einer sozialen Gruppe

in seinem Heimatland nicht mehr aufhalten kann, weil sein Leben dort in Gefahr ist. Die Gefahr kann vom Staat oder auch von Organisationen ausgehen. Dabei kann es sich um

- psychische und physische Gewalt,
- Handlungen, die gegen Kinder oder bestimmte Geschlechter gerichtet sind,
- benachteiligende Strafverfolgung oder
- Bestrafung

handeln (vgl. BAMF 2014c).

Ein Migrant, der aus wirtschaftlichen Gründen einwandert, ist demnach kein Flüchtling.

1.1.2.3 Asylbewerber

Ein Flüchtling (s. oben) wird zum Asylbewerber, sobald er nach § 47 Abs. 1 AsylVfG einen Antrag auf Asyl gestellt hat. Eine Asylberechtigung besteht nicht, wenn die Einreise über sogenannte sichere Drittstaaten erfolgt ist. Sichere Drittstaaten sind die Mitgliedstaaten der Europäischen Union sowie die Schweiz und Norwegen (vgl. BAMF 2014b, S. 20).

Das Asylgesetz verpflichtet die Bundesländer gemäß § 44 AsylG zu einer Sicherstellung der Unterbringung von Asylbewerbern. Sie verbleiben in der Regel drei bis sechs Monate in der zentralen Erstaufnahme. Dies ist bundesrechtlich geregelt.

Dauert das Asylverfahren an, werden die Asylbewerber meist in eine sogenannte Anschlussunterbringung verlegt. Diese wird vom jeweiligen Bundesland gestellt. Es gibt zentrale Anschlussunterbringungen, auch Gemeinschaftsunterkünfte (GU) genannt, sowie dezentrale Unterbringungen, beispielsweise in Wohnungen. Für Flüchtlinge mit einem gesonderten Schutzbedürfnis gibt es ähnlich wie bei unbegleiteten minderjährigen Flüchtlingen vereinzelt Sonderunterbringungen, zum Beispiel für Frauen (vgl. BAMF 2013, S. 12 f.).

1.1.3 Einreise in Deutschland

Die Einreise von Flüchtlingen nach Deutschland erfolgt auf unterschiedlichen Wegen: mit dem Flugzeug, dem Zug, mit Bussen und PKWs oder zu Fuß.

1.1.3.1 Unerlaubte Einreise

Für die Asylantragstellung würde kein Flüchtling ein Visum zur Einreise bekommen. Daher müssen sie unerlaubt einreisen. Von einer unerlaubten Einreise spricht man, wenn Flüchtlinge in Deutschland ohne Visum einreisen und von der Bundespolizei aufgegriffen werden (vgl. BAMF 2009, S. 23, 26). Das ist zum Beispiel der Fall, wenn Flüchtlinge mithilfe von Schleusern illegal über die Grenze gebracht wurden. Nach der Genfer Flüchtlingskonvention (▶ Abschn. 2.1.4) § 31 ist die Einreise allerdings nicht mehr illegal, wenn direkt ein Asylantrag im Aufnahmeland gestellt wird.

Schleusung ist übrigens kein Menschenhandel. Bei einer Schleusung willigt der Flüchtling in den „Schmuggel" ein. Sie endet in der Regel am vereinbarten Zielort, für den in der Regel eine internationale Grenze illegal überquert werden muss (vgl. Schuler 2016, S. 176). Eine Flucht ohne Schleuser halten viele Flüchtlinge für undenkbar. Die vielen Wegrouten zu Fuß durch Wälder und Berge, die Anschlusstransporte mit Autos oder Kleinbussen, all das wäre alleine für viele nicht zu schaffen.

Kommen die Flüchtlinge mithilfe von Schleusern, werden sie in der Regel grenznah oder in einer deutschen Stadt aus einem Transportwagen herausgelassen, ohne zu wissen, wo sie sich genau befinden. Oft stehen sie verloren am Straßenrand, bis Anwohner oder vorbeifahrende Autofahrer die Polizei verständigen, die sie dann abholt.

Infolge der großen Flüchtlingsströme werden die meisten Flüchtlinge direkt an den Hauptgrenzübergängen erwartet und von dort mit Bussen in eine Unterkunft gebracht. Viele Flüchtlinge reisen aber auch mit der Bahn an. An den Bahnhöfen werden sie von der Polizei übernommen und von ehrenamtlichen Helfern und Wohlfahrtsverbänden in Zelten mit dem Nötigsten versorgt. Neben dem Angebot von Essen, Trinken, Babynahrung und Kleiderspenden gibt es bis zur Weiterfahrt oft auch eine medizinische Notfallversorgung sowie die Möglichkeit, auf Feldbetten auszuruhen.

1.1.3.2 Erlaubte Einreise

1985 und 1990 hat Deutschland mit einigen Staaten ein Abkommen unterschrieben, das unter anderem die polizeiliche Zusammenarbeit, Asylfragen und auch die Einreisevorschriften regelt: das Schengener Abkommen, benannt nach dem Ort Schengen, wo es unterzeichnet wurde.

Die Staaten, die das Schengener Abkommen unterschrieben haben, sind nicht identisch mit den Mitgliedstaaten der Europäischen Union. Wenn es um die Länder geht, die dazugehören, spricht man vom Schengen-Raum. Aktuell gehören folgende Staaten dazu: Deutschland, Schweden Belgien, Dänemark, Spanien, Tschechische Republik, Estland, Finnland, Niederlande, Island Frankreich, Griechenland, Italien, Lettland, Litauen, Luxemburg, Norwegen, Österreich, Polen, Portugal, Schweiz, Slowakei, Slowenien, Malta, Ungarn und Liechtenstein.

Ein Passus des Abkommens besagt, dass sich Personen, die den Schengen-Staaten angehören, sich frei im Schengen-Raum bewegen und die Binnengrenzen ohne Personenkontrollen überqueren können. Da die Binnengrenzen dieser Länder somit nicht mehr bewacht werden müssen, können die Außengrenzen des Schengen-Raumes effizienter kontrolliert werden. Jedoch ist es den Staaten des Schengen-Abkommens erlaubt, für einen begrenzten Zeitraum wieder Kontrollen einzuführen, was einige Länder infolge des großen Flüchtlingsstromes auch nutzen.

Für alle Menschen, die nicht den Schengen-Staaten angehören, gibt es ein Schengen-Visum. Um ein Visum zu bekommen, muss man einen bestimmten Grund, zum Beispiel ein Studium oder einen Sprachkurs, angeben und nachweisen. Mit diesem Visum darf sich die Person für die Gültigkeitsdauer frei im Schengen-Raum bewegen. Ansonsten gilt: Angehörige von Mitgliedstaaten der Europäischen Union benötigen zur Einreise nach Deutschland kein Visum. Alle anderen sind visumpflichtig (vgl. Auswärtiges Amt 2013).

1.1.4 Sicherung und Feststellung der Identität

Sind die Flüchtlinge in Deutschland angekommen und mit dem Nötigsten versorgt worden, werden sie entweder zu einer sogenannten Clearingstelle der Bundespolizei gebracht zur Sicherung und Feststellung der Identität oder gleich in eine Erstunterkunft, wo sie kontrolliert und registriert werden. In welchem Bundesland sich die Erstunterkunft befindet, wird über das bundesweite Verteilungssystem „Easy" unter Berücksichtigung der Aufnahmequoten der Bundesländer (◘ Tab. 1.1) ermittelt. Bei den Clearingstellen werden Clearingstellen im Auftrag des Jugendamtes und Clearingstellen der Polizei unterschieden.

1.1.4.1 Clearingstelle und Nachsorgeeinrichtungen im Auftrag des Jugendamtes

Besteht im Rahmen der erkennungsdienstlichen Behandlung durch die Bundespolizei der Verdacht, dass es sich um einen unbegleiteten minderjährigen Flüchtling handelt, wird das Jugendamt hinzugezogen, das eine sogenannte Altersfestsetzung vornimmt. Dabei wird das Alter des Kindes oder Jugendlichen anhand verschiedener Kriterien bestimmt. Die Altersfestsetzung darf nur durch das Jugendamt erfolgen. In Zweifelsfällen darf eine medizinische Untersuchung zur Altersbestimmung auf Antrag vorgenommen werden (vgl. Efler 2014, S. 89). Medizinische Untersuchungsmethoden können laut Rechtsmediziner nur zur Altersschätzung, aber nicht zur Altersfeststellung genutzt werden. So kann das biologische Alter häufig vom chronologischen Alter abweichen, bei der Röntgenuntersuchung der Handwurzel beispielsweise bis zu vier Jahren.

Das Jugendamt hat den Auftrag, Minderjährigen beim Aufwachsen zu helfen, sie zu fördern, zu schützen, zu beraten und ihnen alle notwendigen Hilfen zu ermöglichen. Dafür nimmt es den minderjährigen Flüchtling erst einmal in vorläufige Obhut, und zwar so lange, bis geklärt ist, welches Jugendamt nach der bundesweiten Verteilung für ihn zuständig sein wird – nur im Falle von Kindeswohlgefährdungen, schweren Krankheiten und bei Familienzusammenführungen kann der unbegleitete minderjährige Flüchtling aus der bundesweiten Verteilung herausgenommen werden.

Ist der unbegleitete minderjährige Flüchtling in dem zuständigen Bundesland bzw. beim verantwortlichen Jugendamt angekommen, beginnt die Phase des Clearings, die eigentliche Inobhutnahme, die für alle Minderjährigen – unabhängig davon, ob es sich um ein deutsches und ausländisches Kind handelt – gleich aussieht.

Da das Jugendamt eine Behörde ist und meist nicht über eigene Unterbringungsmöglichkeiten verfügt, beauftragt es in der Regel einen Träger der Kinder- und Jugendhilfe damit. Zudem wird beim Familiengericht ein Vormund für den Minderjährigen bestellt. Handelt es sich um einen unbegleiteten minderjährigen Flüchtling, kann der Vormund einen Asylantrag (▶ Abschn. 2.2.1) stellen.

Was geschieht sonst noch in der Phase des Clearings? Konkret geht es darum, die für das Kind oder den Jugendlichen passende Folgeunterbringung herauszufinden. Geklärt werden dabei
- der Bildungsstatus,
- der Kompetenzstatus,
- der Gesundheitsstatus,
- der aufenthaltsrechtliche Status,
- der Familienstatus und
- ggf. der psychologische Status

des Minderjährigen.

Die Clearingphase dauert etwa sechs bis zwölf Wochen, teilweise auch bis zu sechs Monaten. In dieser Zeit wird von dem pädagogischen Betreuerteam der Einrichtung wenn möglich eine Hilfeplanung nach § 36 des Kinder- und Jugendhilfegesetzes erstellt (vgl. Efler 2014, S. 57, 105). Zudem werden in einem Abschlussbericht Empfehlungen für weitere Hilfsangebote ausgesprochen.

Am Ende der Clearingphase ist geklärt, wie es mit dem Minderjährigen weitergeht. Entweder wird er dem Personensorgeberechtigten oder einer Nachsorgeeinrichtung anvertraut. Ebenso können für das Kind Pflegeeltern gesucht werden.

Sowohl in der Clearing- als auch in der Nachsorge- bzw. Nachfolgeeinrichtung arbeiten Pädagogen, die mithilfe tagesstrukturierender Maßnahmen und einer klaren Wochenstruktur einen geregelten Alltag ermöglichen (vgl. Efler 2014, S. 31). Die Strukturen helfen den jungen Menschen anzukommen und sich sicher zu fühlen. Praktisch heißt das, dass die Jugendlichen wissen, wann der Tag beginnt, was sie am Tag erwartet und wie der Tag endet (Tagesstruktur; ▶ Abschn. 7.2.3). Vor allem der Schulbesuch stellt neben den pädagogischen Maßnahmen den zentralen Bestandteil einer Woche dar. Ein weiterer wichtiger Bestandteil ist bei Minderjährigen aus dem Ausland der Spracherwerb, da Sprache das Mittel zur Integration ist und nur wenige minderjährige unbegleitete Flüchtlinge Deutsch oder Englisch sprechen können.

> **Praxistipp**
>
> Für viele Mitarbeiter im Clearing ist es nicht einfach, wenn nach der Clearingzeit kein Kontakt mehr zum unbegleiteten minderjährigen Flüchtling besteht, da sie nach der intensiven Betreuungszeit doch gerne wissen möchten, wie es dem Jugendlichen geht. Dies gilt es, einrichtungsintern zu thematisieren und im Rahmen einer professionellen Distanz klar zu regeln.

1.1.4.2 Clearingstellen der Polizei sowie Ankunfts- und Registrierzentren

In den vereinzelten Clearingstellen der Polizei geht es um die erkennungsdienstliche Behandlung und Identitätsfeststellung von Flüchtlingen. Neben dem Anfertigen eines Passfotos werden die Fingerabdrücke elektronisch erfasst, um sie mit dem Bundeskriminalamt abgleichen zu können. Mehrfachidentitäten und Mehrfachasylanträge in anderen europäischen Staaten können so ermittelt werden. Weiteren Aufschluss über die Identität des Flüchtlings geben Befragungen mithilfe von Dolmetschern, Ausweispapiere, Urkunden und Sprachanalysen (vgl. BAMF 2014b, S. 8, 14).

Die Lokalitäten der Clearingstellen sind recht unterschiedlich. Sie können sich in Polizeidienststellen befinden oder in Hallen. Nicht zu verwechseln sind sie mit den üblichen Grenzkontrollen, die aufgrund der hohen Flüchtlingszahlen oftmals nicht an den Grenzen selbst stattfinden, sondern zum Beispiel in den Erstaufnahmeeinrichtungen. In einigen Bundesländern wurden inzwischen auch Ankunfts- bzw. Registrierzentren geschaffen. In diesen wird nicht nur die Identität der Flüchtlinge gesichert und überprüft, sondern im Schnellverfahren innerhalb einer Woche auch über den Asylantrag entschieden. Das Schnellverfahren wird vor allem Flüchtlinge aus eindeutig unsicheren wie auch aus eindeutig sicheren Herkunftsländern betreffen. Weitere zwei Wochen sind eingeplant, falls Einspruch gegen die Entscheidung erhoben wird. Geplant ist, dass innerhalb von etwa drei Wochen das Asylverfahren (▶ Abschn. 2.2) abgeschlossen ist. Mit dem Asylpaket II der Bundesregierung sollen weitere Ankunfts- und Registrierzentren entstehen.

1.2 Gründe der Flucht, Fluchtwege und Fluchterlebnisse

1.2.1 Gründe der Flucht

Gründe für eine Flucht gibt es viele. Bei Flüchtlingen aus Bürgerkriegsländern sind es zum Beispiel Gewalt, Krieg, Tod von Freunden und Angehörigen. Sie haben Angst, in ihrem Heimatland zu sterben oder in den Krieg ziehen zu müssen. Die Sehnsucht nach einem besseren, sicheren Leben treibt sie an, lange und beschwerliche Fluchtwege auf sich zu nehmen. Viele Eltern wünschen sich für ihre Kinder bessere Zukunftschancen und berufliche Bildung.

Armut, politische Verfolgung und Menschenrechtsverletzungen sind weitere Gründe für die Flucht. Oft machen sich Familien gemeinsam auf den Weg, verlieren sich unterwegs aber aus den Augen, weil zum Beispiel die Eltern inhaftiert werden oder ein Elternteil auf der Fahrt über das Mittelmeer ertrinkt. Das sind auch die Gründe dafür, warum es so viele unbegleitete minderjährige Flüchtlinge gibt.

Bei den unbegleiteten Kindern und Jugendlichen kommen als Gründe für die Flucht Zwangsrekrutierungen als Kindersoldaten, Sklaverei, Kinderarbeit und geflüchtete Eltern dazu (vgl. BAMF 2009, S. 19). Viele unbegleitete minderjährige Flüchtlinge berichten, dass sie Kriege bzw. kriegsähnliche Zustände erlebt haben und/oder Angst vor religiösen Bewegungen hatten. Oft sind sie auch Opfer von Gewalt oder Bedrohung geworden bzw. Zeugen von Bombenanschlägen, Verschleppung oder Tötung von Angehörigen. Vergleicht man begleitete minderjährige und unbegleitete minderjährige Flüchtlinge, so haben Untersuchungen gezeigt, dass die unbegleiteten minderjährigen Flüchtlinge häufiger traumatisierende Situationen erlebt haben als begleitete minderjährige Flüchtlinge (vgl. Hargasser 2015, S. 220 f.). Teilweise bringen sie Kriegsverletzungen von Bombenangriffen oder anderen Waffen mit, zum Beispiel Granatsplitter im Auge. Wenn die jungen Menschen nicht aus eigenen Beweggründen fortlaufen, dann kommt es öfter vor, dass ganze Dörfer oder Familien sparen, damit ein Angehöriger ein besseres Leben erreichen kann.

1.2.2 Fluchtwege

Je nach Herkunftsland gibt es unterschiedliche Fluchtwege. Diese sind – je nachdem, ob die Grenzen offen sind oder geschlossen – passierbar oder nicht. Während Afghanen, Syrer und Iraker hauptsächlich die Balkanroute über Griechenland, Mazedonien, Serbien, Ungarn bzw. Slowenien über Österreich nach Deutschland nutzen wollen, flüchten Menschen aus Nigeria, Eritrea und Mali vor allem über das Mittelmeer und Italien nach Deutschland.

Über die Art, wie Flüchtlinge die beschwerlichen und gefährlichen Wege passieren, gibt es vielzählige Berichte. So werden auf der Balkanroute sehr lange Wegstrecken zu Fuß bewältigt.

Wer es sich leisten kann, nutzt streckenweise einen Bus und/oder ein Schleuserauto. Bei der Route über das Mittelmeer erfolgt die Flucht mithilfe von oft völlig überfüllten und überalterten Booten. Nicht selten treiben sie tagelang auf dem Meer, ehe sie das Land erreichen oder von zum Beispiel, türkischen bzw. italienischen Booten aufgegriffen werden.

1.2.3 Fluchterlebnisse

Viele Flüchtlinge erzählen von Gewalt und Misshandlungen sowie Hunger, Durst, schwierigen Hygieneverhältnissen und mangelndem Schlaf auf der Flucht, ebenso von permanenter Unsicherheit und einer ständigen inneren Anspannung und Alarmbereitschaft. Körper und Seele befinden sich in einem Überlebensmodus, der das Leid und die Not aushalten lässt. Ebenso berichten sie von Krankheiten bei sich oder anderen und davon, wie sie Freunde begraben haben und den Tod naher Freunde und Familienangehöriger ertragen mussten. Viele Flüchtlinge mussten unterwegs auch arbeiten, um Geld für die weitere Flucht zu verdienen. Das Leben in Armut, Ausbeutung und Gewalt sowie als Mensch zweiter Klasse sind den meisten wohlvertraut (vgl. Mogk 2016, S. 45). Zudem haben ihnen Wetterbedingungen wie Kälte oder Schnee die Flucht oft zusätzlich erschwert und die Fluchtdauer verlängert. So kann sich eine Flucht über Jahre erstreckt haben.

1.3 Herausforderungen in der täglichen Flüchtlingsarbeit

Sie haben jetzt einiges über Flüchtlinge, Fluchtwege und Erlebnisse auf der Flucht gelesen. Was bedeutet das für Ihre Arbeit in Flüchtlingseinrichtungen? Wo liegen die Herausforderungen? Erfahrungsgemäß sind es die
- verschiedenen Nationalitäten und ihre Kulturen,
- unterschiedlichen Altersklassen,
- Sprachbarrieren,
- Unterbringungen,
- Sorgen und Nöte der Flüchtlinge,
- ggf. Traumatisierungen (▶ Kap. 3).

1.3.1 Verschiedene Nationalitäten und ihre Kulturen

Mit dem Begriff „Kultur" ist „ein Komplex gemeint, der überlieferte Erfahrungen, Vorstellungen und Werte sowie gesellschaftliche Ordnung und Verhaltensregeln umfasst. Es geht um die Kategorien und Regeln, mit denen die Menschen ihre Welt interpretieren und woran sie ihr Handeln ausrichten. Kultur ist zwar auf den naturgegebenen Eigenschaften des Menschen und auf den natürlichen Umweltbedingungen gegründet; der einzelne erwirbt sie aber, wächst hinein, indem man Mitglied einer Gesellschaft ist" (Pfeiffer 1994, S. 10).

Die meisten Flüchtlinge kommen aus Afghanistan, Syrien, Afrika und dem Irak. Daneben gibt es die Balkanflüchtlinge, zum Beispiel die Serben und Kosovaner. Alle bringen ihre kulturellen Prägungen (Sozialisationen) und damit Werte, Normen und Weltanschauungen mit. Aber nicht nur das. Viele alltägliche Lebensgewohnheiten sind anders, zum Beispiel das Essen, die Begrüßung oder die Geschlechterrollen.

> **Praxistipp**
>
> Die Besonderheit in der Arbeit mit traumatisierten Flüchtlingen ist neben der Traumabegleitung die Begleitung von Menschen aus anderen Kulturen. Neben der Traumakompetenz (▶ Kap. 3) bedarf es somit auch der interkulturellen Kompetenz. Dazu gehört zum Beispiel
> - das Wissen über den kulturellen Hintergrund des Gegenübers (s. unten),
> - die Reflexion über den eigenen kulturellen Hintergrund,
> - die bewusste Entscheidung, nicht den gesellschaftlichen wie auch persönlichen Klischees erliegen zu wollen,
> - das Bewusstsein der jeweiligen Werte,
> - eine gemeinsame Lösungsorientierung.
>
> Zum Thema interkulturelle Kompetenz werden sehr gute Fortbildungen angeboten. Es geht aber nicht nur um die eigene interkulturelle Kompetenz. So sehen es nicht wenige Mitarbeiter in der Flüchtlingshilfe als ihre Aufgabe an, Angebote zu schaffen, die zu einer größeren interkulturellen Kompetenz der deutschen Bevölkerung führt. Oft geschieht das in der Form, dass sie Begegnungen zwischen den unterschiedlichen Kulturen schaffen. Dabei lassen sich erfahrungsgemäß auch viele Missverständnisse klären, zum Beispiel die Frage, warum für Flüchtlinge die Handys so wichtig sind oder wie es sein kann, dass ein Flüchtling (gespendete) Markenkleidung trägt. Auf der anderen Seite erfahren Flüchtlinge vielleicht, warum Pünktlichkeit in Deutschland eine große Rolle spielt, indem sie über die Arbeitswelt in Deutschland aufgeklärt werden. So werden Vorurteile abgebaut, und das schafft Vertrauen – auf beiden Seiten.

Im Folgenden werden die kulturellen Besonderheiten der Flüchtlinge dargestellt.

1.3.1.1 Afghanen

Afghanistan ist ein Land, das zum größten Teil aus vielen Gebirgsregionen besteht, die oft schwer zugänglich sind. Afghanistan ist ein Binnenstaat Südasiens und grenzt an Turkmenistan, Usbekistan, Tadschikistan, die Volksrepublik China, Pakistan und den Iran. Seine Hauptstadt ist Kabul.

Religion und Traditionen

Religion und Tradition spielen in der afghanischen Kultur vor allem in den ländlichen Gebieten eine große Rolle. Über 99,9 Prozent sind Muslime. Davon sind über 80 Prozent Sunniten. Die Schiiten befinden sich somit in der Minderheit. Eine weitere Minderheit stellen Hindus dar.

Für Muslime ist der Koran das Wort Gottes, das Allah dem Propheten Mohammed wörtlich mitgeteilt hat. Für sie gibt es fünf grundsätzliche Pflichten:
- das Bekenntnis zu Allah als Gott und Mohammed als sein Prophet,
- das Gebet fünfmal am Tag,
- Wohltätigkeit gegenüber Mitmenschen,
- Fasten während des Ramadans,
- die Pilgerfahrt nach Mekka.

> **Islam und Psychotherapie**
>
> Für viele Muslime ist die Seele ein Teil von Allah. Deshalb glauben sie, dass die Seele nicht krank sein kann (vgl. Schwittek 2011, S. 29). Entsprechend lehnen sie oft psychotherapeutische Hilfe ab. Sie anzunehmen, würde bedeuten anzuerkennen, dass ein Teil von Allah krank ist. Und das steht im Widerspruch zu einem allmächtigen Gott.

Ethnien und Stammeszugehörigkeiten

Afghanistan besteht aus verschiedenen Völkern (Ethnien). Jedes Volk wiederum besteht aus vielen Stämmen, die bis zu einer Million Mitglieder haben können. Deshalb spricht man bei der afghanischen Gesellschaft von einer Stammesgesellschaft. Es gibt größere Völker – zum Beispiel Paschtunen, Tadschiken, Hazara und Usbeken – und viele kleine Volksgruppen wie beispielsweise die Hindus und Sikhs. Vor allem bei den Paschtunen und Turkmenen gibt es noch stark ausgeprägte Stammesstrukturen. Ein Stamm besteht aus mehreren Sippen. Eine Sippe besteht aus vielen Familien, wobei es noch mehrere Zwischenstufen gibt. Eine Frau heiratet in die Familie des Mannes ein und wechselt damit in seine Sippe und seinen Stamm. In einem Stamm wird für die Sippe gesorgt. Die Sippe wiederum sorgt für die Familien. Innerhalb eines Stammes gibt es meist einen stark ausgeprägten Konkurrenzkampf, auch wenn nach außen hin ein starkes Zusammengehörigkeitsgefühl demonstriert wird. Stamm, Sippe und Familie werden bei Bedarf mit Gewalt und Krieg verteidigt. Während sich Deutsche in weiten Teilen auf den Staat verlassen (können), haben Afghanen oft kein Vertrauen in ihren Staat und regeln ihre Angelegenheit im Rahmen ihrer Stammes- und Sippenzugehörigkeit selbst. In vielen Regionen gibt es zum Beispiel Stammesgerichte, die ihre eigenen Gesetze und Regeln haben, denen eher Folge geleistet wird als der Polizei oder dem Staat (vgl. Schwittek 2011, S. 62–79).

Die offizielle Landessprache ist mit ca. 35 Prozent Paschtu, während fast 60 Prozent Dari sprechen. Daneben gibt es noch Turksprachen wie Usbekisch und Turkmenisch sowie andere Minderheitssprachen.

Kulturspezifika

Ein wesentlicher Bestandteil der Kultur ist die Ehre. Ein Mann muss sich in einer Stammesgesellschaft immerzu beweisen und die Ehre der Familie schützen. Afghanen sind deshalb sehr auf ihre Ehre und die Ehre der Familie bedacht. Frauen und Mädchen müssen beschützt werden und vor Blicken anderer Männer sicher sein. Das ist ein Grund für die sogenannte Purdah, das Leben von Frauen in Abgeschlossenheit durch Sitten, hohe Mauern und Ganzkörperschleier. Nur in einigen Stadtteilen in Kabul sind unverschleierte Frauen zu sehen. Insofern gehören freizügig gekleidete Frauen nicht zum Kulturbild.

Traditionell gibt es eine Arbeitsteilung zwischen Mann und Frau. Eine besonders starke Rollenverteilung ist vor allem bei den Nomaden und Paschtunen vorzufinden. Die Frau kümmert sich um den Haushalt und die Kinder, der Mann beschützt seine Familie und ist für das Überleben verantwortlich. Er kümmert sich um die Felder oder geht einem Beruf nach. Auch pflegt der Mann die Außenkontakte und regelt alles außerhalb des Familienbereichs (vgl. Schwittek 2011, S. 125 ff.).

Essen und Trinken

Essen und Trinken ist von großer Bedeutung in der afghanischen Kultur. Die Frauen kochen stundenlang für ein Essen. Fastfood und andere schnell zubereitete Mahlzeiten sind kaum bekannt. Schweinefleisch ist aufgrund der Religion verboten. Zudem mögen Afghanen Tee, zum Beispiel schwarzen Tee, und stilles Wasser. Mineralwasser mit Kohlensäure ist ihnen unbekannt. Hühnchen, Rindfleisch und Basmati-Reis werden gerne gegessen. An Langkornreis müssen sie sich erst gewöhnen, da er in Afghanistan nur an Tiere verfüttert wird. So kann es sein, dass Afghanen es als Beleidigung empfinden, wenn ihnen Langkornreis angeboten wird.

Obst – vor allem Bananen und Zitrusfrüchte – sowie Gemüse – beispielsweise Tomaten, Gurken und Salate – sind sehr beliebt. Morgens wird gerne ein süßes Frühstück gegessen, während mittags und abends eine warme deftige, scharfe Mahlzeit bevorzugt wird. Süßspeisen wie Milchreis oder Grießbrei mögen Afghanen in der Regel nicht. Ein klassisches deutsches Abendessen mit Wurst, Käse und Brot ist in Afghanistan nicht üblich und nicht bekannt, es kann schon mal als Beleidigung verstanden werden.

Bildung und Gesundheit

Der Zugang zu Bildung ist in Afghanistan nicht für alle selbstverständlich. Vor allem Frauen ist er oft verwehrt. Es gibt eine hohe Analphabetenrate.

Die Gesundheitssituation der Afghanen ist unterschiedlich. Viele Flüchtlinge weisen Zahnprobleme oder chronische Erkrankungen wie zum Beispiel eine Hepatitis auf.

Rauchen wird als normal angesehen, und jemandem eine Zigarette anzubieten, gilt als (gast-)freundschaftliche Geste. Oft fangen die Kinder bereits mit etwa neun Jahren an zu rauchen.

1.3.1.2 Syrer

Syrien ist ein Staat in Vorderasien. Im Süden grenzt er an Israel und Jordanien, im Norden an die Türkei, im Osten an den Irak, im Westen an den Libanon und das Mittelmeer. Syrien ist etwa halb so groß wie Deutschland. 1963 gab es einen Staatsstreich. Seitdem regiert die Baath-Partei. Aus Demonstrationen im Jahr 2011 gegen die Regierung entwickelte sich zunehmend ein Bürgerkrieg (vgl. Auswärtiges Amt, 2015).

Ethnien und Religionen

In der syrischen Kultur wird viel Wert auf die Familie und die Religion gelegt. Die Tradition zeigt sich vor allem bei Festen und Feierlichkeiten, bei denen beispielsweise alte Tänze aus früheren Zeiten getanzt werden. Dennoch kann man nicht sagen, dass Syrien ausschließlich ein traditionell geprägtes Land ist. Es gibt zahlreiche Menschen, die man als weltlich oder als Modernisten bezeichnen könnte.

Syrien ist ein hauptsächlich muslimisches Land. Es gibt große und kleine Minderheiten, deren Bedeutung nicht zu unterschätzen ist. Etwa 74 Prozent sind Muslime. Diese bilden jedoch keine Einheit, sondern sind aufgeteilt in

- Sunniten, welche die größte Gruppe darstellen,
- Alawiten, zu denen der Staatspräsident von Syrien, Baschar al-Assad, gehört, die schiitisch geprägt ist, und
- Schiiten.

Nur etwa 10 Prozent der syrischen Bevölkerung sind Christen, die auch Aramäer genannt werden und syrisch-aramäisch sprechen. Des Weiteren leben Juden, Drusen, Jesiden, Beduinen, Palästinenser und Kurden in Syrien. Entsprechend spricht man auch von einem ethnisch-religiösen Flickenteppich.

In Syrien gibt es zwei verschiedene Zeitrechnungen. Für staatliche Feiertage gilt wie in fast allen arabischen Ländern die christliche Zeitrechnung, für islamische Feiertage die Hidschra-Zeitrechnung nach dem Mondkalender. Das Mondjahr ist elf Tage kürzer als das Sonnenjahr, sodass die islamischen Feiertage von Jahr zu Jahr etwas früher stattfinden. Laut Wikipedia steht Hidschra für die Auswanderung des Propheten Mohammed von Mekka nach Medina.

1.3 · Herausforderungen in der täglichen Flüchtlingsarbeit

Ramadan und islamische Feiertage

Der Fastenmonat der Muslime wird Ramadan genannt. Er ist der neunte Monat im islamischen Mondkalender und hat eine besondere Bedeutung, weil Allah in diesem Monat den Koran offenbart haben soll. Das Fasten im Monat Ramadan gehört zu den grundsätzlichen Pflichten von Muslimen. Es umfasst vor allem den Verzicht von irdischen Speisen, Getränken, Rauchen, Geschlechtsverkehr und Alkohol, wobei Alkohol in traditionellen Kreisen des Islams sowieso verboten ist. Von der Morgendämmerung bis zum Sonnenuntergang darf nichts mehr konsumiert werden. Ausnahmen gibt es für Schwangere, Kinder, Kranke oder Menschen auf der Reise. In der Regel dauert der Fastenmonat 29 oder 30 Tage und endet mit dem Fest des Fastenbrechens. Dieser Tag ist der zweithöchste islamische Feiertag. Der höchste Feiertag ist der des islamischen Opferfestes. Er ist der Höhepunkt zur Wallfahrt nach Mekka und dauert vier Tage. Nach dem islamischen Mondkalender findet auch dieses Fest von Jahr zu Jahr früher statt (vgl. Schimmel 2012, S. 91). Während es im Jahr 2015 vom 24. bis zum 27. September stattgefunden hat, wird es im Jahr 2016 vom 13. bis 16. September gefeiert werden. Religionsfreiheit ist ein in Deutschland im Grundgesetz verankertes Grundrecht. Entsprechend ist Muslimen die Ausübung ihres Glaubens zu gewähren. Dazu gehört auch das Fasten im Monat Ramadan. Trotz aller Umstände in den Flüchtlingseinrichtungen ist das möglich. Umstände bedeuten in diesem Fall zum Beispiel veränderte Essenszeiten. Das kann insbesondere in Massenunterkünften ein Problem sein, wenn die einen schlafen und die anderen essen möchten. Hier ist Kreativität gefragt bei der Suche nach konstruktiven Lösungen, die bei gutem Willen erfahrungsgemäß auch gefunden werden können.
Vor den Mahlzeiten ist das Händewaschen ein Muss. Im Notfall reicht es aus, wenn dafür Wasser zur Verfügung steht, alternativ wird auch Händedesinfektionsmittel angenommen. Vor dem Gebet reicht das Waschen der Hände nicht aus. Dann kommen das Gesicht und die Füße hinzu. Zudem brauchen die Muslime einen Gebetsteppich. Der Freitag ist ein muslimischer Feiertag. Er ist der erste Tag des Wochenendes, das in Syrien den Freitag und Samstag umfasst (vgl. Helberg 2014, S. 18).

Landessprachen

Die offizielle Landessprache ist Arabisch. Daneben gibt es Minderheitssprachen wie Kurdisch, Armenisch und Aramäisch (vgl. Auswärtiges Amt, 2015).

Kulturspezifika

Die Syrien-Expertin Kristin Helberg hat über die Lage in Syrien das äußerst interessante Buch *Brennpunkt Syrien* geschrieben, auf das sich die Texte im Folgenden weitestgehend beziehen (vgl. Helberg 2014, S. 17–63).

In Syrien gibt es eine Geschlechtertrennung. Zwar sind immer mehr Frauen berufstätig, doch kommen ihnen weiterhin die klassischen Aufgaben einer Frau – Kinderbetreuung und Haushalt – zu. Und das, obwohl sich die Mehrheit der Menschen am westlichen Lebensstil orientiert.

Die Themen Scheidung, Heirat, Geburt, Todesfall und Erbrecht werden in jeder Religion individuell geregelt. So ist Polygamie bei Muslimen erlaubt. Ein Mann dürfte bis zu vier Frauen heiraten, wobei die Monogamie immer mehr Einzug hält – für Christen eine Selbstverständlichkeit. Eine zivilrechtliche Eheschließung gibt es nicht. Muslime gehen zum Scheich und Christen in die Kirche, um zu heiraten.

Vor der Hochzeit aus dem Elternhaus auszuziehen, ist in Syrien nicht möglich. Wohngemeinschaften gibt es nur, wenn ein Student zum Studium in die Stadt ziehen muss. Dort teilt er sich dann mit vielen anderen Studenten ein Zimmer. Viele Syrer haben eine Schule besucht und sind gut ausgebildet. Der Zugang zur Bildung ist vor allem für Männer relativ gut, während es noch nicht für alle Frauen möglich ist (vgl. GIZ 2015b).

Termine zu vereinbaren, ist in der syrischen Kultur eher fremd. Sie werden in der Regel spontan ausgemacht. Der Satz „Wir können uns am Mittwoch treffen" bedarf in der Regel mehrmaliger Anrufe, damit der Termin verbindlich wird.

Die Begrüßung von Unbekannten erfolgt meist per Handschlag, während vertraute Personen mit drei Küssen links und rechts auf die Wange begrüßt werden. Streng religiöse Männer geben einer Frau nicht die Hand.

Syrer zeichnet ein großes Kontaktbedürfnis aus, sodass Männer, die Arm in Arm gehen bzw. sich unterhaken, in Syrien keine Seltenheit sind. Überhaupt befinden sich Syrer gern in Gesellschaft mit Familien und Freunden. Privatsphäre und individuelles Eigentum sind ihnen eher fremd. Ein Beispiel: In einer syrischen Familie gibt es im Bad ein Handtuch für alle. Dieses wird täglich gewechselt. Ein eigenes Handtuch für jedes Familienmitglied gibt es nicht. Für einen Syrer ist es ekelig, ein Handtuch eine Woche lang benutzen zu müssen. Auch Kleidung wird geteilt. Eine Jacke des Bruders oder ein Pullover der Schwester ist Allgemeingut. Wer es braucht, nutzt es. Das Hängen an materiellen Gegenständen ist den meisten Syrern fremd.

Der Großteil der Familien in Syrien wohnt, schläft und isst in einem Zimmer. Auch hier hat das Leben in Gemeinschaft einen hohen Stellenwert. Ein Gästezimmer wie in der westlichen Welt befremdet eher, weil es wie abgeschoben oder abgestellt wirkt.

Ist ein Syrer krank und muss ins Krankenhaus, ist die Familie rund um die Uhr dabei. Auch nachts schläft sie dort. Die Pflege eines Kranken dem Pflegepersonal zu überlassen, würde bedeuten, den Angehörigen zu vernachlässigen.

Essen und Trinken

In der syrischen Kultur haben Gastfreundschaft und Essen einen hohen Stellenwert. Gerne wird für Gäste gekocht und das Essen gemeinsam genossen. In Restaurants ist eine Sammelbestellung von allen Gästen gemeinsam keine Seltenheit. Auf diese Weise stehen viele verschiedene Speisen auf dem Tisch, von denen sich alle etwas nehmen dürfen. Es wird gerne mehr angeboten, als gegessen werden kann, um den Gästen zu zeigen, wie sehr man sich über ihren Besuch freut.

Gegessen wird üblicherweise mit der rechten Hand, da die linke Hand als unrein gilt. Auch wird meist nur so lange gegessen, wie der Gast isst, daher sollte man als Gast immer Hunger mitbringen und sich Zeit lassen.

Ein Essen besteht in der Regel aus einer Vorspeise – zum Beispiel pürierten Kichererbsen (Hummus) oder frittierten Bällchen (Falafel), frittierten Hackfleischbällchen oder braunen, gekochten Bohnen – und einer Hauptspeise mit Hackfleisch, Hühnerfleisch, Lammfleisch, Fisch, Reis, Nüssen, Trockenfrüchten, Joghurt, Salaten. Getrunken werden Tee mit viel Zucker, Fruchtsaftgetränke und stilles Wasser. Kaffee wird in der Regel am Ende eines Besuchs als Geste der Freude über den Besuch verabreicht.

> **Praxistipp**
>
> Bei unbegleiteten minderjährigen Flüchtlingen ist es empfehlenswert, auf den Zuckerkonsum im Tee zu achten. Die meisten sind es gewohnt, löffelweise Zucker in eine Tasse Tee zu geben. Hier sollte zum einen mit Blick auf die Gesundheit aufgeklärt werden, zum anderen mit Blick auf die Kosten. So wurden in einer Erstaufnahmeeinrichtung innerhalb weniger Tage 100 kg Zucker verbraucht.

Bildung und Gesundheit

In Syrien gibt es eine Schulpflicht bis zum Alter von elf Jahren. Untere Bildungsstufen sind meist kostenfrei, während höhere Bildungsstufen privat und kostenpflichtig sind. Die Analphabetenrate ist mit 5,5 Prozent bei den 15- bis 24-Jährigen relativ gering. Von den über 15-Jährigen können 81 Prozent der Frauen und 92 Prozent der Männer schreiben. Die meisten Syrer können Englisch, da dies ab der ersten Klasse unterrichtet wird.

1.3.1.3 Iraker

Der Irak ist ein Staat mit 32 Millionen Einwohnern (vgl. GIZ 2015a) in Vorderasien, in dessen Norden sich das autonome Kurdistan befindet. Beim Irak handelt es sich um eine Republik, die an Kuwait, Saudi-Arabien, Jordanien, Syrien, die Türkei, den Iran sowie den Persischen Golf grenzt.

Religion und Traditionen

Religion hat für die Menschen im Irak eine große Bedeutung. Etwa 97 Prozent der Bevölkerung sind muslimisch: Etwa 60 Prozent sind Schiiten, ca. 37 Prozent Sunniten. Christen und andere Religionen gehören mit ungefähr 3 Prozent zu den Minderheitsreligionen.

Ethnien und Stammeszugehörigkeiten

Im Irak leben etwa 80 Prozent Araber, 15 Prozent Kurden sowie 5 Prozent Turkmenen, Aramäer und Angehörige anderer ethnischer Gruppen. Schätzungen gehen davon aus, dass ca. 70 Prozent der Bevölkerung einem Stamm bzw. einem Clan angehören. Die Stämme werden meist als sehr kämpferisch beschrieben. Die irakische Gesellschaft erlebt derzeit vielfältige soziale Wandlungsprozesse, sodass nicht nur traditionelle Strukturen, sondern auch der Verzicht auf Traditionelles zugunsten neuer Strukturen vorzufinden ist.

Landessprachen

Der Irak ist eine Vielvölkergesellschaft, daher findet man auch unterschiedliche Sprachen vor. Sehr verbreitet ist die arabische Sprache, die ca. 70-80 Prozent der Bevölkerung sprechen. Die kurdische Sprache beherrschen ca. 20-30 Prozent der Iraker. Ein kleiner Teil spricht noch Persisch oder Aramäisch.

Kulturspezifika

Iraker sind meist sehr gebildete Menschen. Das Essen und das Benehmen sind dem des Westens sehr ähnlich. Eine Verschleierung der Frauen ist nicht spezifisch für den Irak. Wenn man verschleierte Frauen findet, dann im Süden des Landes.

Da etwa 97 Prozent der Bevölkerung muslimisch sind, ist das Händewaschen vor dem Essen Pflicht. Schuhe werden meist ausgezogen, als Gast bekommt man Hausschuhe. Bei den Irakern ist es üblich, bei der Begrüßung zu warten, bis der Mann die Hand ausstreckt. Dann erst folgt das Händeschütteln. Es darf ganz normal in die Augen geschaut werden.

Essen und Trinken

Iraker essen gerne Lammfleisch, Rindfleisch, Reis, Fisch, Linsen, Nudeln, Getreidebrei mit Fleisch und Obst (vgl. BAMF 2014a, S. 19 f.).

Bildung

Die Bildungswege im Irak sind staatlich über das Erziehungsministerium sowie über das Ministerium für Hochschulbildung und wissenschaftliche Forschung geregelt. Der Zugang zur Bildung ist auch für Frauen gegeben, wenngleich ein Studium noch hart erkämpft werden muss. Die

Bildungschancen für Frauen sind in den letzten Jahren aber insgesamt gestiegen (vgl. GIZ 2015a). Es gibt eine allgemeine Schulpflicht. Allerdings fehlt es in Tausenden Schulen an Ausstattung. Neben einer ausreichenden Wasserversorgung mangelt es an Möbeln. Die beliebteste Sportart ist Fußball.

Auf dem Arbeitsmarkt gibt es hauptsächlich erwachsene Männer, der Anteil an jungen Männern und Frauen ist sehr gering. Wegen der hohen Arbeitslosigkeit gibt es spezielle Schulungsprogramme, um die Menschen aus- und fortzubilden (vgl. BAMF 2014a). In der Regel sind die Menschen im Irak sehr gebildet.

1.3.1.4 Afrikaner

Afrika ist einer von sieben Kontinenten: Afrika, Antarktika, Asien, Australien, Europa, Nordamerika und Südamerika. Asien ist der größte Kontinent gefolgt von Afrika. Flächenmäßig ist Algerien das größte afrikanische Land, im Hinblick auf die Einwohnerzahl Nigeria. Bis auf Marokko sind alle Staaten in der Afrikanischen Union versammelt. Diese verfolgt das Ziel einer solidarischen Zusammenarbeit aller afrikanischen Staaten, um Frieden, Sicherheit und Wohlstand für alle Bewohner des Kontinents zu erreichen bzw. zu sichern. Das Ziel wird jedoch von einigen Ländern durch politische und ethnische, zum Teil bewaffnete Konflikte, Grenzstreitigkeiten und instabile staatliche Strukturen gefährdet. Zudem hemmen Korruption, Staatsverschuldung und andere Faktoren positive Entwicklungen im Bereich der Wirtschaft und der Gesellschaft. Entsprechend gehört insbesondere die Region südlich der Sahara zu den ärmsten der Welt.

Religion und Traditionen

Religion hat für die Menschen in Afrika eine große Bedeutung. Neben dem Christentum und dem Islam gibt es verschiedene afrikanische Religionen. Oft werden sie auch vermengt, wie zum Beispiel bei der Voodoo-Religion, die Teile des islamischen, katholischen, indianischen und afrikanischen Glaubens enthält. Des Weiteren sind der Ahnenkult zu nennen, bei dem die verstorbenen Vorfahren als Geister allgegenwärtig sind, sowie der Glaube an Hexen und Zauberer.

Ethnien und Stammeszugehörigkeiten

Afrika besteht derzeit aus 54 Staaten und hat circa eine Milliarde Einwohner. Fünf Staaten gehören zum nördlichen Teil Afrikas und damit zur islamisch-arabischen Welt. Die anderen 49 Staaten gehören zur Region südlich der Sahara (Subsahara-Afrika). In Afrika leben über 3000 verschiedene Völker, zum Beispiel die Araber, Berber, Tuareg, Ägypter, Nubier, Äthiopier, Somali, Haussa, Fulbe, Bantu, Massai, Tutsi, Hutu. In abgelegenen Gegenden können auch noch Pygmäen oder Buschmänner angetroffen werden. Viele Völker leben vom Ackerbau, einige jedoch auch von der Rinderzucht, beispielsweise die Massai.

Landessprachen

Entsprechend der vielen Staaten und Völker in Afrika existieren zahlreiche Sprachen. Man geht von 1200 bis 2000 Sprachen aus.

Kulturspezifika

Wenn man von Afrika spricht, muss immer genau differenziert werden, von welchem Staat und welchem Volk die Rede ist, da sich diese sehr unterscheiden. Insbesondere die Region südlich der Sahara ist immer wieder von Dürrekrisen betroffen. Dies führt zu einer erheblichen Unterernährung von Millionen von Afrikanern. Hohe Gesundheitsrisiken und eine schwache Gesundheitsversorgung tragen maßgeblich zu der hohen Sterblichkeit bei. In Afrika gibt es keine

Krankenversicherung. Die „Krankenversicherung" eines Afrikaners ist seine Familie. Entsprechend gibt es einen engen Familienzusammenhalt. Dieser kann zum Beispiel so aussehen, dass man sich beim Onkel Geld leiht und dafür dessen Tochter bei sich aufnimmt, die in der Nähe zur Schule gehen möchte (vgl. Schadomsky 2010, S. 60).

Essen und Trinken

Die Küche in Nordafrika untersteht dem arabischen Einfluss. Die Küche in der Republik Südafrika ist von Asien und Europa geprägt. In den anderen Staaten südlich der Sahara herrschen traditionelle Speisen und Kochkünste vor. Typische afrikanische Speisen sind Hirsebrei, Maisbrei, Maniokwurzeln als Brei und Speisen mit Gemüse, Fisch und Fleisch.

Bildung und Gesundheit

Rund 30 Millionen Kinder im Grundschulalter leben südlich der Sahara, doch zur Schule gehen können sie nicht. Das sind 43 Prozent aller Kinder weltweit, denen ein Schulbesuch verwehrt ist. So ist nur allzu verständlich, dass 29 Prozent der Männer und 46 Prozent der Frauen im Süden Afrikas Analphabeten sind. In einigen Ländern wie Mali, Niger oder Guinea liegt die Analphabetenrate sogar bei über 70 Prozent (vgl. BMZ 2015). Entsprechend hat Bildung einen hohen Stellenwert. Und so ist es nicht erstaunlich, dass der Bildungsstand dort, wo Geld für Bildung im Rahmen von Entwicklungsprojekten investiert wird, eindeutig höher ist (vgl. Auswärtiges Amt, 2011, S. 50 f.).

Die Lebenserwartung südlich der Sahara liegt bei 46 Jahren. Die häufigsten Krankheiten sind Infektionskrankheiten – oft mit Durchfall einhergehend –, HIV, Malaria oder Tuberkulose. Sie tragen neben der Unterernährung, dem unsauberen Trinkwasser, den schlechten Wohnverhältnissen, den oft krank machenden Arbeitsbedingungen und schlechten Luftverhältnissen erheblich zu der geringen Lebenserwartung bei. Ein weiterer Grund liegt in der unzureichenden Gesundheitsversorgung. Jedes Jahr sterben Millionen Kleinkinder an Krankheiten, denen man hätte vorbeugen oder die man hätte behandeln können. In vielen Regionen Afrika mangelt es auch an medizinischem Fachpersonal (vgl. BMZ 2015).

> **Kinderhandel**
>
> Ein großes Problem in Westafrika ist der Kinderhandel. Bislang ist diese Tatsache noch unzureichend erforscht und das genaue Ausmaß unbekannt. Erste Untersuchungen zeigen, dass vor allem sexuelle Ausbeutung, Kinderarbeit, Leibeigenschaften, Kindersoldaten und Zwangsbettelei vorzufinden sind. Die Netzwerke des Kinderhandels sind dabei sehr verstrickt und weit verbreitet (vgl. Schuler 2016, S. 176 ff.).

Praxistipp

Kommen Flüchtlinge in Deutschland an, bringen sie wie oben beschrieben völlig unterschiedliche Voraussetzungen mit, was den Glauben, den Bildungsstand und den Lebensstil anbelangt. Und für jeden sind sein Glaube und sein Lebensstil richtig. Haben Flüchtlinge nicht gelernt, andere Wahrheiten als ihre zu respektieren, sind Probleme gerade in den Massenunterkünften vorprogrammiert.
Immer wieder hört man Stimmen, Flüchtlinge geordnet nach Religion und Stammesherkunft unterzubringen, um Konflikte zu vermeiden, was einer Integration jedoch konträr entgegensteht. Eine andere Lösung im Hinblick auf die durch die verschiedenen

Kulturen bedingten Probleme sind die Aufklärung über die anderen Kulturen sowie das Vermitteln und Einüben von Wertschätzung anderen Menschen, anderem Denken, anderen Verhaltensweisen gegenüber. Nur so kann auch eine Demokratie gelingen. Gelingt es nicht, den Flüchtlingen diese Werte zu vermitteln, werden sie weiter in dem verhaftet bleiben, was sie aus ihren Herkunftssystemen mitbringen, zum Beispiel dass die Ehre – und alles, was damit verbunden ist – oberste Priorität genießt. Hier stellt sich die Frage nach der Resilienz (▶ Abschn. 3.1.2) und wie diese gestärkt bzw. erworben werden kann.

Für Sie als Mitarbeiter heißt das, selbst immer wieder Vorbild zu sein und das Anderssein wertzuschätzen, anstatt es zu (be-)werten, sowie den einzelnen Menschen mit seiner Biografie zu sehen. Es heißt auch, sich für den anderen zu interessieren, beispielsweise dafür, wie das Essen in dessen Land zubereitet wird und schmeckt. Dafür wiederum ist es notwendig, den Flüchtlingen auch mal die Küche zu überlassen und sich ggf. zu überwinden, wenn das Essen nicht ganz den europäischen Gewohnheiten entspricht. So wie Sie sich an dieser Stelle vielleicht überwinden müssen, müssen es die Flüchtlinge vielleicht tagtäglich, was die deutsche Küche anbelangt.

Eine wichtige Aufgabe von Ihnen als Mitarbeiter ist des Weiteren, Menschen aus anderen Kulturen über die westliche Kultur aufzuklären und sich gleichzeitig über die Kultur der Flüchtlinge zu informieren, um sie da abholen zu können, wo sie stehen. Beispielsweise ist in der afghanischen Kultur das Tragen einer kurzen Hose und eines kurzen T-Shirts bei einem Mädchen nicht üblich. Die Frauen, Männer, Jungen und Mädchen können das zunächst nicht verstehen und brauchen eine Heranführung an die deutsche Kultur. Es bedarf oft Zeit und Engagement, eine Brücke zwischen den Kulturen zu bauen und ein wertschätzendes Miteinander täglich neu zu gestalten, was nicht ohne Missverständnisse geht, die durch die kulturellen Unterschiede und Sprachbarrieren bedingt sind. Entsprechend sind Fortbildungen für Mitarbeiter im Bereich des interkulturellen Kompetenzerwerbs sehr hilfreich. Die eigenen Handlungen im Zusammenhang mit Menschen fremder Kulturen können so sicherer, flexibler, kreativer und stabiler werden. Situationen, die anders sind als erwartet, können besser bewältigt werden (vgl. Thomas 2014, S. 172 f.).

Insgesamt ist es wichtig, nicht vorzuverurteilen, sondern nachzufragen und verstehen zu wollen, warum ein Flüchtling so reagiert, wie er es tut. Und oftmals hilft in der Arbeit mit Flüchtlingen auch der Satz: „Es geht so, aber es geht auch anders." Toleranz, Respekt, Aufklärung und Nächstenliebe sind nicht nur leere Worte, sondern vielmehr die Grundlage für ein friedliches Miteinander.

> **? Zum Nachdenken**
> Als Mitarbeiter in Flüchtlingseinrichtungen arbeiten Sie mit Menschen aus unterschiedlichen Kulturen zusammen. Sollten Sie Angst vor dem Fremden haben, wäre es gut, sich selbst erst einmal zu fragen:
> — Warum denke ich, wie ich denke? Worauf basiert das?
> — Mit welchen Gefühlen ist mein Denken verbunden? Was macht mir zum Beispiel Angst?
> — Welche Bilder und Ansichten habe ich bislang von den einzelnen Kulturen? Unterliege ich zum Beispiel gängigen Klischees?

1.3.2 Unterschiedliche Altersklassen

Wie in ▶ Abschn. 1.2 beschrieben, gibt es unbegleitete minderjährige Flüchtlinge, erwachsene Flüchtlinge und minderjährige Flüchtlinge, die in Begleitung ihrer Eltern bzw. von Verwandten in Deutschland einreisen. Für jeden Flüchtling wird die passende Unterkunft ausgewählt.

In den Clearing- und Nachsorgeeinrichtungen (▶ Abschn. 1.1.4) befinden sich die unbegleiteten minderjährigen Flüchtlinge, in den Gemeinschaftsunterkünften und Erstaufnahmestellen alle anderen Flüchtlinge: erwachsene Männer und Frauen ohne Begleitung/Familie, Familien mit Kindern ab dem Säuglingsalter, manchmal auch mit Großeltern und Urgroßeltern. Das führt aufgrund der mangelnden Intimsphäre und den geringen Möglichkeiten, sich abzugrenzen, zu einem erheblichen Konfliktpotenzial. Jeder Mensch bringt andere Bedürfnisse mit – und Menschen in verschiedenen Altersgruppen ganz besonders. Diesen kann eine Sammelunterkunft kaum gerecht werden. Während die Jugendlichen Musik hören und Sport treiben möchten, was manchmal mit einer gewissen Geräuschkulisse verbunden ist, weinen Kinder häufig, weil sie geschwächt oder gesundheitlich angeschlagen sind und ebenso wie andere Flüchtlinge Ruhe und Erholung bräuchten. Hier ist es gut, wenn Sie als Mitarbeiter auf eine altersgerechte Begleitung mit Blick auf die spezifischen Bedürfnisse achten. Gerade Kinder nehmen sich in ihren Bedürfnissen oft zurück. Separate Gruppenräume für Kinder und Jugendliche sowie altersgerechte Beschäftigungsangebote können etwas Abhilfe schaffen. Zudem hat es sich bewährt, für die verschiedenen Altersgruppen in den entsprechenden Sprachen Infoblätter und Willkommensflyer anzufertigen, um Orientierung zu geben und zu erklären, wo sie gerade sind, welche Rechte und Pflichten sie haben, welche Regeln in der Unterkunft eingehalten werden müssen und wie es mit ihnen weitergeht.

1.3.3 Sprachbarrieren

In der Begleitung von Flüchtlingen ist die Sprachbarriere Alltag. Der Großteil der Flüchtlinge spricht kein Deutsch, und nur wenige sprechen Englisch. Eine Verständigung mit Händen und Füßen sowie Bildern ist Normalität.

Manchmal ist die Hilfe eines Dolmetschers unerlässlich, zum Beispiel bei Konflikten oder im Rahmen der Aufklärung über das Asylrecht, die Regeln in der Einrichtung oder das Wertesystem in Deutschland etc. (▶ Abschn. 7.2.8). Ansonsten kann es zu Missverständnissen kommen und damit verbunden zu Unzufriedenheit. Bei einem Dolmetscher ist darauf zu achten, dass er auch wirklich die richtige Sprache spricht. So kann ein Arabisch sprechender Dolmetscher einem afghanischen Flüchtling im Normalfall nicht helfen. Und nicht jeder Afghane spricht Paschtu. Hier ist es gut, wenn Sie daran arbeiten, Sprachen unterscheiden zu können, um den richtigen Dolmetscher zu engagieren.

Das Vermitteln von Informationen mithilfe von Bildern – zum Beispiel der Bebilderung der Toilettenbenutzung, von Gemeinschaftsregeln oder dem Ablauf der Essensausgabe – ist dank Internet und Computer heutzutage schnell und einfach umsetzbar. Auch gibt es Online-Übersetzungsprogramme und Handy-Apps, die Texte einfach und schnell in jede Sprache übersetzen. Eine weitere Möglichkeit der Verständigung ist das Dolmetschen über das Telefon, wenn der Dolmetscher nicht persönlich anwesend sein kann.

Die Sprachbarriere ist natürlich nicht nur für Sie als Mitarbeiter ein Problem, sondern auch für die Flüchtlinge untereinander. Selbst wenn ihr Herkunftsland dasselbe ist, können sie sich unter Umständen aufgrund unterschiedlicher Sprachen und Dialekte nicht verständigen.

Für die Integration der Flüchtlinge ist das Lernen der deutschen Sprache der erste und wichtigste Schritt. Leider haben bis dato nicht alle Flüchtlinge einen Zugang zu Deutschunterricht.

Blickt man in die Zukunft, so sind eine Ausbildung, eine Arbeit und ein Leben in Deutschland ohne das Verstehen und Sprechen der deutschen Sprache nur schwer vorstellbar. Die Probleme des täglichen Lebens, wie Spannungen in der Familie oder in der Schule, kommen noch hinzu. Diese Probleme sind immer im Zusammenhang mit den anderen Stressfaktoren zu sehen. Wenn ein Flüchtling sich nicht konzentrieren kann und sich ungern in einer Gruppe aufhält, dann sind der Deutschunterricht und das Erlernen der deutschen Sprache bereits unabhängig vom Schwierigkeitsgrad der neuen Sprache eine Herausforderung. Kommen dann beispielsweise noch Unsicherheiten zum Aufenthaltsstatus, zum Einkommen oder Perspektivlosigkeit dazu, potenziert sich das Ganze. Findet der erwachsene Flüchtling dann keine Arbeit, kann sich das auf das Selbstwertgefühl und die Selbstachtung auswirken, was wiederum zu Familienproblemen führen kann (vgl. Aroche und Coello 2016, S. 140.), sofern die Menschen nicht anderweitig einen Sinn sehen und ihr Selbstwertgefühl stärken (▶ Abschn. 6.1.4).

Dankenswerterweise leisten viele Ehrenamtliche und Hauptamtliche wertvolle Hilfe beim Erlernen der deutschen Sprache. Dabei brauchen sie viel Engagement, Empathie, Präsenz und Geduld. Häufig sind die Lernleistungen in der Gruppe sehr verschieden. Unterschiedliche Bildungskenntnisse erfordern kreative Lösungen, um Anfänger wie Fortgeschrittene gleichermaßen zu betreuen und zu fördern. Eine gute Möglichkeit, um Augenhöhe zwischen Mitarbeitern und Flüchtlingen herzustellen, ist das gegenseitige Interesse an der Sprache des anderen. Auf diese Weise hat ein Deutschlehrer die Möglichkeit, Sprachkenntnisse in zahlreichen anderen Sprachen zu erwerben.

1.3.4 Unterbringungen

Das Zusammenleben auf engstem Raum mit fremden Menschen, unterschiedlichen Kulturen und Altersklassen stellt eine große Herausforderung für Flüchtlinge und Mitarbeiter dar. Hundert Betten in einer Halle oder mehrere Betten in einem Raum mit dünnen oder gar keinen Trennwänden sind der Regelfall.

In allen Einrichtungen ist das Warten auf eine Anhörung (▶ Abschn. 2.2.3) bzw. die Möglichkeit, Geld verdienen oder studieren zu können, schwer auszuhalten. Das kann zu einer großen Unzufriedenheit und zu Konflikten führen. Hinzu kommen das ungewohnte Essen, das Fehlen von eigenen Alltagsroutinen – zum Beispiel in Ruhe beten und sich ungestört waschen zu können – und überhaupt die völlig veränderte Situation im Vergleich zum vorherigen Leben.

Was können Sie als Begleiter tun? Gerade für Familien sind eigene Wohnräume sehr hilfreich. Vielleicht gibt es Wohnungen oder andere Wohnräume, die in der Nähe beziehbar wären. Ausreichend Sichtschutzwände, genügend Beschäftigungsangebote, das Bereitstellen von genügend Hygieneartikeln und die Möglichkeit, in Ruhe und geschützt zu duschen, sich zu waschen oder zu beten, kann sehr viel Not lindern. Darüber hinaus gibt es jedoch weit mehr, was Sie in Flüchtlingseinrichtungen tun können. Darum geht es in ▶ Kap. 5, 6 und 7. Besonders möchten wir auf den ▶ Abschn. 7.1.3 verweisen.

> **Zum Nachdenken**
> Stellen Sie sich vor, Sie müssen in einer Halle mit hundert fremden Menschen ohne Sichtschutz leben:
> — Wie würden Sie sich fühlen?
> — Was bräuchten Sie?

1.3.5 Sorgen und Nöte der Flüchtlinge

Flüchtlinge beschäftigen nach ihrer Ankunft in Deutschland nicht nur ihr unklarer Aufenthaltsstatus und die offene Zukunftsperspektive, sondern auch die Frage, wie es ihren zurückgelassenen Familienmitgliedern in der Heimat geht. Häufig haben sich Familien unterwegs auf der Flucht verloren oder haben ihre Kinder vorgeschickt. Nicht selten erfahren sie über ihr Handy, dass ein naher Verwandter im Herkunftsland umgebracht, misshandelt oder verschleppt wurde. Sie können nichts dagegen tun, sind weit weg, fühlen sich unter Umständen hilflos und ohnmächtig, haben große Angst um ihre Verwandten oder trauern um sie. Oder sie haben noch keine neue Handykarte, mit der sie telefonieren oder schreiben können, und wissen von daher nicht, wie es um ihre Verwandten steht. Hier wäre es wünschenswert, zeitnah einen Zugang zu Telefon bzw. Handykarte oder Internet zu ermöglichen.

Unbegleitete minderjährige Flüchtlinge sehen sich einem besonderen Problem gegenübergestellt, wenn sie vom Dorf oder von ihren Eltern losgeschickt worden sind in der Hoffnung, dass sie Geld nach Hause schicken. Die Kinder und Jugendlichen können in Deutschland nicht sofort Geld verdienen und fühlen sich dann schlecht, weil sie ihrer Familie nicht helfen und das Versprechen nicht einlösen können. Nicht gut geht es ihnen auch, wenn sie von ihren Eltern während der Flucht vorgeschickt wurden und nicht wissen, wie es ihren Eltern und Geschwistern geht. Oft haben sie gar keinen Kontakt, weil zum Beispiel die Eltern inhaftiert wurden. Oder sie haben Kontakt und erfahren von der Not der Angehörigen – zum Beispiel Hunger und Krankheiten –, ohne etwas machen zu können.

Eine andere Sorge von Flüchtlingen kann die ungeklärte Frage sein, wie sie zu ihrem eigentlichen Fluchtziel kommen, wenn sie nicht in Deutschland bleiben wollen. Oft wollen sie in andere deutsche Städte wie etwa Köln, Berlin oder Hamburg, in denen bereits Angehörige leben, oder nach Schweden. Sie wollen weiter, können aber nicht, sei es wegen des Aufenthaltsstatus oder weil sie krank sind oder kein Geld (mehr) haben. Zudem herrscht eine große Unsicherheit, wie es für sie weitergeht. Eine gezielte alters- und bildungsgerechte Aufklärung kann eine große Hilfe sein.

Ein weiteres Problem stellt für die Flüchtlinge ihr gesundheitlicher Zustand dar. Häufig sind sie völlig erschöpft und haben flucht- oder kriegsbedingte Verletzungen und Krankheiten. Dazu gehören beispielsweise wund gelaufene Füße, Abszesse, Hautkrankheiten und Magen-Darm-Probleme. Nicht selten ist die gesundheitliche Versorgung in den Unterkünften nicht ausreichend. Zudem haben viele Flüchtlinge länger nichts mehr gegessen und getrunken, sind mit Flip-Flops Hunderte bzw. Tausende Kilometer gelaufen und mussten mit ansehen, wie Bekannte und Verwandte verhungern, ertrinken oder verdursten. Des Weiteren haben sie auf der Flucht Inhaftierungen, Gewalt und Ablehnung erlebt. Davon haben die meisten von uns nur etwas über die Medien mitbekommen bzw. aus Berichten unserer Eltern und Großeltern, sofern sie den Krieg miterlebt und darüber geredet haben. Was es heißt, das am eigenen Leib erleben zu müssen, ist unvorstellbar. Deshalb ist es so wichtig, sich dieser Nöte, Sorgen, Herausforderungen auch im Zusammenhang mit einer möglichen Traumatisierung anzunehmen.

Literatur

Aroche, Jorge/Coello, Mariano (2016), Das komplexe Wechselspiel zwischen Bindung, Kultur und Flüchtlingstrauma – eine Herausforderung für die klinische Praxis, in: Brisch, Karl Heinz (Hrsg.), Bindung und Migration, Stuttgart: Klett-Cotta

Auswärtiges Amt (2011), Deutschland und Afrika: Konzept der Bundesregierung, www.auswaertiges-amt.de/cae/servlet/contentblob/581096/publicationFile/155321/110615-Afrika-Konzept-download.pdf (Zugegriffen: 16. März 2016)

Auswärtiges Amt (2013), Schengener Übereinkommen, www.auswaertiges-amt.de/sid_520F73137C64E5F0131F923F D4B6A4E1/DE/EinreiseUndAufenthalt/Schengen_node.html (Zugegriffen: 16. März 2016)

Auswärtiges Amt (2015), Syrien, www.auswaertiges-amt.de/DE/Aussenpolitik/Laender/Laenderinfos/01-Nodes_Uebersichtsseiten/Syrien_node.html (Zugegriffen: 16. März 2016)

BAMF (Bundesamt für Migration und Flüchtlinge) (2009), Unbegleitete minderjährige Migranten in Deutschland – Aufnahme, Rückkehr und Integration, http://www.bamf.de/SharedDocs/Anlagen/DE/Publikationen/EMN/Studien/wp26-emn-unbegleitete-minderjaehrige.html?nn=1663566 (Zugegriffen: 16. März 2016)

BAMF (Bundesamt für Migration und Flüchtlinge) (2013), Die Organisation der Aufnahme und Unterbringung von Asylbewerbern in Deutschland, https://www.bamf.de/SharedDocs/Anlagen/DE/Publikationen/EMN/Studien/wp55-emn-organisation-und-aufnahme-asylbewerber.pdf?__blob=publicationFile (Zugegriffen: 16. März 2016)

BAMF (Bundesamt für Migration und Flüchtlinge) (2014a), Länderinformationsblatt Irak, www.bamf.de/SharedDocs/MILo-DB/DE/Rueckkehrfoerderung/Laenderinformationen/Informationsblaetter/cfs_irak-dl_de.pdf?__blob=publicationFile (Zugegriffen: 16. März 2016)

BAMF (Bundesamt für Migration und Flüchtlinge) (2014b), Das Asylverfahren ausführlich erklärt, www.bamf.de/SharedDocs/Anlagen/DE/Publikationen/Broschueren/das-deutsche-asylverfahren.pdf?__blob=publicationFile (Zugegriffen: 16. März 2016)

BAMF (Bundesamt für Migration und Flüchtlinge) (2014c), Flüchtlingsschutz, www.bamf.de/DE/Migration/AsylFluechtlinge/Fluechtlingsschutz/fluechtlingsschutz-node.html (Zugegriffen: 16. März 2016)

BAMF (Bundesamt für Migration und Flüchtlinge) (2015a), Das Bundesamt in Zahlen 2014, www.bamf.de/SharedDocs/Anlagen/DE/Publikationen/Broschueren/bundesamt-in-zahlen-2014.pdf?__blob=publicationFile (Zugegriffen: 16. März 2016)

BAMF (Bundesamt für Migration und Flüchtlinge) (2015b), Personalgewinnung für Asylverfahren läuft auf Hochtouren, www.bamf.de/SharedDocs/Pressemitteilungen/DE/2015/20150911-0019-personalgewinnung-asylverfahren.html (Zugegriffen: 16. März 2016)

BAMF (Bundesamt für Migration und Flüchtlinge) (2016a), Verteilung der Asylbewerber, www.bamf.de/DE/Migration/AsylFluechtlinge/Asylverfahren/Verteilung/verteilung-node.html (Zugegriffen: 16. März 2016)

BAMF (Bundesamt für Migration und Flüchtlinge) (2016b), Aktuelle Zahlen zu Asyl – Ausgabe Dezember 2015, www.bamf.de/SharedDocs/Anlagen/DE/Downloads/Infothek/Statistik/Asyl/statistik-anlage-teil-4-aktuelle-zahlen-zu-asyl.pdf?__blob=publicationFile (Zugegriffen: 16. März 2016)

BMZ (Bundesamt für wirtschaftliche Zusammenarbeit und Entwicklung) (2015), Afrika südlich der Sahara – Bildung, Gesundheit und ländliche Entwicklung als weitere Schlüsselfaktoren, https://www.bmz.de/de/laender_regionen/subsahara/bildung_gesundheit.html (Zugegriffen: 16. März 2016)

B-umF (Bundesfachverband Unbegleitete Minderjährige Flüchtlinge e.V.) (2015), Kritik an der Bezeichnung „unbegleitete minderjährige Ausländer_in", http://www.b-umf.de/images/Kritik_Begriff_umA.pdf (Zugegriffen: 16. März 2016)

Efler, Anna (2014), Unbegleitete minderjährige Flüchtlinge – Kinder- und Jugendhilfe im Spannungsfeld zwischen SGB VIII und dem deutschen Ausländerrecht, Hamburg: disserta

GIZ (Deutsche Gesellschaft für internationale Zusammenarbeit GmbH) (2015a), Irak, http://liportal.giz.de/irak/gesellschaft (Zugegriffen: 16. März 2016)

GIZ (Deutsche Gesellschaft für internationale Zusammenarbeit GmbH) (2015b), Syrien, http://liportal.giz.de/syrien/gesellschaft (Zugegriffen: 16. März 2016)

Hargasser, Brigitte (2015), Unbegleitete minderjährige Flüchtlinge – Sequentielle Traumatisierungsprozesse und die Aufgaben der Jugendhilfe, 2. Auflage, Frankfurt am Main: Brandes & Apsel

Helberg, Kristin (2014), Brennpunkt Syrien – Einblick in ein verschlossenes Land, Freiburg: Herder

Hirseland, Katrin (2015), Flucht und Asyl – Aktuelle Zahlen und Entwicklungen, www.bamf.de/SharedDocs/Anlagen/DE/Downloads/Infothek/Presse/2015-06-26-Hirseland-zahlen-entwicklung-asyl-apuz.pdf?__blob=publicationFile (Zugegriffen: 16. März 2016)

Mogk, Carolin (2016), Allein in Deutschland – Psychotherapie und psychosoziale Arbeit mit minderjährigen unbegleiteten Flüchtlingen, in: Brisch, Karl Heinz (Hrsg.), Bindung und Migration, Stuttgart: Klett-Cotta

Pfeiffer, Wolfgang M. (1994), Transkulturelle Psychiatrie – Ergebnisse und Probleme, Stuttgart: Thieme

Schadomsky, Ludger (2010), Afrika – Ein Kontinent im Wandel, Würzburg: Arena

Schimmel, Annemarie (2012), Allah, Koran und Ramadan – Alltag und Tradition im Islam, Ostfildern: Patmos

Schuler, Barbara (2016), Kinderhandel in Westafrika – Psychische Auswirkungen auf Betroffene und ihre Entwicklung mit besonderem Augenmerk auf Bindungsstörungen, in: Brisch, Karl Heinz (Hrsg.), Bindung und Migration, Stuttgart: Klett-Cotta

Schwittek, Peter (2011), In Afghanistan, Zürich: vdf Hochschulverlag

Thomas, Alexander (2014), Wie Fremdes vertraut werden kann, Wiesbaden: Springer Gabler

UNHCR (2015), Weltweit fast 60 Millionen auf der Flucht, www.unhcr.de/home/artikel/f31dce23af754ad07737a7806dfac4fc/weltweit-fast-60-millionen-menschen-auf-der-flucht.html (Zugegriffen: 16. März 2016)

Asylrecht

Anne-Kathrin Schmieg

2.1 Grundlagen des Asylrechts – 26
2.1.1 Grundgesetz der Bundesrepublik Deutschland – 26
2.1.2 Asylgesetz – 26
2.1.3 Asylverfahrensbeschleunigungsgesetz – 27
2.1.4 Genfer Flüchtlingskonvention – 27
2.1.5 UN-Kinderrechtskonvention – 27

2.2 Asylverfahren – 28
2.2.1 Asylantrag – 28
2.2.2 Aufenthaltsgestattung während der Prüfung des Asylantrags – 29
2.2.3 Prüfung des Asylantrags – 29
2.2.4 Entscheidung über den Asylantrag – 31
2.2.5 Rechtsmittel gegen den Asylbescheid – 32

2.3 Informationsveranstaltungen – 32
2.3.1 Informationsveranstaltungen durch Professionelle – 32
2.3.2 Informationsveranstaltungen von Flüchtlingen für Flüchtlinge – 32

Literatur – 33

© Springer-Verlag Berlin Heidelberg 2017
U. Imm-Bazlen, A.-K. Schmieg, *Begleitung von Flüchtlingen mit traumatischen Erfahrungen*,
DOI 10.1007/978-3-662-49561-2_2

In der Flüchtlingsarbeit werden Sie häufig mit asyl- und ausländerrechtlichen Begriffen konfrontiert. So möchten die meisten Flüchtlinge gleich nach ihrer Ankunft in Deutschland bzw. in der Flüchtlingseinrichtung wissen, wie das Asylverfahren aussieht bzw. wie es mit ihnen weitergeht. Für Letzteres gibt es keine Pauschalantwort, da jeder Flüchtling einen anderen Hintergrund aufweist und dieser geprüft werden muss. Dies gilt es, den Flüchtlingen zu erklären. Was das Asylverfahren anbelangt, können Sie jedoch Auskunft geben. Diese beginnt mit Informationen zum deutschen Rechtssystem, das für viele Flüchtlinge etwas völlig Neues ist, beispielsweise dass

- die Behörden nicht allmächtig sind oder willkürlich entscheiden,
- Richter oder Polizisten nicht korrupt sind,
- Fristen eingehalten werden müssen, da sonst Folgen drohen,
- Rechtsbescheide anfechtbar sind und ein Widerspruch eingelegt werden kann,
- es spezielle Fachanwälte gibt,
- Rechtsentscheidungen andauern können (vgl. Heinhold 2015, S. 27).

Zudem verfolgen die Flüchtlinge in den Einrichtungen die politischen Diskussionen und Entscheidungen in den Medien sehr genau. Ihnen hier Auskunft geben zu können, trägt ganz wesentlich zur Stabilität der Flüchtlinge bei.

2.1 Grundlagen des Asylrechts

Der Begriff Asyl kommt aus dem Griechischen und heißt übersetzt so viel wie Zufluchtsort. Das Asylrecht in Deutschland regelt den Umgang mit Menschen aus dem Ausland, die keinen Besucherstatus (▶ Abschn. 1.1.3) genießen. Es basiert auf dem Grundgesetz der Bundesrepublik Deutschland, der Genfer Flüchtlingskonvention und – bei Minderjährigen – der UN-Kinderrechtskonvention.

2.1.1 Grundgesetz der Bundesrepublik Deutschland

Anders als in vielen anderen Staaten ist das Asylrecht in Deutschland nicht nur eine Verpflichtung aufgrund der Genfer Flüchtlingskonvention (▶ Abschn. 2.1.4), sondern im deutschen Grundgesetz als Individualrecht in Artikel 16a GG verankert. Damit ist es das einzige Grundrecht, das nur Menschen aus dem Ausland zusteht (vgl. BAMF 2012, 2014b, S. 11).

2.1.2 Asylgesetz

Im Grundgesetz ist der Schutz der Menschenwürde verankert, auch der Schutz der Menschenwürde von Flüchtlingen. Wie die praktische Umsetzung des Grundrechtes aussieht, wird vom Asylrecht geregelt, das auch die Frage klärt, welche Kriterien vorliegen müssen, damit ein Mensch aus dem Ausland als Flüchtling in Deutschland anerkannt wird (▶ Abschn. 1.1.2).

Da das Asylverfahren aufgrund der vielen Flüchtlinge (▶ Abschn. 1.1.1) zunehmend länger dauert, hat die Bundesregierung im Oktober 2015 ein Asylverfahrensbeschleunigungsgesetz zur Modifizierung der bestehenden Gesetze verabschiedet.

2.1.3 Asylverfahrensbeschleunigungsgesetz

Das Asylverfahrensbeschleunigungsgesetz wurde 2015 in Kraft gesetzt, um die Asylverfahren zu beschleunigen, falsche Anreize für die Flucht nach Deutschland zu beseitigen, die Bundesländer finanziell mehr zu unterstützen und die Voraussetzungen zur Integration der Menschen aus dem Ausland zu verbessern. Es beinhaltet unter anderem Folgendes (vgl. Bundesregierung 2015):

- Jedes Bundesland erhält für jeden Asylbewerber eine Pauschale von 670 Euro/Monat.
- Geldleistungen werden, wenn es die Praxis erlaubt, durch Sachleistungen ersetzt.
- Albanien, Montenegro und der Kosovo werden zu sicheren Herkunftsstaaten erklärt.
- Asylbewerber aus sicheren Herkunftsstaaten unterliegen einem Beschäftigungsverbot, wenn der Asylantrag nach dem 01.09.2015 gestellt wurde.
- Unterkünfte sollen schneller ausgebaut werden.
- Jedes Bundesland ist zur Aufnahme von unbegleiteten minderjährigen Flüchtlingen nach dem Königsteiner Schlüssel (◘ Tab. 1.1) verpflichtet.
- Ausländische Minderjährige, die das 16. Lebensjahr vollendet haben, können sich nicht mehr wie bisher in aufenthaltsrechtlichen Angelegenheiten selbst vertreten, sondern fallen bis zur Vollendung des 18. Lebensjahres unter das Kinder- und Jugendhilferecht (► Abschn. 1.1.4). Der Asylantrag muss vom Vormund gestellt werden.

Aktuelle Gesetzesänderungen und Entwicklungen sind auf der Webseite der Bundesregierung (www.bundesregierung.de) einsehbar.
Weitere rechtliche Grundlagen finden Sie
- im Aufenthaltsgesetz (AufenthG),
- im Asylbewerberleistungsgesetz (AsylbLG),
- in der EU-Aufnahmerichtlinie,
- in der EU-Verfahrensrichtlinie,
- im Asylgesetz (AsylG),
- in der Beschäftigungsverordnung.

Nähere Informationen zu diesen Gesetzen finden sich unter www.asyl.net.

2.1.4 Genfer Flüchtlingskonvention

Zusätzlich zum Grundgesetz regelt die Genfer Flüchtlingskonvention den Umgang mit Flüchtlingen. Sie wurde im Jahr 1951 vom Völkerbund, heute den Vereinten Nationen, verabschiedet. Zuvor gab es völkerrechtlich keine verbindlichen Regelungen im Umgang mit Flüchtlingen. Das Ziel war und ist ein weitestgehend einheitlicher Rechtsstatus der Flüchtlinge. 1967 wurde die Konvention angepasst. Eigentlich heißt sie „Abkommen über die Rechtsstellung der Flüchtlinge". Bis heute ist die Genfer Konvention für den Schutz der Flüchtlinge das wichtigste internationale Abkommen. Laut UNHCR (2001–2016) wurden bisher über 50 Millionen durch die Konvention geschützt.

2.1.5 UN-Kinderrechtskonvention

Bei der UN-Kinderrechtskonvention handelt es sich um ein völkerrechtliches Abkommen von 1989, durch das sich die zurzeit 193 beteiligten Staaten verpflichten, das Kindeswohl zu schützen und kein Kind wegen seiner Herkunft zu diskriminieren. Das bedeutet für die Vertragsstaaten,

Kindern Flüchtlingsschutz und humanitäre Hilfen zu gewähren und sie bei der Suche nach ihren Eltern und anderen Familienangehörigen zu unterstützen.

Wichtige Artikel der UN-Kinderrechtskonvention sind unter anderem:
- Artikel 4: Verwirklichung der Kinderrechte,
- Artikel 6: Recht auf Leben,
- Artikel 8: Achten der Identität,
- Artikel 10: Familienzusammenführung,
- Artikel 19: Schutz vor Gewaltanwendung, Misshandlung und Verwahrlosung (vgl. BMFSFJ 2014, S. 12 ff.)

2.2 Asylverfahren

Unter dem Asylverfahren sind alle Schritte von der Antragstellung über die Prüfung der Asylanträge bis hin zur Entscheidung über das Asylgesuch zu verstehen. Das Bundesamt für Migration und Flüchtlinge (BAMF) sowie deren Außenstellen führen das Asylverfahren durch.

2.2.1 Asylantrag

Der Asylantrag wird in der Regel in der Erstaufnahmeeinrichtung in Deutschland gestellt. Welche Erstaufnahmeeinrichtung für den ankommenden Flüchtling zuständig ist, ermittelt das bundesweite Verteilungssystem „Easy". In der ermittelten Erstaufnahmeeinrichtung muss sich der Flüchtling melden und bekommt von dort eine Außenstelle des Bundesamtes für Migration und Flüchtlinge zugewiesen, um den Asylantrag persönlich stellen zu können. Eine schriftliche Beantragung ist nur in Ausnahmefällen möglich, beispielsweise bei einem Krankenhausaufenthalt oder einer Inhaftierung.

Erscheint der Flüchtling zum vereinbarten Termin im Bundesamt für Migration und Flüchtlinge bzw. in der zugewiesenen Außenstelle, kann er – in der Regel mit Unterstützung eines Dolmetschers – seinen Asylantrag stellen. Anschließend wird vom Sachbearbeiter eine elektronische Akte angelegt, die mit Daten aus den Datenbanken abgeglichen wird, um zum Beispiel eine doppelte Antragstellung zu erkennen und/oder zu prüfen, ob Deutschland nach dem Dublin-Verfahren (s. unten) überhaupt für den Asylsuchenden zuständig ist. Zudem bekommt der Antragsteller Informationsmaterial über seine Rechten und Pflichten im Asylverfahren. Normalerweise sollte dann auch gleich ein Termin zur Anhörung festgelegt werden (vgl. BAMF 2014a, S. 13 f.). Aufgrund der hohen Anzahl an Asylanträgen kann es derzeit aber zwei bis Jahre dauern, bis ein Asylantragsteller einen Termin für die Anhörung bekommt. In dieser Zeit kommt § 55 des Asylgesetzes zum Tragen (▶ Abschn. 2.2.2).

2.2.1.1 Besonderheiten bei der Antragstellung

Bei der Antragstellung gibt es zwei Besonderheiten. Bei der einen geht es um die Anreise mit dem Flugzeug, bei der anderen um unbegleitete minderjährige Flüchtlinge.

Anreise mit dem Flugzeug

Eine Besonderheit stellt das Flughafenverfahren nach § 18a AsylVfG dar, das jedoch nicht alle Flughäfen in Deutschland durchführen. So ist ein Flughafenverfahren in Frankfurt möglich, in München zum Beispiel nicht. Beim Flughafenverfahren muss noch vor der Einreise binnen zwei Tagen über den Asylantrag und damit die Einreise entschieden werden. Würde es das Flughafenverfahren nicht geben, müsste die Bundespolizei wegen der Genfer Flüchtlingskonvention jeden Menschen, der seinen Pass vernichtet hat und Asyl beantragt, einreisen lassen (vgl. BAMF 2014a, S. 11 f.).

Unbegleitete minderjährige Flüchtlinge

Ein unbegleiteter minderjähriger Flüchtling kann allein keinen Asylantrag stellen, sondern nur mit seinem Vormund (▶ Abschn. 1.1.4). Sollte der Vormund für die Antragstellung keine Zeit finden, kann er auch einen Rechtsanwalt beauftragen.

Üblicherweise muss der Asylantragsteller persönlich beim Bundesamtes für Migration und Flüchtlinge bzw. der Außenstelle vorsprechen. Lebt der unbegleitete minderjährige Flüchtling jedoch in einer Jugendhilfeeinrichtung oder einer anderen entsprechenden Wohnform, kann dies auch schriftlich – vertreten durch den Vormund oder Rechtsanwalt – erfolgen.

> **Praxistipp**
>
> Bevor ein unbegleiteter minderjähriger Flüchtling einen Asylantrag stellt, ist es ratsam, dass er und sein Vormund von einem Fachanwalt prüfen lassen, ob die Gründe für einen Asylantrag ausreichen oder ob es besser ist, bei der Ausländerbehörde einen Antrag auf Abschiebungsschutz zu stellen. Sollte kein Antrag gestellt werden, wird in der Regel eine Duldung erteilt (▶ Abschn. 2.2.4).

Dublin-Verfahren

Das Dublin-Verfahren verpflichtet die Mitgliedstaaten zur Registrierung aller Flüchtlinge. Zudem sieht es vor, dass auch das Asylverfahren in diesem Land durchgeführt wird. Stellt die Polizei oder das Bundesamt für Migration und Flüchtlinge fest, dass der Flüchtling in einem anderen Mitgliedstaat registriert wurde, kann sie dort einen Übernahmeersuch stellen. Bewilligt der andere Mitgliedstaat diesen Ersuch, wird der Flüchtling überstellt. Zu den Teilnehmerstaaten gehören die Europäische Union, Norwegen, Island, Liechtenstein und die Schweiz (vgl. BAMF 2014a, S. 12 f.). Das Dublin-Verfahren findet für unbegleitete minderjährige Flüchtlinge keine Anwendung.

2.2.2 Aufenthaltsgestattung während der Prüfung des Asylantrags

Für die Zeit des Asylverfahrens bekommt der Asylbewerber eine Aufenthaltsgestattung, die auch gleichzeitig als Ausweispapier dient (vgl. BAMF 2014a, S. 7). Nach § 55 des Asylgesetzes ist der Aufenthalt im ganzen Bundesgebiet gestattet. Es besteht jedoch kein Anspruch auf einen bestimmten Ort oder eine bestimmte Stadt, in der ein Flüchtling wohnen will. Erst nach der Entscheidung über den Asylantrag wird eine Aufenthaltserlaubnis oder eine Duldung (▶ Abschn. 2.2.4) erteilt.

2.2.3 Prüfung des Asylantrags

Nach der Antragstellung prüft das Bundesamt für Migration und Flüchtlinge die Dokumente und Ausweispapiere, die der Flüchtling für die Asylantragstellung mitbringt. Anschließend erfolgt die Anhörung.

2.2.3.1 Anhörung

Bei der Anhörung kann der Asylsuchende seine Gründe für den Asylantrag persönlich beim Bundesamt für Migration und Flüchtlinge vorbringen. Sie dauert in der Regel 2–8 Stunden.

> **Praxistipp**
>
> Es ist ratsam, die Anhörung gut vorzubereiten, um Details wiedergeben zu können. Bedenken Sie, dass die Anhörung in der Regel nur einmal stattfindet und die Grundlage für die Antragsentscheidung ist. Insofern ist dringend anzuraten, die Anhörung mit einem Experten vorzubereiten. Das kann ein Fachanwalt sein oder speziell für Anhörungen geschulte ehren- oder hauptamtliche Mitarbeiter.

Ein Rechtsanwalt und eine Vertrauensperson dürfen den Asylsuchenden begleiten, sofern es kein Familienmitglied ist, das selbst einen Asylantrag gestellt hat. Ebenso ist ein Dolmetscher anwesend. Die Anhörung beginnt mit der Vorstellung der beteiligten Personen sowie der Aufklärung über Rechte und Pflichten des Flüchtlings. Im Anschluss werden Fragen insbesondere zur Biografie gestellt und die Asylgründe erörtert. Hierbei kann es zu einer Retraumatisierung kommen, da sich die Flüchtlinge an möglichst alle Einzelheiten der traumatisierenden Situationen erinnern sollen – auch an die, die sie aufgrund ihrer Dissoziation nicht erinnern können (▶ Abschn. 3.2.2) und/oder vor denen sie sich auch heute noch durch Dissoziation schützen müssen.

Ist vor einer Anhörung eine Traumatisierung beim Flüchtling bekannt, ist es besser, einen Fachanwalt einzuschalten und ein fachärztliches Attest vorzulegen. Dann kann ggf. auf eine Anhörung verzichtet werden. Findet die Anhörung jedoch statt, entscheidet der Anhörer über die Inhalte des Gesprächs und muss davon auszugehen, dass der Flüchtling uneingeschränkt fähig ist, sich zu erinnern und Aussagen zu machen.

Während der Anhörung können Pausen eingelegt werden, wenn es zum Beispiel für den Flüchtling zu anstrengend wird. Und am Ende der Anhörung besteht dann auch noch die Möglichkeit, Fragen zu stellen.

Alle Inhalte des Anhörungsgesprächs werden in einem Protokoll festgehalten. Dabei wird die Niederschrift rückübersetzt, um Fehler sofort korrigieren zu können (Informationsverbund Asyl und Migration 2015, S. 4 ff.). Die Rückübersetzung ist sozusagen die letzte Kontrollmöglichkeit, danach wird das Dokument als Grundlage für die Asylantragsentscheidung verwendet. Zum Schluss wird das Protokoll unterschrieben. Der Asylsuchende bekommt entweder eine Kopie ausgehändigt, oder sie wird ihm auf dem Postweg in deutscher Sprache zugeschickt (vgl. BAMF 2014a, S. 15). Bei postalischer Übersendung wäre es für den Asylsuchenden ratsam, sich das Protokoll trotzdem nochmal übersetzen zu lassen, um ggf. Fehler oder Änderungen sofort beim Bundesamt für Migration und Flüchtlinge melden zu können.

Für erwachsene Flüchtlinge, die zum Beispiel sexualisierte Gewalterfahrungen gemacht haben, gibt es beim Bundesamt für Migration und Flüchtlinge Sonderbeauftragte. Sonderbeauftragte gibt es auch für unbegleitete minderjährige Flüchtlinge. Diese sind speziell für den Umgang mit Kindern und Jugendlichen geschult, um sensibel und einfühlsam mit ihnen umgehen und dem Kindeswohl gerecht werden zu können. Der Vormund kann, muss aber nicht, an der Anhörung teilnehmen. Ebenso kann der Minderjährige eine Vertrauensperson und einen Rechtsanwalt mitbringen. Oft ist das sein Bezugsbetreuer aus der Einrichtung, in der er sich gerade aufhält (▶ Abschn. 7.2.1). Sollte die Anhörung zu anstrengend sein und den Minderjährigen überfordern, kann pausiert oder darf die Anhörung auch abgebrochen werden. Das Kindeswohl steht hier an erster Stelle.

2.2.4 Entscheidung über den Asylantrag

Die Mitarbeiter des Bundesamtes für Migration und Flüchtlinge wurden gezielt für ihre Aufgabe, entscheiden zu müssen, geschult (vgl. BAMF 2014a, S. 22 f.). Sie versuchen, das individuelle Einzelschicksal im Zusammenhang mit dem zu sehen, was über die Herkunftsländer bekannt ist.

Die begründete Entscheidung wird dem Asylbewerber schriftlich als Rechtsbehelfsbelehrung mit einer Übersetzung übersandt (vgl. BAMF 2014a, S. 17).

Nach Prüfung aller Fakten und der Anhörung des Asylsuchenden gibt es folgende Entscheidungen:
- Anerkennung als Asylberechtigter bzw. Zuerkennung der Flüchtlingseigenschaft nach der Genfer Flüchtlingskonvention mit einer Aufenthaltserlaubnis von drei Jahren, im Anschluss unbefristete Niederlassungserlaubnis möglich.
- Subsidiärer Schutz (s. unten) mit einer Aufenthaltserlaubnis von zunächst einem Jahr, dann befristet für zwei weitere Jahre, noch einmal befristet für zwei weitere Jahre, ehe eine unbefristete Niederlassungserlaubnis möglich ist.
- Nationales Abschiebungsverbot mit einer Aufenthaltserlaubnis von meist einem Jahr.
- Ablehnung des Asylantrags mit der Aufforderung, Deutschland in den nächsten 30 Tagen zu verlassen (vgl. BAMF 2014a, S. 21).

Im Jahr 2015 wurden insgesamt 282.726 Asylanträge entschieden, davon gab es 140.915 positive Entscheidungen (vgl. BAMF 2016, S. 11).

2.2.4.1 Anerkennung als Asylberechtigter und Widerruf

Hat das Bundesamt für Migration und Flüchtlinge auf eine Anerkennung als Asylberechtigter entschieden, ist es gesetzlich verpflichtet, seine Entscheidung spätestens nach drei Jahren zu überprüfen, da sich die Gegebenheiten zum Beispiel im Heimatland verändert haben könnten. Liegt beispielsweise die Anerkennung als Flüchtling nach der Genfer Flüchtlingskonvention nicht mehr vor, kann die Entscheidung widerrufen werden. Dann regelt die Ausländerbehörde den weiteren Aufenthalt (vgl. BAMF 2014a, S. 46 f).

Was heißt subsidiärer Schutz, und was hat es mit der Duldung und dem Widerruf auf sich?

2.2.4.2 Subsidiärer Schutz

Menschen, die nicht als Flüchtlinge nach der Genfer Flüchtlingskonvention (▶ Abschn. 2.1.4) anerkannt werden, können einen vorübergehenden Schutz bekommen. Dafür gilt als Grund nach der EU-Richtlinie die sogenannte Gefahr eines ernsthaften Schadens, wie zum Beispiel Folter, Todesstrafe oder individuelle Bedrohung (vgl. BAMF 2014b). Subsidiär Schutzberechtigten wird dann nach § 26 AufenthG die Aufenthaltserlaubnis für ein Jahr erteilt. Eine zweimalige Verlängerung um jeweils zwei weitere Jahre ist möglich. Eine längere Aufenthaltserlaubnis bis hin zu einer Entfristung ist häufig der Fall.

2.2.4.3 Duldung

Von einer Duldung spricht man, wenn der Asylantrag abgelehnt wurde und der Flüchtling angehalten ist, Deutschland zu verlassen, die Abschiebung nach § 60a des Aufenthaltsgesetzes aber erst einmal nicht vollzogen wird. Gründe dafür können eine Erkrankung des Flüchtlings sein oder wenn das Heimatland kriegsbedingt nicht angeflogen werden kann. Sobald der Betroffene Deutschland verlässt, erlischt die Duldung.

Bei einer Duldung ist der Aufenthalt in der Regel nur im jeweiligen Bundesland erlaubt. In Einzelfällen kann der Radius verringert, beispielsweise auf einen Landkreis beschränkt, oder auch erweitert werden. Muss der Betroffene das Bundesland kurzfristig verlassen, muss er zuvor eine Verlassenserlaubnis einholen, es sei denn, es handelt sich um Termine bei einer Behörde oder vor einem Gericht. Dann ist die Erlaubnis nicht einzuholen.

2.2.5 Rechtsmittel gegen den Asylbescheid

Gegen einen ablehnenden Bescheid kann Klage vor dem Verwaltungsgericht erhoben werden. Dann richtet sich die Klage gegen die Bundesrepublik Deutschland, die vom Bundesamt für Migration und Flüchtlinge vertreten wird. Ein Widerspruchsverfahren gibt es hier nicht.

Die Klage muss innerhalb von 7-14 Tagen nach Erhalt des Bescheids eingereicht werden. Um dies zu gewährleisten, muss der Asylbewerber darüber aufgeklärt werden, dass er täglich seine Post kontrollieren muss und keine Zeit nach Eingang der Entscheidung vergehen darf.

Der Asylsuchende kann sich im Klageverfahren anwaltlich vertreten lassen, muss dies aber nicht. Gerichtskosten werden nach dem Asylverfahrensgesetz nicht erhoben (vgl. BAMF 2014a, S. 47 ff.).

Sollte eine Ablehnung des Asylantrags trotz Klage erfolgen, heißt das nicht, dass eine sofortige Abschiebung erfolgt. Die Ausländerbehörde kann Abschiebungshindernisse feststellen und eine Duldung (▶ Abschn. 2.2.4) erteilen.

Zudem kann ein Asylfolgeantrag gestellt werden, wenn es nach Abschluss des ersten Antrags neue Gründe für den Asylantrag gibt, beispielsweise wenn eine schwere Erkrankung auftritt.

2.3 Informationsveranstaltungen

2.3.1 Informationsveranstaltungen durch Professionelle

Das Asylrecht ist ziemlich komplex, und immer wieder kommt es zu Änderungen, sodass es für Sie als Mitarbeiter in der Flüchtlingshilfe nicht leicht ist, immer auf dem neuesten Stand zu sein. So kann es sein, dass sich wieder Änderungen ergeben haben, wenn Sie dieses Buch in Händen halten werden. Gleichzeitig ist es für die Flüchtlinge von großer Bedeutung, dass Sie Bescheid wissen, um ihnen Sicherheit vermitteln zu können. Deshalb sind regelmäßige Asylrechtschulungen und eine enge Zusammenarbeit mit einem Fachanwalt für Asylrecht zu empfehlen. Es lohnt sich, regelmäßig an Informationsveranstaltungen zum Asyl- und Ausländerrecht teilzunehmen. Oft werden derartige Veranstaltungen von Gemeinden, Universitäten, Freundeskreisen Asyl, Volkshochschulen oder Fachanwälten organisiert. Zudem bieten einige Rechtsanwälte oder Universitäten mit einer juristischen Fakultät kostenlose Rechtsberatungen für Flüchtlinge an.

2.3.2 Informationsveranstaltungen von Flüchtlingen für Flüchtlinge

Neben der Gewinnung von Informationen durch Professionelle, zum Beispiel Fachanwälte, hat es sich bewährt, Flüchtlinge, die das Verfahren hinter sich und/oder verstanden haben, dafür zu gewinnen, ihr Wissen weiterzugeben. Alternativ können mit Dolmetschern und geschultem Personal Kurzfilme, zum Beispiel mit Studierenden einer Universität, über die Grundlagen des

Asylrechtes und des Asylverfahrens gedreht werden. Die Betroffenen bekommen so realistische und richtige Informationen. Unwahrheiten und Falschinformationen muss entschieden entgegengetreten werden, um die Flüchtlinge nicht noch mehr zu destabilisieren, als sie es ohnehin oft sind. Der Bezugsbetreuer kann in dieser Zeit sehr stabilisierend wirken und die Prozesse als Vertrauensperson begleiten. Je sicherer die Bindung zum Bezugsbetreuer ist, desto mehr kann der Flüchtling sich für Neues öffnen, eine Perspektive entwickeln lernen und einen Sinn in seiner augenblicklichen Situation finden (► Abschn. 5.2.1).

Literatur

BAMF (Bundesamt für Migration und Flüchtlinge) (2012), Politisch Verfolgte genießen Asyl, www.bamf.de/DE/Migration/AsylFluechtlinge/Asylrecht/asylrecht-node.html (Zugegriffen: 16. März 2016)

BAMF (Bundesamt für Migration und Flüchtlinge) (2014a), Das Asylverfahren ausführlich erklärt, www.bamf.de/SharedDocs/Anlagen/DE/Publikationen/Broschueren/das-deutsche-asylverfahren.pdf?__blob=publicationFile (Zugegriffen: 16. März 2016)

BAMF (Bundesamt für Migration und Flüchtlinge) (2014b), Subsidiärer Schutz, www.bamf.de/DE/Migration/AsylFluechtlinge/Subsidiaer/subsidiaer-node.html (Zugegriffen: 16. März 2016)

BAMF (Bundesamt für Migration und Flüchtlinge) (2016), Aktuelle Zahlen zu Asyl – Ausgabe Dezember 2015, www bamf.de/SharedDocs/Anlagen/DE/Downloads/Infothek/Statistik/Asyl/statistik-anlage-teil-4-aktuelle-zahlen-zu-asyl.pdf?__blob=publicationFile (Zugegriffen: 16. März 2016)

BMFSFJ (Bundesamt für Familie, Senioren, Frauen und Jugend) (2014), Übereinkommen über die Rechte des Kindes, http://www.bmfsfj.de/RedaktionBMFSFJ/Broschuerenstelle/Pdf-Anlagen/_C3_9Cbereinkommen-_C3_BCber-die-Rechte-des-Kindes,property=pdf,bereich=bmfsfj,sprache=de,rwb=true.pdf (Zugegriffen: 16. März 2016)

Bundesregierung (2015), Effektive Verfahren, frühe Integration, www.bundesregierung.de/Content/DE/Artikel/2015/10/2015-10-15-asyl-fluechtlingspolitik.html (Zugegriffen: 16. März 2016)

Heinhold, Hubert (2015), pro Asyl (Hrsg.), Recht für Flüchtlinge – Ein Leitfaden durch das Asyl- und Ausländerrecht für die Praxis, 7. Auflage, Karlsruhe: Ariadne

Informationsverbund Asyl und Migration (2015), Die Anhörung im Asylverfahren – Hinweise für Asylsuchende in Deutschland, www.asyl.net/fileadmin/user_upload/infoblatt_anhoerung/Infoblatt_Asyl_dt_2015fin.pdf (Zugegriffen: 16. März 2016)

UNHCR (2001–2016), Genfer Flüchtlingskonvention, www.unhcr.de/mandat/genfer-fluechtlingskonvention.html (Zugegriffen: 16. März 2016)

Trauma und Traumafolgestörungen

Ulrike Imm-Bazlen

3.1 Was ist ein Trauma? – 36
3.1.1 Situationsfaktoren und Traumaklassifikationen – 36
3.1.2 Individuelle Bewältigungsmöglichkeiten – 37

3.2 Wie entsteht ein Trauma? – 52
3.2.1 Stressreaktionen – 53
3.2.2 Traumareaktionenen – 54

3.3 Wie erkenne ich ein Trauma bzw. eine Traumafolgestörung? – 69
3.3.1 Symptome der posttraumatischen Belastungsreaktion – 70
3.3.2 Symptome der posttraumatischen Belastungsstörung – 70
3.3.3 Symptome der dissoziativen Identitätsstörung – 74

3.4 Soforthilfe bei einem Traumaereignis – 74

Literatur – 74

© Springer-Verlag Berlin Heidelberg 2017
U. Imm-Bazlen, A.-K. Schmieg, *Begleitung von Flüchtlingen mit traumatischen Erfahrungen*,
DOI 10.1007/978-3-662-49561-2_3

Sind alle Flüchtlinge traumatisiert? Die Antwort lautet eindeutig Nein. Aber: „Es sind (…) viele zehntausend Menschen betroffen. Ein alarmierender Zustand, findet auch die Bundestherapeutenkammer: ‚Mindestens die Hälfte der Flüchtlinge ist psychisch krank', sagt Kammerpräsident Dietrich Munz. (…) Nach Einschätzungen der Kammer sind es 40.000 bis 80.000 betroffene Flüchtlinge, die eine Therapie benötigen" (FAZ-E-Paper). Das war am 16. September 2015. Aufgrund der deutlich höheren Flüchtlingszahlen wird die Zahl inzwischen deutlich höher liegen.

Wie kann das sein, dass nicht alle Flüchtlinge traumatisiert sind, obwohl doch nahezu alle Schreckliches erlebt haben? Um das zu verstehen, bedarf es der Information, was überhaupt ein Trauma ist.

3.1 Was ist ein Trauma?

Eine aussagekräftige Definition, stammt von Gottfried Fischer und Peter Riedesser (2009, S. 84): „Ein Trauma ist ein vitales Diskrepanzerlebnis zwischen bedrohlichen Situationsfaktoren und individuellen Bewältigungsmöglichkeiten, welches mit dem Gefühl der Hilflosigkeit und schutzlosen Preisgabe einhergeht und so eine dauerhafte Erschütterung von Selbst- und Weltverständnis bewirkt."

Es geht also
- um ein Missverhältnis zwischen
    - dem, was ein Mensch erlebt = Situationsfaktoren,
    - dem, wie er das Erlebte bewältigen kann = individuelle Bewältigungsmöglichkeiten,
- und den Konsequenzen dieses Missverhältnisses = Traumafolgestörungen basierend auf Stress-/Traumareaktionen.

Hier finden wir die Begründung, warum nicht jeder Flüchtling eine Traumatisierung aufweist. Selbst wenn es bei allen Flüchtlingen exakt die gleichen Situationsfaktoren gegeben hätte, weist doch jeder Mensch unterschiedliche Bewältigungsmöglichkeiten auf. Diese sind ganz entscheidend dafür, ob ein Trauma entsteht oder nicht. Nach den obigen Aussagen des Kammerpräsidenten der Bundestherapeutenkammer ist zu vermuten, dass ungefähr die Hälfte der Flüchtlinge über die notwendigen individuellen Bewältigungsmöglichkeiten verfügt, die andere Hälfte nicht. Wie kommt das? Fangen wir erst einmal mit den Situationsfaktoren an, ehe wir uns anschließend den individuellen Bewältigungsmöglichkeiten zuwenden.

> **Praxistipp**
>
> Nicht alle Flüchtlinge sind traumatisiert. Um den traumatisierten wie nicht traumatisierten Flüchtlingen gerecht zu werden, ist es wichtig, sich das immer wieder bewusst zu machen. Es gilt, jeden einzelnen Flüchtling bewusst wahrzunehmen und sein individuelles Schicksal zu sehen und zu würdigen.

3.1.1 Situationsfaktoren und Traumaklassifikationen

Basierend auf den Situationsfaktoren werden in der Psychotraumatologie Traumaklassifikationen vorgenommen. Leider gibt es nicht immer einheitliche Bezeichnungen für die gleichen Situationsfaktoren, da sich unterschiedliche Psychologen und Psychotherapeuten damit befasst und unterschiedliche Bezeichnungen gefunden haben. Entsprechend sind Überschneidungen möglich. Eine Übersicht über die Situationsfaktoren und Traumaklassifikationen gibt ◘ Tab. 3.1.

3.1.1.1 Erschwerende Faktoren

Zu den Situationsfaktoren können noch erschwerende Faktoren hinzukommen, etwa:

- Die Begegnung mit dem möglichen traumatisierenden Ereignis findet zu einem sehr frühen Zeitpunkt im Leben eines Menschen statt. Je jünger ein Mensch ist, wenn er mit den möglichen traumatisierenden Ereignissen konfrontiert wird, desto weniger verfügt er zum Beispiel über die Fähigkeit der Selbststeuerung und damit über ein ganz wesentliches Instrument zur Bewältigung schrecklicher Ereignisse.
- Die Art und Schwere des möglichen traumatisierenden Ereignisses. Ereignisse, bei denen Menschen beteiligt sind, wirken stärker. Handelt es sich um Menschen, die der Person nahestehen, ist die Verletzung noch größer.
- Das Fehlen von Hilfe und Unterstützung. Wir Menschen sind soziale Wesen, und Einsamkeit belastet uns unabhängig davon, ob wir Hilfe brauchen oder nicht. Wenn wir sie aber tatsächlich brauchen und niemand ist da, mit dem wir zum Beispiel über das mögliche traumatisierende Ereignis reden können, der Verständnis für uns hat, der uns andere Perspektiven aufzeigt und uns in dieser Situation im wahrsten Sinne des Wortes hält, kann sich das Gefühl von Hilflosigkeit, das mit einer möglichen traumatisierenden Situation einhergeht, um ein Vielfaches potenzieren.

Im folgenden Abschnitt geht es um die individuellen Bewältigungsmöglichkeiten, insbesondere um die Resilienz, die seelische (Widerstands-)Kraft. Hat ein Mensch noch keine oder nur eine geringe Resilienz entwickelt, ist das ebenfalls ein erschwerender Faktor, wenn nicht sogar *der* entscheidende Faktor überhaupt. Aber sehen Sie selbst.

3.1.2 Individuelle Bewältigungsmöglichkeiten

Damit es zu einer Traumatisierung eines Menschen kommen kann, muss ein Missverhältnis zwischen Situationsfaktoren und individuellen Bewältigungsmöglichkeiten vorliegen. So gesehen kann eine Situation sein wie sie will. Es kommt dann zu einem Trauma, wenn die individuellen Bewältigungsmöglichkeiten des Menschen in dieser Situation nicht ausreichen. Worum geht es aber genau, wenn von individuellen Bewältigungsmöglichkeiten die Rede ist? Es geht um Resilienz. Diese ist für die Flüchtlinge ebenso von Bedeutung wie für uns als Traumabegleiter bzw. Mitarbeiter in Flüchtlingseinrichtungen.

3.1.2.1 Resilienz

Was ist Resilienz? Im Englischen steht Resilienz für die Überlebensfähigkeit eines Menschen, was so viel bedeutet wie „Zähigkeit" bzw. „sich nicht unterkriegen lassen" (vgl. Fuhrmann 2013, S. 16).

Auf dem internationalen Kongress „Resilienz – Gedeihen trotz widriger Umstände" in Zürich im Frühjahr 2005 einigte man sich auf folgende Definition: „Resilienz ist die Fähigkeit von Menschen, Krisen im Lebenszyklus unter Rückgriff auf persönliche und sozial vermittelte Ressourcen zu meistern und als Anlass für persönliche Weiterentwicklung zu nutzen" (Welter-Enderlin und Hildenbrand 2012, S. 13).

◘ **Tab. 3.1** Traumaklassifikationen und Situationsfaktoren. (Nach Roderus 2011, S. 31 f.; Hanswille und Kissenbeck 2014, S. 25 f.; Reddemann und Dehner-Rau 2013, S. 10)

Klassifikation	Situationsfaktoren = mögliche traumatisierende Ereignisse
Man-made-Traumata / Personale Traumata	Ereignisse, die von Menschen verursacht werden, zum Beispiel: – Sexueller Missbrauch oder emotionale Vernachlässigung – Räuberische Überfälle – Folter, Krieg
Akzidentelle Traumata / Apersonale Traumata	Ereignisse, die nicht durch Menschen herbeigeführt werden, zum Beispiel durch: – Naturkatastrophen – Unfälle
Kollektive Traumata	Ereignisse, die von mehreren Menschen zusammen erlebt werden, zum Beispiel: – Krieg
Traumata vom Typ I / Akuttraumata	Ereignisse, die plötzlich und unerwartet auftreten und akute Lebensgefahr bedeuten – dabei spielt es keine Rolle, ob man selbst betroffen oder Zeuge des Ereignisses ist –, zum Beispiel: – Plötzlicher Tod eines Kindes – Autounfall, Flugzeugunglück – Terroranschlag – Krebsdiagnose
Traumata vom Typ II / Chronische Traumata	Lang anhaltende, sich wiederholende Ereignisse, aus denen es kein Entrinnen gibt und die mit Todesangst, Ohnmacht, Hilflosigkeit, Scham, Demütigung verbunden sind, zum Beispiel: – Krieg – Vertreibung, Folter, Gefangenschaft, Geiselnahme – Gewalterfahrungen in der Familie – Vernachlässigung im frühen Kindesalter – Anhaltende bedrohliche Mobbingsituationen
Big-T-Traumata	Lebensbedrohliche Ereignisse, zum Beispiel: – Angriffe auf den Körper, die emotionale und soziale Existenz – Terror und Folterereignisse – Natur-, Verkehrskatastrophen, Unfälle – Schwere Erkrankungen und operative Eingriffe – Plötzliche, unerwartete Verluste
Small-t-Traumata	Scheinbar weniger katastrophale Ereignisse als bei Big-T-Traumata, die mit Angst und Schreck sowie bestürzender Beschämung, tiefer Verunsicherung und Schuldgefühlen verbunden sind und denen der Betroffene nicht ausweichen kann
Monotraumata	Traumatisierung tritt durch ein einmaliges Ereignis auf, zum Beispiel: – Verkehrsunfall – Vergewaltigung
Multitraumata	Traumatisierung, die durch mehrere oder sich wiederholende Ereignisse bedingt ist, chronische Traumatisierung
Kumulative Traumata	Ereignisse, die erst durch die Addition eine Traumatisierung auslösen können; jedes Ereignis für sich genommen hätte kaum das Potenzial dazu, zum Beispiel: – Bagatellunfälle – Beschämungen – Bedrohungen – Mobbing
Sequenzielle Traumata	Mehrfache schwere Traumatisierungen in einem bestimmten Zeitraum, zum Beispiel: – Foltererfahrungen – Kriegserlebnisse – Missbrauch innerhalb der Familie

3.1 · Was ist ein Trauma?

Ich persönlich definiere Resilienz als die Fähigkeit, sich dafür zu entscheiden, nicht Opfer sein zu wollen, sondern – egal, was geschieht – nach dem Sinn einer Situation zu schauen, daraus lernen zu wollen und selbst aktiv zu werden.

Das würde bedeuten, dass der Mensch Resilienz erlernen kann. Ist es wirklich so? Oder ist der Mensch Opfer seiner Gene oder bestimmter Umstände, wenn er keine oder nur wenig Resilienz besitzt bzw. wenn er auf keine oder nur wenige Ressourcen zurückgreifen kann?

Ich bin zu folgender Überzeugung gelangt: Resilienz ist nicht angeboren, aber die Fähigkeit, Resilienz zu erwerben, ist angeboren. Dabei beziehe ich mich auf eine Aussage des Neurologen und Psychotherapeuten Joachim Bauer (2015, S. 16), der diese Aussage auf eine funktionierende Selbststeuerung bezieht und auf die Potenziale des präfrontalen Cortex (s. unten), der neben vielen anderen Aufgaben auch für die Selbststeuerung und den freien Willen des Menschen zuständig ist. So wie diese entwickelt werden können, kann auch Resilienz entwickelt werden, wobei sie sich der Fähigkeit der Selbststeuerung und des freien Willens bedient. Da diese jedoch ebenfalls nicht angeboren sind, aber das Potenzial, sie zu erwerben, bedarf es irgendwann im Laufe des Lebens einer Entscheidung, sie erwerben zu wollen – oder auch nicht. Und genau darum geht es: Es gilt, eine Entscheidung zu treffen. Und wenn ich sie getroffen habe, wenn ich mein Potenzial ausschöpfen und entwickeln möchte, beginnt die Arbeit. Es ist wie bei einer Fremdsprache: Wenn ich sie lernen möchte, bedeutet es Arbeit. Bauer (2015, S. 26) vergleicht das mit einem Klavier und der Musik, die darauf gespielt wird. Wenn ein Klavier vor Ort ist, heißt das noch nicht, dass Klaviermusik ertönt. Dafür muss sich jemand entscheiden, Klavier spielen zu wollen. Und es obliegt ihm, was er spielt und wie gut er spielt.

Jetzt könnte man einwenden, dass es aber doch an der Begabung liegt, wenn ein Pianist dem Klavier wunderbare Musik entlockt, es also doch an den Genen liegt. Wirklich? Forscher entschlüsselten „das Geheimnis der Begabung: Nicht angeborenes Talent, sondern jahrelange Übung ist die Ursache für außergewöhnliches Können. Menschen können damit viel mehr als sie glauben" (Thielicke 2009). Das gilt für alle Fähigkeiten, die in uns angelegt sind. Wir müssen sie entwickeln, und zwar durch Übung.

Der Entscheidung, seine Potenziale entwickeln zu wollen oder auch nicht, kann sich kein Mensch entziehen, denn wir Menschen können nicht nicht entscheiden. Wenn wir uns nicht für etwas entscheiden, entscheiden wir uns automatisch dagegen, bzw. wenn wir uns nicht gegen etwas entscheiden, entscheiden wir uns automatisch dafür. Entscheiden wir uns nicht, unser Potenzial zur Selbststeuerung, zum freien Willen, zur Resilienz zu entwickeln, entscheiden wir uns automatisch für das Brachliegen dieser Potenziale.

Ich möchte es noch einmal betonen: Um Resilienz zu erwerben und zu leben, brauchen wir den präfrontalen Cortex. Dieser ist zwar bei jedem Menschen von Geburt an vorhanden, aber noch nicht entwickelt. Je nach Umständen hat der Mensch es mal leichter, mal schwerer, ihn zur Entwicklung zu bringen (s. unten), aber das Potenzial hat jeder Mensch. Allerdings bedarf es Arbeit, wenn es um seine Entwicklung geht, und vor dieser Arbeit schreckt mancher bewusst oder unbewusst zurück. Und – auch das ist ein wichtiger Aspekt – nicht jeder weiß, wie er an sich arbeiten kann, wo er anfangen soll. Doch auch an Unwissenheit kann man arbeiten, wenn man möchte. Man kann sich Hilfe holen, sei es in Form von Büchern oder Gesprächen mit Freunden und Therapeuten. Somit handelt es sich beim Entwickeln von Resilienz um einen lebenslangen Lern- und Entwicklungsprozess, dem eine Entscheidung vorausgeht. Das wiederum setzt voraus, dass wir Krisen, Probleme und Leid nicht verdrängen, sondern sie wahrnehmen und als Lernaufgabe annehmen. Zwar ist das bei traumatischen Ereignissen nicht unmittelbar in der traumatisierenden Situation möglich – warum es da nicht geht, darauf gehen wir noch ein –, es ist aber im Nachhinein möglich, zum Beispiel im Rahmen einer Traumatherapie. Auch im Nachhinein kann der Mensch über die vergangene Situation eine andere Sichtweise gewinnen und Resilienz entwickeln. Ben Fuhrmann (2013, S. 19) schreibt in seinem Buch *Es ist nie zu spät, eine glückliche Kindheit zu haben*: „Manche Menschen finden schon früh Wege und Sichtweisen, durch welche sie unerwartet gut die Schwierigkeiten ihrer Kindheit überwinden können. Aber was hindert uns daran, als Erwachsener das zu tun, was andere als Kind getan haben? Es ist sicherlich nicht ganz einfach, aber auch nicht unmöglich. Wir müssen nur lernen zu verstehen, dass man die meisten Schwierigkeiten in Chancen umwandeln kann" – auch rückwirkend. Damit handelt es sich nicht mehr allein um eine Lernaufgabe und Entscheidung, sondern um eine grundsätzliche Lebenshaltung: Ja, ich möchte Krisen als Lernsituation verstehen, mit folgender Konsequenz: Entscheidend sind dann nicht (mehr) die Probleme und Katastrophen, sondern die Haltung des Betroffenen dazu und die Art und Weise, wie er mit diesen „Widrigkeiten" umgeht. Er kann sich als Opfer sehen oder als Mensch, der sein Leben gestalten kann.

Vermutlich hat Aristoteles (384–322 v. Chr.) daran gedacht, als er den Satz prägte: „Wir können den Wind nicht ändern, aber die Segel anders setzen."

Kann denn jeder Mensch die Segel anders setzen?

Ja, das kann jeder Mensch, allerdings gibt es Faktoren, die es Menschen unterschiedlich leicht oder schwer machen. Und nicht alle Menschen haben die gleichen Startchancen im Leben. Bei den Faktoren, die es uns leichter machen, die Fähigkeit der Resilienz zu erwerben, handelt es sich um die sogenannten Resilienzfaktoren.

Resilienzfaktoren

Resilienzfaktoren machen es uns Menschen leichter, die Fähigkeit der Resilienz zu entwickeln. Fehlen die Faktoren oder sind sie wenig stark ausgeprägt, hindert das nicht an der Entwicklung von Resilienz. Es bedeutet in der Regel jedoch mehr Arbeit. Allen Menschen gleich bleibt aber, dass sie sich entscheiden müssen, Resilienz entwickeln bzw. leben zu wollen. Denn selbst dann, wenn der Mensch Resilienz in die Wiege gelegt bekäme, müsste er an und mit ihr arbeiten. Warum? Wie so oft im Gehirn geht es auch hier um Nervenzellnetzwerke, deren Funktionstüchtigkeit von deren Nervenbahnen abhängen. Und hier gilt: „Use it or lose it" („Nutze oder verliere es"). „Unser Hirn ist ein höchst plastisches Organ, das sich im Sinne eines nicht-linearen Systems vielfältig und überwiegend elegant an die Umgebungsanforderungen anpasst" (Jäncke 2006). So gesehen hat jeder Mensch permanent an sich zu arbeiten und kann sich nicht auf seinen Lorbeeren ausruhen.

Welche Faktoren machen es dem Menschen leichter, Resilienz zu entwickeln?

Die bekannteste Untersuchung dazu ist die Längsschnittstudie von Emmy Werner und Ruth Smith auf der Insel Kauai/Hawai. Dort untersuchten die Wissenschaftlerinnen über 30 Jahre lang die Menschen, die im Jahr 1955 geboren wurden. „Nach Werner und Smith lässt sich Resilienz im Wesentlichen auf drei Faktoren zurückführen:
1. Eigenschaften des Kindes, die positive Reaktionen in seinem sozialen Umfeld auslösen,
2. emotionale Bindungen und Sozialisierungspraktiken der Familie, die Vertrauen, Selbständigkeit und Initiative des Kindes verstärken, und
3. externale Unterstützungssysteme, die die Kompetenz des Kindes und die Entwicklung positiver Wertvorstellungen fördern" (Laucht 2009, S. 64).

Zu den Eigenschaften des Kindes, die positive Reaktionen hervorrufen, gehört das sogenannte positive Temperament, das sich zum Beispiel in häufigem Lächeln äußert. Das Kind spürt, dass es in der Lage ist, positive Reaktionen hervorzurufen, und spürt so Selbstwirksamkeit.

Zu den externalen Unterstützungssystemen gehören beispielsweise der Kindergarten und die Schule. Wird ein Kind hier bewusst wahrgenommen und sozial gefördert, erfährt es, dass es sein darf, dass es gesehen und wertgeschätzt wird.

Alle Faktoren sind letztendlich aber auf einen Nenner zu bringen: Bei allen geht es darum, dass das Kind „ein wahres Selbst" entwickelt, also erfahren darf und lernt, wer es ist. Und genau das wiederum ist die Grundlage für die Entwicklung von Selbststeuerung und somit für Resilienz und damit für die Stärkung der individuellen Bewältigungsmöglichkeiten von traumatischen Ereignissen, denn „Selbstkontrolle kann nur beginnen, wo auch ein Selbst ist" (Bauer 2015, S. 47). Und hier wird die Bedeutung von Bindung klar. „Ein Säugling weiß in den ersten Lebensmonaten (…) noch nichts von einem Ich und nichts von einem Du. Er kann weder die aus der Außenwelt noch die aus seiner körperlichen Innenwelt kommenden Wahrnehmungen deuten. Der einzige Weg, um aus seiner postnatalen Desorientierung herauszukommen, ist für den Säugling die Zweierbeziehung, die er zunächst mit der Mutter – oder deren Vertreterin oder Vertreter –, etwas später dann mit wenigen weiteren Personen eingeht" (Bauer 2015, S. 47/48). Diese eine Bezugsperson hilft ihm mit der auf ihn bezogenen Feinfühligkeit, die Welt und sich selbst zu verstehen und einen Eindruck von einem Ich und einem Du zu bekommen. Hat ein Kind diese Bezugsperson nicht gehabt und keine sichere Bindung erlebt, war es zudem nicht mit einem positiven Temperament ausgestattet und hat es auch in der Schule keine soziale Förderung erlebt, hindert dies jedoch nicht am Erwerb von Resilienz, wie oben bereits ausgeführt wurde. „Warum wir so sind, wie wir sind, ist ein Mysterium, aber wie wir uns verändern können, keines. Das Wiederholen von gleichen Fehlern ist eine Einladung, etwas in seinem Leben zu verändern. Der weitere Verlauf des Musters einer unfertigen Handarbeit wird nicht durch die Figuren bestimmt, die schon vorhanden sind. Der Weber kann vielleicht nicht bestimmen, welches Material zur Verfügung steht, aber er kann sein Wissen und seine Freiheit geltend machen, um zu bestimmen, was er als Nächstes entwerfen möchte" (Fuhrmann 2013, S. 19).

„In der Kindheit erlebtes Leid und Probleme können zwar das Risiko erhöhen, im Leben ähnliche oder andere Probleme zu bekommen, aber sie sind nicht die Ursache dafür" (Fuhrmann 2013, S. 15). Ursache ist die in der Regel unbewusst getroffene Entscheidung des volljährigen Menschen, in die Opferrolle zu schlüpfen bzw. nicht Chef seines eigenen Lebens werden zu wollen. Aber es ginge auch anders. Was für ein Unterschied. Und was für eine Ambivalenz bei vielen Menschen, wenn sie sich nicht entscheiden. Denn sowohl die Opferrolle als auch die Rolle als Chef des Lebens haben Vor- und Nachteile. Während ich in der Opferrolle keine Verantwortung trage für mein Leben, mein Tun, mein Denken – was zu einem geringen Selbstwertgefühl beiträgt, zu einem weniger gut funktionierenden Immunsystem und auch zu depressiven Phänomenen –, führt die Rolle als Chef zu Selbstverantwortung, die Last und Lust bedeuten kann, zu einem selbstgesteuerten Leben und Selbstbewusstsein. Allerdings ist es oft nicht der bequeme Weg, denn als Chef stehen auch unangenehme Gespräche an, Auseinandersetzungen mit anderen Menschen, die andere Bedürfnisse haben als ich, usw. Ambivalenz ist aber ein großer Krafträuber, sodass Menschen, die bewusst oder unbewusst nicht entscheiden (wollen), oft über Kraftlosigkeit klagen.

Menschen, die sich für den Weg des Lernens entschieden haben, die einen Sinn in dem sehen wollen, was ihnen widerfährt, werden nicht die Opferrolle einnehmen. Damit sind sie resilient, seelisch stark. Sie entscheiden sich bewusst gegen den momentan ggf. bequemeren Weg der Opferhaltung – nirgends sitzt es sich so bequem wie auf dem Opferstuhl –, weil sie wissen, dass er auf Dauer der Weg in die Unzufriedenheit, ggf. in die Depression ist und die Bewältigungsmöglichkeiten in einer traumatisierenden Situation einschränkt.

Somit wird aber auch ein Ziel in der Traumabegleitung klar, nämlich traumatisierte Menschen zu begleiten, stark zu werden und ihre Potenziale zu erkennen und zu leben. Das bedeutet unter anderem, ihnen die oben genannten Zusammenhänge bewusst zu machen, damit sie bewusst Entscheidungen für sich und ihr Leben treffen können.

> **Zum Nachdenken**
> Jetzt haben Sie viel über Resilienz gelesen.
> - Wenn Sie Ihr Leben betrachten: haben Sie es genutzt, um Ihre Potenziale einschließlich Resilienz zu entwickeln?
> - Welche Situationen gibt es gerade jetzt in Ihrem Leben, die Sie als Lernaufgabe und Übungsfeld betrachten können?

Bedeutung von Resilienz

Resilient zu leben, bedeutet, kongruent und authentisch zu leben. Wer resilient lebt, ist nicht abhängig von der Anerkennung anderer. Er erlebt Freiheit, kann vergeben und Dankbarkeit entwickeln. Das gilt für alle Menschen, ob Flüchtling oder nicht.

Authentizität

Wer authentisch lebt, weiß um sein wahres Selbst. Es führt Regie. Es prägt das, was auf der Bühne des Lebens geschieht, drückt ihm seinen Stempel auf. Übernimmt das wahre Selbst die Regie, wird das Leben diese Handschrift tragen, wird so die Persönlichkeit der Person zum Ausdruck kommen. Das bedeutet auch, als ein Original zu leben, da kein anderer Mensch so ist wie man selbst. Und es bedeutet, Fassaden aufzugeben, die etwas vortäuschen, was nicht ist, zum Beispiel Freundlichkeit, wenn im Inneren Verzweiflung und Wut vorherrschen. Fassaden sind tückisch. Sie scheinen Sicherheit zu geben, nehmen aber die Möglichkeit, Liebe zu empfangen. Wird diesem Menschen Liebe entgegengebracht, weiß er nicht, ob sie ihm gilt oder seiner Fassade, und wenn sie der Fassade gilt, kann sie das Innerste des Menschen nicht erreichen, kann seinen „Liebestank" demnach nicht auffüllen. Weiß der Mensch aber, dass die Liebe wirklich ihm gilt, so wie er ist, mit seinen Stärken und Schwächen, füllt sich sein „Liebestank". Entsprechend erfahren authentische Menschen Liebe und sind auch zu tiefer Liebe fähig, und zwar sich selbst und anderen gegenüber.

Authentisch zu leben, bedeutet aber auch, selbstverantwortlich auf seinen eigenen Beinen zu stehen und sich bei Bedarf für eigene Bedürfnisse einzusetzen. Es heißt, sein wahres Selbst anzunehmen, wertzuschätzen und seinem Sein gemäß zu leben, was nicht gleichbedeutend ist mit einem egoistischen oder egozentrischen Leben. Ein authentischer Mensch weiß, was es bedeutet, Hilfe zu suchen und zu bekommen, und er weiß auch, wie wichtig es ist, Hilfe zu geben. Er bringt seine Bedürfnisse damit in Einklang, ist Chef seines Lebens. Das erfordert ein ständiges Arbeiten an sich selbst. Das kostet zwar Kraft, doch es eliminiert auch Krafträuber, wie sie zum Beispiel die Ambivalenz, die Unentschlossenheit darstellt, sodass ein kraftvolles Leben möglich ist.

Freiheit

Wer Chef seines Lebens ist, lebt nicht aus einer Abhängigkeit anderen gegenüber. Er hilft nicht aus dem Wunsch nach Anerkennung heraus, sondern weil er sich entschieden hat, helfen zu wollen. Dann ist es natürlich schön, eine Anerkennung zu bekommen. Doch das Unterbleiben von Lob und Anerkennung führt nicht zu Selbstzweifeln, Grübeln oder Kraftlosigkeit. Dieser Mensch hat es aufgrund seiner eigenen Entscheidung getan. Und damit ist er frei. Es gibt kein Leben in größerer Freiheit als ein authentisches Leben, also das Leben, das in den Menschen hineingelegt wurde, das seinem wahren Selbst entspricht. So verstehe ich auch die Aussage in der Bibel: „Du stellst meine Füße auf weiten Raum" (Psalm 31,9). Wir Menschen sind zur Freiheit geschaffen. Dabei geht es um die innere Freiheit. Die äußere Freiheit kann eingeschränkt sein, die innere ist es nur, wenn ich sie selbst einschränke. Uns Menschen wurde die Freiheit des Willens gegeben. Wenn wir sie nicht nutzen, liegt das an unserer Entscheidung, dies (nicht) zu tun. „Möglichkeiten zur Selbstbestimmung werden uns nicht nur genommen, wir nehmen sie uns auch selbst" (Bauer 2015, S. 11).

An dieser Stelle möchte ich kurz darauf hinweisen, dass es Hirnforscher gibt, die den freien Willen des Menschen leugnen. Eine Auseinandersetzung zu diesem Thema würde den Umfang dieses Buches sprengen. Wer Interesse daran hat, kann zum Beispiel das Buch *Selbststeuerung – Die Wiederentdeckung des freien Willens* des Neurowissenschaftlers Joachim Bauer (2015) lesen und im Gegenzug dazu das Buch *Wie das Gehirn die Seele macht* von Gerhard Roth und Nicole Stüber (2015c). Beide beziehen sich auf ein bestimmtes Experiment, das Libet-Experiment, kommen aber zu unterschiedlichen Schlussfolgerungen. Die Schlussfolgerung von Joachim Bauer deckt sich mit meinem Denken und meinen Erfahrungen. Ich bin überzeugt davon, dass der Mensch über einen freien Willen verfügt. Einen weiteren Unterschied gibt es im Hinblick auf die Bedeutung der Gene bzw. der Epigenetik (Gensteuerung). Hier empfehle ich bei Interesse die Bücher *Der zweite Code – Epigenetik oder: Wie wir unser Erbgut steuern können* von Peter Spork (2014) und *Epigenetik – Wie unsere Erfahrungen vererbt werden* von Bernhard Kegel (2015).

Vergebung

Vergebung ist ein Akt der Selbstfürsorge. Sie ermöglicht, das, was geschehen ist, loszulassen. Und sie ermöglicht, befreit im Hier und Jetzt zu leben. Somit ist sie ein wichtiger Bestandteil eines authentischen Lebens in Freiheit. Was Vergebung bedeutet und wie sie gelingen kann, finden Sie in ▶ Abschn. 6.1.4.

Dankbarkeit

Dankbarkeit ist ein zweischneidiges Schwert. Dankbarkeit kann eine Grundhaltung sein, die mir ermöglicht, jederzeit einen Perspektivenwechsel vorzunehmen. So kann ich mich entscheiden, in einer Situation auf das zu schauen, was schwierig, leidvoll, problematisch ist. Ebenso kann ich aber auch auf das schauen, was in dieser Situation positiv ist, worüber ich mich freuen und dankbar sein kann. Fliehen zu müssen, ist schrecklich. Der Flüchtling kann sich entscheiden, das Schreckliche zu fokussieren, dann wird er sich weder freuen noch Dankbarkeit empfinden können. Er kann sich auch entscheiden, auf das Positive zu sehen, zum Beispiel, dass er nicht allein fliehen musste, dass er etwas zu essen bekommen hat, dass er in der letzten Nacht Schlaf gefunden hat, dass er noch lebt. Das ist nicht leicht. Niemand hat aber je die Zusage auf ein leichtes Leben erhalten. Leben ist Entwicklungszeit. Es geht um die Entwicklung eigener Potenziale, damit ein authentisches Leben, ein Leben in Freiheit möglich wird. Und für jeden Menschen sieht dieses Leben anders aus. Für den Theologen Dietrich Bonhoeffer endete es aufgrund seines Widerstands gegen den Nationalsozialismus mit 39 Jahren bei seiner Hinrichtung 1945 im KZ Flossenbürg. In seiner zweijährigen Gefangenschaft schrieb er zahlreiche Briefe an seine Verlobte Maria von Wedemeyer. Der Brief vom 19.12.1944, also noch nicht einmal vier Monate vor seinem Tod, enthielt sein Gedicht „Von guten Mächten wunderbar geborgen":

> „Von guten Mächten treu und still umgeben
> behütet und getröstet wunderbar, –
> so will ich diese Tage mit euch leben
> und mit euch gehen in ein neues Jahr;
>
> noch will das alte unsre Herzen quälen
> noch drückt uns böser Tage schwere Last,
> Ach Herr, gib unsern aufgeschreckten Seelen
> das Heil, für das Du uns geschaffen hast.

> Und reichst Du uns den schweren Kelch, den bittern,
> des Leids, gefüllt bis an den höchsten Rand,
> so nehmen wir ihn dankbar ohne Zittern
> aus deiner guten und geliebten Hand.
>
> Doch willst Du uns noch einmal Freude schenken
> an dieser Welt und ihrer Sonne Glanz,
> dann woll'n wir des Vergangenen gedenken,
> und dann gehört Dir unser Leben ganz.
>
> Lass warm und hell die Kerzen heute flammen
> die Du in unsre Dunkelheit gebracht,
> führ, wenn es sein kann, wieder uns zusammen!
> Wir wissen es, Dein Licht scheint in der Nacht.
>
> Wenn sich die Stille nun tief um uns breitet
> so lass uns hören jenen vollen Klang
> der Welt, die unsichtbar sich um uns weitet,
> all Deiner Kinder hohen Lobgesang.
>
> Von guten Mächten wunderbar geborgen
> erwarten wir getrost, was kommen mag.
> Gott ist bei uns am Abend und am Morgen,
> und ganz gewiss an jedem neuen Tag."

(Bonhoeffer und von Wedemeyer, 1994, S. 209)

Bei der Dankbarkeit von Dietrich Bonhoeffer handelte es sich jedoch nicht – und das ist die andere, weniger gute Seite des zweischneidigen Schwertes – um eine starre Ausrichtung darauf, in jeder Situation dankbar sein zu müssen. Denn das müssen wir nicht. Manchmal gilt es auch, die Dinge zu verändern. Dankbarkeit kann so gesehen missbraucht werden, um in seiner Komfortzone bleiben und der eigenen Bequemlichkeit frönen zu können. Immer wieder erzählen mir Menschen von schwirigen Situationen, von denen sie gelernt hätten, sie anzunehmen und dankbar dafür zu sein, obwohl es – für einige Menschen sichtbar, für andere nicht – einen anderen Weg gegeben hätte, der sie in ihrer Entwicklung hätte wachsen lassen und der für ihre Gesundheit vermutlich der hilfreichere Weg gewesen wäre, nämlich der Weg der Veränderung. Nicht selten schwingt sogar Stolz mit, wenn sie mir erzählen, dass sie für diese schweren Dinge im Leben dankbar sein können, und sie erwarten Anerkennung dafür. Manchmal gibt es keine Alternative, keine Frage. Dietrich Bonhoeffer konnte sich der Hinrichtung nach seiner Gefangennahme nicht entziehen. Aber nicht alle Schicksalsschläge im Leben sind unveränderbar oder naturgegeben. Und nicht zuletzt aufgrund der Erkenntnisse der Epigenetik, der Gensteuerung, werden uns Menschen immer neue Wege aufgezeigt, wie wir für unsere körperliche und seelische Gesundheit sorgen können. „Zwar gibt es ein biologisches Schicksal, ein genetisches Programm, das Körper und Geist im Griff hat, das mit festlegt, ob wir krankheitsresistent, dick, langlebig, krebsanfällig, umständlich, liebevoll, suchtgefährdet oder besonders schlau sind, doch haben wir dieses Schicksal ein gehöriges Stück weit selbst in der Hand" (Spork 2014, S. 18).

Allerdings ist das Das-Schicksal-ein-gehöriges-Stück-weit-selbst-in-die-Hand-Nehmen nicht leicht. Es gibt Menschen, die lieber eine Tablette nehmen möchten, als zum Beispiel an sich und ihrem Lebensstil zu arbeiten. Hier müssen wir nur daran denken, wie schwer es für viele Menschen ist abzunehmen. Sie wissen genau, was sie tun müssten, nämlich weniger essen und mehr Sport treiben, und tun es dennoch oft nicht. Und genauso gibt es Menschen, die lieber dankbar sein möchten, als an sich und ihrem Lebensstil zu arbeiten. Oder die zwar arbeiten, aber lieber an einer anderen Stelle als an dieser. Das sind in der Regel unbewusst getroffene Entscheidungen, weil es für diese Person in diesem Augenblick bewusst oder unbewusst sinnvoll erscheint. Sie bewusst zu machen, wenn Störungen auftreten, und andere Perspektiven aufzuzeigen, ist unter anderem Aufgabe der Systemischen Therapie. Doch selbst nach der Erkenntnis kann es noch ein sehr weiter Weg sein, den Weg der Veränderung auch zu gehen. Entscheidet sich eine Person jedoch gegen diesen Weg, gilt es auch diese Entscheidung wertzuschätzen.

Echte Dankbarkeit geht mit einer großen Verwandlungskraft einher. Aus den Aufzeichnungen von Bonhoeffer (1998, S. 255) stammt die folgende Aussage: „Je schöner und voller die Erinnerungen, desto schwerer die Trennung. Aber die Dankbarkeit verwandelt die Qual der Erinnerung in eine stille Freude. Man trägt das vergangene Schöne nicht mehr wie einen Stachel, sondern wie ein kostbares Geschenk in sich."

> **Praxistipp**
>
> Ganz wesentlich in der Begleitung von Flüchtlingen ist es, ihr Leid wertzuschätzen. Es ist Teil ihres Lebens und kann nicht weggetröstet werden. Einen wirklichen Trost gibt es nicht dafür. Aber sie auf dem Weg der Veränderung zu begleiten, damit sich die Qual der Erinnerung wandeln kann und den Stachel verliert, dazu können Sie als Mitarbeiter in Flüchtlingseinrichtungen beitragen.

> **? Zum Nachdenken**
> - Wie sieht es in Ihrem Leben mit echter Dankbarkeit aus?
> - Können sich die Flüchtlinge Sie zum Vorbild nehmen?

3.1.2.2 Bindung

Das Thema Bindung wurde bereits kurz erwähnt. Dem Thema Bindungsaufbau ist sogar ein eigenes Kapitel in diesem Buch gewidmet (▶ Kap. 5), weil es das Fundament der Traumabegleitung darstellt. Doch warum ist Bindung so wichtig? Darum soll es in diesem Kapitel gehen.

Was ist Bindung überhaupt? Von Bindung im Kindesalter spricht man, wenn sich zwischen Kind und primärer Bezugsperson, also meist der Mutter, eine Bindungsbeziehung entwickelt hat. Die Biologie der Bindung ist ein Bindemittel, das Sigmund Freud als „Klebrigkeit" der frühen Mutter-Kind-Beziehung bezeichnet hat. Vorläufer oder Basis der psychologischen Bindung und der damit einhergehenden Emotionen ist die psychobiologische Abstimmung zwischen Mutter und Kind. Säuglinge können negative Zustände nur kurz aushalten. Sie brauchen ihre Mutter zur Zustandsregulierung. Über die Mutter lernen sie, dass Negatives ausgehalten und bewerkstelligt werden kann (vgl. Schore 2007, S. 34). Dafür ist aber wichtig, dass die Mutter lernt, sich weniger auf das offen gezeigte Verhalten ihres Kindes einzulassen „als vielmehr auf das Widerspiegeln seines inneren Zustandes (…). Gleichzeitig muss sie ihre eigenen inneren Signale überwachen" (Schore 2007, S. 33; vgl. auch Containing und Co-Regulation in ▶ Abschn. 5.3.2). „Die Resilienz eines kleinen Kindes besteht in der Fähigkeit von Kind und Eltern, den Übergang von einem positiven zu einem negativen und zurück zum positiven Affekt zu bewerkstelligen (Demos 1991, S. 3–22). Widerstandsfähigkeit angesichts von Stress ist ein bedeutsamer Indikator der

Tab. 3.2 Entwicklung einer personenspezifischen Bindung nach Bowlby (1984) und Ainsworth et al. (1978) in den ersten beiden Lebensjahren. (Nach Rauh 2002, S. 197)

Phase	Alter	Bindung(-sverhalten)
Vorphase	Bis 6. Lebenswoche	Bindungsperson kann beliebig wechseln, da der Säugling noch nicht an eine spezifische Person gebunden ist. Er richtet seine Signale ohne Unterschied der Personen an die Umwelt.
Personenunterscheidende Phase	7. Woche bis 6. Monat	Der Säugling wendet sich mit seinem Bindungsverhalten und seinen Signalen bevorzugt einer Person bzw. einigen spezifischen Personen zu.
Phase der eigentlichen Bindung	7. Monat bis Ende des 2. Lebensjahres	Bindungen festigen sich; es bildet sich Sicherheit, auch wenn die spezifische Bindungsperson des Kindes nicht zu sehen ist (Bindungssicherheit). Je sicherer die Bindung, desto mehr kann das Kind explorieren, also neugierig seine Welt entdecken (Individuationsphase).
Phase der zielkorrigierten Partnerschaft	Ab Beginn des 3. Lebensjahres	Das Kind versucht, Einfluss zu nehmen auf das Verhalten der Bezugsperson.

Bindungsfähigkeit (Greenspan 1981)" (Schore 2007, S. 35) und ein ganz wichtiger Faktor bei der Bewältigung möglicher traumatisierender Ereignisse.

Bindungsentwicklung

Die Bindungstheorie, wie wir sie heute kennen, ist auf den britischen Kinderpsychiater John Bowlby und die kanadische Psychologin Mary Ainsworth zurückzuführen. Sie geht davon aus, dass Bindung zu den motivationalen Systemen gehört, also ein Grundbedürfnis darstellt. Sie unterscheidet vier Phasen der Bindung (◘ Tab. 3.2).

Bedeutung von Bindung

Welche Bedeutung hat Bindung für Kinder und später für den Erwachsenen?
- Bindung sichert Kindern das Überleben.
- Sichere Bindungen erlauben das Explorieren (Forschen, Auskundschaften).
- Frühe Bindungserfahrungen und die daraus resultierenden Bindungstypen haben Auswirkungen ins Erwachsenenalter hinein und prägen das Verhalten einschließlich Partnerwahl.
- Zudem hat Bindung eine große Bedeutung für die Entwicklung menschlicher Gehirne (s. unten).

Bindung sichert Kindern das Überleben

„Bindung ist für das Überleben eines Menschen so grundlegend wie etwa Luft zum Atmen, Ernährung, Schlaf" (Brisch 2008, S. 89). Ohne Bindung kann ein Säugling nicht überleben. Die primäre Bindungsperson müssen nicht Mutter oder Vater sein, es muss noch nicht einmal eine genetische Verwandtschaft vorliegen. Es geht allein um „das emotionale Band, das sich während der Kindheit entwickelt, dessen Einfluss aber nicht auf diese frühe Entwicklungsphase beschränkt ist, sondern sich auch auf alle weiteren Lebensabschnitte erstreckt. Somit stellt Bindung während des ganzen Lebens und bis ins Alter hinein eine emotionale Basis dar" (Parkes et al. 1991, zit. nach

Brisch 2011, S. 34). Es geht darum, für den Säugling in den ersten zwei Lebensjahren zu einem „sicheren emotionalen Hafen" zu werden. Die primäre Bindungsperson hilft dem Säugling bei der Affektregulation, insbesondere den Umgang mit negativen Zuständen. Der Säugling vertraut darauf, dass seine Bindungsperson dafür sorgen wird, dass der Zustand Hunger nicht lange anhält, wenn er ihn empfindet, ebenso der Zustand Müdigkeit, Überforderung usw. Dann kann sich kindliche Resilienz entwickeln als Basis für die individuellen Bewältigungsmöglichkeiten bei einem möglichen traumatischen Ereignis.

Fehlt Bindung oder geht die primäre Bindungsperson nicht feinfühlig auf die Bedürfnisse des Säuglings ein, fehlt ihm der sichere emotionale Hafen und erlebt er die Welt als bedrohlich. Der Säugling bekommt beispielsweise Todesangst, weil er nicht weiß, ob sein Bedürfnis nach Nahrung erfüllt wird und er vielleicht verhungern muss. Ebenso hilflos ausgeliefert fühlt er sich, wenn er dringend Schlaf braucht und das durch Weinen ankündigt, die Bindungsperson dies jedoch nicht bemerkt, sondern das Weinen ggf. sogar noch als Langeweile interpretiert. Auf diese Weise können schon sehr früh kindliche Traumatisierungen entstehen, was mit dem Ausbleiben von kindlicher Resilienz verbunden sein kann. Damit verfügen diese Kinder in der Regel nicht über ausreichende Bewältigungsmöglichkeiten im Falle einer möglichen traumatisierenden Situation.

Bei Müttern in Deutschland und Österreich besteht hinsichtlich des Weinenlassens ihres Kindes oft eine große Unsicherheit. Nicht selten wird ihnen gesagt, dass sie ihr Kind ruhig weinen lassen sollen, um es nicht zu verwöhnen. Dieses Denken ist ganz wesentlich auf Johanna Haarer zurückzuführen, eine deutsch-österreichische Medizinerin und Autorin von Erziehungsbüchern, die sich an der NS-Ideologie ausrichtete und zum Maßstab der deutsch-österreichischen Erziehung wurde. Kinder sollten „gute und makellose Deutsche" sein, wozu auch gehörte, stets Stärke zu zeigen und nicht zu weinen. Die Bücher von Johanna Haarer fanden auch nach dem 2. Weltkrieg weite Verbreitung. Der Titel *Die deutsche Mutter und ihr erstes Kind* (Haarer, 1934) kann sogar heute noch unter dem Titel *Die Mutter und ihr erstes Kind* (Haarer, 1996) bei Amazon bestellt werden (Stand 12/2015). Wer mehr dazu erfahren möchte, dem empfehlen wir das Buch *Adolf Hitler, die deutsche Mutter und ihr erstes Kind – Über zwei NS-Erziehungsbücher* (Chamberlain 2010). Das Gegenteil von der vom Nationalsozialismus geprägten Pädagogik ist eine Pädagogik, die auf Feinfühligkeit basiert, wie sie in ▶ Abschn. 5.3 beschrieben wird. Dabei hat Feinfühligkeit nichts mit Verwöhnen zu tun, vor dem so viele Mütter Angst haben. „Feinfühligkeit unterscheidet sich von Verwöhnen und Überbehüten dadurch, daß feinfühlige Eltern ihr Kind in seiner zunehmenden Selbständigkeit und seiner wachsenden Kommunikationsfähigkeit fördern" (Brisch 2011, S. 47).

Hier wird deutlich, dass Erziehung immer auch kulturabhängig ist. Die deutsche Bevölkerung war – geprägt durch die Kleinstaaterei – gekennzeichnet von einem gebrochenen Willen und dem Wunsch nach Gehorsam und Vermeidung unangenehmer Konsequenzen, was damit einherging, seine Bedürfnisse erst gar nicht zu spüren bzw. sie zu unterdrücken und so keine gesunde Beziehung zu ihnen zu haben. Im Leitfaden für britische Soldaten in Deutschland 1944 ist zu lesen: „Die Deutschen haben viele gute Eigenschaften. (…) Doch seit Jahrhunderten sind sie daran gewöhnt, sich Autoritäten zu fügen – nicht etwa, weil sie ihre Herrscher für weise und gerecht hielten, sondern weil ihr Gehorsam mit Gewalt erzwungen wurde. Die alte preußische Armee – wie auch die Naziarmee – haben mit Absicht die Moral der Rekruten gebrochen. Sie wurden zu stumpfsinnigen und erniedrigenden Dingen gezwungen, um ihr Selbstbewusstsein zu zerstören und sie in widerspruchslose Kampfmaschinen zu verwandeln" (The Bodleian Library, S. 28). Darauf war auch die Pädagogik von Johanna Haarer ausgerichtet. Entsprechend verunsichert waren und sind teilweise noch immer deutsche Mütter, wenn sie das Bedürfnis verspüren, zu ihrem Kind zu gehen, wenn es weint, und es auf den Arm zu nehmen, um es Nähe spüren zu lassen. Es ist ihr grundeigenes Bedürfnis, doch ist es richtig? Statt sich zu fragen, was für sie richtig ist, was sie spüren, wie sie mit ihrem Kind umgehen möchten, fragen sie danach, was andere meinen. Dann mag es etwas geben, was für die gefragten Anderen richtig ist. Aber was ist mit den vielen Menschen, die nicht gefragt worden sind? Vielleicht hätten diese ja eine ganz andere Meinung? Was ist überhaupt „richtig" oder „falsch", was ist die „Wahrheit"? Und wie sieht es mit anderen Kulturen aus, mit Kulturen, die es anders machen als die deutsche? Wenn sich eine Frau aus Syrien oder Afghanistan sofort ihrem Säugling zuwendet, wenn er weint, ist das dann falsch? Und wie gehe ich als Mitarbeiter in Flüchtlingseinrichtungen mit den unterschiedlichen Wahrheiten um? Eine mögliche Antwort auf diese Frage finden Sie in ▶ Abschn. 6.1.1.

Wie wichtig Bindung – und als Basis für Bindung ein guter Umgang mit Gefühlen – für Kinder ist, zeigt auch das Experiment von Kaiser Friedrich II. im 13. Jahrhundert im Rahmen seiner Suche nach der „Ursprache" des Menschen. Er forderte die Ammen auf, körperlich gut für die für das Experiment ausgewählten Kinder zu sorgen, ohne jedoch zu sprechen oder auf emotionaler Ebene aktiv zu sein. Das Ergebnis: Alle starben. Sprache und emotionale Interaktionen mit dem Kind sind für das Kind somit überlebenswichtig. Und wie wir noch sehen werden, beeinflusst Bindung sogar die Hirnentwicklung. Aber auch hier die gute Botschaft: Für Veränderungen ist es nie zu spät. Das Gehirn kann auch im fortgeschrittenen Alter noch lernen. Dementsprechend steht in der Begleitung von traumatisierten Flüchtlingen der Bindungs- und Vertrauensaufbau an oberster Stelle.

> **Praxistipp**
>
> Beim Bindungs- und Vertrauensaufbau geht es nicht um Methoden, sondern um die Haltung der Bindungsperson bzw. des Traumabegleiters dem traumatisierten Menschen gegenüber. Sie ist nicht vorgegeben oder genetisch bedingt, sondern jederzeit veränderbar, wenn die Person dies möchte und einüben will.

Sichere Bindung erlauben das Explorieren

„Gipfelstürmer brauchen ein Basislager" (Bowlby 1972, S. 6; vgl. auch Bowlby 2010). Dieses Basislager stellen Eltern für ihr Kind dar. Von hier aus versucht das Kind, neugierig sich selbst und seine Welt zu erkunden in dem Wissen, dass es jederzeit in sein Basislager zurückkehren kann, wenn es etwas als bedrohlich erlebt. Im Basislager bekommt es Trost, Nahrung und Schlaf. Hat es Angst, darf es diese äußern und wird wertschätzend aufgefangen. Hier wird es bewusst so wahrgenommen, wie es ist. Es darf Fehler machen und selbstwirksam sein. Bei Gefahr im Verzug fangen die Eltern die fehlgeschlagene Expedition jedoch auf. Sie tun es aber wirklich nur dann, wenn Gefahr im Verzug ist und das Kind diese noch nicht richtig einschätzen kann. Ansonsten lassen sie ihre Kinder Risiken wagen und vertrauen ihnen. So lernt das Kind seine eigenen Stärken und Schwächen kennen und seine Grenzen, aber auch die Grenzen anderer. Je älter es wird, desto mehr entwickelt es seine eigene Wahrheit davon, wie die Welt funktioniert, und ist zunehmend weniger auf die Wahrheiten seiner Eltern angewiesen, bis es erwachsen ist und seiner Wahrheit folgend sein Leben leben kann.

Spürt das Kind das Vertrauen seiner Eltern nicht oder muss es erfahren, dass seine Bindungsperson es nicht bewusst wahrnimmt, es nicht wirklich „sieht", dann muss es seine Erkundigungen einstellen bzw. beginnt erst gar nicht damit. Weil es weiß, dass es seine Bindungsperson zum Überleben braucht, liegt sein Hauptaugenmerk darauf, wo seine Bindungsperson ist, wie es ihr geht, ob es sie stärken und/oder ob es sein Verhalten ändern muss, damit die Bindungsperson nicht auf die Idee kommt, es zu verlassen, oder unfähig wird, für das Kind zu sorgen. Stellen Sie sich vor, Ihre Tochter hätte Sie versehentlich im Keller eingeschlossen und keiner weiß, wo Sie sind. Da entdeckt Ihre Tochter beim Spielen das offene Kellerfenster und schaut neugierig hinein.

An ihr liegt es nun, dass Sie gefunden werden. Wie werden Sie sich verhalten? Werden Sie sich wegdrehen und sich auf sich und Ihre Gefühle konzentrieren? Oder werden Sie Ihrer Tochter ins Gesicht schleudern, wie schlecht es Ihnen geht und dass sie an allem schuld ist? Wäre die Gefahr da nicht zu groß, dass sie weggeht und Sie allein im Keller zurücklässt? Oder werden Sie versuchen, erst einmal ihre Aufmerksamkeit auf sich zu lenken und alles zu tun, damit sie bleibt bzw. Hilfe holt? So geht es auch den Kindern, die sich nicht gesehen fühlen. Sie richten ihre ganze Aufmerksamkeit auf ihre Eltern, um versorgt zu werden, um zu überleben. Dabei können sie nicht wählerisch sein. Ob die Eltern es auch anders machen könnten, darum geht es nicht. Es geht ums Überleben. Schwierig wird es jedoch, wenn die Eltern sagen, dass sie ihr Kind sehen, es sich aber nicht gesehen fühlt. Hier kann das Gefühl entstehen, falsch zu sein. Und nicht wenige Eltern, die davon ausgehen, ihr Kind wirklich zu sehen, befinden sich unbewusst in ihrer eigenen Welt. Das kann zum Beispiel bei Eltern der Fall sein, die selbst traumatisiert wurden, oder bei süchtigen Eltern oder auch bei Eltern mit geringem Selbstwertgefühl, denen ihr Kind unbewusst weniger wichtig ist als beispielsweise das, was andere sagen. Diese Kinder können kaum oder gar nicht explorieren, mit all den damit verbundenen Nachteilen. Hinzu kommt, dass sie sich fragen, was an ihnen falsch ist, weil sie etwas nicht bekommen, von dem sie tief im Inneren wissen, dass sie es bräuchten. Die Kinder suchen den Fehler bei sich, sodass sich auch ihr Selbstwertgefühl nicht gut entwickelt. Damit können sie kaum Resilienz aufbauen – es sei denn, die anderen Resilienzfaktoren kommen ins Spiel und sie holen sich an anderer Stelle in gesunder Weise das, was sie brauchen, zum Beispiel mithilfe ihres positiven Temperaments.

Was bedeutet das für die Arbeit mit traumatisierten Flüchtlingen? Zum einen bedeutet es, den Erwachsenen die Möglichkeit zu bieten, resilienter zu werden, indem sie neue und gute Bindungserfahrungen machen und Stabilität sowie Sicherheit gewinnen (▶ Kap. 5, 6 und 7). Haben die Flüchtlinge selbst Kinder, geht es weiterhin darum, die Eltern zu unterstützen, ihre Kinder auch wirklich zu sehen und mit ihnen eine Bindungsbeziehung eingehen zu können. Dabei kommt Ihnen als Begleiter eine große Bedeutung zu (▶ Abschn. 5.3.2). Aber nicht nur das: Zur Wirkung kommt auch das sogenannte Priming. Worum geht es dabei?

Wie wir Menschen etwas verarbeiten, hat unter anderem mit dem zu tun, was wir kurz vorher erlebt haben, unabhängig davon, ob es uns bewusst ist oder nicht. Das nennt man Priming. „Der Begriff beschreibt die Tatsache, dass Worte, Bilder oder Szenen beim Menschen zu einer inneren Voraktivierung führen, die seine nachfolgenden Verhaltensweisen in einer bestimmten Weise beeinflussen" (Bauer 2015, S. 99). Es macht viel Sinn, in der Begleitung von traumatisierten Flüchtlingen auf diese Voraktivierungen zu achten, insbesondere in Ihren Gesprächen bzw. in Ihrem Verhalten den Flüchtlingen gegenüber oder bei der Vermittlung deutscher Begriffe. Bringen Sie den Flüchtlingen deutsche Wörter bei wie Freundschaft, Liebe, Gerechtigkeit, Nahrung, Höflichkeit, Kraft, Geduld, Danke, ist die Beeinflussung eine positive, stärkende. Verwenden Sie jedoch häufig die Begriffe Schmerzen, Hunger, Ärger, Ungerechtigkeit, Krieg, stellen sich die Menschen auf etwas Negatives ein, verschließen sich eher und sind weniger leistungsstark (vgl. Bauer 2015, S. 100).

Frühe Bindungserfahrungen wirken ins Erwachsenenalter hinein

Säuglinge entwickeln anhand der in ihrer Kindheit gemachten Bindungserfahrungen Bindungsmuster und innere Bindungsrepräsentationen, die – sofern keine neuen, anderen Bindungserfahrungen hinzukommen – ins Erwachsenenalter hinein wirken (◘ Tab. 3.3). Mit anderen Worten: So wie ein Kind Bindung erlebt hat, so ist sie für dieses Kind auch. Das ist seine Wahrheit von Bindung. Und mit diesem Bild bzw. Muster von Bindung geht es auf andere Menschen zu und überträgt es auf andere Beziehungsgestaltungen einschließlich Partnerschaft.

Der Mensch ist ein Beziehungswesen, er wurde auf Bindung hin angelegt. Bauer (2015, S. 119) sagt sogar, dass eine der stärksten Drogen für den Menschen der andere Mensch sei. Das hat eine

Tab. 3.3 Bindungsmuster und Bindungsrepräsentationen. (Nach Brisch 2014; Westickenberg 2013)

Bindungsmuster (Kinder)	Erfahrungen als Kind	Auswirkungen	Bindungsrepräsentationen (Erwachsene)
Sicher	Eltern sind verfügbar, gehen feinfühlig und wertschätzend auf Bedürfnisse des Kindes ein, „sicherer emotionaler Hafen"	Diese Menschen zeigen – Bindungsverhalten – Emotionale und soziale Kompetenzen – Selbstreflexive Fähigkeiten	Sicher-autonom
Unsicher-vermeidend	Wenig wertschätzende Beziehung, Eltern gehen kaum auf kindliche Bedürfnisse ein, Kind fühlt sich von Eltern zurückgewiesen	Bindung wird häufig vermieden Das Leben ist schmerzhaft. Je ungestörter und zurückgezogener man lebt, desto besser ist es auszuhalten Distanziertheit Oft Anpassung Kaum Gefühle nach außen; innen – oft auch unbewusst – Wut und Enttäuschung Abwertung oder Idealisierung der Beziehung zur Bindungsperson Oft keine konkreten Erinnerungen an Kindheit	Unsicher-distanziert
Unsicher-ambivalent	Eltern senden widersprüchliche Botschaften, zum Beispiel mal große Nähe, dann wieder Zurückweisung, gehen ohne erkennbaren Zusammenhang mal auf kindliche Bedürfnisse ein, dann wieder nicht	Bindung wird permanent gesucht und schnell eingegangen Hohe Emotionalität und intensives Ausdrücken von Gefühlen, geringe Fähigkeit zur Regulation von Gefühlen Geringe Stresstoleranz Überschwemmung mit Details von Erinnerungen an Kindheit mit widersprüchlichen Aussagen	Unsicher-verstrickt
Desorganisiert	Eltern senden unterschiedliche, für das Kind oft bedrohlich empfundene Botschaften, ggf. Unfall, Trennungen, Verlust, Missbrauch, Misshandlungen	Bindung wird gesucht, jedoch kontrollierend, auf Misstrauen beruhend, deshalb oft nicht gelingend Wenig konstruktive Emotionsregulation, oft Affektüberschwemmungen, danach oft Rückzug Angst Feindseligkeit gegenüber anderen, auch virtuellen anderen Missbräuchliche Verhaltensmuster Dissoziative Phänomene	Unsicher bei ungelöstem Trauma

gute Seite, nämlich die, dass Sie als Begleiter von Flüchtlingen eine enorme Wirkung auf diese Menschen haben und ihnen viel Gutes tun können. Die andere Seite ist die, dass Menschen, die keine sichere Bindung an einen Menschen erleben, diese Bindung an anderer Stelle suchen. Wo? Hier wurde im Amerikanischen die Bezeichnung „BEEPS" geprägt (Khouri 2007):

- B (Behaviour): Bindung an ein Verhalten, zum Beispiel an die Arbeit.
- E (Events): Bindung an Events, an besondere Ereignisse, die Suche nach dem Kick.
- E (Experiences): Bindungen an immer neue und aufregende Erfahrungen, zum Beispiel beim Sex.
- P (People): Bindung an Personen, und zwar viele Personen, zum Beispiel auf der Suche nach Anerkennung.
- S (Substances): Bindung an Substanzen, zum Beispiel Alkohol, Drogen, Tabletten.

Der Mensch sucht Bindung. Ist kein Mensch da, kann sich die Sehnsucht danach in eine Sucht verwandeln. Menschen, die ohne eine sichere Bindung leben, sind von daher einer erhöhten Suchtgefahr ausgesetzt. Westickenberg (2013) schreibt dazu: „Die Verbindung von Bindungsschmerz und BEEPS führen zu absoluter Unfähigkeit, das Problem zu bewältigen: ganz egal, wie sehr wir uns anstrengen, unser Leben ist aus der Kontrolle geraten."

Bindung und Gehirnentwicklung

Jetzt kommen wir zu einem weiteren ganz wesentlichen Aspekt, warum Bindung im Rahmen der Traumabegleitung so wichtig ist. Bindung beeinflusst nämlich unsere Gehirn- und darüber unsere Resilienzentwicklung, die wiederum Auswirkungen hat auf unsere Bewältigungsmöglichkeiten bei möglichen traumatischen Ereignissen.

Das Gehirn verfügt über ein Basis- und Triebsystem sowie den präfrontalen Cortex. Letzterer hat die Aufgabe einer Top-down-Kontrolle, der Selbstkontrolle. Er kann diese Funktion jedoch erst ausüben, wenn er sich entwickeln durfte, was unter guten Voraussetzungen in den ersten 20 Lebensjahren geschieht. Gute Voraussetzungen bedeuten in diesem Fall, dass die Kinder und Jugendlichen angehalten werden, Gebrauch von ihm zu machen, ansonsten wird er sich nicht entwickeln können. Um den präfrontalen Cortex, zu dem auch der orbitofrontale Cortex gehört (◘ Abb. 3.1), entwickeln und sich selbst kontrollieren zu können, bedarf es jedoch eines Selbst. Wo kein Selbst ist, kann es logischerweise auch keine Selbststeuerung geben. Somit beginnt die Entwicklung des präfrontalen Cortex mit der Entwicklung eines Selbst, mit dem Wissen von einem Ich und von einem Du. Und hier kommt die Bedeutung von Bindung ins Spiel. „Nur in dyadischen Situationen zwischen Säugling oder Kleinkind einerseits und jeweils *einer* Bezugsperson andrerseits erhält der Winzling die für ihn unersetzlichen, auf ihn ganz individuell abgestimmten Resonanzen, die ihm zu einer Orientierung über sich selbst verhelfen und in ihm einen ersten Eindruck von dem entstehen lassen, was ein Ich und was ein Du ist. Bei dieser faszinierenden Entwicklung ist der Präfrontale Cortex mit von der Partie" (Bauer 2015, S. 48).

Ohne eine sichere Bindung ist die Entwicklung des präfrontalen Cortex und damit die Fähigkeit zur Selbstkontrolle, die wiederum Voraussetzung ist für Resilienz, also nur schwer möglich. Hat ein Mensch als Säugling keine sichere Bindung erfahren, ist es umso wichtiger, dass er sie später in seinem Leben erfährt, damit sich sein präfrontaler Cortex weiterentwickeln kann. Das gilt insbesondere auch für traumatisierte Menschen. Hier bedarf es sehr viel Geduld, da diese Menschen die Welt als feindlich erlebt und Misstrauen entwickelt haben. Beziehungs- und Vertrauensaufbau ist für beide Seiten Arbeit, zumal der traumatisierte Mensch aufgrund unsicherer Bindungserfahrungen in seiner Affektregulation eingeschränkt ist. Sein Gehirn konnte sich aufgrund fehlender bzw. mangelnder Gehirn-zu-Gehirn-Interaktionen, die sich im Kontext einer intimen, positiven affektiven Beziehung ereignen, nicht optimal entwickeln

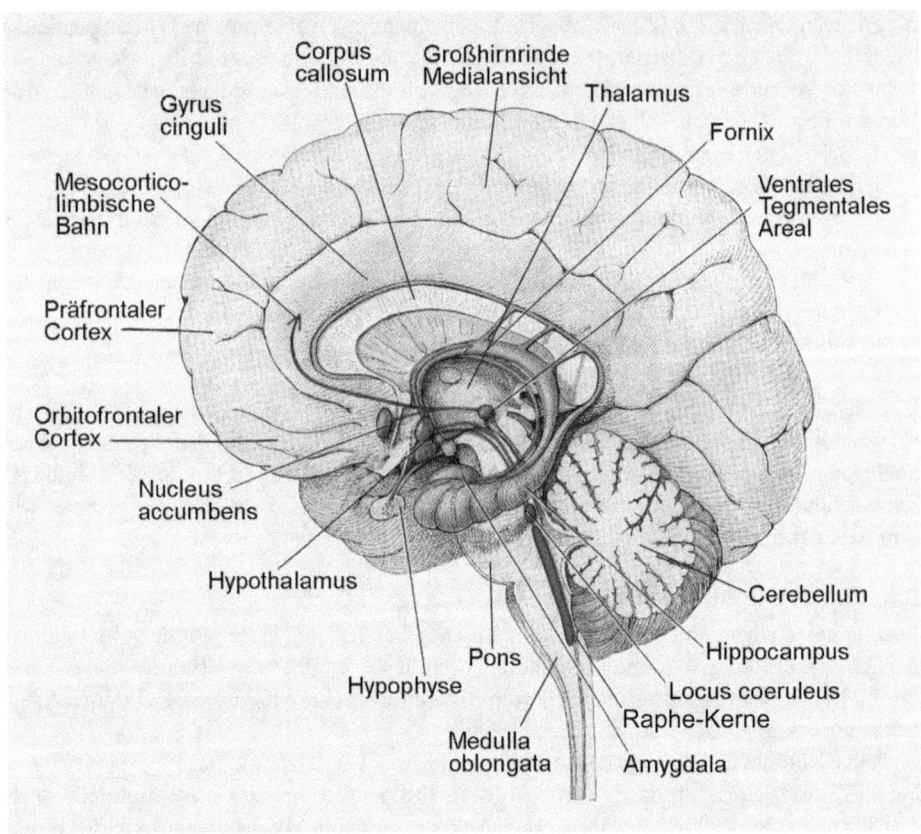

◘ Abb. 3.1 Das limbische System. (Roth 2015b)

(vgl. Schore 2017, S. 66). Entsprechend hat das Basis- und Triebsystem oft die Oberhand, das gekennzeichnet ist von eigenen Wünschen, Bequemlichkeit sowie Abneigung gegen Schmerzen und andere unangenehme Empfindungen. Das alles werden Sie auch erleben, wenn sie Flüchtlingen mit traumatischen Erfahrungen begegnen. Das heißt aber nicht, für alle Verhaltensweisen Verständnis aufzubringen und seine eigenen Gefühle, zum Beispiel Ärger darüber, nicht äußern zu dürfen. Im Gegenteil. Sie dürfen den Flüchtlingen neue Bindungserfahrungen ermöglichen, und das beinhaltet, ihm bei seiner Affektregulation zu helfen, was wiederum Annahme und Zuwendung voraussetzt, und ihm Raum zu geben, ein Selbst zu entwickeln als Basis für Selbstwert, Selbstregulation, Selbstkontrolle, Resilienz. Allerdings können Sie das keinem Menschen aufdrängen. Der Betroffene muss die Entscheidung treffen, sich verändern zu wollen, eine Bindungs- und Vertrauensbeziehung mit Ihnen aufbauen und eingehen zu wollen, was oft erst im Rahmen einer längeren Begleitung möglich ist.

3.2 Wie entsteht ein Trauma?

„Ein Trauma entsteht, wenn die integrative Kapazität des Gehirns durch toxischen Stress überfordert ist. Dann schalten sich Vorderhirn und Hippocampus ab, und man reagiert als Instinktwesen mit archaischen Verteidigungsreaktionen" (Huber 2014a).
  Was bedeutet das?

Beginnen wir mit der integrativen Kapazität des Gehirns. Wir Menschen sind permanent Sinnesreizen ausgesetzt, auf die wir reagieren, um uns angemessen verhalten zu können. Bevor wir reagieren können, muss das Gehirn die wahrgenommenen Reize jedoch erst einmal einordnen, das heißt integrieren. Unser Gehirn muss also erst einmal den Sinn erfassen, ehe eine angemessene Reaktion erfolgen kann. Auf diese Weise befindet sich das Gehirn in einem organisierten Zustand (vgl. Ayres 2013, S. 19). Was im Falle eines traumatisierten Menschen außerdem von Bedeutung ist: Der Körper des Menschen hat die Fähigkeit, auch *unbewusst* Reize wahrzunehmen und seelische und biologische Reaktionen in Gang zu setzen (vgl. Bauer 2009, S. 15), zum Beispiel in Form von Alarmreaktionen bei Stress.

Stress tritt dann auf, wenn der Mensch mehr leisten muss, als seine Kräfte hergeben. Im positiven Sinn bzw. im Sinne einer positiven Herausforderung spricht man von Eustress. Wenn die Situation jedoch als unangenehm und bedrohlich empfunden wird, von Disstress. Eine Form des Disstresses ist der toxische (giftige) Stress, der durch dramatische Lebensereignisse ausgelöst wird, sofern die Person über keine funktionierenden Unterstützungssysteme verfügt. Auch hier gilt: Nicht das Lebensereignis selbst macht krank, sondern der dadurch verursachte Stress aufgrund fehlender Bewältigungsmöglichkeiten.

3.2.1 Stressreaktionen

Was passiert bei Stress in unserem Körper, und warum kann er toxisch wirken?

Das menschliche Gehirn ist in der Lage, Erlebniseindrücke in biologische Signale umzuwandeln (vgl. Bauer 2009, S. 10). Über diese Signale werden in einer Anspannungssituation zwei Stressreaktionen ausgelöst: In einer ersten Reaktion werden Noradrenalin im Locus coeruleus (◘ Abb. 3.1) im Hirnstamm und Adrenalin im Nebennierenmark aktiviert. „Dies führt im Bruchteil einer Sekunde zu einer Erhöhung des Muskeltonus, der Reaktionsbereitschaft und der Aufmerksamkeit. (...) Hält die Belastung an, so lösen Adrenalin und Noradrenalin ihrerseits die zweite und langsamer verlaufende Stressreaktion aus" (Roth 2015a). Diese beginnt mit der Aktivierung des Gens Corticotropin-Releasing-Hormon (CRH). Es wirkt zum einen auf den Locus coeruleus, der mit einer erhöhten Freisetzung des Noradrenalins reagiert. Zum anderen setzt die Aktivierung des CRH-Gens folgende Kettenreaktion in Gang: Zunächst wird es an die Hypophyse (◘ Abb. 3.1) weitergeleitet. Dort wird durch das CRH ein anderes Gen angeschaltet, dessen Produkt das adrenocorticotrope Hormon (ACTH) ist. Dieses wird in den Blutkreislauf freigesetzt und veranlasst die Nebennierenrinde zur Bildung von Cortisol. Nun gelangt auch das Cortisol in die Blutbahn und auf diesem Weg ins Gehirn. Hier wirkt es auf andere Gene als An-/Ausschalter. Zum einen mobilisiert es den Stoffwechsel, damit der Mensch leistungsfähiger wird. Zum anderen wirkt es in den Zellen des Abwehrsystems (Immunsystems) auf zahlreiche Immunbotenstoffe hemmend, die nun nicht mehr in ausreichender Menge hergestellt werden können, beispielsweise die Interleukine. Das führt zum Beispiel zu einer verzögerten Wundheilung bei seelisch belasteten Menschen. Aber nicht nur das. Durch die allgemeine Schwächung des Immunsystems kommt es zu einer größeren Anfälligkeit für bestimmte Erreger wie Herpes- und Erkältungsviren. Gleichzeitig behindert Cortisol die Abwehr dieser Erreger, sodass trotz der Infektion zum Beispiel kein Fieber auftritt. Und auch Krankheiten, die nicht durch Stress verursacht werden, scheinen in ihrem Verlauf ungünstiger zu sein (vgl. Bauer 2009, S. 25–30).

Das ist aber noch nicht alles. So aktiviert Cortisol bei stärkerem Stress bestimmte Gene im Gehirn, die mitverantwortlich sind dafür, dass der Mensch Verhaltensweisen zeigt, die ihn aus der Gefahrenlage bringen sollen, also Flucht oder Angriff. Zugleich hemmt es Gene, die für die Ausschüttung von CRH und ACTH verantwortlich sind, wodurch es nach der Anspannungssituation zu einer Normalisierung des Cortisolspiegels im Blut kommt (vgl. Roth 2015a).

> **Praxistipp**
>
> Flüchtlinge sind massivem Stress ausgesetzt. Viele von ihnen stehen – je nach Bewältigungsmöglichkeiten – unter dem Einfluss von Cortisol. Diese Menschen haben häufiger mit Infektionen zu tun bzw. mit erst einmal unerklärlichen Symptomen/ Krankheitsbildern, ohne unbedingt krank zu wirken. Zudem ist die Heilung ihrer Wunden oft verzögert.
> Hier ist es wichtig, die Betroffenen ernst zu nehmen, insbesondere dann, wenn eine Infektion ohne Fieber einhergeht. Diese Menschen markieren in der Regel nicht.

3.2.1.1 Sinn der Stressreaktionen

Bei der Stressreaktion wird der ganze Körper des Menschen aktiviert, um den Menschen auf Flucht oder Kampf einzustellen. Das ist der Sinn der Stressreaktion.

Stellen Sie sich vor, Sie machen Urlaub in Kenia. Auf einer Safari in einem der Nationalparks sehen Sie sich auf einmal einem Löwen gegenüber. Nun wird Ihr Körper in Sekundenschnelle auf Flucht oder Angriff programmiert. Ohne dass Sie lange überlegen können, reagiert Ihr Herz-Kreislauf-System und werden Ihre Muskeln besser mit Blut versorgt. Unwichtig sind jetzt Schlafen, die Verdauung, das Immunsystem, das Sexualleben, der Wunsch, auf die Toilette zu gehen, oder langes Nachdenken über die Situation. Es geht um Leben und Tod.

Damit Sie aber tatsächlich reagieren, müssen Sie die Situation zuvor als gefährlich bewertet haben. Die Bewertung einer Situation findet im Bruchteil von Sekunden aufgrund individueller Vorerfahrungen des Einzelnen statt. Dabei handelt es sich um gespeicherte Gedächtnisinhalte in Nervenzellnetzwerken, die vom linken und rechten Hippocampus abgelegt werden (das Zusammenspiel der rechten und linken Hirnhälfte erfolgt durch den Gyrus cinguli). Fällt die Bewertung so aus, dass Gefahr besteht – und die Bewertung basiert ganz wesentlich auf den früher gemachten Erfahrungen, nicht auf „objektiven Kriterien", weshalb es auch nur in lebensbedrohlichen Situationen zu einer Übereinstimmung mit anderen Menschen kommt –, setzen die Stressreaktionen ein: Der Mensch ist bereit zum Kämpfen oder Flüchten. Sein ganzer Organismus ist darauf ausgerichtet. Im Fall eines traumatisierenden Ereignisses kann der Mensch aber weder angreifen noch fliehen. Somit gibt es kein Ende der Stressreaktion, sie hält fortwährend an. Der Körper steht weiterhin permanent „unter Strom", was auf Dauer nicht folgenlos bleibt. Nun wirkt der Stress toxisch.

3.2.2 Traumareaktionenen

Steht ein Mensch dauerhaft unter Stress, kommt es zu einer Überproduktion von CRH, ACTH und Cortisol, wodurch es zu einer Beeinträchtigung des Gehirns kommt, insbesondere des Hippocampus, der für das Erinnern eine große Bedeutung hat.

Wann genau der Mensch unter so viel Stress leidet, dass es zu einer Überproduktion der oben genannten Hormone kommt, ist individuell absolut verschieden. Das hat etwas mit seinen Vorerfahrungen zu tun, wie schnell und effektiv er bedrohliche Situationen erkennt und wie lange es dauert, bis die Erlebniseindrücke in biologische Signale umgewandelt wurden bzw. die Stressreaktionen ausgelöst werden. Dabei muss er manche Erfahrungen gar nicht selbst erlebt haben. „Hohe Stressbelastungen können bereits beim ungeborenen Kind, übertragen durch das Gehirn einer traumatisierten Mutter, oder nach der Geburt, durch direkte Einwirkung auf den Säugling große Schäden

3.2 · Wie entsteht ein Trauma?

■ **Abb. 3.2** Eine ganz entscheidende Rolle hinsichtlich der Stress- und Traumareaktion spielen die im Hippocampus gespeicherten Vorerfahrungen eines Menschen, aufgrund dessen der Mensch zu der Bewertung einer Situation kommt. Hier sehen wir ihn sozusagen in seinem Büro beim Aufschreiben von Erfahrungen. Wie gelangen die Informationen aber zu ihm? Hier kommt die Amygdala, der Mandelkern, ins Spiel. (Zeichnerin: Mara Fischer) (Mit freundlicher Genehmigung aus Roderus 2011)

■ **Abb. 3.3** Die Amygdala ist sozusagen die Vorzimmerdame des Hippocampus. Hier treffen die in biologische Signale umgewandelten Erlebniseindrücke des Menschen ein; dabei unterliegt sie nicht der Kontrolle des Bewusstseins. Kommt sie zu dem Ergebnis, dass keine Gefahrensituation vorliegt, bleibt sie emotional unbeteiligt. Geht die Nachbarin zum Beispiel wie jeden Morgen um 10 Uhr in den Garten zum Blumengießen, wird sie ihr kaum Beachtung schenken. Der Hippocampus erhält zwar beim ersten Mal die Information, dass es so ist, aber nicht bei Routinen. Da ist die Amygdala emotional unbeteiligt. Aber gerade die emotionale Bewertung der Amygdala entscheidet darüber, was im Hippocampus gespeichert wird. (Zeichnerin: Mara Fischer) (Mit freundlicher Genehmigung aus Roderus 2011)

anrichten, weil hier" das Stressverarbeitungssystem „noch unfertig und besonders verletzbar ist" (Roth 2015a). Das Stressverarbeitungssystem beginnt sich zwar schon in den ersten Schwangerschaftswochen zu entwickeln, ist aber erst am Ende des ersten Lebensjahres funktionsfähig.

Bei dauerhaftem Stress kommt es also zu einer Beeinträchtigung des Gehirns, insbesondere des Hippocampus, der für das Erinnern eine große Bedeutung hat. Wie können wir uns das vorstellen? Eine Erklärung bieten ■ Abb. 3.2–Abb. 3.5.

Abb. 3.4 Der Hippocampus erkennt an den Reaktionen der Amygdala, wie wichtig oder unwichtig eine hereinkommende Information ist. Je nachdem schreibt er intensiv mit und ordnet die Informationen sauber in seinem Ablagesystem ab. Hier gibt es zahlreiche Ordner mit unterschiedlichen Aufschriften wie zum Beispiel „Familie", „Kollegin Meyer" und „Sportverein". Unangenehmen Erfahrungen schenkt die Amygdala besondere Bedeutung, weil die rechtzeitige Erkennung einer Gefahrensituation vorbeugen kann oder weil sie zur Flucht oder zum Angriff aufrufen muss, um das Leben zu sichern. Die Vermeidung negativer (aversiver) Reize gehört zu den menschlichen Grundbedürfnissen (▶ Abschn. 6.3.3 und ▶ Abschn. 7.1.5). Positive Erfahrungen sind zwar schön, aber für die Amygdala nicht ganz so bedeutungsvoll. Sie werden aber ebenso gespeichert wie gelungene Problemlösungen. (Zeichnerin: Mara Fischer) (Mit freundlicher Genehmigung aus Roderus 2011)

Abb. 3.5 Erleben Menschen eine Situation des bewusst erlebten, vollständigen Kontrollverlusts im Angesicht einer äußeren Gefahrensituation, ist die Amygdala total aufgelöst. Sie ruft den Alarmzustand aus, durch den die Stressreaktionen eingeleitet werden. Nun weiß der Hippocampus nicht mehr, was und wie er dokumentieren soll. Er kann die Informationen nicht mehr geordnet ablegen. Die Informationen landen in irgendwelchen Ordnern und können nicht mehr ordentlich abgerufen werden. Jetzt handelt es sich um Zufallsbefunde. Der Mensch ist überrascht, wenn er unverhofft darauf stößt (Trigger). Bei der Amygdala bleibt durch das Traumaerlebnis eine bleibende Erhöhung ihrer Empfindlichkeit zurück. (Zeichnerin: Mara Fischer) (Mit freundlicher Genehmigung aus Roderus 2011)

Bei traumatisierenden Ereignissen findet also keine geordnete Ablage von Erfahrungen statt, sondern in Fragmenten in den verschiedensten „Ordnern" im Hippocampus. Ein gezieltes Erinnern ist oft nicht möglich. Wenn, dann handelt es sich um Zufallsbefunde oder Bruchstücke des Geschehens. Das spielt in der Arbeit mit traumatisierten Flüchtlingen eine große Rolle. Zum Beispiel müssen Flüchtlinge im Asylverfahren die Gründe ihrer Flucht angeben oder ihre Route und Erfahrungen auf der Flucht. Können sie nichts dazu sagen, wird ihre Glaubwürdigkeit infrage gestellt. Was viele Beamte nicht wissen, ist, dass traumatisierte Flüchtlinge aufgrund dessen, was in ihrem Gehirn geschieht, sich oftmals nicht erinnern können, obwohl sie es wirklich erlebt haben. Hier kommt Ihnen als Mitarbeiter in Flüchtlingseinrichtungen eine große Bedeutung zu, nämlich den Beamten den Zusammenhang zu erklären und um Geduld zu bitten, was die Anhörung anbelangt, bzw. einen Fachanwalt einzuschalten und ein fachärztliches Attest vorzulegen, damit auf die Anhörung verzichtet werden kann (▶ Abschn. 2.2.3).

3.2.2.1 Die Welt wird als feindlich erlebt

Wie bereits erwähnt, schenkt die Amygdala unangenehmen Erfahrungen besondere Aufmerksamkeit, um einer Gefahrensituation vorzubeugen oder um rechtzeitig zur Flucht oder zum Angriff aufrufen zu können. Während sie dies tut, werden im Großhirn und im limbischen System bestimmte Gene aktiviert, in deren Folge die Synapsen, also die Kontaktstellen zwischen den Nervenzellen im Gehirn, stabilisiert werden. Häufen sich die unangenehmen bzw. bedrohlichen Situationen, werden die Synapsen für negative Erfahrungen immer stabiler, sodass sie den Nervenzellnetzwerken für positive und schöne Erfahrungen deutlich überlegen sind. Damit kommt es zu einer eher negativen Betrachtungsweise der Dinge; die Welt wird als feindlich erlebt, Misstrauen ist entstanden.

Dieses Misstrauen werden Sie auch bei vielen Flüchtlingen erleben. Je früher sie in Situationen gekommen sind, die von ihnen als gefährlich eingestuft wurden, desto fester sitzt die negative Interpretation im Sattel.

Hier kommt noch einmal die Bedeutung einer sicheren Bindung in der frühen Kindheit zum Tragen. Fühlt sich ein Kind nicht sicher, nicht feinfühlig verstanden, werden diese Informationen im limbischen System gespeichert, und die Welt wird daraufhin als gefährlich eingestuft. Jeder Mensch, jede neue Situation wird als Bedrohung erlebt. Umso wichtiger ist es für traumatisierte Menschen, jetzt sichere Bindungserfahrungen machen zu können, und zwar mit Ihnen als Bezugsperson.

Auswirkungen hat die negative Interpretation der Dinge auch in den Flüchtlingseinrichtungen selbst oder bei Behördengängen. Wird die Welt als feindlich erlebt, fühlt sich der Mensch jederzeit bedroht, insbesondere auch von Autoritäten, also von Menschen, die ihm etwas zu sagen haben. Fühlt er sich gedemütigt, kann das eine Dissoziation oder einen sozialen Schmerz auslösen, der zu aggressivem Verhalten führen kann (▶ Abschn. 7.1.5).

3.2.2.2 Die erhöhte Empfindlichkeit bleibt

Durch wiederholte unangenehme Erfahrungen kommt es aber nicht nur zu einer veränderten negativen Sichtweise der Welt. Durch das Traumaerlebnis bleibt bei der Amygdala eine bleibende Erhöhung ihrer Empfindlichkeit zurück. Der Soll-Wert ist verstellt. Sie reagiert auf Alltagssituationen von nun an viel empfindlicher als zuvor. Immerzu ist sie auf der Hut. Das erklärt auch die erhöhte Schreckhaftigkeit – eine typische Traumafolgestörung – und die erhöhte Hypersensibilität

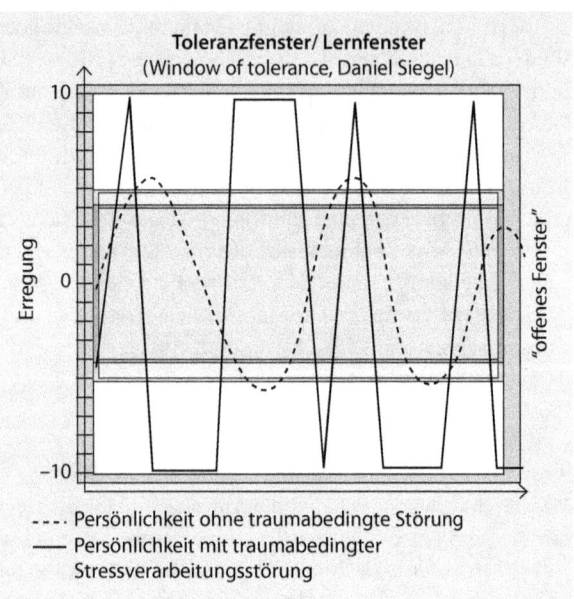

◻ Abb. 3.6 Das Stresstoleranzfenster (Huber 2015, S. 17). Während sich die Erregung bei Menschen ohne traumabedingte Störung in von ihnen als bedrohlich erlebten Situationen in Grenzen hält (grauer Bereich), geraten Menschen mit traumabedingter Stressverarbeitungsstörung (▶ Abschn. 3.3) unter dem Einfluss des Sympathikus schnell in einen Zustand der Übererregung (Ausschlag nach oben) – ggf. mit Anspannung, Flashbacks, Panik und Todesangst – oder unter dem Einfluss des Parasympathikus in einen Zustand der Untererregung (Ausschlag nach unten) mit Spannungsverlust und ggf. Dissoziation.

äußeren Reizen gegenüber. Alles wird viel intensiver wahrgenommen. Manchmal reagiert der Mensch sogar dann, wenn in der äußeren Situation des Betroffenen scheinbar nichts Gefährliches vorhanden ist.

3.2.2.3 Das Stresstoleranzfenster wird kleiner

Eine weitere Folge der Traumareaktion ist, dass das Stresstoleranzfenster, das Fenster zwischen Über- und Unterforderung, kleiner wird (◻ Abb. 3.6). Damit ist auch das Lernfenster deutlich verringert. Das bedeutet für Ihre Arbeit mit Flüchtlingen, dass Sie genug Zeit einplanen sollten, wenn es ums Lernen geht, sei es beim Lernen der deutschen Sprache oder beim Lernen im Alltag durch Beobachtungen. Es kann schnell alles zu viel werden, auch eine für uns ganz normale Mahlzeit oder das Einkaufen in einem Supermarkt. Der Betroffene reagiert dann mit den Schutzmechanismen, die er gelernt hat – darunter Aggression (▶ Abschn. 7.1.5) und Dissoziation (s. unten). In dieser Phase erreichen Sie ihn nicht mehr.

3.2.2.4 Das Stressverarbeitungssystem bricht zusammen

Die Traumareaktion lässt sich gut mit dem Bild einer Kneif- bzw. Beißzange darstellen (◻ Abb. 3.7). Je mehr der Mensch mit unangenehmen Reizen überflutet wird und nicht dagegen ankämpfen oder flüchten kann, desto mehr fühlt er sich in die Zange genommen, desto stärker werden die Kneifflächen vorn an der Zange zusammengedrückt. Die Kneifflächen stoßen wie die Zähne bzw. das Gebiss aufeinander. Wer oder was dazwischengerät, wird „zermalmt". Zwei „Notfallmechanismen", über die der Mensch verfügt, sorgen dafür, dass er dieses „Zermalmen" in Form eines unerträglichen körperlichen und seelischen Schmerzes überlebt: Erstarren oder Bilden von Fragmenten und Abspalten (◻ Abb. 3.8).

Hält Stress fortwährend an, bricht das Stressverarbeitungssystem (▶ Abschn. 3.2.1) zusammen. Das bedeutet jedoch nicht, dass keine Stresshormone mehr produziert würden. Es bedeutet,

3.2 · Wie entsteht ein Trauma?

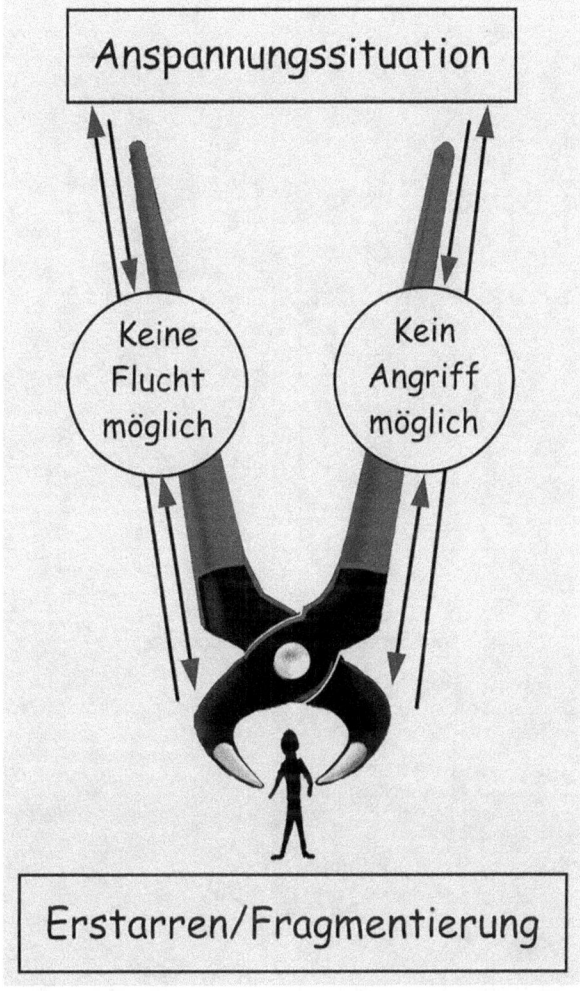

Abb. 3.7 Traumazange nach Michaela Huber (2003, S. 39), modifiziert durch Ulrike Imm-Bazlen (Zeichner: Rudi Kämpf)

dass die Stressreaktion nicht nach kurzer Zeit eingestellt werden kann, wie es zum Beispiel der Fall wäre, wenn der Mensch vor einem schnell herannahenden Auto von der Fahrbahn auf den Gehweg springt. Der „Normalbetrieb" kann nicht aufgenommen werden, weil sich keine „normale" Situation einstellt. Brechen die aversiven Reize nicht ab, bleibt die Aktivierung der Amygdala erhalten. Das führt zum einen zu einem dauerhaft erhöhten Noradrenalinspiegel, was beispielsweise Herz,- Kreislauf-, Konzentrations- und Schlafbeschwerden zur Folge hat, zum anderen zu einer dauerhaften Aktivierung des CRH. Jetzt sollte man annehmen, dass auch der Cortisolspiegel im Blut dauerhaft erhöht bleibt, doch genau das ist nicht der Fall. Trotz erhöhten CRH-Wertes ist der Cortisolspiegel als Traumafolgestörung erniedrigt. Damit nimmt jedoch die Schmerzwahrnehmung zu. Warum? Weil Cortisol die Aufgabe hat, alles zu unterdrücken, was das Überleben in bedrohlich empfundenen Situationen gefährdet, also alles, was den Menschen daran hindert, anzugreifen oder zu fliehen. Dazu gehören zum Beispiel Hunger, Müdigkeit, Sexualität und eben auch Schmerzen. Nimmt der Cortisolspiegel ab, kommt es deshalb zu einer verstärkten Schmerzwahrnehmung.

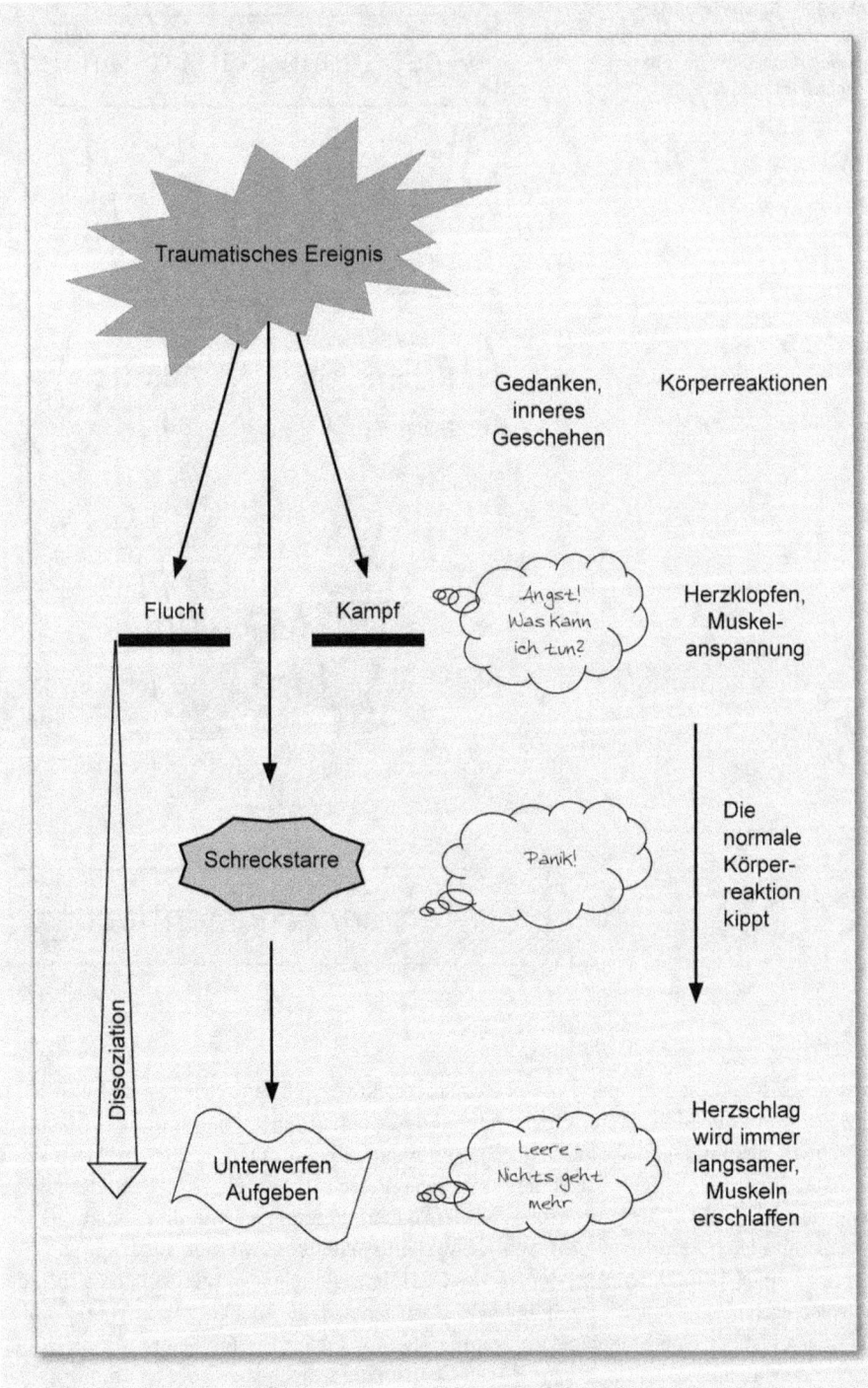

Abb. 3.8 Traumareaktion mit Dissoziation und Körperreaktionen. (Mit freundlicher Genehmigung aus Roderus 2011)

3.2.2.5 Dissoziationen treten auf

Michaela Huber (2014a) hat die Entstehung eines Traumas wie folgt beschrieben: „Ein Trauma entsteht, wenn die integrative Kapazität des Gehirns durch toxischen Stress überfordert ist." Zu Beginn von ▶ Abschn. 3.2 haben Sie gelesen, was unter der integrativen Kapazität des Gehirns zu verstehen ist: Das Gehirn bewertet alle wahrgenommen Reize und ordnet sie ein, integriert sie. Das Gegenteil von Integration ist die Dissoziation, die Auf- bzw. Abspaltung. Um im Bild zu bleiben: Der Hippocampus kann die Eindrücke, die er bekommt, nicht mehr als Ganzes und ordnungsgemäß ablegen. Sie legen sich quasi in Bruchstücken selbst ab, und zwar dorthin, wo es sie im Chaos hin verschlägt. Das bedeutet, dass die Körperempfindungen und Gefühle, die mit einer als bedrohlich bewerteten Situation einhergehen, nicht mehr zusammen mit der Situation als Ganzes abgespeichert werden, sondern von der Situation getrennt, von ihr abgespalten. Dann kann es sein, dass ein Mensch etwas Schlimmes erlebt, ohne dass er eine Reaktion zeigt, oder dass er auf einen unbewussten Reiz hin reagiert. Sein Körper scheint verlassen, schmerzunempfindlich oder völlig gefühllos zu sein. So ist auch zu verstehen, warum man bei der Dissoziation von einer Flucht nach innen spricht. Auch die Wahrnehmung von Raum und Zeit ist verändert. Hinzu kommt, dass über das limbische System Gene aktiviert werden, die zur Ausschüttung körpereigener Morphine beitragen, die schmerzlindernd bzw. schmerzunterdrückend wirken (vgl. Bauer 2009). Das erklärt auch, warum von der Dissoziation eine Art Sog ausgehen kann. Eine Klientin schildert es so: „Eine Form der Dissoziation beginnt bei mir mit einer Art Melancholie, die in eine depressive Verstimmung übergeht. Die Melancholie ist wie ein Sog. Ich spüre eine Distanz zur realen Welt und gleichzeitig eine Nähe zu mir. Diese Nähe tut mir einerseits gut, andererseits kommen immer wieder auch suizidale Gedanken auf. Ich bin ganz bei mir bzw. in meiner Welt, bin dadurch aber auch in meinem eigenen Denken und Fühlen gefangen. Heute weiß ich, dass ich die Welt aus der Perspektive eines traumatisierten Menschen sehe und hier konkret aus der Perspektive des dissoziierten Persönlichkeitsanteils, in dem ich mich gerade befinde." Es ist wie ein Sog, ein Bann. Durch die körpereigenen Morphine spürt der Betroffene eine als Erleichterung erlebte Abgehobenheit und gleichzeitig eine Spirale, die ihn ins Dunkle zieht. Es gleicht dem Spiel mit dem Feuer: einerseits faszinierend und irgendwie schön, andererseits gefährlich und zerstörerisch. Das wiederum erklärt auch die Ambivalenz, in der sich viele Betroffene befinden, wenn es um eine Traumatherapie geht. Sie können ein anderes, selbstbestimmtes Leben führen, doch dafür gilt es, etwas aufzugeben, das ihnen vertraut ist und bis dahin eine Hilfe war. Somit kann auch eine Traumatherapie als bedrohlich empfunden werden. Doch zurück zu den Nervenzellnetzwerken.

Bei traumatisierten Menschen haben die Nervenzellnetzwerke die Oberhand im Gehirn, die aufgrund von negativen Erfahrungen entstanden sind (deshalb ist es im Rahmen der Traumabegleitung so wichtig, das Positive in den Fokus zu rücken und es sich bewusst zu machen, um die anderen Nervenzellnetzwerke zu stärken). Die Amygdala ist ständig in Alarmbereitschaft, um nie wieder in eine Situation zu geraten, in der sie aufgrund von Hilflosigkeits- und Ohnmachtsgefühlen im Chaos versinkt. Äußerlich scheint es dem Betroffenen gut zu gehen. Vielleicht nimmt er gerade aktiv am Sportprogramm Ihrer Einrichtung teil und kippt auf einmal um oder scheint sich in einer völlig anderen Welt zu befinden. Dann kann es sein, dass die Amygdala durch das sportbedingte Herzklopfen an eine traumatisierende Situation erinnert wurde und die Produktion von Stresshormonen veranlasst hat, ohne dass sich der betroffene Mensch dessen bewusst geworden ist.

Dissoziation ist als ein Schutz zu verstehen. Nur so kann der Mensch etwas aushalten, was nicht zum Aushalten war bzw. ist.

Während es bei der Dissoziation auf der einen Seite zu einem Zuwenig an Erregung kommt, kann auf einer anderen Seite ein Zuviel auftreten. Dann leidet der traumatisierte Mensch zum

Abb. 3.9 Dissoziation (© Fabian Sommer). Während der Körper des Mädchens real anwesend ist, macht sich ihr Innerstes auf und davon. So kann es passieren, dass Flüchtlinge, die bei der Überfahrt von der Türkei auf die griechischen Ägäis-Inseln Kos und Lesbos fast ertrunken wären, keine Erinnerung daran haben. Es kann sogar sein, das sie sich gar nicht mehr an die Überfahrt mit einem Schiff erinnern.

Beispiel an unberechenbaren, plötzlich einschießenden Schmerzen oder anderen körperlichen Symptomen, auf die wir in ▶ Abschn. 3.3.2 noch ausführlicher zu sprechen kommen.

Aufspaltung bedeutet nicht nur, dass Situationen im Hippocampus fragmentarisch gespeichert werden, sondern auch, dass sich die Identität eines Menschen teilt (◘ Abb. 3.9). „Während der eine Teil die Erinnerungen, Schmerzen und Gefühle der traumatischen Erfahrung trägt, löst sich der andere Teil von diesem Geschehen. Wenn das Geschehene nicht bewusst verarbeitet wird, vertieft sich im Laufe der Zeit die Spaltung, die in der traumatischen Situation entstanden ist. Im einfachsten Fall haben sich aufgrund des Traumas zwei getrennte Bereiche in einem Menschen gebildet: der traumatisierte Bereich und der Überlebensbereich.

Der traumatisierte Bereich bleibt in seiner Entwicklung und im Leid stecken. Der Überlebensbereich versucht, das Trauma und alles, was damit in Verbindung steht, auf Abstand zu halten, zu vergessen. Folge des Traumas ist also, dass in dieser Person von nun an zwei getrennte Bereiche mit verschiedenen Bedürfnissen und Zielen, unterschiedlichem Denken, Fühlen und Handeln existieren. Das ‚innere Durcheinander' ist entstanden" (Roderus 2011, S. 73).

Hauptsymptome der Dissoziation

Zu den Hauptsymptomen einer Dissoziation gehören Amnesie, Depersonalisation, Derealisation, ggf. mit körperbezogener Dissoziation, Identitätsunsicherheit, Identitätswechsel (◘ Tab. 3.4).

3.2 · Wie entsteht ein Trauma?

Tab. 3.4 Hauptsymptome der Dissoziation

Amnesie	Erinnerungen sind abgespalten ähnlich der Alltagsamnesie. Kennen Sie das? Sie fahren jeden Tag mit dem Auto zur Arbeit. Und auf einmal fragen Sie sich, wie Sie die letzten Kilometer gefahren sind, weil Sie keine Erinnerung daran haben.
Depersonalisation	Der traumatisierte Mensch erlebt sich selbst oder bestimmte Körperteile als fremd, als nicht zu sich gehörig. Es ist so, als ob er sich aus einem Hubschrauber heraus beobachten würde. Eine typische Aussage lautet: „Das bin doch nicht ich."
Derealisation – ggf. mit körperbezogener Dissoziation	Die Umwelt kommt dem traumatisierten Menschen unwirklich vor, verändert, fremd. Ein typischer Gedanke könnte sein: „War ich hier wirklich schon einmal?" Körperbezogene Dissoziationen können sich als Schmerz, aber auch Empfindungslosigkeit oder Bewegungsstörung ohne körperliche Ursache ausdrücken.
Identitätsunsicherheit/ Identitätswechsel	Dissoziation als Spaltung der Persönlichkeit in Form dissoziierter Anteile. Dabei sind die dissoziierten Anteile Komponenten einer einzigen Persönlichkeit. Selbst Teile, die nur wenige Erinnerungen in sich tragen, haben stabile Merkmale und sind mit einem eigenen, wenig flexiblen Denken über sich und die Umwelt ausgestattet (vgl. van der Hart et al. 2008, S. 48).

Praxistipp

Es kann Ihnen im Umgang mit Flüchtlingen passieren, dass diese sich nicht mehr an das erinnern, was Sie vor Kurzem gesagt haben. Oder dass sie Gegenstände oder Kleidungsstücke besitzen, von denen sie nicht mehr wissen, woher sie sie haben, ohne dass sie sie zwangsweise gestohlen hätten. Ziel von Traumatherapie und Traumabegleitung ist es, dass diese verschiedenen Anteile ins Bewusstsein dringen, in Kontakt miteinander kommen und sich verbinden, ohne dass eine Retraumatisierung geschieht.

Dissoziierte Persönlichkeitsanteile

Um es vorwegzunehmen: Jeder Mensch hat verschiedene Anteile in sich, dessen er sich nicht immer bewusst ist. Dazu zwei Aussagen bekannter Persönlichkeiten:

> „Zwei Seelen wohnen, ach!, in meiner Brust.
> Die eine will sich von der anderen trennen." (Goethe)

> „Faust beklagte, dass er zwei Seelen in seiner Brust habe.
> Ich habe eine ganze sich zankende Menge.
> Da geht es zu wie in einer Republik." (Bismarck)

Verschiedene Persönlichkeitsanteile in sich zu haben, ist somit etwas Naturgegebenes und erst einmal keine Störung. Die entscheidende Frage ist, ob es eine Art Regisseur gibt und, wenn ja, wie gut er seinen Job macht. Ein Regisseur prägt das, was auf der Bühne geschieht, drückt ihm seinen Stempel auf. Übernimmt das wahre Selbst die Regie, wird das Leben diese Handschrift tragen und so die Persönlichkeit der Person zum Ausdruck kommen trotz der verschiedenen Anteile. Dann liegt keine Fragmentierung vor, wie es bei traumatisierten Menschen der Fall ist.

In meiner Praxis erkläre ich das gern mit einer Theaterbühne. Erst einmal ist die Bühne leer. Hinter bzw. unter der Bühne tummeln sich alle Schauspieler und warten darauf, vom Regisseur auf die Bühne gerufen zu werden. Solange sich alle Schauspieler an die Regieanweisung halten, klappt das Theaterstück wunderbar. Es stellt ein Gesamtkunstwerk dar, etwas Ganzes. Dann stört weder die ggf. hohe Anzahl an Schauspielern noch ihre Vielfalt. Im Gegenteil. Davon lebt das Theaterstück. Voraussetzung ist aber, dass jeder auf die Regieanweisung hört und sich jeder Schauspieler sicher sein kann, dass der Regisseur weiß, dass es ihn gibt und er da ist, auch wenn er zum Beispiel erst am Ende des Theaterstücks für wenige Minuten auf die Bühne kommen darf. Würde er das nicht wissen, könnte es sein, dass er allein deshalb manchmal auf die Bühne kommt, um auf sich aufmerksam zu machen. Damit würde das Theaterstück empfindlich gestört werden.

So ist es auch mit den Persönlichkeitsanteilen. Solange sie gut gecoacht werden bzw. jemand da ist, der Regie führt, gibt es kein Chaos, keine Störung, ist eine Gesamtpersönlichkeit erkennbar. Im Falle eines traumatisierten Menschen ist innerlich jedoch ein Chaos entstanden. Niemand weiß so richtig, welche Anteile es gibt und wer Regie führt. Ursprünglich sollte unser wahres Selbst die Regie führen, der Teil in uns, der wir wirklich sind, der – sofern wir an die Schöpfung glauben – von Gott bei unserer Zeugung so angelegt wurde, unser Kern-Ich, unsere wahre Identität. Doch das wahre Selbst nimmt seine Aufgabe nicht wahr. Es ist so (oft) verletzt worden, dass es davon überzeugt ist, es nicht zu schaffen, nicht wertvoll genug dafür zu sein, dass sowieso niemand auf es hört usw. So hat der traumatisierte Mensch den Bezug zu seinem wahren Selbst oft verloren. Das geht so weit, dass es manchmal sogar Zweifel daran gibt, ob ein wahres Selbst bei traumatisierten Menschen überhaupt existiert.

Meiner persönlichen Überzeugung nach gibt es das wahre Selbst. Es kann sich nicht in Luft auflösen, es kann aber sehr geschwächt sein. So schwach, dass statt des wahren Selbst nun die Persönlichkeitsanteile die Regie übernehmen. Bei traumatisierten Menschen sind dies nach van der Hart et al. (2008, S. 49) die „anscheinend normalen Persönlichkeitsanteile", kurz ANPs, und die „emotionalen Persönlichkeitsanteile", kurz EPs. Diese sind mit einem eigenen, wenig flexiblen Denken über sich und die Umwelt ausgestattet (vgl. van der Hart et al. 2008, S. 48). Sie haben nicht das Ganze im Blick, sondern nur das Überleben in der jetzigen Situation. Diese ANPs und EPs übernehmen unkontrolliert und unabgestimmt die Regie bzw. betreten die (Lebens-)Bühne, ohne dass der Regisseur sie aufgerufen hätte. Da keine der Kontrollinstanzen ihrer Funktion gerecht wird – weder das wahre Selbst als Regisseur noch der präfrontale Cortex im Gehirn (▶ Abschn. 3.1.2) – wird der Betroffene sozusagen selbst davon überrascht, wer bei ihm gerade auf die Bühne kommt, und fühlt sich dem Geschehen hilflos ausgeliefert. So ist eine Dissoziation als Spaltung der Persönlichkeit in Form dissoziierter Anteile entstanden.

Viele traumatisierte Menschen sind dankbar über die Botschaft, dass dieser Zustand nicht anhalten muss, dass es anders werden kann, auch wenn es viel Kraft, Mut und Zeit braucht. Ist der Wunsch zur Veränderung intrinsisch motiviert, werden sie den Weg gehen, auch wenn es kein leichter Weg ist und er gekennzeichnet ist von Rückschlägen, die im Laufe des Weges aber seltener werden und weniger intensiv. Extrinsisch motivierte Menschen und Menschen, bei denen der Krankheitsgewinn den Leidensdruck übersteigt, werden keine Veränderung herbeiführen wollen. Vom Kopf her meist schon, vom wahren Selbst her oft nicht. Das wahre Selbst hat sich oft mit der Situation abgefunden oder traut sich keine Veränderung zu. Deshalb sind zum Beispiel die Ressourcenarbeit und das Arbeiten am Selbstwertgefühl so wichtig. Grundsätzlich bedarf es dafür aber von Seiten des traumatisierten Menschen die Entscheidung, sich verändern zu wollen. Und das ist allein seine Entscheidung. Jeder Mensch ist Chef seines Lebens und darf leben, wie er es möchte. Erst wenn er sein Leben nicht mehr bewältigen kann oder die Freiheit anderer tangiert, hört seine Freiheit in gewissen Bereichen auf. Das bedeutet, dass ich als Mitarbeiter in Flüchtlingseinrichtungen nicht das Recht habe, den anderen verändern zu wollen bzw. ihm meine Idee von Veränderung aufzudrängen.

> **Praxistipp**
>
> Kein Mensch hat das Recht, einen anderen Menschen verändern zu wollen bzw. ihm seine Idee von Veränderung aufzudrängen. Das ist oft sehr schwer auszuhalten, insbesondere dann, wenn wir unseren Tätigkeiten den Sinn zugesprochen haben, helfen oder gar retten zu wollen. Es kann schwer sein, mit ansehen zu müssen, wie ein Mensch untergeht, weil er zum Beispiel in Seenot ist und sich weigert, den Rettungsring zu ergreifen. Aber niemand kann ihn zwingen. So ist es auch in der Begleitung mit traumatisierten Flüchtlingen. Wir können sie nicht zwingen, sich helfen lassen zu wollen. Und dann gilt es, die Entscheidung des Flüchtlings zu akzeptieren – sofern die Freiheit anderer Menschen nicht tangiert wird – und unter diesen Prämissen zu schauen, welcher Unterstützung er sonst bedarf.

Immer wieder ist in Supervisionsrunden zu hören, wie schwer es ist, die Entscheidungsfreiheit traumatisierter oder sich depressiv zeigender Menschen zu akzeptieren. Was bei angeblich gesunden Menschen eine Selbstverständlichkeit ist, nämlich dass ich ihm nicht in seine Entscheidungen hineinrede, ist bei Menschen, die sich psychisch „anders" zeigen, in der Regel keine Selbstverständlichkeit mehr. Angeblich, weil sie krank sind und es nicht anders können. Aber auch diese Menschen tragen die Verantwortung für sich und ihr Leben selbst. Und sie können es. Oft brauchen (oder dürfen?) sie es aber nicht, weil ihnen die Verantwortung von anderen abgenommen wird oder weil man ihnen Unzurechnungsfähigkeit bescheinigt. Aber: Wie der Psychotherapeut Klaus Mücke bin ich als Autorin der Überzeugung, dass jeder Mensch – sei es ein als gesund definierter Mensch, ein traumatisierter Mensch, ein Mensch, der sich psychotisch zeigt, einfach jeder volljährige Mensch – sich kontrollieren kann und die volle Verantwortung für das hat, was er tut. Also auch darüber, was er entscheidet oder nicht entscheidet (vgl. Mücke 2009, S. 178).

Wenn ein Mensch sich beispielsweise ritzen möchte – unabhängig davon, ob es eine bewusste oder unbewusste Entscheidung ist –, wird er sich ritzen, egal was der Begleiter macht, denn die Entscheidung liegt allein bei dieser Person, und für sie macht es – aus welchem Grund auch immer – mehr Sinn, sich zu ritzen, als sich nicht zu ritzen. Das gilt auch für unbegleitet minderjährige Flüchtlinge, die den Schulbesuch verweigern, oder für sich depressiv zeigende Menschen, die gelernt haben, andere(s) wichtiger zu nehmen als sich. Dann geht es darum, den Betroffenen zu begleiten, den Sinn zu verstehen und andere Lösungen zu suchen. Nur er allein kann jedoch entscheiden, die gefundenen Lösungen anzuwenden oder nicht. Die Hilfe besteht dann in der eigenen Stärke als Mitarbeiter, dem Betroffenen keine Hilfe aufzudrängen, sondern ihn auf seine Entscheidungsfreiheit hinzuweisen. Das kann auch verbunden sein mit Vereinbarungen. Beispielsweise ist es wichtig, dem Betroffenen mitzuteilen, dass das Ritzen in der Einrichtung nicht erlaubt ist bzw. dass der Schulbesuch Pflicht ist und ein anderes Verhalten Konsequenzen hat. Nun kann sich der Betroffene für das Ritzen *und* die Konsequenzen entscheiden oder gegen das Ritzen. Oder der Betroffene entscheidet sich gegen den Schulbesuch *und* für die Konsequenzen oder für den Schulbesuch ohne Konsequenzen. Dazu bedarf es wieder starker Mitarbeiter, die bei Bedarf für die Durchführung der Konsequenz(en) sorgen (▶ Abschn. 7.1.3). Nur so bekommt der Betroffene die Chance zur Veränderung in Richtung Selbstverantwortung, Selbstwirksamkeit, Selbstwert und Resilienz (▶ Abschn. 3.1.2).

Wer mehr darüber lesen möchte, dem empfehlen wir Autorinnen die Bücher *Stärke statt Macht – Neue Autorität in Familie, Schule und Gemeinde* (Omer und von Schlippe 2015), *Autorität ohne Gewalt – Coaching für Eltern von Kindern mit Verhaltensproblemen* (Omer und von Schlippe 2014) oder *Autorität durch Beziehung – Die Praxis des gewaltlosen Widerstands in der Erziehung* (Omer und von Schlippe 2015).

> **Praxistipp**
>
> In diesem Zusammenhang ist noch wichtig zu erwähnen, dass bei unbegleitet minderjährigen Flüchtlingen auch Erziehungsaufgaben anstehen, und zwar so wie bei allen anderen Kindern und Jugendlichen auch. Denn auch traumatisierte Kinder kommen in die Pubertät, gehen in Machtkämpfe und loten Grenzen aus. Ebenso wie alle anderen Kinder brauchen sie Regeln und Konsequenzen. Ohne Grenzen haben sie keinen Halt und können sich zu schwer erziehbaren Jugendlichen entwickeln. Dem gilt es vorzubeugen. Allerdings ist stets darauf zu achten, mit welchem Persönlichkeitsanteil wir Mitarbeiter es gerade zu tun haben. Handelt es sich um einen EP (s. oben), wird er nicht mit mir verhandeln können. Dann gilt es, abzuwarten oder zu reorientieren (▶ Abschn. 7.1.3), um mit dem ANP (s. oben) zu besprechen, was er braucht, um sich an die Regeln halten zu können bzw. um mit ihm die Konsequenzen zu klären.

Wie sehen die dissoziierten Persönlichkeitsanteile konkret aus?

Es geht um die nach van der Hart et al. (2008, S. 49) „anscheinend normalen Persönlichkeitsanteile" (ANPs) und „emotionalen Persönlichkeitsanteile" (EPs).

Anscheinend normale Persönlichkeitsanteile

Steht der anscheinend normale Anteil der Persönlichkeit, der ANP, auf der (Lebens-)Bühne, ist der traumatisierte Mensch insbesondere mit folgenden Tätigkeiten beschäftigt:
- Suche nach Reizen, auf die das Belohnungssystem – ggf. mit Verzögerung oder auf indirekte Art und Weise – reagiert.
- Bewältigung von Aufgaben des Alltagslebens wie
    - Erforschung der Umgebung – dazu gehören auch die berufliche Arbeit, das Studium oder der Schulbesuch –,
    - Bindung,
    - Spielen,
    - Management des Energiehaushalts, beispielsweise Ruhen und Schlafen,
    - Fortpflanzung/Sexualität,
    - Fürsorge und anderes Sozialverhalten.
- Vermeidung traumatischer Erinnerungen und sozialer Selbstschutz:
    - Verleugnung dessen, was geschehen ist: „Das war nicht so", „Das hat mir nichts ausgemacht", „Das ist doch schon so lange her, das ist doch heute nicht mehr relevant", „Das ist doch längst verarbeitet", denn der ANP möchte von den emotionalen Persönlichkeitsanteilen nichts wissen,
    - Angst vor den Gefühlen und allem Unkontrollierbaren,
    - Amnesie für das Trauma, Gleichgültigkeit, Betäubungsgefühl (vgl. van der Hart et al. 2008, S. 55 f.).

Der ANP meistert den Alltag und erscheint normal. Es geht ums Funktionieren. Dabei ist er aber wenig stressresistent (Huber 2010, S. 29).

3.2 · Wie entsteht ein Trauma?

> **Praxistipp**
>
> Der ANP ist der Anteil, der dafür sorgt, dass der Betroffene sein Leben bewältigt, dass er funktioniert. Das hat Konsequenzen für den Alltag mit Flüchtlingen. Wenn es zum Beispiel darum geht, mit ihnen Verantwortlichkeiten festzulegen oder einen Vertrag auszuhandeln, ist das nur mit dem ANP möglich. Mit einem EP können Sie nicht verhandeln. Befindet sich der Betroffene im EP, können Sie entweder abwarten oder – je nach Situation – ihn reorientieren (▶ Abschn. 7.1.3).

Emotionale Persönlichkeitsanteile

Stehen emotionale Persönlichkeitsanteile auf der (Lebens-)Bühne, reagieren sie auf wahrgenommene Bedrohungen mit emotionalen sowie der Verteidigung dienenden Reaktionen (vgl. van der Hart et al. 2008, S. 50). Sie sind geprägt von der Situation, in der sie entstanden sind. Ausdrucksformen der emotionalen Persönlichkeitsanteile sind:

- Bindungsverhalten, Bindungsschrei, um Beziehung zur Bindungsperson bzw. aktuellen Bezugsperson wiederherzustellen,
- erhöhte Wachsamkeit (Hypervigilanz), „scannen" der Umgebung,
- Flucht,
- Erstarren bei ausgeschaltetem Schmerzempfinden,
- Angriff,
- völlige Unterwerfung verbunden mit Empfindungslosigkeit,
- Ruhezustände, um sich zu erholen,
- Distanzierung, ggf. Isolation.

Unterschieden werden die emotionalen Persönlichkeitsanteile in
- Emotionale Opferpersönlichkeitsanteile: Sie wirken oft sehr kindlich, sehr emotional. Typische Aussagen: „Hilf mir doch", „Nimm mich und mach mit mir, was du willst", „Nichts geht mehr", „Lass mich in Ruhe", „Ich bin schuld ... " (vgl. Huber 2014b).
- Emotionale Täterpersönlichkeitsanteile: Diese sind gekennzeichnet von Schutz, Hass, Verachtung anderen und sich selbst gegenüber. Typische Aussagen sind: „Ich mach dich fertig", „Du kannst nichts", „Wer bist du schon?" (vgl. Huber 2014b). Wenn Betroffene das erkennen, haben sie oft ein großes Problem damit. Sie lehnen diese Anteile in der Regel ab, empfinden sie als böse. Hier ist die Botschaft enorm wichtig: Täteranteile sind keine Feinde. Im Gegenteil, es handelt sich um Freunde, die das Beste für ihren Menschen wollten. Es ging darum, das Überleben zu sichern. Und dazu haben sie beigetragen. Diese Aufgabe haben sie sehr gut erfüllt. Das bedeutet: Wenn die Täteranteile die (Lebens-)Bühne betreten, sehen sie einen Sinn darin, sonst würden sie es nicht tun. Dieser Sinn besteht oft darin, den Menschen zu schützen, indem er zum Beispiel andere Menschen aggressiv abwehrt oder sich selbst aufwertet.

Geprägt sind die Täteranteile von der Situation, in der sie entstanden sind. Was sind das für Situationen, und warum war es wichtig, diese Anteile zu entwickeln?

Säuglinge und Kinder verfügen über das innere Wissen, dass sie von ihren primären Bezugspersonen abhängig sind (▶ Abschn. 3.1.2). Würden sie ihre primären Bezugspersonen bewusst als Personen wahrnehmen, die sie quälen und missbrauchen, könnten sie es bei ihnen im Grunde genommen keine Sekunde länger aushalten. Sie können aber nicht fliehen oder angreifen, weil sie zu klein und von ihnen abhängig sind. Jetzt kommt es zur Dissoziation und zur Abspaltung eines Anteils, der sich mit dem Täter identifiziert. Er übernimmt das Täterverhalten, hält sich für stark, wird aggressiv, verachtet andere. Damit wird eine Illusion geschaffen, dass der Täter gar nicht schlecht sein kann, denn wie könnte sich der traumatisierte Mensch an jemanden binden bzw. einer Person ähnlich sein, die schlecht ist? Wenn jemand schlecht ist, dann müssen es wohl die anderen sein. Zudem wirken Spiegelneurone. Dabei handelt es sich um ein „neuronales Resonanzsystem" (Bauer 2015, S. 103). Die Spiegelneurone reagieren auf andere Menschen, sofern sich diese im Wahrnehmungshorizont der menschlichen fünf Sinne befinden (vgl. Bauer 2015, S. 103). Spiegelneurone führen somit zu einer Imitationstendenz, stellen also die neurobiologische Basis für das Lernen am Modell dar (vgl. Bauer 2010, S. 120).

Kommt es zu einem Wechsel in den Opferanteil, können Schuldgefühle auftreten. Es kommen Gedanken auf, die sagen, dass der Täter doch schlecht ist, ihm Böses angetan hat. Doch auch hier: Wie kann ein Mensch bei einem anderen Menschen bleiben, der ihn quält? Das müsste an sich Konsequenzen haben. Da das nicht geht, wird die Schuld konsequenterweise bei sich gesucht im Sinne von „Ich muss schlecht sein, dass das immer wieder passiert. Ich provoziere ihn. Es liegt an mir, ich bin schuld", was vom Täter gern aufgegriffen und verstärkt wird.

Loslösung geht ausschließlich durch das bewusste Lösen der Bindung im Erwachsenenalter, was äußerst schwer ist, zumal es immer mit dem Gefühl von Schuld verbunden ist. Das ist ein wichtiger Bestandteil der systemischen Therapie.

> **Praxistipp**
>
> In der Begleitung traumatisierter Flüchtlinge besteht die Gefahr, dass wir Mitarbeiter uns mit bestimmten Persönlichkeitsanteilen verbinden, weil wir beispielsweise mit ihnen emotional mitschwingen können und andere Persönlichkeitsanteile als böse ansehen. Damit verstärken wir das innere Chaos in dem traumatisierten Menschen und bestärken das auf der einen Seite empfundene Gefühl, schlecht zu sein. Gleichzeitig veranlassen wir den traumatisierten Menschen auf der anderen Seite, sich größer machen zu müssen, um in eine Art innere Balance zu kommen, denn der Mensch ist zur Homöostase geschaffen, zur Aufrechterhaltung des inneren Gleichgewichts. Bewerten wir einige Anteile als gut und andere als schlecht, können wir nicht mehr allparteilich begleiten. Allparteilich bedeutet hier, allen Persönlichkeitsanteilen gleich wertschätzend zu begegnen und eigene Ansichten zurückzustellen. Wären wir nicht allparteilich, würden wir dem Ziel der Traumatherapie und -begleitung entgegenwirken, nämlich einem Zusammenwachsen der Anteile zu einer Gesamtpersönlichkeit.

Primäre, sekundäre und tertiäre strukturelle Dissoziationen

Unterschieden werden primäre strukturelle Dissoziationen, sekundäre strukturelle Dissoziationen und tertiäre strukturelle Dissoziationen.

Primäre strukturelle Dissoziation

Durch die primäre strukturelle Dissoziation entstehen ein anscheinend normaler Persönlichkeitsanteil (ANP) und ein emotionaler Persönlichkeitsanteil (EP). Die primäre strukturelle Dissoziation ist charakteristisch für die einfache Form der posttraumatischen Belastungsstörung (PTBS, ▶ Abschn. 3.3.2). Bei einer primären strukturellen Dissoziation ist der ANP „bei weitem der größte Anteilseigner" (Fraser 1987). Das bedeutet, dass der „ANP den größten Anteil der Persönlichkeit ausmacht, nämlich alles, was nicht im EP abgespalten ist" (van der Hart et al. 2008, S. 65). Die einfache posttraumatische Belastungsstörung entsteht meist infolge eines einmaligen traumatischen Ereignisses (vgl. van der Hart et al. 2008, S. 65).

Sekundäre strukturelle Dissoziation

Bei der sekundären strukturellen Dissoziation liegen mindestens zwei EPs vor – meist ein erlebender und ein beobachtender EP – sowie ein ANP, der auch hier in der Regel den größten Anteil innehat. Es können aber auch mehrere EPs entstehen, die verschiedene Aspekte des traumatischen Erlebens oder verschiedene Gruppen von traumatischen Ereignissen in sich tragen. Anteile, die im Kindesalter erworben wurden, sind möglicherweise komplexer und arbeiten autonomer als die Anteile, die später erworben wurden (vgl. van der Hart et al. 2008, S. 81). Die sekundäre strukturelle Dissoziation ist charakteristisch für die komplexe posttraumatische Belastungsstörung (▶ Abschn. 3.3.2). Sie entsteht durch sich wiederholende Traumatisierungen über längere Zeiträume. Bei Erwachsenen können dies Krieg und das (Mit-)Erleben von Gräueltaten sein, zum Beispiel im Rahmen eines Völkermordes oder im KZ. Ein wichtiger Risikofaktor für das Entstehen von EPs im Erwachsenenalter ist eine Traumatisierung im Kindesalter (vgl. van der Hart et al. 2008, S. 81; Donovan et al. 1996, S. 361–368; Ford 1999, S. 3–12). Viele der EPs, die in der Kindheit aufgrund von Missbrauch, Misshandlungen oder Vernachlässig entstanden sind, weisen unsichere Bindungsmuster auf (vgl. van der Hart et al. 2008, S. 80).

Tertiäre strukturelle Dissoziation

Bei der tertiären strukturellen Dissoziation existieren mehrere EPs und mehr als ein ANP. Sie ist charakteristisch für die dissoziative Identitätsstörung (▶ Abschn. 3.3.3) und tritt hauptsächlich infolge schwerer und anhaltender Traumatisierungen in Form von Misshandlung, Missbrauch und Vernachlässigung über einen längeren Zeitraum in der Kindheit auf. Im Erwachsenenalter können sich weitere ANPs entwickeln, um mit Ereignissen wie zum Beispiel Krieg fertigzuwerden. Auch diese später erlebten Ereignisse können nicht integriert, sondern müssen abgespalten werden (van der Hart et al. 2008, S. 95, 98).

3.3 Wie erkenne ich ein Trauma bzw. eine Traumafolgestörung?

Alle Traumafolgestörungen gehen mit folgenden zwei Hauptsymptomen einher, wenn auch in unterschiedlicher Qualität:
- Wiedererlebende Symptome: Zum einen in Form von Intrusionen, womit ganz allgemein Erinnerungen an die Vergangenheit gemeint sind, die als störend oder belastend empfunden werden. Zum anderen in Form von Flashbacks, bei denen der Mensch von Gefühlen und Gedanken überflutet wird, die im Zusammenhang mit dem Trauma stehen. Der Betroffene hat das Gefühl, alles noch einmal zu durchleben. Auslöser sind sogenannte Trigger. Das können Gerüche sein, Gefühle, Körperreaktionen und vieles mehr.
- Vermeidung jeglicher Erinnerung an das Trauma (Konstriktion): Das Spektrum reicht von Lust- und Freudlosigkeit, Empfindungs- und Gefühllosigkeit über das Vermeiden von Situationen und Begegnungen, die an das Trauma erinnern könnten, bis hin zur Dissoziation.

Die körperlichen Symptome haben viel mit den Stresshormonen aufgrund des toxischen Stresses zu tun, darunter die Aktivierung des Sympathikus durch Adrenalin und Noradrenalin. Dadurch verändern sich einige Körperfunktionen, zum Beispiel:
- Das Herz schlägt schneller und kräftiger.
- Die Skelettmuskulatur wird besser durchblutet.
- Die Blutgefäße erweitern sich, um die Blut- bzw. Sauerstoffversorgung des Herzens zu verbessern.
- Die Bronchien erweitern sich, um die Atmung zu erleichtern.
- Die Schweißproduktion nimmt zu, um die Körpertemperatur zu regulieren.

- Der Verdauungstrakt reduziert seine Aktivitäten.
- Der Harndrang nimmt ab.
- Denkvorgänge werden unterdrückt.

Alles ist auf Bewegung (Flucht, Angriff) ausgerichtet und nicht auf Ausruhen, Schlafen, Nachdenken oder Konzentrieren. Das spiegelt sich in den Symptomen der Traumafolgestörungen wider.

3.3.1 Symptome der posttraumatischen Belastungsreaktion

Bei der posttraumatischen Belastungsreaktion handelt es sich um eine ganz normale und gesunde Reaktion. Etwas Schlimmes ist passiert. Das muss der Mensch erst einmal verarbeiten. Das heißt, es braucht Zeit, bis das Gehirn das Wahrgenommene integriert hat, sodass wieder ein geordneter Zustand vorherrscht. Man geht dafür von vier bis acht Wochen aus.

In dieser Zeit verlaufen Verarbeitung und Folgezustände wellenförmig. Abwechselnd kommt es zur Überflutung mit traumatischem Material, dann wieder zur Vermeidung jeder Erinnerung. Zu einer strukturellen Dissoziation kommt es nicht.

Zu den wiedererlebenden Symptomen gehören zum Beispiel Angstzustände und erhöhte Schreckhaftigkeit, Schlafstörungen sowie Wiedererleben von Teilen des Traumas in Form von Flashbacks, Tag- bzw. Albträumen.

Zu den vermeidenden Symptomen gehört das Vermeiden von Reizen, die an das Trauma erinnern, Empfindungslosigkeit, der Rückzug von anderen Menschen, Entfremdungsgefühl sowie Konzentrations- und Leistungsstörungen.

Aufgrund des Stresses hat der Betroffene Mühe, seine Gefühle zu kontrollieren. Es kommt immer wieder zu Gereiztheit und Impulsdurchbrüchen (vgl. Roderus 2011, S. 39 ff.).

3.3.2 Symptome der posttraumatischen Belastungsstörung

Posttraumatische Belastungsstörungen (PTBS) treten Monate, manchmal sogar Jahre nach dem traumatischen Ereignis auf (vgl. Bauer 2009, S. 174). Sie sind sozusagen das Kriterium dafür, ob eine Traumatisierung vorliegt oder nicht.

> „Nicht das Trauma macht krank, aber die PTBS" (Huber 2008).

> „Wer traumatisiert wurde, aber keine PTBS hat, unterscheidet sich nicht von der Normalbevölkerung" (Manfred Spitzer; zit. nach Huber 2008).

3.3.2.1 Symptome der einfachen posttraumatischen Belastungsstörung

Zu den wiedererlebenden Symptomen einer einfachen posttraumatischen Belastungsstörung gehören
- das häufige Wiedererleben von Teilen des Traumas, zum Beispiel körperliche Schmerzen, Panik, Schreckensbilder (Flashbacks),
- Angstzustände wie Angst vor geschlossenen Räumen,
- eine erhöhte Schreckhaftigkeit und eine ständige Habachtstellung in der Erwartung einer Gefahr,
- nicht integrierte stressbedingte Übererregung (Hyperarousal),

3.3 · Wie erkenne ich ein Trauma bzw. eine Traumafolgestörung?

- körperliche Begleitsymptome wie Herzrasen sowie
- Albträume und Schlafstörungen.

Zu den vermeidenden Symptomen gehören
- die Amnesie (◘ Tab. 3.4),
- die primäre strukturelle Dissoziation (▶ Abschn. 3.2.2), die mit dem Gefühl, nicht richtig da zu sein, einhergeht sowie mit einer Derealisation und Depersonalisation (◘ Tab. 3.4),
- der soziale Rückzug und ein starkes Misstrauen und/oder Feindseligkeit anderen Menschen gegenüber,
- das Gefühl der Einsamkeit, der Isolation und Entfremdung von anderen („Ich bin anders"),
- der Verlust von Zukunftsvisionen,
- depressive Verstimmungen sowie das Gefühl der Kraftlosigkeit, Konzentrations- und Leistungsprobleme sowie
- eine erhöhte Reizbarkeit und Impulsivität.

Auf die Symptome einer posttraumatischen Belastungsstörung bei Kindern und Jugendlichen geht ◘ Tab. 3.5 ein.

3.3.2.2 Symptome der komplexen posttraumatischen Belastungsstörung

„Die *komplexe* posttraumatische Belastungsstörung ähnelt der einfachen posttraumatischen Belastungsstörung, wobei ihr Ausmaß schwerwiegender ist und zusätzliche Problembereiche dazukommen" (Roderus 2011, S. 42 ff.).

Welche Symptome bzw. Problembereiche kommen hinzu?

Bei den wiedererlebenden Symptomen kommen hinzu:
- Scheinbar unkontrollierbare Gefühlszustände, beispielsweise eine plötzlich auftretende gedrückte oder gereizte Stimmung, das unerwartete Gefühl von Traurigkeit, plötzliche Wut oder eine Apathie, die Stunden bis Tage anhalten kann.
- Scheinbar unkontrollierbare Impulsdurchbrüche und selbstschädigende Impulse bis hin zu suizidalen Gedanken.

Bei den vermeidenden bzw. einschränkenden Symptomen kommen hinzu:
- Eine stärkere Ausprägung der Amnesie (◘ Tab. 3.4).
- Eine sekundäre strukturelle Dissoziation (▶ Abschn. 3.2.2).
- Störungen der Selbstwahrnehmung beginnend mit einem negativen Selbstbild bis hin zu dem Gedanken, keine Existenzberechtigung zu haben, was mit einer geringen Selbstfürsorgekompetenz verbunden ist und mit dem Ohnmachtsgefühl, sowieso nichts verändern zu können. Da wir Menschen auf Homöostase angelegt sind, dem Streben nach Gleichgewicht, das für die Lebenserhaltung und Funktion eines Organismus notwendig ist, kommt es nicht selten als Gegengewicht zum negativen Selbstbild zu einem in der Regel unbewusst erhöhten Selbstbild. Das kann in Form von Tagträumen sein, in denen der Betroffene ein Held ist, eine Art Robin Hood, der den Schwachen hilft und gegen die Starken gewinnt, oder in denen die Betroffene alle Schönheitswettbewerbe gewinnt und gleichzeitig wahnsinnig sympathisch bleibt und von allen geliebt wird (zwischen Trauma und Trauminhalt gibt es in der Regel einen direkten oder indirekten Zusammenhang). Es kann aber auch im realen Leben stattfinden, beispielsweise wenn der Betroffene meint, an der Supermarktkasse nicht wie alle anderen warten zu müssen, oder indem er als Chef am Arbeitsplatz seine Grandiosität beweisen muss. Für diese Art von ausgleichendem „Größenwahn" gibt es viele Gesichter.

Tab. 3.5 Symptome einer posttraumatischen Belastungsstörung bei Kindern und Jugendlichen. (Nach Krüger 2015, S. 41)

Alter in Jahre	Mögliche Symptome
6–10	Symptome der Belastungsstörungen nehmen zu Störungen in den Schulleistungen Schuldgefühle Niedergedrückte Stimmung Negative Weltansichten Selbstverletzendes Verhalten Suizidalität Zwanghaftes Verhalten Symptome werden oft hinter einer „normalen Außenfassade" versteckt
10–14	Zusätzlich zu den Symptomen im Alter von 6–10 Jahren: - Symptome nehmen weiter zu - Reinszenierung von früheren Gewalterfahrungen in aktuellen Beziehungen - Essstörungen - Drogenkonsum - Andere psychiatrische Symptome
14–18	Zusätzlich zu den Symptomen im Alter von 10–14 Jahren: - Entstehung eines Kreislaufes des Scheiterns, zum Beispiel in der Schule oder in sozialen Beziehungen - Herabgesetzte Selbstwahrnehmung - Perversionen - Vermehrter Drogenkonsum - Stark ausgeprägte Zukunftsängste
Symptome in allen genannten Altersgruppen	Ins Leere starren Körperliche Beschwerden ohne ärztlichen Befund Sozialer Rückzug Aggressives Verhalten Gefühlsschwankungen Unruhezustände, Hyperaktivität Ängstlich angespannte Übererregung Schreckhaftigkeit Angst

- Angst vor Kontrollverlust, oft gepaart mit Perfektionismus.
- Eine stärker ausgeprägte depressive Verstimmung mit dem Gefühl der Hoffnungslosigkeit und mit Zweifeln an bisherigen Werten.
- Somatoforme (körperliche) Dissoziationen. Dabei stehen Schmerzen als Ausdruck des körperlichen Wiedererlebens (Intrusionen) im Vordergrund. Jedoch können auch andere körperliche Erscheinungsformen auftreten. Es handelt sich um das Abspalten von Erinnerungen an das Trauma in den Körper hinein (vgl. Ströhle 2008). Somatoforme Dissoziationen können sein:
    - allgemeine sympathische Übererregung mit Folgen wie Bluthochdruck, koronare Herzkrankheiten, Herzstolpern, Herzrasen, Schweißausbrüche, Nervosität,
    - Überempfindlichkeit für Lärm, Licht, Stressreize,
    - Magen-Darm-Probleme, Kopfschmerzen,
    - muskuläre Verspannung, Schmerzsyndrome wie Fibromyalgie, Probleme der Hals- und Lendenwirbelsäule wie Hexenschuss,

3.3 · Wie erkenne ich ein Trauma bzw. eine Traumafolgestörung?

- chronische Müdigkeit, Erschöpfungssyndrome, Burnout,
- Hyperaktivität, ADS, ADHS, Konzentrations- und Leistungsprobleme,
- angegriffenes Immunsystem, häufige Infekte, Tumorerkrankungen,
- Sprachstörungen wie Stottern,
- Suchterkrankungen, Essstörungen,
- chronisch obstruktives Lungensyndrom, Asthma bronchiale,
- Verdauungsstörungen/Darmerkrankungen, Blutzuckerkrankheit, chronische Blasen- und Nierenerkrankungen,
- neurologische Erkrankungen wie Multiple Sklerose (vgl. Huber 2008).

Weitere Symptome können sein:
- selbstverletzendes Verhalten wie das Ritzen, aber auch der Missbrauch von Substanzen,
- Probleme im Bereich der Sexualität, beispielsweise Pornografiesucht, Sucht nach sexueller Selbstbefriedigung, Unlust an gemeinsam erlebter Sexualität zusammen mit dem (Ehe-)Partner,
- Essstörungen wie Anorexie und Bulimie sowie Symptome einer Borderline-Persönlichkeitsstörung, bei der es sich ebenfalls um eine Traumafolgestörung handelt als Versuch, aus der Dissoziation herauszukommen (vgl. Bauer 2009, S. 181).

Sexuelle Selbstbefriedigung

Sexuelle Selbstbefriedigung spielt bei nicht wenigen traumatisierten Menschen eine Rolle, oft verbunden mit Schuldgefühlen. Viele Betroffene leiden darunter, können aber nicht aufhören, weil der Orgasmus eine der wenigen Augenblicke in ihrem Leben darstellt, in denen sie sich spüren und für kurze Zeit so etwas wie Entspannung einsetzt (ähnlich wie beim Ritzen). Zudem ist es oft das einzig „Liebevolle", das ihr Körper und ihre Seele erfahren. Unter etwas zu leiden, aber nicht aufhören zu können, obwohl man es möchte, ist kennzeichnend für eine Sucht. Es ist also nichts, was den Betroffenen auf Dauer gesehen guttut, sondern von ihnen als Belastung empfunden wird. Auch das ist ein Problemlösungsversuch des betroffenen Menschen, macht also Sinn für ihn. Möchte der traumatisierte Mensch dieses Verhalten nicht fortführen, stellt sich die Frage, wie er sich auf andere Art und Weise spüren sowie Entspannung erfahren kann (▶ Kap. 6).

Pornografiesucht

Pornokonsum verändert das Bild, das Männer von Frauen haben. Statt Wertschätzung und Respekt wird sexuelle Gewalt propagiert. Würde wird Frauen abgesprochen. Das ist den Männern nicht immer bewusst, die Veränderung tritt oft schleichend ein. Schauen sich Flüchtlinge im Internet Pornografie an, trifft das auf ihr kulturell geprägtes, traditionelles Frauenbild, das oft gekennzeichnet ist von einer systematischen Verachtung von Frauen. So erleben 83 Prozent der ägyptischen Frauen sexuelle Gewalt (Haller Tagblatt, 09.01.2016). Umso wichtiger ist es, dass traumatisierte Flüchtlinge Hilfe bekommen, um nicht noch tiefer in dieses Denken verstrickt zu werden bzw. um einen Wertewandel möglich zu machen, der jedoch immer vom Wollen des Flüchtlings abhängt. Dazu ist es wichtig, den Menschen aus anderen Kulturen das deutsche Wertesystem zu vermitteln, das Männern und Frauen die gleiche Würde zuspricht, wie es in Artikel 1 des deutschen Grundgesetzes verankert ist. Dann können die Flüchtlinge entscheiden, ob sie das Wertesystem akzeptieren möchten oder doch lieber in ein anderes Land weiterziehen, dessen Wertesysteme sie teilen können (▶ Abschn. 7.1.3).

3.3.3 Symptome der dissoziativen Identitätsstörung

Bei der dissoziativen Persönlichkeitsstörung ist das Ausmaß der Traumatisierung noch schwerwiegender und extremer als bei der komplexen posttraumatischen Belastungsstörung.

Tertiäre strukturelle Dissoziation, das heißt, dass nicht nur ein ANP den Alltag meistert, sondern mindestens zwei. Diese ANPs wissen nichts voneinander. Jeder regelt den Alltag so, wie er es für richtig ansieht. Damit herrscht ein noch größeres inneres Chaos, kommen dann ja auch noch die verschiedenen EPs hinzu, die ebenfalls unaufgefordert auf der (Lebens-)Bühne erscheinen und mitreden. Das führt dazu, dass der Betroffene unter Zeitverlusten leidet. Denn wenn der erste ANP den Alltag regelt und dann der zweite erscheint, weiß der zweite nichts von dem, was der erste ANP gemacht hat. Wenn dann noch weitere ANPs hinzukommen und zudem auch noch die EPs, führt das nicht nur zu dem Gefühl, irgendwie nicht präsent gewesen zu sein. Es macht auch Angst und trägt erheblich zu der Sorge bei, verrückt zu sein.

3.4 Soforthilfe bei einem Traumaereignis

Lange Zeit wurde davon ausgegangen, dass ein sogenanntes Debriefing sinnvoll sei, das Angebot zu einem Gespräch, in dem die Betroffenen ihre Eindrücke und Emotionen schildern, im Sinne von „alles mal rauslassen". Neue Untersuchungen zeigen aber, dass Kurz-Debriefings, die unmittelbar nach einem Trauma vorgenommen wurden, eher schaden als nutzen. Als hilfreich erwiesen haben sich hingegen mehrere Einzelgespräche, die auf den Etappen der Traumatherapie aufbauen (▶ Kap. 4) und sich je nach Traumafolgestörung über einen kürzeren oder längeren Zeitraum erstrecken (vgl. Bauer 2009, S. 174). Deshalb: Nach einem Traumaereignis den Betroffenen nicht unkontrolliert reden lassen, weil es sonst zu einer Retraumatisierung, also einer Wiederholung bzw. zu einem erneuten Erleben des traumatisierenden Ereignisses, kommen kann.

Unbestritten ist jedoch, dass die Betroffenen menschliche Geborgenheit brauchen, wobei sie nie zu etwas gedrängt werden dürfen. Sie müssen selbst entscheiden dürfen, was für sie dran ist, um sich nicht erneut hilflos und ausgeliefert zu fühlen. Der eine möchte in den Arm genommen werden, dem anderen tut einfach nur Ihre Anwesenheit gut, das Ausstrahlen von Ruhe und Sicherheit, das dem äußeren Chaos bzw. dem Chaos im Inneren des Menschen wohltuend gegenübersteht. Seien Sie für den Betroffenen da. Oft verbindet das gemeinsame Schweigen mehr als viele Worte.

Literatur

Ainsworth, M.D.S/Blehar, M.C./Waters, E./Wall, S. (1978), Patterns of attachment – A psychological study of the strange situation, Hillsdale: Erlbaum

Ayres, Jean A. (2013), Bausteine der kindlichen Entwicklung – Sensorische Integration verstehen und anwenden, 5. Auflage, Heidelberg: Springer

Bauer, Joachim (2009), Das Gedächtnis des Körpers – Wie Beziehungen und Lebensstile unsere Gene steuern, 15. Auflage, München: Piper

Bauer, Joachim (2010), Das System der Spiegelneurone: Neurobiologisches Korrelat für intuitives Verstehen und Empathie, in: Brisch, Karl Heinz/Hellbrügge, Theodor (Hrsg.), Der Säugling – Bindung, Neurobiologie und Gene, 2. Auflage, Stuttgart: Klett-Cotta

Bauer, Joachim (2015), Selbststeuerung – Die Wiederentdeckung des freien Willens, München: Blessing

Bismarck in: Sonneborn, Uta (2007), Die systemische Therapie mit der inneren Familie – Einladung zum Wissenschaftlichen Wochenende, 16. – 18. März 2007, http://www.ti-b.de/wp-content/uploads/2008/12/wisswoe1-071.pdf (Zugegriffen: 20. März 2016)

Literatur

Bonhoeffer, Dietrich (1998), in: Gremmels et al (Hrsg.), Widerstand und Ergebung – Briefe und Aufzeichnungen aus der Haft, Gütersloh: Gütersloher Verlagsanstalt

Bonhoeffer, Dietrich/von Wedemeyer, Maria (1994), in: von Bismarck, Ruth-Alice/Kabitz, Ulrich (Hrsg.), Brautbriefe Zelle 92, München: Beck

Brisch, Karl Heinz (2008), Bindung und Umgang, in: Deutscher Familiengerichtstag (Hrsg.), Siebzehnter Deutscher Familiengerichtstag vom 12. bis 15. September 2007 in Brühl, Brühler Schriften zum Familienrecht, Bielefeld: Gieseking, http://www.khbrisch.de/files/artikel_bindung_umgang.pdf (Zugegriffen 18. März 2016)

Brisch, Karl Heinz (2011), Bindungsstörungen – Von der Bindungstheorie zur Therapie, 11. Auflage, Stuttgart: Klett-Cotta

Brisch, Karl Heinz (2014), Unterlagen im Rahmen der Weiterbildung „Bindungsbasierte Therapie für Erwachsene"

Bowlby, John (1972), Mutterliebe und kindiche Entwicklung, München/Basel: Ernst Reinhardt

Bowlby, John (1984), Bindung, Frankfurt/Main: Fischer

Bowlby, John (2010), Bindung als sichere Basis – Grundlagen und Anwendung der Bindungstheorie, 2. Auflage, München: Reinhardt

Chamberlain, Sigrid (2010), Adolf Hitler, die deutsche Mutter und ihr erstes Kind – Über zwei NS-Erziehungsbücher, 5. Auflage, Gießen: PsychosozialVerlag

Demos, V. (1991), Resiliency in infancy, in: Dugan, T.F./Coles, R. (Hrsg.), The child in our times: Studies in the development of resieliency, New York: Brunner/Mazel

Donovan, B.S./Padin-Rivewra, E./Dowd, T./Blake, D.D. (1996), Childhood factors and war zone stress inchronic PTBS, in: Journal of Traumatic stress, 9, Chichester:Wiley

FAZ-E-Paper (2015), Traumatisierte Flüchtlinge – „Mindestens die Hälfte der Menschen ist psychisch krank", www.faz.net/aktuell/politik/fluechtlingskrise/fluechtlinge-sind-oft-traumatisiert-13806687.html (Zugegriffen: 14. März 2016)

Fischer, Gottfried/Riedesser, Peter (2009), Lehrbuch der Psychotraumatologie, 4. Auflage, Stuttgart: UTB

Ford, J. (1999), Disorder of extreme stress following war-zone military trauma – Associated features of posttraumatic stress disorder or comorbid but distinct syndromes?, in: Journal of Consulting and Clinical Psychology, 67, Washington, D.C.: American Psychological Association (APA)

Fraser, S. (1987), My father's house: A memoir of incest and of healing, Toronto: Doubleday Canada

Fuhrmann, Ben (2013), Es ist nie zu spät, eine glückliche Kindheit zu haben, 7. Auflage, Dortmund: Borgmann

Goethe, Johann Wolfgang in: Sonneborn, Uta (2007), Die systemische Therapie mit der inneren Familie – Einladung zum Wissenschaftlichen Wochenende, 16. – 18. März 2007, http://www.ti-b.de/wp-content/uploads/2008/12/wisswoe1-071.pdf (Zugegriffen: 20. März 2016)

Greenspan, S.I. (1981), Psychopathology and adaptation in infancy and early childhood, New York: International Universities Press

Haarer, Johanna (1934), Die deutsche Mutter und ihr erstes Kind, München: Lehmanns

Haarer, Johanna (1996), Die Mutter und ihr erstes Kind, Nürnberg: Carl Gerber

Hanswille, Reinert/Kissenbeck, Annette (2014), Systemische Traumatherapie – Konzepte und Methoden für die Praxis, 3. Auflage, Heidelberg: Carl-Auer

Huber, Michaela (2003), Trauma und die Folgen, Paderborn: Junfermann

Huber, Michaela (2008), Auch der Körper dissoziiert – Trauma und somatoforme Dissoziationen, www.michaela-huber.com (Zugegriffen: 14. März 2016)

Huber, Michaela (2010), Strukturelle Dissoziation und Komplextrauma – Eine Einführung, www.michaela-huber.com (Zugegriffen: 14. März 2016)

Huber, Michaela (2014a), Komplextrauma erkennen und verstehen – eine interdisziplinäre Herausforderung, www.michaela-huber.com (Zugegriffen: 14. März 2016)

Huber, Michaela (2014b), Extreme Gewalt – extreme Dissoziationen, www.michaela-huber.com (Zugegriffen: 14. März 2016)

Huber, Michaela (2015), Der geborgene Ort, Paderborn: Junfermann

Jäncke, Lutz (2006), Das Gehirn: „use it or lose it", in: UZH News (Universität Zürich), www.uzh.ch/news/articles/2006/1822.html (Zugegriffen: 14. März 2016)

Kegel, Bernhard (2015), Epigentik – Wie unsere Erfahrungen vererbt werden, Köln: DuMont

Khouri, Ed (2007), Restarting, Shepherd's House Inc.

Krüger, Andreas (2015), Erste Hilfe für traumatisierte Kinder, 5. Auflage, Ostfildern: Patmos

Laucht, Manfred (2009), Vulnerabilität und Resilienz in der Entwicklung von Kindern, in: Karl Heinz Brisch/Theodor Hellbrügge (Hrsg.), Bindung und Trauma, 3. Auflage, Stuttgart: Klett-Cotta

Mücke, Klaus (2009), Probleme sind Lösungen – Systemische Beratung und Psychotherapie, Lehr- und Lernbuch, 4. Auflage, Potsdam: ÖkoSysteme

Omer, Haim/von Schlippe, Arist (2014), Autorität ohne Gewalt – Coaching für Eltern von Kindern mit Verhaltensproblemen, „Elterliche Präsenz" als systemisches Konzept, 9. Auflage, Göttingen: Vandenhoeck & Ruprecht

Omer, Haim/von Schlippe, Arist (2015), Stärke statt Macht – Neue Autorität in Familie, Schule und Gemeinde, 2. Auflage, Göttingen: Vandenhoeck & Ruprecht

Omer, Haim/von Schlippe, Arist (2015), Autorität durch Beziehung – Die Praxis des gewaltlosen Widerstands in der Erziehung, 8. Auflage, Göttingen: Vandenhoeck & Ruprecht

Parkes, C.M./Stevenson-Hinde, J./Mariis, P. (Hrsg.) (1991), Attachment across the life gycle, London/New York: Tavistock

Rauh, Hellgard (2002), Vorgeburtliche Entwicklung und Frühe Kindheit – Bindung und Bindungsqualität, in: Oerter, Rolf/Montada, Leo (Hrsg.), Entwicklungspsychologie, 5. Auflage, Weinheim/Bergstraße: Beltz

Reddemann, Luise/Dehner-Rau, Cornelia (2013), Trauma heilen – Ein Übungsbuch für Körper und Seele, 4. Auflage, Stuttgart: Trias

Roderus, Ursula (2011), Handbuch zur Traumabegleitung, Lüdenscheid: Asaph

Roth, Gerhard (2015a), Das Stressverarbeitungssystem, e-mail: gerhard.roth@uni-bremen.de (30. Dezember 2015)

Roth, Gerhard (2015b), Persönlichkeit, Entscheidung und Verhalten – Warum es so schwierig ist, sich und andere zu ändern, 10. Auflage, Stuttgart: Klett-Cotta

Roth, Gerhard/Strüber, Nicole (2015c), Wie das Gehirn die Seele macht, 5. Auflage, Stuttgart: Klett-Cotta

Schore, Allan N. (2007), Affektregulation und die Reorganisation des Selbst, Stuttgart: Klett-Cotta

Spork, Peter (2014), Der zweite Code – Epigenetik oder: Wie wir unser Erbgut steuern können, 4. Auflage, Reinbek: Rowohlt Taschenbuch

Ströhle, Helga (2008), Der Körper erinnert sich – Vortrag zu Schmerz und Trauma beim 3. Aalener Schmerztag, www.psychosomatik-aalen.de/schmerzklinik/stroehle.pdf (Zugegriffen: 14. März 2016)

The Bodleian Library (2015), Leitfaden für britische Soldaten in Deutschland 1944, 7. Auflage, Köln: Kiepenheuer & Witsch

Thielicke, Robert (2009), Begabung – Reine Übungssache, in: Focus online, www.focus.de/wissen/mensch/begabung-reine-uebungssache_aid_387887.html (Zugegriffen: 14. März 2016)

Welter-Enderlin, Rosmarie/Hildenbrand, Bruno (2012), Resilienz – Gedeihen trotz widriger Umstände, 5. Auflage, Heidelberg: Carl Auer

van der Hart, Onno/Nijenhuis, Ellert R.S./Steele, Kathy (2008), Das verfolgte Selbst – Strukturelle Dissoziation und die Behandlung chronischer Traumatisierung, Paderborn: Junfermann

Westickenberg, Hiltrud (2013), Unterlagen im Rahmen der Weiterbildung zur christlich orientierten Traumabegleitung

Traumatisierten Flüchtlingen begegnen

Kapitel 4	Traumatherapie, Traumabegleitung und Traumapädagogik – 79	
	Ulrike Imm-Bazlen	
Kapitel 5	Bindungssicherheit und Vertrauen aufbauen – 83	
	Ulrike Imm-Bazlen	
Kapitel 6	Stabilisieren – 111	
	Ulrike Imm-Bazlen	
Kapitel 7	Sicherheit erreichen – 183	
	Ulrike Imm-Bazlen	
	Anne-Kathrin Schmieg	

Traumatherapie, Traumabegleitung und Traumapädagogik

Ulrike Imm-Bazlen

Literatur – 82

Was ist der Unterschied zwischen Traumatherapie, Traumabegleitung und Traumapädagogik? Diese Frage werden Sie sich vermutlich spätestens dann stellen, wenn die Begriffe im Buch genannt werden.

In der klassischen Traumatherapie werden drei Phasen unterschieden:
- Stabilisierungsphase,
- Traumabearbeitungsphase,
- Integrationsphase (vgl. Reddemann und Dehner-Rau 2013, S. 66).

Ursula Roderus (2011) hat diese in folgende fünf Etappen unterteilt:
- Etappe 1: Vertrauensaufbau und Beziehungsgestaltung (▶ Kap. 5 und ▶ Kap. 6),
- Etappe 2: Sicherheit innen und außen (▶ Kap. 7),
- Etappe 3: Arbeit mit dem Inneren (▶ Abschn. 6.2.4), Prozessieren,
- Etappe 4: Verarbeitung des Traumas,
- Etappe 5: Integration, Trauern und Zukunftsorientierung.

In der Traumabearbeitungsphase bzw. in Etappe 4 (Verarbeitung des Traumas) kommt es zur Traumakonfrontation, der Arbeit am Trauma. Traumakonfrontation bedeutet, sich noch einmal bewusst zu machen, was während des Traumas geschehen ist. Auf keinen Fall bedeutet Traumatherapie oder Traumakonfrontation, das Trauma „weg-" oder ungeschehen zu machen. Immer geht es um die Integration dessen, was passiert ist, an das sich der Betroffene aber nicht erinnern darf, weil es für ihn nicht auszuhalten ist. Dafür bedarf es eines geschützten Rahmens und einer gründlichen Vorbereitung. Unvorbereitet kann es zur Retraumatisierung und Dissoziation kommen. Deshalb ist die Traumakonfrontation ausschließlich Therapeuten mit entsprechender Qualifikation vorbehalten. Und entsprechend achtsam müssen Traumabegleiter agieren, um nicht unbeabsichtigt eine Traumakonfrontation herbeizuführen, indem sie die Betroffenen zum Beispiel unkontrolliert über die traumatisierenden Ereignisse erzählen lassen. Je stabiler der traumatisierte Mensch ist, je sicherer er sich seiner selbst ist, je mehr er an Resilienz gewonnen hat, desto besser können die Traumakonfrontation und die Verarbeitung des Traumas gelingen.

In allen anderen Phasen und Etappen kann ein traumatisierter Mensch von gut ausgebildeten Mitarbeitern begleitet werden. Gut ausgebildet heißt in der Regel, dass eine Weiterbildung gemacht wurde, zum Beispiel:
- „Traumapädagogik und Traumazentrierte Fachberatung" der Deutschsprachigen Gesellschaft für Psychotraumatologie (DeGPT) und der Bundesarbeitsgemeinschaft Traumapädagogik (BAG-TP).
- „Christlich orientierte Traumabegleitung" des Instituts für christliche Traumabegleitung (ICTB). Das Curriculum entspricht dem Curriculum der DeGPT und BAG-TP. Zusätzlich zum Curriculum der DeGPT und BAG-TP ist es erweitert um Inhalte des christlichen Glaubens. Dieser kann, muss aber nicht einbezogen werden.

Was aber, wenn Sie diese Weiterbildungen nicht gemacht haben? Können Sie traumatisierte Menschen dann überhaupt begleiten?

Doch, das können Sie. Denn ohne die ersten beiden Etappen geht nichts. Und genau das sind die Etappen, in denen Ihnen das Buch ein Qualifizierungsangebot macht. Erleben traumatisierte Flüchtlinge Bindung und fassen Vertrauen zu Ihnen und darüber ein Stück weit in diese Welt, spüren sie Sicherheit und erfahren, dass sie auf eine unnormale Situation absolut normal reagiert haben, dass sie wertgeschätzt und angenommen werden. So kann sich Resilienz entwickeln (▶ Abschn. 3.1.2), sodass die traumatisierten Menschen stark genug sind für die Auseinandersetzung mit dem Trauma, um es zu integrieren und um vor weiteren Traumatisierungen besser geschützt zu sein.

Immer wieder kommt es auch vor, dass die Etappe der Traumakonfrontation nicht mehr notwendig ist, dass traumatisierte Menschen durch die Etappen zuvor, ihr Arbeiten an sich, so viel Stärke gewonnen haben, dass sie anders mit den damals traumatisierenden Ereignissen umgehen können. Es kann sein, dass sie trotz des Schmerzes bei den Erinnerungen – der bleiben wird – nicht mehr dissoziieren, weil sie vergeben konnten und/oder sogar Dankbarkeit empfinden (▶ Abschn. 3.1.2). Nicht für das Trauma an sich – wie gesagt, da wird ein Schmerz zurückbleiben –, aber für das, was daraus erwachsen ist. Vielleicht durften die Flüchtlinge durch die Begleitung von Ihnen sehen, wer sie wirklich sind: ihre Ressourcen, ihre Stärken, die sie auch haben. Vielleicht konnten sie ein Stück weit ihr wahres Selbst entdecken und stärken, an dem sie weiterarbeiten können. Dafür kann sich Dankbarkeit einstellen. Dazu fällt mir eine Klientin ein, die während eines Krieges vergewaltigt worden ist. Sie hat sich ihrer Würde beraubt gefühlt. Durch die Traumabegleitung kam sie in Kontakt mit ihrem wahren Selbst. Sie erkannte, dass sie auch vor der Vergewaltigung keine Verbindung zu ihrem wahren Selbst hatte und dementsprechend auch kein Selbstbewusstsein, keine innere Stärke. Sie begann, daran zu arbeiten. Es war nicht leicht. Und heute, nachdem einige Zeit vergangen ist, kann sie sagen, dass sie für das, was geschehen ist, auch dankbar sein kann, denn erst das mit der Vergewaltigung verbundene Leid habe sie bewogen, Hilfe zu suchen und zu dem Menschen zu werden, der sie heute ist.

Manchmal werden Sie allerdings auch den Eindruck haben, dass Ihre Begleitung dem traumatisierten Menschen gar nichts bringt, weil keine unmittelbaren Veränderungen geschehen. In diesem Fall möchten wir Autorinnen Ihnen zwei Dinge mit auf den Weg geben:

Als Erstes: Arbeiten Sie an sich, an Ihrer Ausdauer und Geduld. Hinterfragen Sie sich, warum Sie traumatisierte Menschen begleiten wollen. Wenn es darum gehen sollte, selbst Anerkennung zu bekommen, werden Sie vermutlich enttäuscht werden, zumindest wenn sich die Begleitung über einen längeren Zeitraum erstreckt. Kommen die Flüchtlinge neu in Deutschland an, werden sie erst einmal überflutet von Gefühlen der Dankbarkeit und Freude, es geschafft zu haben. Diese Dankbarkeit kann Sie als Mitarbeiter in einer Flüchtlingseinrichtung eine Zeit lang tragen. Doch irgendwann kommt der Alltag. Dann gilt es für die Flüchtlinge, sich der neuen Realität zu stellen, die vielleicht ganz anders aussieht, als sie es erwartet haben: Nicht jeder Flüchtling bekommt in Deutschland ein Haus und einen Arbeitsplatz und ist finanziell abgesichert, so wie es die Schlepper ihnen vielleicht versprochen und weshalb sie sich unter anderem auf den Weg nach Deutschland gemacht haben. Bei vielen wird eine große Enttäuschung einsetzen und – je nach Vorerfahrungen – das Gefühl von Ausgeliefertsein deutschen Behörden gegenüber usw. Dann können vorherige Traumatisierungen wirksam werden. Davon sind dann auch Sie tangiert. Nun beginnt die Traumabegleitung, sofern Sie sich darauf einlassen wollen.

Als Zweites wollen wir Ihnen etwas – wie wir Autorinnen finden – sehr Ermutigendes mitgeben: Sie können keinem Menschen in die Seele schauen und können nicht wissen, was dort geschieht. Es kann sein, dass Sie durch Ihr Dasein, Ihre Wertschätzung, Ihre Zuwendung, Ihr Aushalten einen Samen säen, der erst sehr viel später aufgeht. Vielleicht erzählt der traumatisierte Flüchtling irgendwann einmal von der Frau, die ihn mit seiner Verzweiflung ausgehalten und ein Stück weit getragen, oder von dem Mann, der ihn in schwierigen Zeiten unter Tausenden von Flüchtlingen gesehen und wertgeschätzt hat, der für ihn da war. Sie wissen nicht, wann der Same aufgeht, den Sie säen, aber er wird nicht unbemerkt bleiben.

Noch kurz etwas zur Traumapädagogik. Ihr Anliegen ist es, ein Verständnis für die Prozesse im Inneren von traumatisierten Menschen und seine Reaktionen zu entwickeln, um so eine Veränderung der Perspektive, aber auch eine persönliche Weiterentwicklung von Menschen zu ermöglichen, die mit traumatisierten Menschen zu tun haben. Damit unterscheidet sie sich nicht von der Traumabegleitung. Ursprünglich ging es bei der Traumapädagogik schwerpunktmäßig um Kinder und Jugendliche. Heute sind alle pädagogischen Arbeitsfelder einbezogen.

Literatur

Reddemann, Luise/Dehner-Rau, Cornelia (2013), Trauma heilen – Ein Übungsbuch für Körper und Seele, 4. Auflage, Stuttgart: Trias

Roderus, Ursula (2011), Handbuch zur Traumabegleitung, Lüdenscheid: Asaph

Bindungssicherheit und Vertrauen aufbauen

Ulrike Imm-Bazlen

5.1 Kontinuität – 85
5.1.1 Kontinuität bei den Bezugspersonen – 85
5.1.2 Kontinuität im Verhalten der Mitarbeiter – 86

5.2 Bedingungslose Annahme – 88
5.2.1 Werkzeuge für die nonverbale Vermittlung von Annahme – 89
5.2.2 Strukturelle Voraussetzung für die Anwendung der Werkzeuge – 97

5.3 Feinfühligkeit – 97
5.3.1 Rasche Wahrnehmung, prompte Reaktion – 98
5.3.2 Interpretation der Beziehungssignale und dialogische Kommunikation – 99

5.4 Selbstwirksamkeit – 104

5.5 Wahrung der Grenzen – 106

Literatur – 107

© Springer-Verlag Berlin Heidelberg 2017
U. Imm-Bazlen, A.-K. Schmieg, *Begleitung von Flüchtlingen mit traumatischen Erfahrungen*,
DOI 10.1007/978-3-662-49561-2_5

Eine der wichtigsten Erkenntnisse der Stressforschung ist die Bedeutung zwischenmenschlicher Beziehungen für die Gesundheit eines Menschen. Sie sind das am besten wirksame Medium gegen seelischen und körperlichen Stress. „Überall da, wo sich Quantität und Qualität zwischenmenschlicher Beziehungen vermindern, erhöht sich das Krankheitsrisiko" (Bauer 2013).

Bindungen sind das Fundament für gesunde Gehirne (▶ Abschn. 3.1.2). Entsprechend basiert die Arbeit mit Kindern und Jugendlichen, aber auch mit traumatisierten Erwachsenen zum großen Teil auf einer Bezugspersonenarbeit. Das gilt ganz besonders für den Aufbau von Vertrauen.

In ▶ Kap. 3 haben wir uns ausführlich damit beschäftigt, wie wichtig eine sichere Bindung für den Menschen ist, insbesondere in schlimmen Zeiten, in denen Resilienz (▶ Abschn. 3.1.2) gefragt ist. Das trifft auch auf Flüchtlinge zu, bei denen Resilienz, also die innere Stärke und Widerstandskraft, unterschiedlich ausgeprägt ist: Während die einen eine sichere Bindung erleben durften – sei es vor oder auch während des Krieges bzw. der fluchtauslösenden Situation –, haben andere niemals eine sichere Bindung kennengelernt, weil die Eltern oder andere mögliche Bindungspersonen nicht präsent waren, sei es, weil die Eltern ihre Kinder aufgrund ihrer eigenen Biografie nicht achtsam wahrnehmen, sie also nicht wirklich „sehen" konnten im Sinne von „Wer ist mein Kind?", „Welche Stärken hat es, welche Schwächen?", „Was braucht es?", sei es, weil die Eltern vielleicht verschleppt oder umgebracht worden sind oder weil sie auf der Flucht keine Zeit für ihre Kinder hatten.

Anna Freud und Dorothy Burlingham (1943), die das Erleben von Krieg und kriegsbedingten Trennungen im sehr frühen Kindesalter untersucht haben, kamen in ihrem Buch *War and Children* zu der Erkenntnis, „dass Kinder den Krieg in erster Linie vermittelt durch ihre Familie erfahren, und zwar sowohl durch kriegsbedingte Trennungen als auch aufgrund der elterlichen Reaktion" (Lennertz 2011, S. 93). Eine weitere Feststellung war die, „dass die Reaktionen der Kinder auf die Kriegsereignisse wesentlich von den Reaktionen der sie umgebenden Erwachsenen abhingen. So blieben die Kinder von ruhigen Müttern häufig auch sehr ruhig und zeigten keine Ess- und Schlafprobleme während der Luftangriffe. Ganz anders verhielten sich Kinder, die nicht nur mit den Angriffen, sondern auch mit einer hohen Ängstlichkeit ihrer Mütter konfrontiert waren. (…) Die Luftangriffe mitzuerleben oder sogar von Trümmern verschüttet zu sein, führte bei den Kindern dagegen, solange sie nicht selbst schwer verletzt wurden, nicht zu unmittelbaren Schockreaktionen. Es blieben Vorfälle, wie andere Vorfälle auch" (Lennertz 2011, S. 94/95). Das verdeutlicht noch einmal die Bedeutung der Bindungspersonen und ihres Verhaltens auf die Bindungssicherheit und damit auch auf die Resilienz des Kindes und – sofern es nicht bewusst im Laufe seines Lebens daran arbeitet – auch auf die Resilienz des Erwachsenen.

Mit den aus einer unsicheren Bindung resultierenden Bindungstypen haben wir uns in ▶ Kap. 3 auseinandergesetzt (◻ Tab. 3.3) und auch mit der Bedeutung einer sicheren Bindung für die Gehirnentwicklung (▶ Abschn. 3.1.2).

Was bedeutet das nun aber für die Arbeit mit traumatisierten Flüchtlingen? Konkret geht es darum, auf neurobiologischer Ebene ein neues inneres Arbeitsmodell von Bindung entstehen zu lassen als Voraussetzung dafür, dass Vertrauen entstehen kann, und zwar unabhängig vom Alter der Flüchtlinge. Denn auch bei traumatisierten Erwachsenen kann eine unsichere Bindung Ursache von geringen individuellen Bewältigungsmöglichkeiten sein und damit einer weniger stark ausgeprägten Resilienz. So beruht nach Ilka Lennert (vgl. 2011, S. 175) eine resiliente Entwicklung aus bindungstheoretischer Sicht auf der Entwicklung eines sicheren Arbeitsmodells von Bindung.

Wie wird jetzt aber das innere Arbeitsmodell von Bindung verändert? Die Antwort lautet: durch sichere Bindungserfahrungen. Das bedeutet im Umgang mit Flüchtlingen, dass
- es eine Kontinuität, eine Konstanz bei den Bezugspersonen und im Verhalten der Mitarbeiter gibt,
- das Verhalten der Mitarbeiter in den Flüchtlingseinrichtungen kontinuierlich und wiederholbar gekennzeichnet ist von
    - bedingungsloser Annahme bzw. Liebe im Sinne von neugierig sein und sehen, wer mein Gegenüber wirklich ist (und nicht die Projektion meiner Vorstellungen auf den anderen Menschen und damit zu wissen meinen, wer der andere ist),
    - Feinfühligkeit,
    - dialogischer Sprache (verbal, nonverbal),
    - prompter Wahrnehmung und
    - korrekter Interpretation der Beziehungssignale des traumatisierten Flüchtlings sowie Wahrung seiner Grenzen,
- die Mitarbeiter Schutz und Halt bieten,
    - indem sie Affekte in Worte fassen bzw. die richtigen Bilder dafür finden, sie also richtig interpretieren und benennen, und indem sie sie aushalten sowie co-regulieren,
    - über feinfühlige, respektvolle Berührungen und Körperkontakte.

Damit traumatisierte Flüchtlinge, die nicht sicher gebunden sind, auf neurobiologischer Ebene ein anderes inneres Arbeitsmodell entwickeln können, bedarf es zudem Zeit. Es handelt sich um einen Prozess, für den die Mitarbeiter viel Geduld brauchen.

5.1 Kontinuität

5.1.1 Kontinuität bei den Bezugspersonen

Die Bindungstheorie nach Bowlby besagt, dass „ein Säugling bei seiner Geburt eine angeborene Motivation mitbringt, sich an einen Menschen zu binden, der für ihn zu einem sicheren emotionalen Hafen wird" (Brisch 2013, S. 150). Oft sind dies Mutter und/oder Vater; prinzipiell können jedoch alle Menschen zu einer Bindungsperson werden. Dafür bedarf es allerdings einer gewissen Kontinuität der Bindungsperson, denn selbst wenn alle Mitarbeiter der Einrichtung bemüht sind, auf den Betroffenen feinfühlig einzugehen, hat jeder Mensch doch gewisse Eigenheiten, die ihn auszeichnen. Das Wissen um diese individuellen Besonderheiten, der kontinuierliche Umgang mit ihnen, führt über die Zeit hinweg zu einem Gefühl der Vertrautheit.

Was heißt das konkret?
- Klare und transparente Beziehungskonstellationen: Der traumatisierte Mensch muss wissen, wer wann und inwiefern seine Bezugsperson ist. Die Bezugsperson „muss als eine verlässliche Basis fungieren, von welcher aus der" Flüchtling der neuen Situation im fremden Land „mit emotionaler Sicherheit" begegnen kann. Sie sollte sich in ihrem „Fürsorgeverhalten durch das aktivierte Bindungssystem des" Flüchtlings „ansprechen lassen und ihm zeitlich, räumlich und emotional zur Verfügung stehen" (Brisch 2014, S. 25).
- Verfügbarkeit der Bezugsperson bzw. eines Stellvertreters: „Je jünger das Kind ist" bzw. der Anteil, der sich gerade auf der (Lebens-)Bühne befindet (▶ Abschn. 3.2.2), „desto mehr ist es auf eine *reale* Bindungsperson angewiesen." Die Bezugsperson „muss noch stärker als beim erwachsenen" Flüchtling bzw. Persönlichkeitsanteil „auch durch seine physische Präsenz

als sichere Basis fungieren" (Brisch 2014, S. 27). Am Wochenende oder bei längerem Urlaub und Erkrankungen kann es sinnvoll sein, einem traumatisierten Menschen einen Beweis zukommen zu lassen, dass die Bezugsperson durch die Trennung nicht als Bindungsperson verlorengegangen ist, zum Beispiel in Form von Postkarten (vgl. Brisch 2014, S. 27).
- Für den traumatisierten Menschen leichte und nachvollziehbare Kontaktwege: Er muss wissen, wie er seine Bezugsperson bzw. den Stellvertreter erreichen kann.
- Regelmäßige Kontakte, die vom Erwachsenen ausgehen: Traumatisierte Menschen sollten Affekte ebenso wie Kinder nicht allein austragen müssen, das wäre eine Überforderung (vgl. Wirth 2013).

5.1.2 Kontinuität im Verhalten der Mitarbeiter

Das Bindungssystem ist eng verbunden mit dem Erkundungssystem (▶ Abschn. 3.1.2). Beide Systeme funktionieren wie eine Wippe: Ist das Bindungsbedürfnis eines Kindes bzw. eines traumatisierten Menschen aktiviert, zum Beispiel aus Angst, und der emotionale sichere Hafen gerade nicht verfügbar, kann der Betroffene nicht auf Entdeckungsreise gehen (vgl. Brisch 2013, S. 150). Dazu gehört beispielsweise auch das Lernen einer fremden Sprache und fremder kultureller Gewohnheiten.

Damit traumatisierte Menschen lernen können, bedarf es also einer möglichst sicheren Bindung. Es gilt: Je sicherer die Bindung, desto größer das Lernfenster (▶ Abschn. 3.2.2). Dementsprechend ist die erste Aufgabe von Ihnen als Mitarbeiter in einer Flüchtlings- und Asyleinrichtung, den Betroffenen emotionale Sicherheit zu bieten und ihnen so Angst zu nehmen. Und in emotionaler Sicherheit ist es auch möglich, sich auf seine Innenwelt einzulassen, seine Gefühle wahrzunehmen, zu benennen und neue Wege einzuschlagen, zum Beispiel auch in Richtung Traumaauf- und -verarbeitung.

Um emotionale Sicherheit zu erreichen, bedarf es neben der Kontinuität der Bezugsperson eine Kontinuität im Verhalten der Mitarbeiter. Für traumatisierte Menschen ist es wichtig zu wissen, woran sie bei einem Mitarbeiter sind. Sie brauchen das Gefühl, ihn einschätzen zu können, und die Erfahrung, dass sie jederzeit wertschätzend und feinfühlig behandelt werden. Erlebt der traumatisierte Flüchtling, dass er manchmal feinfühlig und zuverlässig, dann wieder mit Ablehnung oder gereizt behandelt wird, stellt sich keine sichere, sondern eine unsicher-verstrickte Bindung (◘ Tab. 3.3) ein, ggf. mit einer Beziehungsabhängigkeit (s. unten).

> **Konditioniertes Suchtverhalten**
>
> In einem Experiment erhielten zwei Tauben jedes Mal ein Korn, wenn sie einen Hebel betätigten. Anschließend bekam nur noch Taube 2 regelmäßig ein Korn, wenn sie den Hebel betätigte; Taube 1 bekam nur noch gelegentlich ein Korn, ohne dass für sie nachvollziehbar war, wann sie ein Korn erhielt und wann nicht. Im letzten Schritt des Experiments bekamen beide Tauben kein Korn mehr. Taube 2 hörte nach kurzer Zeit auf, den Hebel zu bedienen, und suchte sich eine neue Futterquelle. Taube 1 betätigte den Hebel unermüdlich weiter in der Hoffnung, es könne ja noch einmal ein Korn geben, bis sie am Ende ihrer Kräfte war.
>
> In diesem Fall spricht man von konditioniertem Suchtverhalten, dem auch Menschen unterliegen. Bekommt eine Person immer mal wieder Futter im Sinne von Zuwendung, erhofft sie sich mehr davon. Es entwickelt sich eine krankhafte Beziehung.

5.1 · Kontinuität

> Die Psychologin Harriet Braiker (2013, S. 56) schreibt: „Jede Beziehung ist eine *Verbindung* von Interaktionen, bei der das Verhalten beider Partner jeweils als Stimulus und als Verstärkung des Verhaltens des anderen dient. Aus diesem Grund sind Partner in der Lage, sich gegenseitig auf bestimmte Verhaltensweisen zu konditionieren." Das gilt für Liebesbeziehungen ebenso wie für Beziehungen zwischen Eltern und Kindern oder Flüchtlingen und ihren Bezugspersonen. Klarheit im Verhalten auf der einen Seite ermöglicht Klarheit im Verhalten auf der anderen Seite.

Kontinuität im eigenen Verhalten heißt nicht, dass Sie als Mitarbeiter keinen Gefühlsschwankungen unterliegen oder sie nicht zeigen dürfen. Im Gegenteil: Die eigene Authentizität ist absolut wichtig, denn wie soll ein traumatisierter Mensch Ihnen als Mitarbeiter vertrauen, wenn Sie nicht ehrlich sind? Jeder Mitarbeiter darf also ruhig auch einmal ärgerlich auf einen Flüchtling sein und das auch sagen/zeigen. Dabei geht er jedoch wertschätzend mit dem Menschen um, der seinen Ärger bzw. ein anderes Gefühl ausgelöst hat. Und er fragt sich nach seinem eigenen Anteil an dem, was er spürt. Denn nicht alles, was ärgerlich macht, hat mit der anderen Person zu tun. Es kann auch sein, dass er sich über etwas ganz anderes ärgert, dies jedoch nicht spürt und es nun an seinem Gegenüber auslässt. So kann es sein, dass er als Kind gelernt hat, dass Kinder beim Essen nicht reden. Wenn geredet wird, dann tun das die Erwachsenen. Und nun sitzt er mit Kindern und Jugendlichen zum Essen an einem Tisch, und ein Kind redet und redet. Oder alle Kinder und Jugendlichen am Tisch reden. Auf einmal verspürt er großen Ärger und könnte platzen. Nun hat er mehrere Handlungsmöglichkeiten: Er kann eines der Kinder schnappen und es für sein von ihm als böse empfundenes Verhalten bestrafen. Er könnte aber auch prüfen, ob es wirklich ein böses Verhalten ist, das das Kind zeigt, oder ob es nicht vielmehr so etwas ist wie zum Beispiel Neid („Ich musste früher schweigen, diese Kinder reden"), ggf. verbunden mit einem Gefühl des Opferseins, zum Beispiel „Nie durfte/darf ich ..., immer nur die anderen", „Klar, dass es mich wieder getroffen hat, wen auch sonst". Damit würde er ein wenig resilientes Verhalten zeigen und hätte noch einige Lernaufgaben zu bewältigen.

> **? Zum Nachdenken**
> Studien weisen auf eine Weitergabe von Bindungsstilen und -mustern hin (vgl. Brisch 2013, S. 157). Das eigene Bindungsverhalten beeinflusst demnach das Verhalten gegenüber anderen Menschen. Haben pädagogische Mitarbeiter selbst ungute Bindungserfahrungen gemacht und diese nicht in umfassender Selbsterfahrung und/oder psychotherapeutisch bzw. traumatherapeutisch aufgearbeitet, sollten sie nicht mit traumatisierten Menschen arbeiten, denn um eine sichere Bindung gewährleisten zu können, bedarf es selbst einer sicheren Bindung bzw. der Veränderung anderer erworbener Bindungsstile und -muster (vgl. Brisch 2013, S. 158). Hier sind alle Mitarbeiter gefragt, an sich selbst zu arbeiten.
> - Welcher Bindungsstil liegt bei mir vor? Durfte ich eine sichere Bindung erfahren?
> - Inwieweit beeinflusst mein eigenes Bindungsverhalten mein Verhalten gegenüber anderen Menschen?
> - Kenne ich mein eigenes Stresstoleranzfenster (▶ Abschn. 3.2.2) und kann mich von dem, was mein Gegenüber sagt, distanzieren? Oder lasse ich mich in das, was er sagt, verwickeln? Das hieße unter anderem, nicht alle Aussagen des traumatisierten Menschen persönlich zu nehmen.
> - Wie sieht es mit meiner Resilienz aus?

5.2 Bedingungslose Annahme

Was bedeutet bedingungslose Annahme? Es bedeutet nicht – um das im Vorfeld gleich zu klären – alles gut zu finden, was der andere macht. Es bedeutet, den Menschen anzunehmen, wie er ist, auch wenn ich sein Verhalten ggf. nicht akzeptieren kann. Das kann unter Umständen bedeuten, einem jugendlichen oder auch erwachsenen Flüchtling mitzuteilen, dass ich ihn sehr mag, auch wenn ich konsequent bin in der Umsetzung von Vereinbarungen, ihm zum Beispiel verwehre, am nächsten gemeinsamen Sing- und Liederabend dabei sein zu dürfen, wenn er die Ruhezeiten der Einrichtung nicht wie vereinbart eingehalten, sondern laut auf seinem Musikinstrument gespielt hat und dies zuvor als Konsequenz vereinbart wurde.

Die Entwicklungspsychologin Emmy Werner (2001), die sich mit der Frage auseinandergesetzt hat, was geschehen müsste, damit „unverdiente traumatische Erfahrungen nicht zu lebensverkrüppelnden Ereignissen werden müssen", kam zu folgender Antwort: „Die Kraft der bedingungslosen Akzeptanz eines jeden Kindes, besonders aber der Kinder in physischer und psychischer Not, durch wenigstens eine liebende Person trägt entschieden dazu bei, deren Leben lebenswerter zu gestalten. Sie hat das universelle Grundbedürfnis nach solchen Personen auf eine Weise belegt, die keine Kritik der Welt widerlegen kann" (Grossmann 2009, S. 17).

Um den anderen annehmen zu können, muss ich aber achtsam sein und sehen, wer er wirklich ist. Sehen bedeutet hier nicht nur die Wahrnehmung mit den Augen, also die visuelle Reizaufnahme und -verarbeitung, sondern mein Gegenüber in seiner Ganzheit bewusst zu erfassen. Dafür bedarf es gemeinsamer Zeit, Feinfühligkeit und die Entscheidung, den Menschen mit seiner Individualität – die unabhängig von Kulturen immer auch Andersartigkeit bedeutet – annehmen zu wollen. Es bedarf eines Willensaktes, und zwar in jeder Situation und bei jeder Begegnung neu. Es bedarf der Bereitschaft, sich selbst zu verändern. Und das alles braucht Mut und Kraft.

Wie sieht die bedingungslose Annahme konkret aus?

Bedingungslose Annahme heißt, für den Flüchtling mit traumatischen Erfahrungen nicht nur Wertschätzung zu empfinden, sondern sie auch nach außen zu zeigen, sodass er und ggf. andere Personen sie spüren können. Das ist ganz wichtig. Hier zeigt sich ggf. eine bewusste oder unbewusste Ambivalenz, die der Betroffene spürt. Es gilt sich zu fragen: Bin ich sicher in meinem Gefühl dem Flüchtling gegenüber, und kann ich ihm Halt bieten, oder stehe ich im Grunde genommen gar nicht zu 100 Prozent hinter diesem Menschen mit seinem vielleicht fremden Aussehen, dem ungewohnten Geruch und/oder den unbekannten Verhaltensweisen? Das würden die Betroffenen spüren. Oder eine andere Frage: Wie ist meine Einstellung zum Flüchtling? Sehe ich einen armen Menschen, der mich zu Mitleid rührt, oder sehe ich einen Menschen mit Würde, und zwar einer Würde, die meiner Würde in keinster Weise nachsteht? Begegne ich dem Flüchtling wirklich auf Augenhöhe oder ist er ggf. nur „Mittel zum Zweck", um mich selbst besser zu fühlen, mich aufzuwerten oder einen Sinn in meinem Leben zu spüren? Dann hätte ich diesbezüglich wieder eine Lernaufgabe vor mir.

Interessant ist auch, wie wir über Flüchtlinge reden. Statt auf die positiven Seiten zu achten, fokussieren wir uns oft auf die für uns schwierigen Seiten. Besonders auffällig ist das in Übergabegesprächen, wenn es zum Beispiel heißt: „Der Junge ist schwierig." Schon bewerten wir und sehen und wertschätzen seine vielen anderen Seiten nicht. Hier wäre es sinnvoll, von einer Problemsprache zu einer Lösungssprache überzugehen (vgl. de Shazer 2012, S. 82), die aufgrund des Priming-Effekts auch unser Verhalten dem Flüchtling gegenüber beeinflussen wird. Priming „beschreibt die Tatsache, dass Worte, Bilder oder Szenen beim Menschen zu einer inneren Voraktivierung führen, die seine nachfolgenden Verhaltensweisen in einer bestimmten Weise beeinflussen" (Bauer 2015, S. 99).

5.2.1 Werkzeuge für die nonverbale Vermittlung von Annahme

Wie kann ich einem anderen Menschen das, was ich an Annahme, Wertschätzung und positiven Gefühlen habe, zeigen? Und hier geht es bewusst um das Zeigen. Reden können wir Menschen viel. Und wir können auch ständig verbal wiederholen, dass wir jemanden sehr mögen bzw. lieben. Wenn es den Menschen nicht in seinem Inneren erreicht, wenn er nicht spürt, dass er wirklich gesehen und so angenommen wird, wie er ist, sind Worte nur Schall und Rauch. Und wenn ein Mensch meine Sprache nicht versteht, gilt das ebenso. Damit der Mensch spürt, dass er gesehen und angenommen ist, stehen mehrere Werkzeuge zur Verfügung, zum Beispiel die Stimme, die Mimik, die Gestik (vgl. Bonus 2010, S. 90 f.), Nähe, Zuwendung und Zeit. Damit sind diese Werkzeuge bestens für Menschen geeignet, die der deutschen Sprache nicht mächtig sind.

5.2.1.1 Stimme

Bei der Stimme geht es um Tonhöhe, Tonfülle und Tonfarbe. Optimal wäre es, wenn sie möglichst warm, weich, sanft, tief, voll und liebevoll klingt und damit auf den Zuhörer eine besänftigende, beruhigende und vertrauenseinflößende Wirkung hätte, und wenn langsam gesprochen wird. Je mehr wir Menschen Druck spüren, desto schneller reden wir und desto höher, schriller und/oder schroffer klingen wir. Kontraindiziert ist aber gerade eine schrille, harte, schroffe, schneidende, abweisende Stimme. Traumatisierte Menschen nehmen Sprachnuancen sehr deutlich wahr und reagieren darauf mit Vertrauensaufbau oder Abwehr und Distanz, je nachdem.

> **❓ Zum Nachdenken**
> Was habe ich für eine Stimme?
> Sollten Sie das nicht wissen, könnten Sie Sprachaufnahmen von sich anfertigen und anschließend Ihrer Stimme lauschen. Oder Sie achten im Alltag immer wieder einmal bewusst auf Ihre Stimme. Hilfreich kann zudem ein Stimmtraining sein, bei dem Sie Ihre Bauchstimme trainieren, die tiefer ausfällt als die oftmals verwendete Kopfstimme.

An seiner Stimme kann man arbeiten. Interessant ist, dass Babys im Mutterleib nicht nur das Hören lernen, sondern auch Sprache, und dass sie hier schon die feinen neuromuskulären Bewegungen einüben, die sie nach der Geburt zum Schreien und Bilden von Lauten brauchen. Anhand von Stimmporträts von fünf Monate alten Frühgeborenen mit einem Gewicht von nur 900 Gramm konnten Entsprechungen in Tonmelodie, Rhythmus und anderen sprachlichen Merkmalen zu ihrer Mutter gefunden werden (vgl. Chamberlain 2014, S. 58 f.). Das bedeutet, dass Kinder die sprachlichen Qualitäten ihrer Mutter nachahmen. Das bedeutet aber auch, dass die Stimme nicht genetisch festgelegt, sondern veränderbar ist, sofern man es möchte und zum Üben bereit ist.

5.2.1.2 Mimik

Mit welcher Mimik schauen Sie Ihr Gegenüber an, und hier insbesondere die Ihnen anvertrauten Flüchtlinge? Sehen diese einen freundlichen, warmherzigen, liebevollen, gütigen, verständnisvollen, bei Gesprächen interessierten und zugewandten Gesichtsausdruck, einen Gesichtsausdruck der Wertschätzung und Annahme, der Entspanntheit und Ruhe? Die Flüchtlinge werden versuchen, in Ihrem Gesichtsausdruck zu lesen. Und da sie die Welt als feindlich erlebt und gespeichert haben, sind ihre Sensoren sehr empfindlich eingestellt (▶ Abschn. 3.2.2): Droht ihnen von Ihnen Gefahr? Geht es ums Überleben, oder können sich die Betroffenen in Sicherheit fühlen? Das und noch viel mehr lesen sie sozusagen in Ihrem Gesicht.

> **? Zum Nachdenken**
> — Inwieweit sind Sie sich Ihrer Mimik bewusst?
> — Welchen Gesichtsausdruck zeigen Sie, wenn Sie sich freuen, sich ärgern, sich konzentrieren oder wenn Sie müde sind?
>
> Nicht alle Menschen verfügen über einen von den meisten Menschen als positiv empfundenen Gesichtsausdruck. Aber auch hier die gute Nachricht: Veränderung ist möglich. Am Anfang mag es vielleicht wenig authentisch wirken, wenn Sie versuchen, in Anwesenheit eines traumatisierten Menschen zu lächeln bzw. einen liebevollen Blick zu haben. Vielleicht mögen Sie das sogar als unehrlich empfinden, weil Ihnen in der konkreten Situation absolut nicht zum Lächeln zumute ist. Wenn Sie sich aber Ihre Grundhaltung gegenüber Flüchtlingen mit traumatischen Erfahrungen bewusst machen – die vermutlich eine positive ist, sonst würden Sie wohl kaum in einer Einrichtung beschäftigt sein, in denen es um diese Menschen geht –, wird es vermutlich doch eine authentische Ausdrucksform sein. Und wenn Sie doch einmal der Ärger übermannt – schließlich sind auch Sie Mensch mit Gefühlen –, machen Sie sich möglichst bewusst, dass der Ärger der Situation gilt, dem Handeln des Flüchtlings oder auch Ihren eigenen Verhaltensweisen, nicht aber dem Menschen selbst. Dann kann der Betroffene trotz des Ärgers auch Ihre bedingungslose Annahme in Ihrem Gesichtsausdruck sehen.

Je mehr sich ein traumatisierter Mensch bedroht fühlt, desto eher geht er in den Modus Angriff oder Flucht (▶ Abschn. 3.2.1) bzw. in die Dissoziation (▶ Abschn. 3.2.2). In jeder Hinsicht deeskalierend wirkt hier ein Gesichtsausdruck, der dem Betroffenen Ihre friedlichen Absichten übermittelt.

Haben Sie sich um eine friedensvermittelnde Mimik bemüht und reagiert der Flüchtling dennoch mit Aggression, sozialem Rückzug oder Dissoziation, kann es hilfreich sein, sich zu fragen, welchen Gesichtsausdruck der Betroffene gesehen haben könnte. Oftmals reicht ein gestresster Gesichtsausdruck. Gegebenenfalls kann ich den Betroffenen auch fragen, wenn er wieder über den ANP (▶ Abschn. 3.2.2) agiert und reagiert. Dabei gilt es jedoch, behutsam vorzugehen, denn die starke Reaktion kann auch deshalb zustande gekommen sein, weil der Gesichtsausdruck den Flüchtling an etwas erinnert hat, was mit seiner Traumatisierung zu tun hat (Trigger; ◻ Abb. 3.2–Abb. 3.5).

Wenn Sie sich entschlossen haben, den Betroffenen zu fragen, wie er Sie gesehen bzw. wie er Ihren Gesichtsausdruck interpretiert hat, können bei Sprachschwierigkeiten Karten mit verschiedenen Gesichtsausdrücken hilfreich sein, verbunden mit der Frage „Wie haben Sie mich erlebt?" oder „Wie hast du mich gesehen?". Zu den Antworten könnten Sie Stellung nehmen, zum Beispiel dass es Ihnen leid tut, dass er Ihren Gesichtsausdruck so gedeutet hat, und sich bedanken, dass er Ihnen einen konkreten Hinweis darauf gegeben hat, wo Sie an sich weiterarbeiten können. Auf keinen Fall geht es darum, dass sich der Betroffene für die Interpretation bei Ihnen entschuldigt, auch dann nicht, wenn seine Wahrheit eine andere ist als Ihre Wahrheit.

5.2.1.3 Blickkontakt

Augen sprechen eine ganz eigene Sprache, und das oftmals „lauter" als jedes Wort. Blicke können mir sagen, dass ich geliebt bin, aber auch Ablehnung enthalten. Während wir Worte je nach Situation sehr bedächtig wählen, ist unser Blick oft sehr authentisch und gibt unsere Einstellungen, unsere Gefühle unverfälscht wieder.

Wenn ich einem Flüchtling gegenüber aber negative Gefühle hege, was dann? Dann gilt es, die eigenen Gefühle zu hinterfragen und ggf. daran zu arbeiten. Das ist möglich, ohne unsere Authentizität zu verlieren, denn wir haben Gefühle, aber wir sind nicht unsere Gefühle, oder wie Martin Luther gesagt hat: „Dass die Vögel der Sorge und des Kummers über deinem Haupt fliegen, kannst du nicht ändern. Aber dass sie Nester in deinem Haar bauen, das kannst du verhindern." Das gilt auch für alle anderen Gefühle und Gedanken.

Wir Menschen können nicht nicht entscheiden – so wenig wie wir nicht nicht kommunizieren können (vgl. Watzlawick 2001). Wenn wir uns beispielsweise nicht entscheiden können, auf eine Gesprächsanfrage eines Flüchtlings positiv zu reagieren, reagieren wir automatisch negativ, was in diesem Zusammenhang heißt: Das Gespräch findet nicht statt. Ob Sie wollten oder nicht, Sie haben sich gegen das Gespräch entschieden.

Das gilt auch in Bezug auf die Frage, wie ich eine andere Person anschaue. Für welchen Blick habe ich mich bewusst oder unbewusst entschieden bzw. – um genauer zu sein – für welche Botschaft in meinem Blick? Wir Menschen sind unseren Gefühlen und Gedanken nicht willkürlich ausgeliefert (▶ Abschn. 6.3). Und nicht alle Gefühle, die wir spüren, sind Gefühle, die ganz authentisch zu uns gehören. Es gilt, sie sich bewusst zu machen, um dann prüfen und entscheiden zu können, ob wir sie uns zu eigen machen wollen, ob sie uns unter Umständen auch bestimmen dürfen oder nicht. Und es gilt zu prüfen, ob die Gedanken und Gefühle wirklich etwas mit dem Menschen zu tun haben, der vor mir sitzt, oder ob er vielleicht einen Blick auf sich gerichtet fühlt, der eigentlich einer anderen Person oder Situation gilt und/oder etwas mit meiner eigenen Biografie zu tun hat.

Schön wäre es, wenn wir die Flüchtlinge mit einem Blick ansehen könnten, der ein herzliches Willkommen ausstrahlt und Lebensfreude.

Nachdem ich meine eigene Einstellung geprüft habe und zu der Entscheidung gekommen bin, die vor mir sitzende bzw. vor mir stehende Person freundlich und anteilnehmend anzuschauen, ist es empfehlenswert, den Gesprächspartner immer wieder einmal offen anzusehen. Den Blick zu halten, ohne seinen Gegenüber anzustarren, kann eine Einladung zum weiteren Gespräch sein (vgl. Hesse und Schrader o.J.), für traumatisierte Menschen kann darin aber auch eine Bedrohung liegen. Schaut der Gesprächspartner jedoch ebenso offen und aufmerksam zurück, ist davon auszugehen, dass er das Gespräch im positiven Sinne annimmt. Hier ist viel Feinfühligkeit gefragt. Das gilt auch im Hinblick auf andere Kulturen. So müssen sich Mitarbeiterinnen bewusst sein, dass Blickkontakt zu Männern schon als Intimität gewertet werden kann.

5.2.1.4 Gestik

Auch in der Körperhaltung spiegelt sich die Haltung eines Menschen wider. Wenn mir ein traumatisierter Mensch etwas berichten möchte und ich ihm verbal Mut mache, mich dann aber von ihm ab- und einem Buch, einer anderen Person oder der Dokumentation zuwende, signalisiere ich – ob gewollt oder nicht –, dass mir der Mensch und sein Bedürfnis, gehört zu werden, weniger wichtig sind als die anderen Dinge, die ich tue. Ich signalisiere, dass meine Priorität auf etwas anderem liegt. Je nachdem, was der traumatisierte Flüchtling erlebt hat, kann das für ihn als Zurückweisung gewertet werden mit Wiedererleben von Teilen des Traumas: „Ich bin nicht wichtig, nicht wertvoll", „Meine Bedürfnisse zählen nicht, ich werde nicht gesehen".

Vielleicht drückt meine Körperhaltung und Gestik auch mein eigenes Gestresstsein aus, ohne dass ich mir dessen bewusst bin. So kann es sein, dass mich ein Flüchtling um ein Gespräch bittet, für das ich im Moment keine Zeit habe. Statt ihm das zu sagen und einen günstigen Zeitpunkt zu vereinbaren, kann ich für mich keine Grenze setzen und bitte ihn, sich zu setzen. Und jetzt wird es spannend. Schaffe ich es, innerlich zur Ruhe zu kommen und meinem Gesprächspartner das Gefühl zu vermitteln, willkommen zu sein, oder strahlt meine innere Unruhe nach außen aus, indem ich zum Beispiel hektisch nach einem Glas suche, um meinem Gast ein Glas Wasser einzuschenken, oder indem ich ihn frage, um was es geht, und durch meine Gestik verrate, dass er schnell machen soll?

> **? Zum Nachdenken**
> Wie reagiere ich, wenn ich gestresst bin? Wie reagiert meine Haut im Gesicht? Welche Körperhaltung nimmt mein Gegenüber wahr?
> Halten Sie diesbezüglich des Öfteren im Alltag inne und beobachten Sie sich selbst:
> - Wie sitze ich momentan da? Lehne ich mich entspannt zurück, oder neige ich meinen Oberkörper angestrengt nach vorn?
> - Sitzt mein Kopf mit einer gewissen Leichtigkeit auf meinem Nacken, oder muss sich die Nackenmuskulatur sehr anstrengen, meinen Kopf zu halten, was mir spätestens dann bewusst wird, wenn ich beim Physiotherapeuten bin und er mich fragt, was ich mit meiner Nackenmuskulatur gemacht habe?
> - Ähnliches gilt für die Kiefermuskulatur. Viele Menschen beißen ganz fest auf die Zähne, wenn sie gestresst sind, spannen die Kiefermuskulatur also enorm an. Hier wirken enorme Kräfte. Und das oftmals im Sinne von „sich durchbeißen", statt sich zu fragen, wie die Situation mit weniger Stress gestaltet werden kann, in unserem Beispiel etwa durch das Wahrnehmen und Einhalten eigener Grenzen. Deshalb: Wie entspannt ist meine Kiefermuskulatur gerade?
> - Wie ist es um meine Armhaltung bestellt? Signalisiert sie Offenheit, oder halte ich meine Arme wie ein Bollwerk vor meinem Körper verschränkt?
> - Wie sieht es mit der Haltung meiner Hände aus? Habe ich sie aus Ärger oder Stress heraus zu Fäusten geballt? Halte ich mich damit verkrampft an etwas fest? Oder liegen sie entspannt und leicht geöffnet auf meinen Oberschenkeln?
> - Bin ich authentisch entspannt, oder tue ich nur so? Letzteres ist oft an einer pseudo-entspannten Haltung zu bemerken, die oftmals über das Ziel hinausschießt: Die begleitende Person liegt quasi in ihrem Sessel, die Beine übereinandergeschlagen, die Hände ggf. locker gefaltet. Diese Haltung könnte auch so interpretiert werden, dass sie keine Achtung vor ihrem Gegenüber hat.
> - Wie ist es bei mir mit dem Blickkontakt? Wende ich den Blick stets ab, wenn mir jemand in die Augen schauen möchte, oder kann ich dem Blick standhalten? Wovon hängt es bei mir ab, ob ich den Blick halten kann oder nicht?
> - Was brauche ich, damit meine Gestik aussagt „Du bist mir willkommen"?
> - Und was brauche ich, um authentisch entspannt zu sein? Übrigens: Es ist völlig normal, angespannt zu sein, wenn man noch keine Übung in etwas hat. Wenn es um diese Anfangsnervosität geht, kann es durchaus angebracht sein, diese zu thematisieren im Sinne von: „Ich spüre, dass ich heute etwas angespannt bin. Das hat jedoch nichts mit Ihnen zu tun, sondern liegt in mir selbst begründet. Bitte versuchen Sie, sich dadurch nicht stören zu lassen. Ich bin dennoch ganz bei Ihnen …".

Spürt ein traumatisierter Mensch das Gestresstsein seines Gegenübers, kann es sein, dass er sich zurückzieht, denn in aller Regel möchte er anderen Menschen nicht zur Last fallen, was mit dem Thema Selbstwertgefühl zu tun haben kann. Gegebenenfalls möchte er den Betreuer auch schützen. Vielleicht sieht er sich aber auch als Verursacher für den Stress und wird von Schuldgefühlen geplagt, auf die er aufgrund seiner Biografie reagiert, sei es durch Selbstbestrafung, durch Aggression, Rückzug usw. Es kann aber auch sein, dass er auf den Stress mit einer eigenen Stressreaktion reagiert, der Stress also als ein Trigger wirkt.

> **Praxistipp**
>
> Bettina Bonus (2010, S. 96) rät Eltern von Pflege- und Adoptivkindern, die nahezu alle traumatisiert sind, bei jeder Begegnung mit dem Kind folgenden Satz zu sagen: „Wenn ich Dich sehe, geht die Sonne auf", um die eigene Haltung zu trainieren, die sich auf die Stimme, die Mimik und Gestik auswirkt. Denn einen anderen Menschen zu lieben und bedingungslos anzunehmen, hat niemals allein mit dem Gefühl zu tun – das kann begünstigend oder erschwerend hinzukommen –, sondern ausschließlich mit dem Willen, wie auch schon Martin Buber (2014, S. 22) schreibt: „Liebe ist Verantwortung eines Ich für ein Du: hierin besteht, die in keinerlei Gefühl bestehen kann, die Gleichheit aller Liebenden." „Ja, ich will dich lieben" bzw. „Ja, ich will dich annehmen, wie du hier und heute bist", das ist die Basis, auf der Veränderung geschehen kann, und dann auch noch ganz freiwillig, ohne Druck. Dies erfordert aber eine Entscheidung – wie alles im Leben. Erinnern Sie sich? Wir können nicht nicht entscheiden.

5.2.1.5 Nähe

Um innerlich heil zu werden, bedarf es Beziehung. Beziehung wiederum bedarf einer gewissen Nähe. Vom amerikanischen Seelsorger-Ehepaar John und Paula Sandford stammt die Aussage, dass wir in Beziehungen verletzt und in Beziehungen geheilt werden (vgl. Roderus 2011, S. 157). Martin Buber (2014, S. 37) hat es so formuliert: „Der Mensch wird am Du zum Ich." Das Problem ist demnach, dass wir Beziehungen und Nähe brauchen, Beziehungen gleichzeitig aber auch sehr gefährlich sein können. Als Kinder haben viele der Flüchtlinge große Nähe erlebt, sei es, weil sie auf engstem Raum zusammengelebt haben, sei es, weil ihre Kulturen deutlich mehr auf Nähe angelegt sind als die deutsche Kultur. Große Nähe kann manchmal auch bedeuten: zu viel Nähe. Ebenso können sich andere auch ausgeschlossen und dadurch noch einsamer fühlen. Und das haben nahezu alle traumatisierten Menschen erlebt: Menschen können gefährlich sein und verletzen. Ihre Erfahrung hat sie gelehrt: Es sind Menschen, die andere Menschen missbrauchen. Es sind Menschen, die andere Menschen vernachlässigen. Es sind Menschen, die meine Eltern mit dem Gewehr bedroht und erschossen haben. Es sind Menschen, die Bomben abwerfen und Zerstörung bringen, die mir mein Zuhause, meine Kindheit genommen haben. In jedem Menschen steckt das Potenzial zu lieben ebenso wie das Potenzial zu zerstören und zu vernichten. Traumatisierte Menschen sind Menschen begegnet, die sich – bewusst oder unbewusst – entschieden haben zu verletzen und zu zerstören:
- das kindliche Vertrauen in den sicheren Hafen der Eltern, das schon bei 11 bis 18 Monate alten Kindern beeinträchtigt sein kann,
- die Grenzen des anderen oder
- das Hab und Gut anderer bzw. das, was sich Menschen erarbeitet haben.

Wie können Menschen, die solch ungute Beziehungserfahrungen gemacht haben, Nähe zulassen, die immer eines gewissen Vertrauens bedarf? Und wie können sie damit umgehen, einerseits Angst vor Nähe und enger Bindung zu haben, andererseits aber große Furcht davor, ihre Bindungsperson zu verlieren? Und wie können Menschen, die gelernt haben zu misstrauen, Nähe geben?

> **? Zum Nachdenken**
> - Bin ich ein Mensch, der Nähe zulassen und Nähe geben kann?
> - Wie sieht es mit meinem eigenen Nähebedürfnis aus? Ist mein Bedürfnis nach Nähe gestillt? Oder kann ich keine Nähe zulassen, weil ich selbst ungute Erfahrungen gemacht habe? Oder suche ich die Nähe zu den mir anvertrauten Menschen, weil ich sie unter Umständen selbst brauche?

Nähe ist bei traumatisierten Menschen ein heikles Thema. Deshalb wäre es ungut, einen traumatisierten Menschen – selbst in allerbester Absicht – ungefragt zu berühren (vgl. Brisch 2013, S. 154; ▶ Abschn. 5.5). Es gilt, jedes Mal zu fragen: „Ist es in Ordnung für dich, wenn ich deine Hand halte, wenn ich dich in den Arm nehme, wenn ich … ?" Und es gilt, die Antwort abzuwarten und sie nicht persönlich zu nehmen, wenn der Betroffene diese Form der Nähe nicht zulassen möchte. Habe ich allerdings den Verdacht, dass es mit mir persönlich zu tun haben könnte, wäre es gut, zu reflektieren, was in der Vergangenheit die Beziehung zu diesem Menschen beeinflusst haben könnte, bzw. dem nachzuspüren, was mir diesen Eindruck vermittelt hat. Es kann ja auch etwas mit meiner eigenen Biografie zu tun haben, mit meinem eigenen geringen Selbstbewusstsein, dass ich meine, es hätte mit mir persönlich zu tun. Wenn ich selbst nicht weiterkomme, würde sich das Gespräch mit Kollegen oder eine Supervision anbieten oder das Gespräch mit dem betroffenen Flüchtling.

Und denken Sie bitte daran: Ein konsequentes wertschätzendes und Nähe zulassendes Verhalten stärkt Ihr Gegenüber, ein inkonsequentes Verhalten Ihrerseits bewirkt ebenfalls etwas: Es kann sein, dass derjenige umso mehr Ihre Nähe sucht, wenn Sie ihm schon einmal etwas an Nähe und Zuneigung gegeben haben – so wie die Taube, die gelegentlich Futter bekam, wenn sie den Futterhebel bediente (▶ Abschn. 5.1.2). Es kann aber auch sein, dass Ihr Gegenüber umso mehr Ihre Nähe sucht, je mehr Sie ihn abweisen. Hier gilt es, das eigene Verhalten gut zu reflektieren. Zudem kann es sinnvoll sein, sich im Team auf eine gemeinsame Linie zu einigen, die einen Rahmen bildet, in dem genügend Platz für Individualität ist, um nicht nur dem traumatisierten Menschen diesbezüglich Sicherheit zu geben, sondern auch Ihnen als Mitarbeiter: Bis hierher kann ich gehen, diese körperliche Nähe kann ich zulassen, ohne dass es aus dem Ruder läuft.

Martin Baierl schreibt dazu (2014, S. 88): „Es gilt unter anderem:
- die Wahrnehmung der Betreuten wie Mitarbeiter für ‚gute' und ‚schlechte' Körperlichkeit zu schulen;
- die Wahrnehmung der eigenen und fremden Grenzen bei Mitarbeitern wie Betreuten zu schulen und einzuüben, dies zu benennen und einzuhalten;
- Schwächere oder Gefährdete zu schützen (dies können in manchen Kontexten auch Mitarbeiter sein!);
- auf die Impulse des (…) Menschen zu achten;
- Nähe und Berührungen anzubieten, ohne sie einzufordern;
- innerhalb dieses Rahmens freudvolle Körpererfahrungen zu ermöglichen."

5.2 · Bedingungslose Annahme

Das bedeutet zum Beispiel auch einmal eine Umarmung zuzulassen, wenn es der Flüchtling wünscht und ich diese Nähe als Mitarbeiter zulassen kann, denn in bindungsrelevanten Situationen, zum Beispiel wenn etwas als beängstigend erlebt wird, wird das biologisch angelegte Bedürfnis nach Berührung, nach Körperkontakt auftreten, auch wenn es bei Jugendlichen und Erwachsenen, die keine feinfühligen Körpererfahrungen gemacht haben, erst einmal Ängste und ein Unbehagen hervorrufen mag.

Zusammenfassend über die bedingungslose Annahme lässt sich sagen: Je mehr sich der Flüchtling mit traumatischen Erfahrungen durch Ihre Stimme, Ihre Mimik, Ihre Gestik und das Zulassen von Nähe angenommen *fühlt*, je mehr er Ihre innere Haltung spürt „Ich halte deine Nähe gut aus; ich nehme dich an und schätze dich so, wie du bist; es ist schön, in deiner Nähe zu sein, dich in meiner Nähe zu wissen" oder auch „Es ist ok für mich, wenn du noch Distanz brauchst, das ändert an meiner Wertschätzung für dich nichts", umso weniger muss er in die Verhaltensmechanismen Angriff (aggressives, rebellisches Verhalten), Flucht (sozialer Rückzug, Isolation) und/oder Dissoziation gehen, und umso mehr kann er neue, positive (Bindungs-)Erfahrungen machen, die zu neuen neuronalen Vernetzungen im Gehirn mit positiven Auswirkungen auf sein weiteres Leben führen.

> **? Zum Nachdenken**
> Wenn ein Flüchtling in Ihrer Anwesenheit wiederholt aggressiv reagiert, wäre es sinnvoll, sich zu hinterfragen, inwieweit sich der Betroffene von Ihnen angenommen fühlen kann. Er kann es nämlich nur, wenn Sie ihn auch tatsächlich bedingungslos angenommen haben (▶ Abschn. 7.1.5). Sollten Sie feststellen, dass Sie es trotz aller Bemühungen nicht schaffen, wäre die Frage, welchen Sinn das Nichtannehmen für Sie hat und, wenn Sie es möchten, daran zu arbeiten.

5.2.1.6 Zuwendung

Was ist Zuwendung? Zuwendung bedeutet ungeteilte Aufmerksamkeit (vgl. Bonus 2010, S. 104). Dabei geht es darum, ausschließlich auf sein Gegenüber zu achten, sich auf ihn zu konzentrieren und dabei alle Sinne einzusetzen, ihn bewusst zu sehen, ihn kennenzulernen. Je nach Alter und Bedürfnissen des traumatisierten Flüchtlings kann Zuwendung auch bedeuten, gemeinsam etwas mit dem Flüchtling zu unternehmen und/oder für eine gemeinsame Sache Verantwortung zu tragen, etwas aufzubauen, wobei der Betroffene im Fokus steht und nicht die Sache.

Ein besonderes Instrument der Zuwendung ist das gemeinsame Anschauen von Bilderbüchern und das Vorlesen. Das gilt insbesondere für Menschen, die den Lebensabschnitt „Kind" aufgrund traumatisierender Ereignisse nicht leben konnten, zu denen auch das Nicht-bewusste-Gesehen- und Wahrgenommenwerden gehören kann. Die Freude dieser Menschen ist groß, wenn ihnen das Umfeld Möglichkeiten bietet, auch einmal kindlich sein und nach und nach in altersentsprechendem Verhalten ankommen zu dürfen. Dabei macht es oft keinen Unterschied, ob es sich altersgemäß wirklich um ein Kind, um einen Teenager oder Erwachsenen handelt. In Bezug auf Bindungsstörungen schreibt Brisch (2014, S. 23): „Kinder mit Bindungsstörungen sind von ihrer emotionalen Entwicklung erst 1,5 oder 2 Jahre alt, obwohl sie biologisch etwa schon in der Adoleszenz sein können, so dass das emotionale Entwicklungsalter und das biologische Alter weit auseinanderklaffen." Für diese Menschen ist es wichtig, neue Erfahrungen zu machen, damit sich neuronale Autobahnen im Gehirn zurückbilden und sich bisher kaum zu sehende Dschungelpfade, die von Lianen des Misstrauens und der

Verletzung verdeckt werden, weiterentwickeln können. Und hier bieten das Anschauen von Bilderbüchern und das Vorlesen eine gute Möglichkeit, Beziehung aufzubauen, (kindliche) Lebensfreude (wieder) zu entdecken, mit Nähe und Distanz zu jonglieren und zudem Wissen zu vermitteln, zum Beispiel über

- die Kultur in Deutschland,
- Gefühle, zu denen viele traumatisierte Menschen keinen Zugang haben und sie deshalb oft auch nicht kennen (empfehlenswert hierzu zum Beispiel van Hout 2015; Bücken-Schaal 2013),
- Traumatisierung (empfehlenswert hierzu Seeney 2014).

Beim Vorlesen hören die Betroffenen zudem die deutsche Sprache auf spielerische Art und Weise und – und das ist nicht zu unterschätzen – ohne Druck (es ist keine klassische Lernsituation wie im Unterricht), sodass das Lernfenster (▶ Abschn. 3.2.2) voraussichtlich größer ist.

Beim Vorlesen und Betrachten von Bilderbüchern unter dem Gesichtspunkt der Zuwendung – das möchte ich noch einmal betonen – geht es nicht um das Vermitteln von Wissen (das ist sozusagen ein Nebenprodukt), sondern um die Fokussierung auf den uns anvertrauten Menschen und darum, ihm unsere uneingeschränkte Aufmerksamkeit zukommen zu lassen als wichtiger Bestandteil des Vertrauens- sowie Beziehungs- und damit Bindungsaufbaus.

Neben dem Betrachten und Vorlesen von Bilderbüchern gibt es noch zahlreiche weitere Möglichkeiten, um dem traumatisierten Menschen Zuneigung spüren zu lassen und seine (kindliche) Lebensfreude zu wecken, zum Beispiel durch gemeinsames Kochen und Backen, gemeinsame sportliche Aktivitäten und gemeinsame Spiele.

5.2.1.7 Zeit, angemessenes Tempo, Ruhe, Geduld

Bisher haben wir uns mit den Werkzeugen Stimme, Mimik, Gestik, Nähe und Zuwendung auseinandergesetzt. Würde es eine Art Bedienungsanleitung dazu geben, müsste an erster Stelle genannt werden: Nehmen Sie sich bitte Zeit. Denn alle Werkzeuge entfalten ihre Wirkung nur dann, wenn sie mit ausreichend Zeit in angemessenem Tempo angewandt werden. Denken Sie an ein Musikstück, zum Beispiel das „Amoi seg' ma uns wieder" von Andreas Gabalier. Wenn er dieses Lied singt, holt das Publikum Feuerzeuge hervor, weil es davon ausgeht, dass er das Lied in dem Tempo singen wird, in dem das Schwenken der Feuerzeuge möglich ist. Es ist ein sehr emotionaler Text, in dem er über den Tod singt und seine Gewissheit, die verstorbenen geliebten Menschen eines Tages wiederzusehen. Die Emotionalität des Textes springt über und wird unterstrichen durch die Musik und das von Gabalier bewusst ausgewählte, für den Text stimmige Tempo. Kündigt er das Lied in einem Konzert an, wissen die Zuhörer, was kommt. Würde Gabalier nun ein völlig anderes, deutlich schnelleres Tempo anschlagen, wäre das Publikum höchst irritiert, und vermutlich würde die Intensität der Wirkung verloren gehen. Das, was Gabalier seinem Publikum mitgeben wollte, würde an Bedeutung verlieren oder gar ungehört verhallen. Vielleicht würde das Publikum auch gar nicht mehr zuhören, sondern müsste sich mit eigenen Gefühlen auseinandersetzen, zum Beispiel Ärger, dass das Lied, auf das man sich so gefreut hat, nun so verhunzt wird, oder Zweifel: Ist es überhaupt das Lied, hat Gabalier ein ähnliches, neues Lied geschrieben? Was ist hier los?

So ist es auch bei allen oben genannten Werkzeugen: Sie brauchen ihr Tempo, um ihre Wirkung entfalten zu können, damit der traumatisierte Mensch sie richtig aufnehmen kann. Hast und Eile sind in der Regel nicht das richtige Tempo, sondern Ruhe und Geduld.

Das kann bedeuten, dass ein Kind im Deutschunterricht mit dem vom Lehrer eingeschlagenen Tempo vielleicht deshalb nicht mitgeht, weil es erst einmal die Zeit mit dem Lehrer genießt, den es vielleicht besonders mag, weil es sich von ihm gesehen und wertgeschätzt fühlt. Hier entsteht vielleicht gerade eine gute Bindung. Und die kann Zeit brauchen. Ist eine sichere Bindung aufgebaut, kann es sein, dass der Lehrer das Tempo beschleunigen kann.

Oder das Kind kann dem Unterricht nicht folgen, weil es sich über das Tempo ärgert, sich wie in der Traumasituation ohnmächtig erlebt. Vielleicht würde es richtige Antworten geben können, wenn der Lehrer den Unterricht entschleunigen würde, sodass das Kind frei wäre von dem Gefühl des Ärgers und sich dann auf den Unterricht konzentrieren könnte.

> **Praxistipp**
>
> Wenn es um das Vermitteln von Wissen geht, ist das Entschleunigen eines der obersten Gebote. Denken Sie an das bei einem traumatisierten Menschen eingeschränkte Lernfenster (▶ Abschn. 3.2.2). Der Betroffene kann sich weniger gut konzentrieren. Muss er das Maß seiner Konzentration auf viele Baustellen verteilen – zum Beispiel die Frage des Lehrers, die Angst zu versagen oder der Ärger über das für ihn zu schnelle Tempo –, ist er deutlich schneller überfordert, als wenn er eins nach dem anderen machen kann, und dies in dem Tempo, das für ihn angemessen ist.

5.2.2 Strukturelle Voraussetzung für die Anwendung der Werkzeuge

Als Voraussetzung für die Anwendung der Werkzeuge für die nonverbale Vermittlung von Annahme hat sich das Bezugsbetreuersystem (▶ Abschn. 7.2.1) bewährt, bei dem jedem Flüchtling ein oder zwei feste Bezugspersonen zugeordnet werden. Die Bezugspersonen sollten möglichst jeden Tag Kontakt zu „ihrem" Kind oder Jugendlichen haben und Zeit einplanen, die sie ausschließlich mit ihm verbringen. Hier ist Raum für Wünsche und Bedürfnisse, aber auch für andere Befindlichkeiten und Probleme. Selbstverständlich können nicht alle Wünsche erfüllt werden, doch ist es gut, um diese zu wissen und mit dem Betroffenen darüber reden zu können, und dies wie immer auf eine verständnisvolle und wertschätzende Art und Weise. So lernen sich Bezugspersonen und Flüchtling immer besser kennen, und die Bezugspersonen können die Werkzeuge für die nonverbale Vermittlung von Annahme immer besser und individueller anwenden.

Woher weiß eine Bezugsperson aber nun um das richtige Tempo für den jeweiligen traumatisierten Flüchtling? Das hat sehr viel mit Feinfühligkeit zu tun, auf die wir im Folgenden eingehen werden.

5.3 Feinfühligkeit

Feinfühligkeit fördert die Entwicklung einer sicheren Bindung (vgl. Brisch 2013, S. 151). Doch was ist unter dem Begriff der Feinfühligkeit überhaupt zu verstehen?

Den Begriff der Feinfühligkeit finden wir häufig im Zusammenhang zwischen Eltern und ihren Kindern. Haben Eltern eine sichere innere Bindungsrepräsentation (▶ Abschn. 3.1.2), können sie zum einen eine stabile, von gegenseitiger Wertschätzung und Empathie getragene Partnerschaft gestalten, die zudem auf längere Zeit ausgelegt und für beide Partner befriedigend ist. Zum anderen können sich diese Eltern in der Regel in der Interaktion mit ihrem Säugling feinfühlig auf das Verhalten ihres Kindes einstellen.

Konkret definiert ist das Konzept der Feinfühligkeit (vgl. Ainsworth et al. 2003/1971, S. 169–208; Aschersleben 2010, S. 302 f.; Brisch 2009, S. 105)

- als die Genauigkeit der primären Bezugsperson, kindliche Botschaften in Form kindlichen Verhaltens rasch wahrzunehmen und meistens richtig zu interpretieren,
- als Fähigkeit, angemessen, kontingent, also erkennbar und regelhaft, sowie prompt auf die kindlichen Botschaften zu reagieren, ohne das Kind zu viel oder zu wenig zu stimulieren, und das in einem entwicklungsfördernden Zeitfenster.

Erfahren Kinder auf ihre Aktivitäten hin solch feinfühlige Reaktion, gibt ihnen das ein Gefühl von Selbstsicherheit, Motivation und Bindungssicherheit. Daneben wirkt sich Feinfühligkeit zum Beispiel auf die kognitiven, sprachlichen und sozialen Fähigkeiten des Kindes aus. Im Vorschulalter geht sie einher mit einer besseren Fähigkeit der Kinder, Wünsche, Gefühle, Absichten und Gedanken anderer Menschen zu verstehen, während sie im späteren Schulverlauf positive Auswirkungen zeigt bei den Schulleistungen und der Sprachentwicklung (vgl. Aschersleben 2010, S. 303).

Für uns ist an dieser Stelle besonders wichtig, dass Feinfühligkeit das Gefühl der Bindungssicherheit stärkt (▶ Abschn. 3.1.2), das wiederum Voraussetzung für Vertrauen ist. Das ist die Basis der Begleitung von Flüchtlingen, die traumatische Erfahrungen gemacht haben. Wie sieht das Konzept der Feinfühligkeit nun aber ganz praktisch im Alltag aus?

5.3.1 Rasche Wahrnehmung, prompte Reaktion

Aus der Kinderverhaltensforschung wissen wir, dass ein Säugling, der ein Signal aussendet, innerhalb von 0,2 Sekunden eine Antwort auf sein Signal erwartet, andernfalls sei er frustriert (vgl. Papoušek 1994, in Hellbrügge 2009, S. 43). Ein Säugling erwartet also eine prompte Reaktion auf sein Signal, da er noch nicht abwägen kann im Sinne von: Die Mutter hat gerade viel zu tun und kann deshalb nicht gleich antworten. Nein, ein Säugling, der Hunger hat, braucht schnell eine Reaktion auf sein Signal, um keine existenziellen Ängste verbunden mit großem Stress aufkommen zu lassen, die bei dem Gedanken entstehen: „Ich verhungere, weil meine Mutter mich verlassen hat. Sie ist nicht mehr da, nun kann niemand mehr für mich sorgen".

Nur wenn die Reaktion im entwicklungsfördernden Zeitrahmen erfolgt, kann neurobiologisch im Hinblick auf Denken und Fühlen ein positives Muster entstehen, das für Verlässlichkeit und Vorhersehbarkeit sorgt, wodurch Angst gar nicht erst zu entstehen braucht oder bereits im Vorfeld der nächsten Stresssituation abgebaut werden kann. Dauert es zu lange, bis die Reaktion auf das vom Kind ausgesendete Signal erfolgt, kann es in einen panikartigen Erregungszustand geraten mit der Folge, dass Angst zurückbleibt.

Je älter ein Säugling bzw. der Mensch wird und je mehr er gelernt hat, dass gut für ihn gesorgt wird, desto länger kann er auf eine Antwort warten. Grundschulkinder, die Hunger äußern, können zum Beispiel 30 Minuten und länger warten, bis es Essen gibt. Und Kinder, die das Signal von Angst aussenden verbunden mit der Bitte, ihnen zu helfen, können ebenfalls warten und die Angst aushalten, bis ihre Bezugsperson Zeit hat (vgl. Brisch 2013, S. 151 f.).

Bei traumatisierten Menschen kann dies anders sein. Befinden sie sich im ANP (▶ Abschn. 3.2.2) oder in ihrem gesunden Anteil, können sie unter Umständen auf die Beantwortung eines von ihnen ausgesendeten Signals warten. Oftmals passiert es aber, dass sie in einen EP(▶ Abschn. 3.2.2) rutschen, der nur über ein geringes oder gar kein Zeitfenster verfügt. Dann kann es sein, dass das Wartenmüssen einen Flüchtling so überfordert und frustriert, dass seine Möglichkeiten der Selbstregulation erschöpft sind und er zum Beispiel aggressiv reagiert.

Ebenfalls aggressiv reagieren wird er auch, wenn er sich durch das Wartenmüssen abgewertet und gedemütigt fühlt, sodass seine neurobiologische Schmerzgrenze tangiert wird, in dessen Folge er mit Schmerzen und Aggressionen (▶ Abschn. 7.1.5) reagiert. Dabei kann es sein, dass er sich noch nicht einmal bewusst darüber ist, dass er zum Beispiel das Signal Angst verbunden mit der Bitte um Hilfe gesendet hat, auf die er nun wartet. Ja, es kann sogar sein, dass er sich seiner Angst noch nicht einmal bewusst ist und aggressiv auf etwas reagiert, was erst noch ansteht, zum Beispiel das nächste Gespräch mit der Traumatherapeutin oder der nächste Besuch bei der Behörde zur Anerkennung des Flüchtlingsstatus. Für ihn geht es um Leben oder Tod, und wie ein Ertrinkender um sich schlägt, schlägt auch ein traumatisierter Mensch um sich, der sich bedroht fühlt, oder aber er dissoziiert, friert ein, steigt sozusagen aus der Situation aus. Die Amygdala schlägt Alarm (▶ Abschn. 3.2.2), und ohne Bindungssicherheit wird ein traumatisierter Mensch auf sie hören.

Umso wichtiger ist es, dass sowohl der traumatisierte Mensch als auch Sie als Mitarbeiter wissen, dass es verschiedene innere Anteile des traumatisierten Menschen gibt, die von einem Moment auf den anderen in einen kindlichen und/oder kritischen Zustand rutschen können. Sie haben dadurch die Möglichkeit, so auf den traumatisierten Menschen einzugehen, wie es dem Alter seines EP entspricht, oder – was wir in ▶ Abschn. 7.1.3 noch ausführlicher besprechen werden – den Betroffenen zu reorientieren, um seinem tatsächlichen Alter gemäß auf sein Ansinnen zu reagieren bzw. die Situation mit ihm zu besprechen. Und Sie verstehen, warum der Flüchtling so reagiert, wie er es tut, und auch das kann dem Flüchtling ein Gefühl von Sicherheit geben: Er wird verstanden, wo er sich selbst (noch) nicht verstanden hat. Und wenn Sie ihn verstehen können, besteht Hoffnung, dass er es eines Tages auch kann. Er ist nicht unnormal, alles macht Sinn, und eines Tages wird auch er ihn erkennen.

Bei der Feinfühligkeit kommt es aber nicht nur auf den Zeitfaktor an, sondern – wie oben beschrieben – auch auf das Erkennen und das richtige Interpretieren der Signale sowie eine angemessene Reaktion.

5.3.2 Interpretation der Beziehungssignale und dialogische Kommunikation

Feinfühligkeit drückt sich neben der raschen Wahrnehmung und prompten Reaktion über die richtige Interpretation und die dialogische Kommunikation aus. „Eltern-Kind-Interaktionen erfolgen in einem Dialog sowohl auf der Sprach- als auch der Handlungsebene, so daß Eltern und Kind sich wechselseitig aufeinander beziehen, kleine Mißverständnisse korrigieren, aber der Dialog weder abreißt noch durch zeitsynchrones Sprechen oder Handeln verwirrend und irritierend wird (Beebe et al. 2002)" (Brisch 2009, S. 105). Wir könnten auch sagen, dass es sich bei der dialogischen Kommunikation um einen sensitiven und responsiven Interaktionsstil handelt.

Kennzeichen einer dialogischen Kommunikation sind unter anderem folgende Faktoren: Containing, Co-Regulation und Klarheit.

5.3.2.1 Containing

Traumatisierte Menschen werden von ihren Gefühlen oft regelrecht übermannt. Jeder, der mit traumatisierten Menschen arbeitet, kennt die plötzlichen Stimmungsschwankungen, die von jetzt auf gleich eine vormals gute Stimmung verändern können. Dann ist eine Beziehung wichtig, die dazu verhilft, dass der Betroffene die Fähigkeit entwickelt, seine Gefühle nicht zwangsweise auszuleben oder zu erdulden, sondern einen bewussten Umgang mit ihnen zu erlernen.

Wenn traumatisierte Menschen von ihren Gefühlen überrannt werden, weil sie zum Beispiel getriggert wurden, befinden sie sich in einer Krisensituation. Dann sind sie in einer ähnlichen Lage wie ein kleines Kind, das seine heftigen und oft widersprüchlichen Gefühle nicht mehr einordnen und ertragen kann. In solch einer (Krisen-)Situation brauchen sie „ein spiegelndes Gegenüber, das ihre Gefühle aufnimmt und in einen größeren Zusammenhang (…) stellt" (Giernalczyk 2003, S. 348, zit. nach Till 2011). Entsprechend spricht man auch von einer *Affektregulation zu zweit* (vgl. Giernalczyk 2003, zit. nach Till 2011). „,Der emotional überforderte Krisenklient braucht' dann ,einen Container, nämlich die Psyche des Therapeuten, der genug freie Kapazität zur Verfügung stellt, damit nicht aushaltbares, nicht verstehbares und noch nicht in Sprache fassbares, teils unbewusstes Material des Klienten einen Nistplatz findet, wo es durch die Fähigkeit' des Therapeuten ,(…) verstanden, eingeordnet, in Sprache gebracht und bewusstseinsfähig wird. Anschließend wird es in dieser veränderten Form dem Krisenklienten wieder zur Verfügung gestellt'" (Giernalczyk 2003, S. 349; zit. nach Till 2009, S. 779). Damit ist das Containing eine sehr präzise, anspruchsvolle und anstrengende mentale Aktivität. Menschen, die in der Krise von ihren Gefühlen überschwemmt werden, lernen so, diese zu ordnen und sich selbst zu beruhigen (vgl. Till 2011). Beim Containing geht es also darum, die Gefühle des Betroffenen aufzunehmen und zu halten, ohne sich von den eigenen Gefühlen bestimmen zu lassen, um dem Betroffenen einen anderen Umgang mit seinen Gefühlen zu ermöglichen, damit er sie nicht ausagieren muss.

Wie sieht das in der Praxis aus? Beginnen wir mit den Eltern. Feinfühlige Eltern nehmen das in der Interaktion mit ihrem Säugling wahrgenommene Handeln und Fühlen ihres Kindes bzw. die Intention seines Verhaltens empathisch wahr und kommentieren diese in Worten. So lernt der Säugling, sein Fühlen, Denken und Handeln zu benennen. Er lernt, dass das Gefühl, das ihn gerade umtreibt, Hunger heißt, weil die Mutter vielleicht äußert: „Oh, du hast bestimmt Hunger. Ist es so, kleiner Mann, hast du Hunger?", und kann das Gefühl später nicht nur identifizieren und benennen, sondern auch adäquat darauf reagieren. Menschen, die nicht gelernt haben, ihre Gefühle zu identifizieren und zu benennen, haben oft keine adäquate Antwort auf ihr Gefühl. Dann kann es sein, dass sie essen, wenn sie traurig sind, oder ängstlich reagieren, wenn sie Wut verspüren.

Gleiches gilt auch für die Arbeit mit traumatisierten Flüchtlingen. Sie haben oft nicht gelernt, ihre Affekte differenziert kennenzulernen und einen guten Umgang mit ihnen zu erlernen. Gerade die Jüngeren unter ihnen wurden vielleicht von Angst- und Panikattacken überrollt, als ihre Familien auseinandergerissen und sie entwurzelt wurden. Väter und Mütter wurden vielleicht getötet oder entführt bzw. den Kindern auf andere Art und Weise genommen, oder die Eltern waren selbst so in ihren Ängsten gefangen, dass sie nicht feinfühlig auf ihre Kinder eingehen konnten.

Bei erwachsenen Flüchtlingen kann es sein, dass ihnen der Zugang zu ihren Affekten traumabedingt verwehrt ist, sie keinen Zugang mehr zu ihnen haben, und Sie als Begleitperson mittels feinfühliger dialogischer Kommunikation wieder einen Zugang ermöglichen. Das kann im Gespräch geschehen, indem Sie zum Beispiel äußern: „Ich spüre bei Ihnen gerade Angst, Freude, Wut, Hoffnung ... – spüre ich das richtig?" Oder indem Sie fragen: „Angenommen, das, was Sie gerade spüren, wäre Wut, was würde sich verändern?" Vielleicht sind aber auch Bilder angebracht, auf denen die entsprechenden Gefühle in Mimik oder Gestik zu erkennen sind. So bekommt der traumatisierte Mensch die Gelegenheit, wieder mit sich und seinen Gefühlen in Kontakt zu kommen. Das stellt natürlich immer auch eine Gratwanderung dar, denn es können sich unter Umständen auch die mit der Traumatisierung verbundenen Gefühle bemerkbar machen, auf die der Betroffene mit Angriff, Flucht oder Dissoziation reagiert. Hier ist wichtig, dass Sie als Begleiter wissen, wie Sie zur Reorientierung beitragen können, und durch Ihre Ruhe Halt und Sicherheit bzw. durch die in ▶ Abschn. 5.2.1 erwähnten Werkzeuge Bindungssicherheit bieten.

5.3 · Feinfühligkeit

Beim Containen sind Sie aber nicht nur ein spiegelndes Gegenüber, das Gefühle aufnimmt und in einen größeren Zusammenhang stellt, sondern Sie stärken auch die Bindung und das Vertrauen zwischen Ihnen und dem Flüchtling, indem Sie es aushalten, wenn der Betroffene seine traumatischen Erfahrungen mit Ihnen als Bindungsperson reinszeniert. Ist das der Fall, handelt es sich um einen großen Fortschritt, denn wenn traumatisierte Menschen beginnen, ihre traumatischen Erfahrungen zu reinszenieren, bedeutet das, dass sie inzwischen so viel Vertrauen gefasst haben, dass sie ihre traumatisierenden Erlebnisse in Form von beispielsweise aggressivem Verhalten angstfrei zeigen können. Die Betroffenen vertrauen darauf, dass Sie in dieser Situation anders mit ihnen umgehen, als sie es zuvor erfahren haben: feinfühliger, respektvoller etc. (vgl. Brisch 2013, S. 164). Dadurch werden die bestehenden neuronalen Autobahnen im Gehirn zurückgebaut, und neue Pfade entstehen mit der Folge, dass die Betroffenen künftig nach und nach auch ohne ihre Bindungspersonen ein anderes Verhalten zeigen können.

Häufig geht es bei der Reinszenierung traumatisierter Menschen um eine Täter-Opfer-Reinszenierung. Hintergrund dafür sind die vielfältigen Spaltungsmechanismen, denen der traumatisierte Mensch ausgesetzt war und die auch in die Traumabegleitung hinein wirken (▶ Abschn. 3.2.2). Eine mögliche Form der Spaltung ist die Täter-Opfer-Reinszenierung, bei der Sie als Begleitperson dieser Menschen mal in die eine Rolle gedrängt werden, dann wieder in die andere. So kann bei Ihnen der Eindruck entstehen, Opfer des traumatisierten Menschen zu sein im Sinne von: „Ich bin ganz für ihn da, und wie dankt er es mir?" Oder der traumatisierte Mensch konfrontiert Sie mit abwertenden Aussagen wie „Das bringt doch alles nichts". Dann können Sie denken: „Ich bin eine schlechte Begleiterin" mit zum Beispiel nachfolgenden Schuldgefühlen. Sie können aber auch verstehen: „Bei mir, dem armen Flüchtling, bringt alles nichts, niemand kann mir helfen, ich Armer." Dann kann es sein, dass Sie irgendwann mit Ungeduld reagieren und äußern: „Jetzt reißen Sie sich doch mal zusammen." Und schon sind Sie Teil der Täter-Opfer-Reinszenierung. Ebenso in dem Fall, dass traumatisierte Menschen Sie mit den schrecklichen Details des traumatisierenden Erlebnisses nach dem Motto „Es muss alles raus" überfluten und Sie völlig überlastet zurücklassen (vgl. Huber 2009).

Darum geht es beim Containen nicht! Beim Containen im Hinblick auf die Täter-Opfer-Reinszenierung ist der erste wichtige Schritt, die Täter-Opfer-Reinszenierung als solche zu erkennen. Hier bedarf es großer Achtsamkeit von Ihnen als Begleitperson. Im zweiten Schritt geht es darum, die Täter- bzw. Opferrolle nicht anzunehmen. Denn wenn Sie containen möchten, dann geht das nur aus einer gesunden Distanz heraus und unter Wahrung von Grenzen. Nur so können Sie die Gefühle des traumatisierten Menschen aushalten, in einen größeren Zusammenhang stellen und ihm in dieser gewandelten Form anbieten. Und nur so macht er neue und hilfreiche Erfahrungen und können sich seine neuronalen Autobahnen im Gehirn verändern.

> **Praxistipp**
>
> Manchmal schaffen wir es nicht, frei von eigenen Gefühlen zu sein bzw. losgelöst von ihnen zu agieren. Bevor Sie in solch einem Fall reagieren, haben sich folgende zwei Vorgehensweisen bewährt:
> - Kurz die Augen schließen, dabei tief ein- und ausatmen. Bei der Ausatmung zum Beispiel zu sich sprechen „Ärger raus", bei der Einatmung zum Beispiel „Gelassenheit ein". Das ein paar Mal wiederholen.
> - Kurz an den zuvor eingeübten imaginativen sicheren Ort gehen (▶ Abschn. 7.1.3). Der sichere Ort ist nicht nur für traumatisierte Menschen eine Hilfe, sondern kann jedem Menschen helfen, sich selbst zu regulieren und die Selbstkontrolle zu behalten.

5.3.2.2 Co-Regulation

In ▶ Kap. 3 haben wir uns mit der Bedeutung einer sicheren Bindung für die Entwicklung des Gehirns bzw. des präfrontalen Cortex als Voraussetzung für die Fähigkeit der Selbststeuerung beschäftigt (▶ Abschn. 3.1.2). Bei traumatisierten Menschen ist der präfrontale Cortex aufgrund unsicherer Bindungserfahrungen oft nicht ausreichend entwickelt, sodass sie nicht in der Lage sind, ihre Stimmungen, Emotionen und Handlungen adäquat zu regulieren. Oder sie haben die Erfahrung gemacht, dass ihre selbstregulatorischen Kompetenzen bzw. die Grenzen, die sie gesetzt haben, nicht beachtet wurden. Dann kann es sein, dass sie jemanden zur Co-Regulation brauchen, um aus den Erfahrungen mit dieser Person zunehmend mehr die Fähigkeiten zur Selbstregulation zu entwickeln.

Wie kann das aussehen? Nehmen wir wieder die Eltern als Vorbild. Geleitet durch die Signale ihres Säuglings geben sie eine auf die individuellen Fähigkeiten des Kindes abgestimmte regulatorische Unterstützung, sei es durch Trösten und Beruhigen, durch Anregung oder Mäßigung der Stimulation, durch die Rückversicherung, dass sie da sind, und das Vermitteln von Geborgenheit im Sinne eines sicheren Hafens (vgl. Papoušek 2009, S. 141).

Genau das können Sie als Begleitperson von traumatisierten Flüchtlingen tun: ihnen Trost geben, die Stimulation dosieren, ihnen einen sicheren Hafen bieten. Während das überreizt schreiende Baby auf dem Arm der Mutter unter dem Klang ihrer weichen Stimme zur Ruhe kommt und einschläft, können Sie dem traumatisierten Menschen ihre wohltuende und Sicherheit gebende Anwesenheit spüren lassen und ihn so co-regulieren, sei es, indem Sie mit ihm schweigen, ihn aushalten, seine Hand halten, ihn umarmen oder auch seinen Wunsch nach Distanz wohlwollend respektieren. Der Betroffene spürt zum einen, dass die Gefahr nicht so groß sein kann, wenn seine Bezugsperson so ruhig ist. Zum anderen wirken Spiegelneurone, die die Tendenz haben, „im Beobachter das *wirksam* werden zu lassen, was er sieht. Zusehen zu müssen, wie sich jemand anders aus Versehen einen größeren Holz-Splitter unter den Fingernagel gestoßen hat, kommt einem Gefühl nahe, welches sich eingestellt hätte, wenn wir selbst der Unglücksrabe gewesen wären" (Bauer 2010, S. 119). Spiegelneurone führen zu einer gewissen Imitationstendenz und sind damit „die neurobiologische Basis für das Lernen am Modell" (Buccino et al. 2001, S. 400–404; Calvo-Merino et al. 2006, S. 1905–1910; Bauer 2010, S. 120). Damit haben Bindungspersonen eine ganz besondere Bedeutung. Sie co-regulieren nicht nur, sondern dienen insgesamt als Modell für gute Bindung.

Dies bedeutet, dass Eltern ebenso wie Sie als Begleitperson von Flüchtlingen Bindungssicherheit geben und dass Sie selbst Vorbild sein müssen. Über Ihre Selbstregulation lernt der Betroffene, sich selbst zu regulieren.

> **Zum Nachdenken**
> - Inwieweit hatte ich die Möglichkeit, über die Selbstregulation meiner Eltern bzw. meiner Bezugsperson meine eigene Selbstregulation zu trainieren?
> - Wie ist es um meine empathische Anteilnahme bestellt? Konnte ich diese einüben, oder steht hier noch eine Lernaufgabe für mich an?

Praxistipp

Wie geht es Ihnen, wenn Sie vom Konzept der Feinfühligkeit lesen? Von Elternseminaren, die Karl Heinz Brisch (2011, S.46) im Rahmen der von ihm entwickelten SAFE®-Programme durchführt, ist bekannt, dass es vielen Eltern zunächst Schwierigkeiten bereitet, das Weinen ihrer Säuglinge richtig zu interpretieren. Die meisten Pflege- und Bezugspersonen

5.3 · Feinfühligkeit

brauchen erst eine Phase des Ausprobierens und Lernens. So ist es auch im Umgang mit traumatisierten Flüchtlingen.

Feinfühligkeit ist erlernbar. Allerdings braucht es Übung – wie fast immer, wenn es um das Erlernen neuer Fähigkeiten geht.

- Schritt 1 – Entscheidung/Motivation zur Veränderung: Feinfühligkeit werde ich nur erlernen, wenn ich es wirklich möchte, wenn ich intrinsisch motiviert bin oder – mit anderen Worten – wenn die rechte Gehirnhälfte, die Sitz meiner Gefühle und damit Ausdruck meiner Seele ist, diese Veränderung für gut empfindet, sie emotional davon berührt wird. Ich muss mich also bewusst für diese Veränderung entscheiden.
- Schritt 2 – Visualisieren und Evaluieren: Wenn die Möglichkeit besteht, von den Gesprächen mit den Flüchtlingen Videoaufzeichnungen anfertigen und später supervidieren zu lassen, wäre das sehr hilfreich auf dem Weg der Veränderung. Zum einen kann ich vergleichen, wie ich mich im Gespräch erlebt habe und wie ich mich aus der Hubschrauberperspektive beim Filmanschauen sehe. Wie feinfühlig habe ich mich meines Erachtens verhalten? Zum anderen kann ein Team oder Supervisor eine Rückmeldung geben, wie feinfühlig es/er mich erlebt hat. War ich bei meinem Gegenüber oder war ich in meiner eigenen Geschichte verhaftet? Wie hätte ich alternativ handeln und reagieren können? Was hätte ich sonst noch sagen können? Möchte ich beim nächsten Mal andere Wege beschreiten?
- Schritt 3 – Reflektieren und Evaluieren: Schritt 2 ist nicht immer möglich. Das ist nicht tragisch, denn wir Menschen haben die Fähigkeit, uns selbst zu reflektieren. So kann ich das Gespräch und mein Verhalten in Gedanken noch einmal durchgehen und mich selbst fragen, inwieweit ich bei meinem Gegenüber war, wie er mich erlebt hat und ob ich in meine eigene Geschichte abgewandert bin. Und auch hier kann ich mich fragen, wie ich anders hätte reagieren können, was ich sonst noch hätte sagen können bzw. besser nicht hätte sagen sollen, um daraus zu lernen, was ich beim nächsten Mal anders machen möchte, wie ich noch feinfühliger reagieren kann.
- Schritt 4 – Neues umsetzen: Nun gilt es das, was ich mir in Schritt 2 und/oder Schritt 3 vorgenommen habe, umzusetzen.
- Dann folgen wieder Schritt 1, Schritt 2 usw.

Schritt 1 ist deshalb so wichtig, weil die Motivation zur Veränderung während des Prozesses auf der Strecke bleiben kann, manchmal auch unbemerkt. Vielleicht registriere ich erst im Verlauf, dass ich gar nicht intrinsisch motiviert war, obwohl ich es dachte. Vielleicht werde ich mir jetzt erst gewisser Überzeugungen bewusst, die der Veränderung entgegenstehen. Das könnten zum Beispiel Gedanken sein wie „Meine Mutter hat mich als Kind auch nicht feinfühlig behandelt, und es hat mir nicht geschadet. Im Gegenteil ... ", „Die sollen sich mal nicht so anstellen ... ". Vielleicht sind da auch Neid und Eifersucht mit im Spiel, weil die Flüchtlinge etwas bekommen (sollen), was man selbst nicht bekommen hat. Im finanziellen Bereich ist das oft nicht zu übersehen: Menschen, die auf vieles verzichtet haben, um sich ein Haus bauen zu können, reagieren oft sehr heftig, wenn sie hören, dass Flüchtlinge Häuser gestellt bekommen oder es finanzielle Unterstützung für sie gibt. So ist es auch mit der feinfühligen Unterstützung. Nicht selten liegt eine Abwehr dagegen vor, die mir zuerst vielleicht nicht bewusst ist, auf die ich beim Reflektieren, im Kollegengespräch oder der Supervision aber kommen kann. Und dann gilt es, erneut eine Entscheidung zu treffen: Möchte ich mich verändern oder will ich es doch nicht?

Eine mögliche Hilfe beim Erlernen von Feinfühligkeit können auch Medien aus dem SAFE®-Programm von Karl Heinz Brisch sein (www.khbrisch.de/12-0-SAFE.html).

5.3.2.3 Klarheit

Zur dialogischen Kommunikation gehört auch Klarheit. Zum Beispiel Klarheit, was die Regeln in der Einrichtung anbelangt und die Konsequenzen bei Nichteinhaltung. Dann kann jeder Bewohner einer Einrichtung selbst entscheiden, ob er die Regeln einhalten möchte oder ob er die Konsequenz wählt. Hat sich ein Bewohner für die Konsequenz entschieden, bedarf es keines langen Vortrags, um ihm zu erklären, warum jetzt welche Konsequenz folgt. Er hat sich ja dafür entschieden. Hilfreich ist es aber, Verständnis für die Situation zu äußern, zum Beispiel: „Ja, es ist schwierig, sich als erwachsene Person Regeln in der Einrichtung fügen zu müssen, die man selbst vielleicht nicht als richtig ansieht, aber wir haben darüber gesprochen, dass sie einzuhalten sind und welche Konsequenz die Nichteinhaltung hat. Deshalb folgt jetzt diese Konsequenz." Das Verständnis verbunden mit Klarheit stärkt den Bindungsaufbau (vgl. Brisch 2013, S. 153).

> **Zum Nachdenken**
> Eine Regel, die in vielen Einrichtungen aufgestellt wird, beinhaltet einen respektvollen Umgang miteinander. Nicht selten höre ich jedoch von Mitarbeitern – insbesondere in Einrichtungen für unbegleitete minderjährige Flüchtlinge –, dass sich ihre Schutzbefohlenen ihnen gegenüber respektlos verhalten würden. Hier ist es wichtig zu unterscheiden, ob es sich wirklich um Respektlosigkeit handelt oder ob es nicht vielmehr um mangelndes Verantwortungsbewusstsein geht bzw. darum, dass die Kinder und Jugendlichen mit sich selbst zu tun haben und aus diesem Egozentrismus oder einer Verunsicherung heraus ihr Gegenüber nicht sehen. Die Konsequenzen werden sehr unterschiedlich sein (vgl. Eggerichs 2014, S. 26), auch wenn in beiden Fällen eine Konsequenz angebracht ist. Und in beiden Fällen sollten diese vorher klar kommuniziert worden sein.
> Zudem sei noch die Frage erlaubt: Wann fühle ich mich respektvoll behandelt? Wenn sich die Menschen um mich herum so verhalten, wie ich es mir wünsche?
> Dazu eine weitere Frage: Wer ist reifer und hat die Verantwortung für den anderen? Kinder für ihre Eltern? Nein, die Eltern sollten die reiferen Menschen sein und von daher auch so reagieren. Ebenso diejenigen, die mit traumatisierten Menschen zu tun haben. Sie sollten die reiferen Menschen sein, die ihre eigene Geschichte aufgearbeitet haben und so ganz bei ihren Schutzbefohlenen sein können. Sollte ein Flüchtling Ihnen dann einmal nicht das erwünschte Verhalten entgegenbringen, wissen Sie, dass es nicht unbedingt um Respektlosigkeit geht, sondern ggf. um etwas, das in dem Flüchtling begründet liegt. Und so können Sie feinfühlig darauf reagieren anstatt sich als Opfer respektlosen Verhaltens zu sehen.

5.4 Selbstwirksamkeit

Kinder kommen als Säuglinge und damit als Lebewesen auf die Welt, die existenziell von anderen Menschen abhängig sind (▶ Abschn. 3.1.2). Je älter sie werden, desto autonomer möchten sie sein und desto mehr Verantwortung wollen und können sie übernehmen.

Nimmt ein Säugling Zusammenhänge zwischen seinen Aktivitäten und positiv erlebten Reaktionen wahr, wird er solche Aktivitäten steigern und wiederholen, „um sich diesen Erfahrungen von Selbstwirksamkeit jedes Mal mit einem deutlichen emotionalen Wohlbefinden und positivem Lustgewinn auszusetzen und sie zu einer befriedigenden Form der Selbstaktivität zu gestalten.

Offensichtlich scheint diese Form der frühen Selbstwirksamkeit, die zeitlebens erhalten bleibt, ein (…) tief verwurzeltes motivationales System zu sein, das vermutlich für die Steuerung der Selbstentwicklung und der Selbstwertentwicklung von großer Bedeutung ist. Eine gesunde Selbstentwicklung beinhaltet, dass schon der Säugling und das Kleinkind das Gefühl erlebt, selbst handelnd und Akteur seiner Effekte und motorischen sowie affektiv-emotionalen Interaktionen zu sein" (Brisch 2010, S. 317).

Entsprechend ist es Aufgabe der Eltern – unterstützt durch ihre Feinfühligkeit – zu erkennen, was ihr Kind schon kann, was sie ihm zutrauen können, wo es noch Unterstützung bedarf. Mit Erreichen der Volljährigkeit endet die Aufgabe der Eltern. Nun kann das Kind seine eigenen Erfahrungen machen und daraus lernen (vgl. Lämmle und Wünsch 1999).

Wichtig in dem beschriebenen Prozess ist zum einen, dass die Eltern bewusst realisieren, was ihr Kind schon kann, und es darin unterstützen, zum anderen, dass sie ihrem Kind vertrauen, dass es das, was es gelernt hat, aber auch das, was an Entwicklungsschritten ansteht, auch kann. Es ist wichtig, dass sie es ihm zutrauen und ihm vertrauen, und dass nicht ihre eigenen Ängste das Kind in seiner Entwicklung hemmen und ausbremsen. Hier ein Beispiel: In meiner Praxis erlebe ich immer wieder Mütter, die ihren etwa sechs Jahre alten Kindern noch sagen, was diese anziehen sollen, obwohl die Kinder selbst entscheiden möchten. Die Mütter trauen ihren Kindern – das wird im Verlauf der Gespräche deutlich – oft nicht zu, dass sie sich witterungsgemäß richtig anziehen bzw. dass das, was die Kinder heraussuchen, in der Kombination auch ihrem, dem mütterlichen Geschmack entspricht verbunden mit der Angst, was die anderen Mütter in der Schule und Umgebung sagen werden, wenn sie das sehen. Damit geben sie dem Kind mehrere Botschaften, zum Beispiel „Du kannst das Wetter nicht richtig einschätzen", „Du weißt nicht, wie man sich adäquat anzieht", „Du weißt nicht, wie man sich schön anzieht", „Der Geschmack der anderen und ggf. auch mein eigener sind wichtiger als dein Geschmack", „Dein Geschmack ist falsch". Ist es da ein Wunder, wenn diese Kinder dann unter einem geringen Selbstwertgefühl leiden? Zumal eine Mutter, die der Meinung anderer so viel Bedeutung beimisst, vermutlich selbst kein stark ausgeprägtes Selbstwertgefühl hat. Wie soll sie dann ihr Kind stark machen? Deshalb ist es so wichtig, an seinem eigenen Selbstwertgefühl zu arbeiten, damit dieses nicht die Entwicklung der Kinder bzw. in der Arbeit mit Flüchtlingen die Flüchtlinge behindert, sondern ihnen Vertrauen schenkt und sie Selbstwirksamkeit erleben lässt in den Bereichen, wo es ihnen möglich ist.

Entsprechend sinnvoll ist es, dass ein Mensch das alleine tut, was er tun kann. Da, wo er Unterstützung bedarf, sollte er sie bekommen, um dann alleine die Umsetzung in Angriff nehmen zu können, so wie es Maria Montessori (Montessori und Becker-Textor 1994) ausdrückt: „Hilf mir, es selbst zu tun. Zeig mir, wie es geht. Tu es nicht für mich, ich kann und will es allein tun. Hab Geduld, meine Wege zu begreifen. Sie sind vielleicht enger, vielleicht brauche ich mehr Zeit, weil ich mehrere Versuche machen will. Mute mir auch Fehler zu, denn aus ihnen kann ich lernen."

Gleiches gilt für den Umgang mit Flüchtlingen. Sie leiden genug unter ihren eigenen Ängsten, ihren eigenen Zweifeln, ihren eigenen Gefühlen der Unzulänglichkeit aufgrund der fremden Kultur, der fremden Sprache, ihrer unter Umständen vorhandenen Mittellosigkeit usw. Da brauchen sie nicht noch die Verstärkung durch Mitarbeiter, die ihnen ebenfalls wenig zutrauen oder sie aufgrund eigener Ängste schützen möchten. Nein, sie brauchen Vertrauen und die Unterstützung darin, selbstwirksam sein zu dürfen und es zu schaffen. Und wenn sie einmal Fehler machen, brauchen sie die Ermutigung, ggf. auch eine Korrektur bzw. die Reflexion, was sie hätten anders machen können, aber in erster Linie immer die Ermutigung. Voraussetzung dafür ist aber das Vertrauen, das Mitarbeiter ihren Schutzbefohlenen entgegenbringen. Vertrauen Sie den Flüchtlingen. Diese sind Experten für sich. Sie werden es schaffen, sie werden auch in diesem für sie noch fremden Land die Verantwortung für sich übernehmen können, wenn sie dabei feinfühlig begleitet werden.

Im Folgenden ein Zitat des Philosophen und Physikers Heinz von Foerster: „Je größer die Freiheit ist, desto größer sind die Wahlmöglichkeiten und desto eher ist auch die Chance gegeben, für die eigenen Handlungen Verantwortung zu übernehmen. Freiheit und Verantwortung gehören zusammen. Nur wer frei ist – und immer auch anders agieren könnte –, kann verantwortlich handeln. Das heißt: Wer jemand die Freiheit raubt und beschneidet, der nimmt ihm auch die Chance zum verantwortlichen Handeln. Und das ist unverantwortlich" (Pörksen 1998).

Somit ist es wichtig, Flüchtlingen Freiraum zu geben. Das kann zum einen bedeuten, sie das tun zu lassen, was sie können, und zum anderen, ihnen die Unterstützung zu bieten, die sie brauchen, um es allein schaffen zu können. Praktisch kann das so aussehen, dass Sie sich als Mitarbeiter für die Kultur der Flüchtlinge interessieren und sie davon umsetzen lassen, was möglich ist (▶ Abschn. 1.4.1). Ob es religiöse Praktiken sind oder das Kochen von landestypischen Mahlzeiten, hier können die Flüchtlinge selbstwirksam sein. Damit wertschätzen Sie ihre Kultur, ihre Einzig- und Andersartigkeit. Und wenn Sie dann auch noch die Sprache oder das Kochen von ihnen erlernen möchten, wird das auf das Selbstwertgefühl und Selbstvertrauen traumatisierter Flüchtlinge Auswirkungen haben.

Selbstwirksamkeit zu spüren, hat auch viel damit zu tun, wie gut es gelingt, Grenzen zu setzen.

5.5 Wahrung der Grenzen

Grenzen zu setzen, zum Beispiel in Form einer Hecke oder eines Zaunes um ein Privatgrundstück, hat etwas damit zu tun, sichtbar zu machen, dass es hier um den Besitz eines Menschen geht. Es bedeutet oft: Betreten verboten, sofern ich mich nicht entscheide, eine andere Person hereinzulassen, entweder weil ich sie eingeladen habe oder weil sie mithilfe einer Klingel höflich angefragt hat.

Ähnlich ist es mit den inneren Grenzen. Es gilt, vorsichtig anzufragen, ob ein Mensch bereit ist, zum Beispiel über sich zu sprechen oder sich berühren zu lassen. Und es gilt, ein Betretenverboten-Schild, das auch unsichtbar aufgestellt sein kann, zu respektieren. Wird es respektiert, erlebt der Betroffene Selbstwirksamkeit, die – wie oben erwähnt – „für die Steuerung der Selbstentwicklung und der Selbstwertentwicklung von großer Bedeutung ist" (Brisch 2010, S. 317). Zudem entsteht Vertrauen. „Werden diese selbstwirksamen Effekte und Erwartungen nicht erfüllt (…), so zeigen schon kleine Säuglinge in den ersten Monaten deutlichen Frust, Enttäuschung, Wut bis hin zu Depression, wenn es ihnen durch verstärkte Aktivitäten gegenüber der anderen Person nicht gelingt, diese in eine selbstwirksame Interaktion zurückzubringen" (Brisch 2010, S. 317).

So ergeht es auch Erwachsenen, wenn ihnen Selbstwirksamkeit genommen wird. Schon ein gesunder Mensch reagiert darauf. Wie viel mehr ein traumatisierter Mensch, dem Selbstwirksamkeit in einer Form verwehrt wurde, die sein Verarbeitungsvermögen überstiegen hat, sodass er das Gefühl von Hilflosigkeit und schutzloser Preisgabe erlebt hat. Seine Grenzen nicht zu wahren, reiht sich ein in frühere Erfahrungen, die zur Traumatisierung geführt haben. Entsprechend kann die Verletzung seiner Grenzen zu einer Retraumatisierung oder – je nachdem – zu einem weiteren Trauma führen.

Aus dem Gefühl der Hilf- und/oder Wertlosigkeit heraus kann es sein, dass der Flüchtling sich nicht traut, Grenzen zu setzen, oder auch gar nicht auf die Idee kommt, dass er Grenzen setzen darf. Mitarbeiter in Flüchtlingseinrichtungen können also nicht davon ausgehen, dass der Betroffene äußern wird, was er möchte. Das kann der Fall sein, häufig aber auch nicht. Und so ist auch hier wieder Feinfühligkeit gefragt.

Ein Beispiel aus der Praxis: Es kommt immer wieder vor, dass mehrere Flüchtlingskinder in einer Einrichtung in einem Bett schlafen wollen. Mitarbeiter versichern uns dann, dass die Kinder es so wollen, dass es dem Wohl der Kinder dient. Das mag sein. Jetzt ist Feinfühligkeit gefragt. Dient es dem Wohl der Kinder, oder trauen diese sich vielleicht nur nicht, das Bett für sich allein zu beanspruchen? Gründe könnte es dafür viele geben, zum Beispiel weil sie es von zu Hause nicht anders kennen und vielleicht gehört haben, dass alles andere Luxus ist, den sich nur andere Menschen leisten können, Menschen, die vielleicht mehr wert sind. Oder die Kinder trauen sich nicht, Nein zu sagen, weil sie sonst unangenehme Konsequenzen fürchten, zum Beispiel von den anderen Kindern am Tag nicht beachtet oder gehänselt zu werden. Und hier kann es schnell zu Grenzüberschreitungen kommen, gegen die Kinder sich nicht wehren können. So scheint es laut Aussagen einiger Kinder in gewissen Kreisen üblich zu sein, dass Männer wie früher im alten Griechenland Knaben haben, die ihnen sexuell zur Verfügung stehen. Unter den Flüchtlingen sind also manche Jungen, die das erlebt haben und die nun entweder als Ältere ihre angeblichen Rechte bei Jüngeren einfordern oder die weiterhin als Jüngere/Schwächere zur Verfügung stehen. Da die Älteren ihr vermeintliches Recht nicht offiziell einfordern können, schlagen sie andere Wege ein, zum Beispiel das Teilen eines Bettes mit kleineren Jungen. Wenn Kinder zusammen in einem Bett schlafen wollen, kann es diesen Hintergrund haben, es kann aber auch ganz andere Gründe geben. Entsprechend ist große Feinfühligkeit gefragt. Da diese Situation die Mitarbeiter aber oftmals überfordert, ist die Frage zu stellen, ob man das Bett nicht zum Privatraum eines jeden Kindes erklärt, dessen Privatsphäre absolut zu schützen ist. Das könnte als Regel aufgestellt werden. Möchte ein Kind dann doch einmal mit einem anderen Kind kuscheln, kann es dafür zum Beispiel in eine Sitz- oder Kuschelecke gehen, die von den Mitarbeitern der Einrichtung eingesehen werden kann.

> **Praxistipp**
>
> Traumatisierte Menschen sind oft nicht in der Lage, sich zu schützen. Sie können es lernen, doch solange das nicht der Fall ist, brauchen sie Ihre Unterstützung und Ihren Schutz. Und je mehr sie Vertrauen zu Ihnen aufbauen können, je mehr Selbstwirksamkeit und Bindungssicherheit sie spüren, desto mehr kann sich ihr Selbstwertgefühl entwickeln, und desto eher werden sie in der Lage sein, sich selbst zu schützen.

> **? Zum Nachdenken**
> - Wie sieht es mit der Wahrung von Grenzen bei uns in der Einrichtung aus? Gibt es Dinge, die wir per Regel unter Schutz stellen sollten?
> - Wie gut kann ich mich selbst schützen? Habe ich gelernt, selbstwirksam zu sein?

Literatur

Ainsworth, M.D./Bell, S.M./ Stayton, D.J. (2003 [1971]), Individuelle Unterschiede im Verhalten in der fremden Situation bei Einjährigen, in: Grossmann, Klaus E./Grossmann, K. (Hrsg.), Bindung und menschliche Entwicklung. John Bowlby, Mary Ainsworth und die Grundlagen der Bindungstheorie, Stuttgart: Klett-Cotta

Aschersleben, Gisa (2010), Der Einfluss der frühen Mutter-Kind-Interaktion auf die sozial-kognitive Entwicklung, in: Karl Heinz Brisch/Theodor Hellbrügge (Hrsg.), Der Säugling – Bindung, Neurobiologie und Gene, 2. Auflage, Stuttgart: Klett-Cotta

Baierl, Martin (2014), Dir werde ich helfen – Konkrete Techniken und Methoden der Traumapädagogik, in: Baierl, Martin/Frey, Kurt (Hrsg.), Praxishandbuch Traumapädagogik – Lebensfreude, Sicherheit und Geborgenheit für Kinder und Jugendliche, Göttingen: Vandenhoeck & Ruprecht

Bauer, Joachim (2010), Das System der Spiegelneurone – Neurobiologisches Korrelat für intuitives Verhalten und Empathie, in: Brisch, Karl Heinz/Hellbrügge, Theodor (Hrsg.), Der Säugling – Bindung, Neurobiologie und Gene, 2. Auflage, Stuttgart: Klett-Cotta

Bauer, Joachim (2013), Das Gedächtnis des Körpers: Wie Beziehungen und Lebensstile unsere Gene steuern, München/Berlin: Piper

Bauer, Joachim (2015), Selbststeuerung – Die Wiederentdeckung des freien Willens, München: Blessing

Beebe, Beatrice et al. (2002), Koordination von Sprachrhythmus und Bindung – Systemtheoretische Modelle, in: Brisch, Karl Heinz/Grossmann, K.E./Grossmann, K./Köhler, L. (Hrsg.), Bindung und seelische Entwicklungswege – Grundlagen, Prävention und klinische Praxis, Stuttgart: Klett-Cotta

Bonus, Bettina (2010), Mit den Augen eines Kindes sehen lernen, Band 3: Liebe und nachtragende Konsequenz – eine spezielle Pädagogik für aggressive, regelverletzende, grenzüberschreitende Pflege- und Adoptivkinder, Norderstedt: Books on Demand

Bowlby, John (2010), Bindung als sichere Basis – Grundlagen und Anwendung der Bindungstheorie, 2. Auflage, München: Reinhardt

Braiker, Harriet (2013), Giftige Beziehungen – Wenn andere uns krank machen, 7. Auflage, Frankfurt am Main: Fischer

Brisch, Karl Heinz (2009), Bindungsstörungen und Trauma – Grundlagen für eine gesunde Bindungsentwicklung, in: Brisch, Karl Heinz / Hellbrügge, Theodor (Hrsg.), Bindung und Trauma – Risiken und Schutzfaktoren für die Entwicklung von Kindern, 3. Auflage, Stuttgart: Klett-Cotta

Brisch, Karl Heinz (2010), Eltern-Säuglings-Therapie – Von der Prävention zur Beratung und Therapie, in: Brisch, Karl Heinz/Hellbrügge, Theodor (Hrsg.), Der Säugling – Bindung, Neurobiologie und Gene, 2. Auflage, Stuttgart: Klett-Cotta

Brisch, Karl Heinz (2011), Bindungsstörungen – Von der Bindungstheorie zur Therapie, 11. Auflage, Stuttgart: Klett-Cotta

Brisch, Karl Heinz (2013), „Schütze mich, damit ich mich finde – Bindungspädagogik und Neuerfahrung nach Traumata", in: Bausum, Jacob/Besser, Lutz-Ulrich/Kühn, Martin/Weiß, Wilma (Hrsg.), Traumapädagogik – Grundlagen, Arbeitsfelder und Methoden für die pädagogische Praxis, 3. Auflage, Weinheim und Basel: Beltz Juventa

Brisch, Karl Heinz (2014), Die Bedeutung von Bindung in Sozialer Arbeit, Pädagogik und Beratung, in: Trost, Alexander (Hrsg.), Bindungsorientierung in der Sozialen Arbeit: Grundlagen – Forschungsergebnisse – Anwendungsbereiche, Dortmund: Borgmann

Buber, Martin (2014), Ich und Du, Gütersloh: Gütersloher Verlagshaus

Buccino, Giovanni et al. (2001), Action observation activates premotor and parietal areas in a somatotopic manner: An fMRI study, European Journal of Neurosciences, Volume 13

Bücken-Schaal, Monika (2013), Bildkarten Gefühle für Kindergarten und Grundschule, 3. Auflage, München: Don Bosco

Calvo-Merino, Beatriz et al. (2006), Seeing or doing? Influence of visual and motor familiarity in action observation, Current Biology, Volume 16

Chamberlain David (2014), Woran Babys sich erinnern – Über die Anfänge unseres Bewusstseins im Mutterleib, München: Kösel

de Shazer, Steve (2012), Worte waren ursprünglich Zauber, Von der Problemsprache zur Lösungssprache, 3. Auflage, Heidelberg: Carl-Auer

Eggerichs, Emerson (2014), Liebe & Respekt in der Familie – Der Respekt, den sich Eltern wünschen, Asslar: GerthMedien

Freud Anna/Burlingham, Dorothy (1943/1971), War and Children, New York: Ernst Willard

Giernalczyk, Thomas (2003), Psychodynamische Krisenintervention – ‚Affektregulation zu zweit', Psychotherapie im Dialog, Heft 4

Grossmann, Klaus E. (2009), Emmy Werner – Engagement für ein Lebenswerk zum Verständnis menschlicher Entwicklung über den Lebenslauf, in: Brisch, Karl Heinz / Hellbrügge, Theodor (Hrsg.), Bindung und Trauma – Risiken und Schutzfaktoren für die Entwicklung von Kindern, 3. Auflage, Stuttgart: Klett-Cotta

Hellbrügge, Theodor (2009), Risiko- und Schutzfaktoren in der kindlichen Entwicklung – Mit einer Hommage an den Kinderforscher René Spitz, in: Brisch, Karl Heinz / Hellbrügge, Theodor (Hrsg.), Bindung und Trauma – Risiken und Schutzfaktoren für die Entwicklung von Kindern, 3. Auflage, Stuttgart: Klett-Cotta

Hesse, Jürgen/Schrader, Hans Christian (o.J.), Gestik und Mimik – Augen, Mund und Hände, www.berufsstrategie.de/bewerbung-karriere-soft-skills/gestik-mimik.php (Zugegriffen: 14. März 2016)

Huber, Michaela (2009), Wege der Traumabehandlung – Trauma und Traumabehandlung, Teil 2, 4. Auflage, Paderborn: Junfermann

Literatur

Lämmle, Brigitte/Wünsch, Gabriele (1999), FamilienBande: So gewinnen Sie Raum für lebendige Partnerschaft, glückliche Familie, gesunde Beziehungen, München: Goldmann

Lazar, Ross (1993): „Container – Contained" und die helfende Beziehung, in: Ermann, Michael (Hrsg.), Die hilfreiche Beziehung in der Psychoanalyse, Göttingen: Vandenhoek und Ruprecht

Lennertz, Ilka (2011), Trauma und Bindung bei Flüchtlingskindern – Erfahrungsverarbeitung bosnischer Flüchtlingskinder in Deutschland, Göttingen: Vandenhoek und Ruprecht

Montessori, Maria / Becker-Textor, Ingeborg (1994), Kinder lernen schöpferisch, 9. Auflage, Freiburg: Herder

Papoušek, Mechthild (1994), Vom ersten Schrei zum ersten Wort – Anfänge der Sprachentwicklung in der vorsprachlichen Kommunikation, Bern: Huber

Papoušek, Mechthild/Wollwerth de Chuquisengo, Ruth (2009), Auswirkungen mütterlicher Traumatisierungen auf die Kommunikation und Beziehung in der frühen Kindheit – Werkstattbericht aus 10 Jahren Münchner Sprechstunde für Schreibabys, in: Brisch, Karl Heinz / Hellbrügge, Theodor (Hrsg.), Bindung und Trauma – Risiken und Schutzfaktoren für die Entwicklung von Kindern, 3. Auflage, Stuttgart: Klett-Cotta

Pörksen, Bernhard (1998), Wahrheit ist die Erfindung eines Lügners – Der Philosoph und Physiker Heinz von Foerster im Gespräch mit Bernhard Pörksen, http://www.zeit.de/1998/04/Wahrheit_ist_die_Erfindung_eines_Luegners/komplettansicht (Zugegriffen: 14. März 2016)

Roderus, Ursula (2011), Handbuch zur Traumabegleitung – Hilfen für Seelsorger, Berater und Therapeuten, Lüdenscheid: ASAPH

Seeney, Jill (2014), Ein sicherer Ort für Rufus, Dresden: Roftasns

Till, Wolfgang (2009), Psychoanalytische Aspekte in der Krisenintervention, Psyche, Jg. 63, Heft 08

Till, Wolfgang (2011), Krisenintervention – psychoanalytisch gesehen. Möglichkeiten und Grenzen, Journal für Psychologie, Jg. 19, Ausgabe 3

van Hout, Mies (2015), Heute bin ich, 12. Auflage, Zürich: Aracari

Watzlawick, Paul (2001), Man kann nicht nicht kommunizieren – Das Lesebuch, Bern: Huber

Werner, Emmy E. (2001), Unschuldige Zeugen – Der Zweite Weltkrieg in den Augen von Kindern, Hamburg: Europa

Wirth, Katrin (2013), Einführung in die Begleitung von Kindern im Traumabereich, Vortrag im Rahmen der Fortbildung „Christlich orientierte Traumabegleitung - Schwerpunkt Traumaberatung und Traumapädagogik", Institut für christliche Traumabegleitung, Bechhofen

Stabilisieren

Ulrike Imm-Bazlen

6.1 Autonomie gewinnen – 113
6.1.1 Selbstvertrauen aufbauen – 113
6.1.2 Selbstwert stärken – 116
6.1.3 Selbstannahme erlernen – 120
6.1.4 Selbstverantwortung tragen – 121

6.2 Sich selbst erkennen – 127
6.2.1 Achtsamkeit – 127
6.2.2 Zeit der Stille – 133
6.2.3 Ressourcenorientierung – 135
6.2.4 Innere Bilder – 155
6.2.5 Psychoedukation – 159

6.3 Selbstfürsorge erlernen – 160
6.3.1 Wertschätzender Umgang mit Gefühlen – 161
6.3.2 Wertschätzender Umgang mit Gedanken – 170
6.3.3 Wertschätzender Umgang mit Bedürfnissen – 172

Literatur – 179

© Springer-Verlag Berlin Heidelberg 2017
U. Imm-Bazlen, A.-K. Schmieg, *Begleitung von Flüchtlingen mit traumatischen Erfahrungen*,
DOI 10.1007/978-3-662-49561-2_6

Im Grunde genommen sollte die Stabilisierung mit dem ersten Schritt in die Flüchtlingsunterkunft beginnen. Klingt einfach, ist es aber – wie Sie wissen – nicht. Statt Wertschätzung und herzlicher Willkommenskultur werden Menschen von der Polizei gebracht, weil sie die Flüchtlinge aufgegriffen haben, oder ein Bus bringt so viele Flüchtlinge auf einmal in die Einrichtung, dass kein Raum da ist, jeden einzelnen wirklich zu sehen. Aber genau damit setzt die Stabilisierung ein: mit dem Gefühl des Flüchtlings, als Mensch wirklich gesehen und wahrgenommen zu werden und nicht einfach eine Nummer oder ein Flüchtling unter vielen zu sein, und mit dem Gefühl, angekommen zu sein. Mit den Rahmenbedingungen für Stabilität und Sicherheit befassen wir uns vertieft in ▶ Kap. 7, aber hier sei schon einmal die Frage nach der Willkommenskultur in Ihrer Einrichtung erlaubt.

> **? Zum Nachdenken**
> Angenommen, Sie würden als Flüchtling Ihre Einrichtung betreten:
> - Könnten Sie das Gefühl haben, als Mensch wirklich wahrgenommen und gesehen zu werden? Woran würden Sie das fest machen?
> - Woran kann der Flüchtling erkennen, dass er in Ihrer Einrichtung willkommen ist?
> - Wie haben Sie den Empfang organisiert? Gibt es einen Tresen, auf den die Flüchtlinge zustürmen und bei dem jeder mithören kann, was gesprochen wird? Oder gibt es einen separaten Raum, in dem der Ankommende erst einmal auf einer weichen Sitzgelegenheit Platz nehmen und durchatmen kann, vielleicht sogar eine heiße Tasse Tee erhält, ehe das eigentliche Aufnahmeprocedere beginnt? Dabei dürfen Sie sich gern auf den Priming-Effekt (▶ Abschn. 3.1.2) berufen. So trägt eine weiche Sitzgelegenheit zu einem kooperativeren Verhalten bei und ein warmes Getränk in der Hand dazu, dass das Gegenüber als warmherziger und freundlicher eingestuft wird (vgl. Bauer 2015, S. 100). Vielleicht könnte auch ein kleines Präsent überreicht werden, zum Beispiel etwas Süßes, oder bei Kindern ein Stofftier, von dem sie sich nicht mehr trennen müssen. Dabei geht es nicht um die Größe des Geschenks, sondern um die Geste, die Willkommenskultur, zumal es gerade in muslimischen Ländern weit verbreitet ist, Gastfreundschaft zu pflegen und Geschenke auszutauschen.
>
> Zudem könnten folgende Fragen für Sie hilfreich sein:
> - Woran zeige ich dem Ankommenden, dass ich ihn willkommen heiße?
> - Heiße ich ihn – also genau diesen Flüchtling, diesen Menschen – willkommen, oder sehe ich einen x-beliebigen Flüchtling?
> - Wie würden Sie sich in ähnlicher Situation wünschen, willkommen geheißen zu werden?

Stabilisieren im Kontext traumatisierter Flüchtlinge heißt, mit den Flüchtlingen Techniken, Hilfsmittel und Perspektiven zu erarbeiten, mit denen sie sich selbst beruhigen, trösten und somit stabilisieren können mit dem Ziel, dass sich die Häufigkeit der mit einer Traumatisierung verbundenen Symptome (▶ Abschn. 3.3) reduziert (vgl. Hanswille und Kosseneck 2014, S. 49). Konkret geht es bei der Stabilisierung um
- Bindungssicherheit und Vertrauen (▶ Kap. 5, ▶ Abschn. 6.3.3, ▶ Abschn. 7.1.2),
- Leben in Beziehungen (▶ Kap. 5),
- Selbstwirksamkeit (▶ Abschn. 5.4 und ▶ Abschn. 7.1.3),
- Selbstvertrauen (▶ Abschn. 6.1.1),
- Achtsamkeit (▶ Abschn. 6.2.1),

- Selbstberuhigungsmöglichkeiten (▶ Abschn. 6.2.3, ▶ Abschn. 6.3.3 und ▶ Abschn. 7.1.3),
- Selbstfürsorge (▶ Abschn. 6.3),
- Selbstwertgefühl (▶ Abschn. 6.1.2),
- Entdecken von Ressourcen (▶ Abschn. 6.2.3),
- Informationen (▶ Kap. 3 und ▶ Abschn. 6.2.5),
- Selbstannahme (▶ Abschn. 6.1.3),
- Setzen von Grenzen (▶ Abschn. 5.5),
- Gefühl von Sicherheit (▶ Kap. 7).

Im Folgenden wird es immer wieder darum gehen, das notwendige Grundlagenwissen zu bekommen, damit Sie es an die Menschen mit traumatischen Erfahrungen weitergeben können. Denn das ist eine zentrale Aufgabe von Mitarbeitern in Flüchtlingseinrichtungen. Die Weitergabe erfolgt auf ganz unterschiedliche Weise: in Gesprächen, anhand von Methoden, insbesondere aber durch Ihr Verhalten und Ihre Vorbildfunktion. Da es sich um die Grundlagen menschlicher seelischer Gesundheit handelt, haben wir auch nicht immer zwischen Mitarbeitern und traumatisierten Flüchtlingen unterschieden. So können Sie die Informationen in Bezug auf sich und Ihre Vorbildfunktion lesen, aber auch im Blick auf die traumatisierten Flüchtlinge.

6.1 Autonomie gewinnen

Was bedeutet Autonomie? „Autonomie meint entweder Selbstbestimmung oder Eigenständigkeit bzw. Selbstregulation im Unterschied zur Fremdbestimmung." Sie „meint (…) nicht eine Abwesenheit von Beschränkungen, sondern sie kann als eine Form des Umgangs mit Beschränkungen verstanden werden. Strukturelle Beschränkungen gehören dann zu den Bedingungen der Autonomie selbst" (Hünersdorf 2012, S. 43 f.).

Es geht bei der Autonomie also um Selbstbestimmung und Selbstregulation, und das auch unter eingeschränkten Bedingungen. Um selbst über sich bestimmen zu können, muss man aber wissen, wer man ist, was einem guttut, ein Gespür für sich und Vertrauen zu sich haben. Das heißt auch, dass man seinen eigenen Wert kennt, sich annehmen kann, wie man ist, einschließlich seiner Biografie und seiner Eigenheiten, und die Verantwortung für sich übernehmen darf und übernimmt. Ist das gegeben, gleicht der Mensch dem Bambus im Wind:

> „Der Stamm biegt sich im Wind, aber er bricht nicht.
> Die Blätter werden vom Wind bewegt, aber sie fallen nicht.
> Der Bambus gibt nach und bleibt gerade deshalb Sieger." (Bamboo & Art 2015).

Der Wind fegt über den Menschen hinweg, aber er bricht nicht. Er ist stark, hat innerlich einen Halt und Stabilität.

Genau dieser Halt fehlt den meisten traumatisierten Menschen. Aber das Gute: Der Mensch muss nicht bleiben, wie er ist. An seinem Selbstvertrauen, Selbstwert, an seiner Selbstannahme und Selbstverantwortung kann er arbeiten.

6.1.1 Selbstvertrauen aufbauen

Was ist Vertrauen überhaupt? Die Frage ist nicht leicht zu beantworten. Wikipedia (2015) gibt dazu folgende Auskunft: „Vertrauen ist ein Phänomen, das in unsicheren Situationen oder bei risikohaftem Ausgang einer Handlung auftritt: Wer sich einer Sache sicher sein kann, muss nicht vertrauen. Vertrauen ist aber auch mehr als Glaube oder Hoffnung. Es benötigt immer eine Grundlage, die sog. ‚Vertrauensgrundlage'. Dies können gemachte Erfahrungen sein, aber auch das Vertrauen einer Person, der man selbst vertraut (…). Vertrauen ist teilweise übertragbar. Jemandem sein ganzes Vertrauen zu schenken, kann sehr aufregend sein, beispielsweise das Vertrauen, das ein Kind dem Vater schenkt, wenn es von oben herab in die ausgebreiteten Arme springt."

6.1.1.1 Vertrauensgrundlagen

Vertrauen bedarf also einer Vertrauensgrundlage. Wenn es darum geht, sich selbst zu vertrauen, geht es demnach um Grundlagen, die in einem selbst begründet liegen. Worauf beruhen nun aber diese Grundlagen? Der Aussage nach darauf, dass eine andere Person, der ich vertraue, mir vertraut, auf eigenen Erfahrungen und der eigenen Wahrheit.

Von anderen Menschen Vertrauen erfahren

Von welchen Menschen, denen ich vertraue, habe ich Vertrauen erfahren? Als Säugling und Kleinkind von den Bezugspersonen, also meist Mutter und Vater, sofern die Bindung eine sichere war. Sie lassen das Kind neugierig die Welt erkunden und vertrauen ihm seinem Alter gemäß (▶ Abschn. 3.1.2), sodass sich bei ihm das Phänomen einstellt, sich selbst vertrauen zu können. Und wenn es zu gefährlich wird, kann ein sicher gebundenes Kind darauf vertrauen, dass seine Eltern da sind, wenn es sie braucht. Und so kann es offen sein für neue Erfahrungen, kann seine Grenzen ausloten und erweitern.

Flüchtlinge mit traumatischen Erfahrungen müssen ebenfalls die Erfahrung machen, dass Menschen, denen sie vertrauen, ihnen vertrauen. Damit kommt dem Bindungs- und Beziehungsaufbau, wie er in ▶ Kap. 5 beschrieben ist, noch einmal eine neue wichtige Bedeutung zu.

Was hat es nun aber mit den eigenen Erfahrungen und der eigenen Wahrheit auf sich?

Die eigene Wahrheit kennen und ihr vertrauen

Aufgrund eigener Erfahrungen hat der Mensch seine Sicht der Dinge. Er hat seine Wahrheit. Diese deckt sich aufgrund anderer Erfahrungen und anderer Perspektiven oft nicht mit der Wahrheit anderer. Verdeutlichen lässt sich dies durch den Blick auf eine Teetasse mit Henkel. Je nachdem, von welcher Seite aus Sie die Tasse anschauen, ist der Henkel links oder rechts (◘ Abb. 6.1). Es gibt also zwei verschiedene Wahrheiten. Wer hat nun recht?

Laut Heinz von Foerster, Philosoph und Physiker, kann es gar nicht um die Frage nach Recht und Unrecht, richtig oder falsch gehen. Er sagt in einem Interview mit Bernhardt Pörksen: „Wer von Wahrheit spricht, macht den anderen direkt oder indirekt zu einem Lügner" (von Foerster und Pörksen 2011, S. 29). Und dann: „Ich will noch einmal betonen, daß ich (…) aus der gesamten Diskussion über Wahrheit und Lüge, Subjektivität und Objektivität aussteigen will. Diese Kategorien stören die Beziehung von Mensch zu Mensch, sie erzeugen ein Klima, in dem andere überredet, bekehrt und gezwungen werden" (von Foerster und Pörksen 2011, S. 32).

Genau das ist oft das Dilemma traumatisierter Menschen. Sie sollten gezwungen werden, eine andere Wahrheit als die ihre anzuerkennen – zum Beispiel durch Aussagen wie „Nur als Kindersoldat kannst du deinen Eltern und deinem Land Dankbarkeit erweisen" –, und oftmals ist das auch gelungen. Aber nicht nur da. Es gibt viele Menschen, die sich nicht mehr trauen, ihre Wahrheit zu äußern, weil sie damit schlechte Erfahrungen gemacht haben. Und es gibt Menschen, die ihrer eigenen Wahrheit nicht (mehr) trauen, weil sie sich auch sonst nicht (mehr) vertrauen.

Abb. 6.1 Je nachdem, von welcher Seite aus Sie die Tasse anschauen, ist der Henkel links oder rechts. Was entspricht der Wahrheit? (Zeichner: Rudi Kämpf)

Und genau darum geht es in der Begleitung von Flüchtlingen mit traumatischen Erfahrungen:
- sie mit ihrer Wahrheit zu sehen und anzunehmen und darauf zu achten, ihnen nicht die eigene Wahrheit bzw. Sicht der Dinge überzustülpen – so mögen Flüchtlinge sich nicht gut auskennen, was die deutsche Kultur anbelangt, aber sie haben ihre eigenen Erfahrungen und ihre Wahrheiten, denen es auf Augenhöhe zu begegnen gilt –,
- sie zu unterstützen, sich selbst kennen- und vertrauen zu lernen,
- sie über andere Sichtweisen und Wahrheiten zu informieren, beispielsweise die kulturell bedingten Sichtweisen deutscher Männer und Frauen.

Toleranz und Wertschätzung sind niemals eine Einbahnstraße. Immer sind sie von beiden Seiten – ob Flüchtlinge oder Deutsche, Minderheit oder Mehrheit, Männer oder Frauen – zu leisten. Dafür bedarf es aber eines Selbstbewusstseins, welches das Wissen um die eigenen Wahrheiten mit einschließt, und eines gesunden Selbstwertgefühls, das die Meinung eines anderen stehen lassen kann bzw. ein Umdenken möglich macht, ohne sich selbst zu verleugnen.

Was aber tun, wenn sich zwei Menschen mit ihren Wahrheiten unversöhnlich gegenüberstehen?

Zum ersten gilt es zwischen dem Menschen und seiner Wahrheit unterscheiden zu lernen und den Menschen mit seinem Anderssein und Andersdenken wertzuschätzen. Tun wir das nicht, wird bei unserem Gegenüber bereits ein Widerstand einsetzen, ehe wir überhaupt zum Kern der nachfolgenden Auseinandersetzung gekommen sind. Ohne Auseinandersetzung geht es jedoch nicht, wenn wir uns selbst ernst nehmen möchten. Wirklich gelingen kann eine Auseinandersetzung aber nur dann, wenn sie auf dem Boden einer gegenseitigen Wertschätzung und Annahme, aber auch auf dem Boden eines gesunden Selbstwertgefühls erfolgt. Ist dieser Boden bereitet, folgen die Mitteilung über die unterschiedlichen Wahrheiten, was oft schon eine Lösung des Problems in sich bergen kann, und die Suche nach Lösungen.

Immer wieder gibt es aber auch Situationen, in denen der Mensch seine Wahrheit einem höheren Ziel unterordnen muss. Beispielsweise kann eine Familie, ein Unternehmen oder ein

Staat nur funktionieren, wenn es allgemeinverbindliche Regeln gibt. Diese werden von Menschen aufgestellt, die in der Regel einen größeren Weitblick haben, allerdings auch nicht fehlerfrei sind. Regeln sind dabei als Leitlinien zu sehen, die äußerlich die Freiheit einschränken mögen, jedoch auch Sicherheit geben. Und niemals kann Ihnen jemand Ihre geistige Freiheit nehmen im Sinne von: Umstände können Sie vielleicht nicht ändern, aber wie Sie mit den Umständen umgehen, das liegt allein in Ihrer Hand. Hier haben Sie einen großen Spielraum.

Sind die Regeln mit Ihrer Wahrheit absolut nicht kompatibel, gilt es, sich einen anderen Lebensraum zu suchen oder sich auf den Weg zu machen, um letztendlich selbst aktiv an den Regeln mit arbeiten zu können. Das kann in einer Demokratie anhand von Demonstrationen erfolgen, aber auch durch die Entscheidung, selbst politisch aktiv zu werden.

Da sich dieser Weg ggf. von den Wegen in den Herkunftsländern und -kulturen der Flüchtlinge unterscheiden kann, ist es wichtig, sie darauf hinzuweisen und – da Taten lauter sprechen als Worte – dies im Team selbst vorzuleben.

> **? Zum Nachdenken**
> Inwieweit bin ich mir meiner eigenen Wahrheiten und damit auch meiner „Gefährlichkeit" für andere bewusst, die ich mit meiner Wahrheit ggf. als Lügner deklariere?
> So äußert Heinz von Foerster (von Foerster und Pörksen 2011, S. 34) im Zusammenhang mit den persönlichen Glaubenssätzen eines Menschen: „Wenn dieser Mensch sagt, dass er die Wahrheit gefunden hat, wird er zu einem gefährlichen Tier." Das bedeutet nicht, dass man keine Wahrheiten für sich finden darf. Im Gegenteil, wir Menschen müssen Wahrheiten finden, denn sie geben uns Halt und Stabilität. Wir müssen aber aufpassen, wie wir mit diesen für uns erkannten Wahrheiten umgehen. Wir können und dürfen, ja müssen sie sogar weitergeben, weil wir Beziehungswesen sind und vielleicht auch aus einem gewissen Verantwortungsgefühl heraus, doch dabei geht es immer um das Wie. Und das kann niemals mit Druck oder Gewalt geschehen, sondern nur in Form von Angeboten, und zwar liebevollen Angeboten, die das Gegenüber achtsam wahrnehmen, seine Wahrheiten und es selbst wertschätzen und ihm die Freiheit für eigene Entscheidungen lässt.

6.1.1.2 Lernen, Selbstvertrauen aufzubauen

Basis für Selbstvertrauen und Selbstwert ist Selbstbewusstsein (= sich seiner selbst bewusst zu sein), wozu die eigenen Gefühle und Bedürfnisse gehören, aber auch das Wissen um seine Grenzen sowie eigenen Prägungen, Wertvorstellungen und Wahrheiten. Dazu gehört auch, sich seines Kontexts, seiner Umwelt bewusst zu sein, die Bereitschaft, die eigenen Wahrheiten und die Wahrheiten anderer auf den Prüfstand zu stellen und entscheiden zu können, wie man sich in diesem Kontext verhalten möchte. Doch wie kann man an seinem Selbstwert arbeiten bzw. ihn stärken?

6.1.2 Selbstwert stärken

Die Sozialarbeiterin und Familientherapeutin Virginia Satir (2010, S. 41 f.) schreibt: „Körperlich sind wir" Menschen „uns alle ziemlich ähnlich. Ich unterrichte seit vielen Jahren Kinder, beschäftige mich mit Familien aller ökonomischen und sozialen Schichten, lerne Menschen verschiedenster Arten kennen und bin dabei zu der Überzeugung gelangt, daß der entscheidende Faktor für das, was sowohl den Umgang eines Menschen *mit sich selbst* als auch den Kontakt zwischen Menschen kennzeichnet, das eigene *Selbstwertgefühl* (...) ist."

Damit hat das Selbstwertgefühl eine enorm große Bedeutung für den Menschen. Er ist der entscheidende Faktor, wie wir mit uns selbst und mit anderen Menschen umgehen.

Aber was ist unter „Selbstwert" genau zu verstehen? „Unter Selbstwert versteht die Psychologie die Bewertung, die man von sich selbst hat" (Wikipedia 2015).

Selbstwert hat also etwas mit Bewertung zu tun. Und jede Bewertung hat Auswirkungen. Während es im Qualitätsmanagement darum geht, ein Produkt zu verbessern, im kaufmännischen Rechnungswesen darum, den Wert von Wirtschaftsgütern in die Bilanz aufzunehmen, oder bei der archivischen Bewertung, ob ein Buch es wert ist, ins Archiv aufgenommen zu werden oder nicht – jede Bewertung hat Auswirkungen. So auch die Bewertung, die wir selbst uns gegenüber vornehmen. Das kann durchaus positiv sein, wenn wir ganz autonom und authentisch zu dem Ergebnis kommen, dass wir hier und da noch an uns arbeiten können. Oft ist das aber nicht das Ergebnis eigener Erkenntnis, sondern aufgrund zum Beispiel von Fremdbewertungen – sei es von Eltern, Lehrern, der Peergroup oder „der Gesellschaft" –, die wir als Wahrheit angenommen haben. Wie also entwickelt sich der Selbstwert bzw. das Selbstwertgefühl?

> **Zum Nachdenken**
> - Welchen Wert messe ich mir und meinem Leben bei?
> - Welche Fremdbewertungen über mich habe ich ungeprüft als Wahrheit angenommen?

6.1.2.1 Entwicklung des Selbstwerts

Wenn ein Kind geboren wird, weiß es noch nichts über seinen Selbstwert.

„Das Baby muß sich auf seine Erlebnisse mit Menschen und auf ihre Botschaften über seinen Wert als Person verlassen. Während der ersten fünf oder sechs Lebensjahre wird das Selbstwertgefühl des Kindes fast ausschließlich durch die Eltern geprägt. In der Schule kommen dann andere Einflüsse ins Spiel, doch die Familie bleibt auch weiterhin wichtig. Äußere Kräfte verstärken gewöhnlich die Gefühle des Werts oder der Wertlosigkeit, die das Kind zu Hause erlernt hat: Ein Kind, das von seinen Eltern Selbstvertrauen mit auf den Lebensweg bekommen hat, kann viele Mißerfolge in der Schule oder im Kontakt mit seinen Altersgenossen verkraften; bei einem Kind mit niedriger Selbstachtung hingegen bleibt oft trotz vieler Erfolge ein Gefühl nagenden Zweifels über den eigenen Wert. Schon eine einzige negative Erfahrung kann Auswirkungen haben, die zum realen Ereignis in keinem Verhältnis stehen.

Jedes Wort, jeder Gesichtsausdruck, jede Geste und jede Handlung der Eltern ist für das Kind eine Botschaft über seinen Selbstwert" (Satir 2010, S. 45 f.).

Der Mensch ermittelt seinen eigenen Wert anhand von Personen, denen er vertraut, und eigener Erfahrungen. Ein Mensch mit geringem Selbstwertgefühl hat als Kind oftmals nicht die Erfahrung machen dürfen, mit Liebe, Achtung, Respekt und Wertschätzung angeschaut zu werden. Vielleicht hatten die Blicke nichts mit ihm zu tun, vielleicht waren die Eltern in Gedanken, weil sie zum Beispiel finanzielle Sorgen hatten, doch ein Kind bezieht alles auf sich. Ein Kind geht davon aus, dass die Eltern achtsam mit ihm umgehen, es also bewusst anschauen, ganz präsent sind. Es weiß noch nicht, dass es auch anders sein kann, und so kommt es zu dem Ergebnis, dass etwas mit ihm nicht stimmt, dass es zum Beispiel so böse war, dass der Vater wegen ihm und nicht aufgrund von Unstimmigkeiten mit der Mutter weggegangen ist.

Auch ein traumatisierter Mensch hat die Erfahrung gemacht, dass sein Wert nicht groß sein kann, denn sonst wäre mit ihm anders umgegangen worden. Beispielsweise hätten die Männer, die den Vater einfach so mitgenommen oder gar erschossen haben, mitbekommen, dass er seinen Vater braucht, ihn bei sich haben möchte. Keiner hat darauf geachtet, dass er ein Zuhause braucht, einen Ort der Sicherheit, um sich gesund entfalten zu können. Der traumatisierte Mensch spürt, dass er anders ist als andere und kommt zu der Bewertung, dass er „falsch" sein muss, dass etwas mit ihm nicht stimmt, insbesondere dann, wenn er sich mit anderen Menschen vergleicht. Somit bewertet er seinen eigenen Wert als niedrig und verliert eine wichtige Voraussetzung für Stabilität in seinem Leben.

> **Praxistipp**
>
> Zur Erinnerung: Nicht alle Flüchtlinge sind traumatisiert (▶ Abschn. 3.1), und nicht alle Flüchtlinge haben per se ein geringes Selbstwertgefühl. Hier gilt es, genau hinzuschauen, wer vor einem steht.
> Nicht selten wird ein geringes Selbstwertgefühl nach außen mit einem Schein-Selbstbewusstsein kaschiert. So versuchen wir Menschen immer, in einer Art Homöostase, in einer Balance, zu leben. Um ein geringes Selbstwertgefühl auf der einen Seite auszugleichen, bedarf es auf der anderen Seite eines übergroßen Selbstwertgefühls bis hin zum Größenwahn (vgl. Wardetzki 2008; Röhr 2009). Auch hier gilt es achtsam zu sein und den Menschen so zu sehen, wie er ist – trotz ggf. vorhandener Schutzmechanismen.

6.1.2.2 Lernen, den Selbstwert zu stärken

Satir (2010, S. 58) beschreibt zwei Tatsachen der menschlichen Existenz:
- „Alle Menschen bestehen aus den gleichen physischen Grundkomponenten – Füße, Arme, Kopf usw. – und sind einander relativ ähnlich." Es gibt Bereiche, in denen ich genauso wie alle anderen Menschen bin.
- „Jeder Mensch ist einzigartig." Niemand ist exakt so wie ich. Es gibt Bereiche, in denen ich mich von anderen Menschen unterscheide. So auch in den Erfahrungen, die ich gemacht habe, und in den Folgen dieser Erfahrungen. Das, was ich spüre, was mich vielleicht anders sein lässt als andere, die positiven wie die negativen Erfahrungen gehören zu mir, zu meinem Leben. Es ist normal, dass mich meine Erfahrungen einzigartig prägen und ich mich deshalb von anderen Menschen unterscheide.

Diese Tatsachen gilt es, traumatisierten Menschen zu vermitteln (und auch für sich persönlich anzunehmen).

„Wenn ich anerkenne, daß ich ein einzigartiges Wesen bin, das allen anderen Menschen ähnelt, gleichzeitig aber auch verschieden von allen ist, kann ich aufhören, mich mit anderen zu vergleichen und mich selbst zu verurteilen und zu bestrafen.

Dann kann ich etwas über mich selbst lernen. (…)

Indem wir alle Aspekte unserer Person ehren und sie alle gleichermaßen akzeptieren, bereiten wir einer starken Selbstachtung den Boden. Wer sich anders verhält, arbeitet gegen die eigene Natur. Viele von uns befinden sich in ernsten Schwierigkeiten, weil sie nicht begreifen, daß wir alle einzigartige Wesen sind. Statt dessen versuchen sie, sich in eine Form zu pressen, damit sie wie jeder andere sind" (Satir 2010, S. 58).

6.1 · Autonomie gewinnen

> **? Zum Nachdenken**
> - In welchen Bereichen meines Lebens entspreche ich dem Durchschnitt, bin also nichts Besonderes?
> - Inwieweit kann ich annehmen, dass ich in bestimmten Bereichen meines Lebens nichts Besonderes bin, sondern so, wie viele andere Menschen auch?
> - In welchen Bereichen meines Lebens bin ich einzigartig?
> - Inwieweit kann ich annehmen, dass ich einzigartig bin, und das als wertvoll erachten?

Es ist eine wichtige Aufgabe von Menschen, die traumatisierte Flüchtlinge begleiten, ihnen ihre Einzigartigkeit zu bestätigen und ihnen dabei behilflich zu sein, herauszufinden, wer sie sind. Das geschieht zum einen über das Ermöglichen von Selbstwirksamkeit, zum anderen über das Erlernen eines wertschätzenden Umgangs mit ihren Gefühlen (▶ Abschn. 6.3.1), Gedanken (▶ Abschn. 6.3.2) und Bedürfnissen (▶ Abschn. 6.3.3).

Gefühle, Gedanken und Bedürfnisse sind Ausdruck von Leben. Ohne sie können Menschen nicht herausfinden, wer sie wirklich sind und Sicherheit sowie Halt erfahren. Erleichtert wird das durch die Erfahrung von Bindungssicherheit (▶ Kap. 5): Ich werde bewusst gesehen, ich bin wertgeschätzt. Um ihnen das immer wieder zu versichern und das Gefühl der Nähe und Bindungssicherheit aufrechtzuerhalten, auch wenn Sie als Bezugsperson nicht vor Ort sind, können Sie einem Flüchtling, für den Sie Bezugsperson sind, eine wertschätzende Botschaft auf einen Zettel schreiben oder einen Schlüsselanhänger etc. von Ihnen mitgeben, den sich dieser beispielsweise in die Jacken- oder Hosentasche stecken kann. Auch das Schreiben von Postkarten kann eine Möglichkeit sein, die Bindungssicherheit in Zeiten der Abwesenheit aufrechtzuerhalten, wobei das gut abzuwägen ist, denn zum einen soll der traumatisierte Mensch nicht von seiner Bezugsperson abhängig werden, und zum anderen soll diese sich im Urlaub erholen können, wozu Abstand nötig ist. Dennoch kann das Schreiben von Postkarten in Einzelfällen zugunsten der Bindungssicherheit angebracht sein.

> **Praxistipp**
>
> Traumatisierte Menschen haben oftmals das Wissen um ihren Selbstwert verloren. Was können Sie tun, um ihnen zu zeigen, dass sie wertvoll sind?
> Sie können einen Geldschein nehmen, zum Beispiel 20 Euro, und den Betroffenen fragen, ob er den Wert des Scheines kennt und wie hoch er ist. Da es in nahezu allen Kulturen Geldscheine gibt, wird er den Wert erkennen.
> Nun haben Sie mehrere Möglichkeiten. Sie können den Geldschein von einem Portemonnaie, auf dem zum Beispiel die syrische Flagge zu sehen ist, in ein anderes Portemonnaie zum Beispiel mit deutscher Flagge stecken und fragen, wie hoch der Wert des Geldes jetzt ist. Antwort: Immer noch 20 Euro.
> Sie können das Geld auch auf den Boden legen und darauf herumtreten und fragen, wie hoch der Wert des Geldes nun ist. Antwort: Immer noch 20 Euro.
> Sie können den Geldschein beschmutzen, einreißen, zerknüllen. Sein Wert? Antwort: Immer noch 20 Euro.
> Das ist eine eindrückliche Demonstration, ohne dass viel dazu gesagt werden muss (vgl. Beaulieu 2011, S. 52).

6.1.3 Selbstannahme erlernen

Selbstannahme ist eine wichtige Voraussetzung für Stabilität. Um eine Person annehmen zu können, muss ich jedoch wissen, wer diese Person ist. Je fremder sie ist, je distanzierter und schemenhafter ich sie wahrnehme, umso weniger kann ich sie wirklich annehmen, und umso weniger wird sie sich angenommen fühlen. Wenn ich zum Beispiel einen Freund habe, dem ich nur meine angenehmen und leichten Seiten zeige, nicht jedoch meine anstrengenden, kann mein Freund auch nur die angenehmen Seiten annehmen und ggf. lieben. Von der anderen Seite weiß er ja nichts – er ahnt vermutlich davon –, doch annehmen oder lieben kann er sie nicht. Dafür muss ich sie ihm erst einmal zeigen.

So ist es auch mit uns selbst, ob wir traumatisiert sind oder nicht. Wir Menschen können nur das in/an uns annehmen, was wir kennen, was uns bewusst ist im Sinne von Selbstbewusstsein, zu dem wir einen Zugang haben. Viele Menschen ahnen, dass es Bereiche in ihnen gibt, die sie nicht kennen und die für sie mit einem undefinierbaren Gefühl verbunden sind, das sich nicht gut anfühlt. Statt herauszufinden, was das für ein Gefühl ist, machen sie einen großen Bogen darum herum mit der Folge, dass sich das undefinierbare Gefühl noch breiter macht, es an Intensität zunimmt. Um es nicht mehr spüren zu müssen, kann ein Ausweg sein, die Gefühle abzuschalten und alles zu meiden, was mit Gefühlen zu tun hat. Im Grunde genommen müssen sich diese Menschen vor Gefühlen schützen. Das ist ein häufiger Grund dafür, dass sich manche Menschen lustig machen über die angeblich so emotionalen, sentimentalen Mitmenschen oder sie sich in Aktivitäten stürzen bzw. Zeiten der Stille vermeiden. Je aktiver, desto weniger Raum ist da für Gefühle. Das Dumme ist jedoch, dass der Mensch das, wovon er nur eine Ahnung hat, nicht annehmen kann. Und wenn er Bereiche von sich nicht annehmen kann, kann er diesen Bereichen nicht vertrauen und ihnen keinen positiven Wert zusprechen, sodass sie ihm auch keinen Halt geben können. Halt sucht er dann auf anderer Ebene, zum Beispiel durch die Anerkennung von außen, was äußerst anstrengend ist, denn er muss seine Fühler immer nach anderen Menschen ausstrecken, um festzustellen, ob er ihnen gefällt, ob er es richtig macht usw. Er orientiert sich also immer mehr im Außen und dadurch immer weniger an seinem Inneren. Von diesem entfernt er sich mehr und mehr und wird somit immer haltloser.

Ein wichtiger Stabilisator ist neben der Anerkennung der Faktor Tempo bzw. Geschwindigkeit. Können Sie sich noch daran erinnern, als Sie das Fahrradfahren erlernt haben? Als Anfänger, wenn man sich auf dem Fahrrad noch nicht sicher fühlt, stellt das langsame Fahren eine weit größere Herausforderung dar als das schnelle Fahren. Um dieses Phänomen weiß auch die Physik: „Je schneller ein Fahrrad rollt, desto schwerer ist es zum Kippen zu bringen. Im Stand wird es, mit nur zwei Auflagepunkten und hohem Schwerpunkt, sofort umfallen – in Bewegung hingegen helfen sein Aufbau und physikalische Effekte, das Rad zu stabilisieren. Zum dynamischen Gleichgewicht braucht es ab einem bestimmten Tempo kaum die Balancierfähigkeit des Fahrers" (Saße 2015). Mit anderen Worten: Je schneller ich fahre, desto mehr Stabilität habe ich, aber desto weniger bekomme ich von meiner Umgebung mit, und desto mehr Achtsamkeit muss ich dem Weg widmen, um Gefahren rechtzeitig zu erkennen und ausweichen zu können. Zudem kostet ein hohes Tempo immer auch viel Kraft.

Das gilt auch für Menschen, die vor ihrem Inneren davonlaufen möchten. Je schneller das Tempo in ihrem Alltag ist, desto mehr Stabilität spüren sie, allerdings auch eine zunehmende Kraft- und Energielosigkeit. Je langsamer das Tempo ist, desto wackeliger und unsicherer fühlen sie sich, weil dann ihr Innerstes anfängt, zu ihnen zu sprechen. Das Tempo schützt sie also davor. Zudem können sie mit ihrer Achtsamkeit nicht mehr bei sich sein mit der Konsequenz, sich nicht mehr zu spüren, einschließlich ihres Gefühls der Wertlosigkeit und der Scham oder des Hasses, ggf. verbunden mit Rachegedanken und -taten. Dann besteht die Gefahr, dass diese sich zu einem völlig unpassenden Moment bemerkbar machen und entladen.

Umso wichtiger sind Zeiten der Stille (▶ Abschn. 6.2.2), um sich mit sich selbst vertraut zu machen, und das, was man dabei wahrnimmt, annehmen und verändern zu lernen. Das gilt auch für traumatisierte Flüchtlinge.

> **? Zum Nachdenken**
> - Wie gut kenne ich mich? Wie ist es mit meinem Selbstbewusstsein, dem „Ich bin mir meiner selbst bewusst" bestellt?
> - Spüre ich mich und meine Gefühle, oder schütze ich mich zum Beispiel durch Aktivität?
> - Was gibt mir in meinem Leben Halt und Stabilität?

6.1.3.1 Lernen, Selbstannahme einzuüben

Bei traumatisierten Menschen sind durch das Trauma verschiedene Anteile entstanden (▶ Abschn. 3.2.2), die in der Regel zu einem inneren Chaos führen, vor dem sie oftmals am liebsten weglaufen würden. Viele versuchen es auch, bis sie merken, dass sie so nicht weiterkommen. Sie verstehen sich selbst nicht. Auch ihr Umfeld versteht sie nicht, und damit verbunden sind keine Selbstannahme, kein Selbstbewusstsein, kein Selbstvertrauen möglich und auch nur eingeschränkt Selbstverantwortung. Wer aber keine Selbstverantwortung für sich übernehmen kann, braucht andere Menschen, die die Verantwortung für ihn übernehmen. Damit ist er abhängig, was wiederum zur Folge hat, dass sich der Mensch nicht sicher, nicht in sich stabil fühlen kann. Entsprechend bedeutsam ist das Erkennen der inneren Anteile, also das, was im Laufe des Lebens an Traumafolgestörungen entstanden ist. Erst wenn der Mensch weiß, was in ihm steckt, kann er daran arbeiten, es anzunehmen. Und genau das ist eine der Aufgaben bei der Begleitung traumatisierter Menschen.

Es geht jedoch nicht nur darum, die traumatisierten Anteile zu entdecken, sondern auch das, was der Mensch an Stärke in sich trägt. Denn das tut er: Er trägt Stärke in sich, auch wenn er sich dessen nicht immer bewusst ist oder wenn er sie – warum auch immer – abwertet. Letzteres gilt es zu hinterfragen und mit dem Betroffenen daran zu arbeiten, individuelle Stärken zu erkennen und anzunehmen. Darauf werden wir in ▶ Abschn. 6.2 eingehen.

6.1.4 Selbstverantwortung tragen

„Ist jemandem die Verantwortung für eine bestimmte Aufgabe oder dauerhafte Aufgabenstellung zugewiesen, spricht man von Verantwortlichkeit" (Wikipedia 2015). Selbstverantwortlich leben bedeutet, dass dem Menschen die Verantwortung für sich selbst übertragen wurde und es an ihm liegt, die Verantwortlichkeit anzunehmen oder auch nicht. Das würde bedeuten, die Konsequenzen für sein eigenes Verhalten zu tragen. Ein Mensch mit gesundem Selbstwertgefühl, der authentisch sein Leben lebt, nimmt diese Herausforderung an und sieht es „sportlich". Er verkrampft nicht, sondern gibt sein Bestes. Dabei sind die Voraussetzungen von Sportlern im Wettkampf nicht gleich. Der eine kommt aus einem Land, das ihn unterstützt, ggf. steht seine ganze Familie hinter ihm. Ein anderer trainiert gegen Widerstand, hat aber viel Zeit. Der nächste wiederum kann nicht sehr viel trainieren, bekommt aber eine erstklassige Ausrüstung von einem Sponsor und ist sich auch nicht zu schade, sie anzunehmen. Die Voraussetzungen sind unterschiedlich, doch alle geben ihr Bestes und können gewinnen. Dabei bedeutet „gewinnen" nicht immer, der Erste zu sein. Es kann auch ein Gewinn sein, dabei gewesen zu sein, eine persönliche Bestzeit geschafft zu haben etc. Jeder hat sein Ziel vor Augen, das er mit seinen Mitteln, seinen Fähigkeiten erreichen möchte oder für das er auch dankbar Hilfe in Anspruch nehmen kann. Dabei schaut er nicht auf den anderen, denn dieser hat andere Fähigkeiten und wahrscheinlich auch ein anderes Ziel. Würde er der anderen Person nachlaufen, käme er vielleicht an dessen Ziel, wäre aber völlig unzufrieden, da er sein eigenes Ziel verfehlt hat.

6.1.4.1 Lebenssinn entdecken, Lebensziele festlegen

Victor Frankl (1994, S. 185 ff.), der Begründer der Logotherapie, hat sich intensiv mit der Psychologie und Psychiatrie des Konzentrationslagers beschäftigt, die auf seinen eigenen Erfahrungen und Beobachtungen im KZ in Auschwitz beruhen. Als Erstes kommt die Schockphase, wenn ein Mensch erkennt, wo er gelandet ist und in welcher ausweglosen Situation er sich befindet. Anschließend folgt die Anpassungsphase. Es geht ums Überleben. Dabei werden die Interessen auf die unmittelbaren, dringlichsten Bedürfnisse heruntergeschraubt. Frankl (1994, S. 197 f.) schreibt: „Die Terminlosigkeit der Existenzweise im Konzentrationslager führt zum Ergebnis der Zukunftslosigkeit. (…) Ohne fixen Punkt in der Zukunft vermag der Mensch nicht eigentlich zu existieren. Von diesem her wird normalerweise seine ganze Gegenwart gestaltet, auf ihn hingerichtet, wie die Eisenfeilspäne auf einen Magnetpol. Umgekehrt verliert die innere Zeit, die Erlebniszeit, ihre ganze Struktur, wann immer der Mensch ‚seine Zukunft' verliert. Es kommt zu einem präsentischen Dahinleben" oder zu einem Gefühl der Inhaltsleere und Sinnlosigkeit. „Wer sich an keinen Endpunkt, keinen Zeitpunkt in der Zukunft, keinen Haltepunkt klammern kann, der lässt sich innerlich fallen."

So ähnlich wird es vielleicht auch dem einen oder anderen Flüchtling in Deutschland gehen. Doch Frankl (1994, S. 199) kommt zu weiteren Erkenntnissen: „Letzten Endes aber war es so, dass der leiblich-seelische Verfall abhängig war von der geistigen Einstellung, und diese geistige Einstellung war eine freie! Und möchte man dem Häftling bei dessen Einlieferung ins Lager auch alles bis auf Brille und Gürtel fortgenommen haben – diese Freiheit blieb ihm, und sie blieb ihm buchstäblich bis zum letzten Augenblick, bis zum letzten Atemzug. Es war die Freiheit, sich so oder so einzustellen – und es gab ein ‚so oder so'. Und es gab immer wieder welche, die ihre Gereiztheit zu unterdrücken vermochten. Es waren jene Männer, die durch die Lagerbaracken und über die Appellplätze geschritten sind, hier ein gutes Wort und dort das letzte Stück Brot übrig hatten. Sie waren Zeugen dafür, dass es keineswegs ausgemacht ist, was das Lager aus einem macht: ob man ein typischer KZler wurde oder aber auch noch in dieser Zwangslage, selbst noch in dieser äußersten Grenzsituation, Mensch blieb. Dies stand jeweils zur Entscheidung."

Wir Mensch können also in jeder Situation entscheiden, wie wir damit umgehen wollen. Geistig sind wir frei und können entscheiden, welcher Mensch wir – auch in Grenzsituationen – sein wollen und welchen Sinn wir einer Situation geben. Das Leben der oben beschriebenen Männer hatte einen Sinn, den sie sich gesucht und gegeben haben: Gutes zu tun und Vorbild zu sein. Dabei haben sie keine Regression erlebt, wie die meisten Häftlinge im KZ, sondern eine Progression, sie haben sich im Positiven weiterentwickelt.

Das kann eine Aufgabe von Ihnen als Mitarbeiter in einer Flüchtlingseinrichtung sein, die Menschen auf ihre geistige Freiheit hinzuweisen und ihren Entscheidungsspielraum, wie sie mit der Situation umgehen. Diesen Freiraum kann ihnen niemand nehmen. Auch wenn im Moment nicht alle mittel- und langfristigen Ziele verwirklicht werden können (die dennoch ihren Sinn haben, weil wir Menschen eine Zukunft brauchen, s. oben), können wir und kann sich jeder

Flüchtling im Heute ganz bewusst einen Sinn suchen. Damit verliert er seinen Opferstatus, in diesem Punkt ist er frei.

Victor Frankl (1994, S. 201) beschreibt dann auch noch die Entlassungsphase und schreibt dazu einen Satz, der auch auf Flüchtlinge zutrifft, wenn sie die Einrichtung verlassen: „Auch der befreite Häftling bedarf noch der seelischen Betreuung." Das gilt es zu berücksichtigen, wenn die Flüchtlinge die Massenunterkunft oder Flüchtlingseinrichtung verlassen. Sie brauchen weiterhin Begleitung, evtl. auch bei der Frage, welchen Sinn sie ihrem Leben jetzt geben wollen und wie die einzelnen kurz-, mittel- und langfristigen Ziele dementsprechend aussehen. Welche Ziele sind in Deutschland zum Beispiel auf welche Weise umsetzbar?

Zum Punkt „Lebensziele, Lebenssinn" noch eine Anmerkung. Jeder Mensch, auch jeder erwachsene Flüchtling, trägt die Verantwortung für sich. Er kann sich entscheiden, etwas aus seinem Leben zu machen, aber auch, sich der Verantwortung zu entziehen mit allen Konsequenzen, denn „Freiheit ist Geschenk und Bürde gleichermaßen" (Längle 2011, S. 29). Dabei ist „Sinnsuche ein Prozess, der zwei Charakteristika hat: Er folgt andauernd, und er kann einem von niemandem abgenommen werden" (Längle 2011, S. 12). Das gilt auch für Flüchtlinge in Massenunterkünften ohne bezahlte Arbeit und ohne klare Zukunftsperspektive: Sie haben jederzeit die Freiheit, sich in der augenblicklichen Situation und an dem Ort einen Sinn zu suchen, an dem sie leben. Das ist nicht leicht – so wie es auch für die Häftlinge im KZ nicht leicht war –, aber möglich. Hier haben Sie als Mitarbeiter eine ganz wichtige Aufgabe, nämlich Ermutiger zu sein.

6.1.4.2 Fremdes loslassen

Selbstverantwortlich zu leben, bedeutet, authentisch zu leben und loszulassen, was nicht zu einem gehört. Das können fremde Ziele sein, Fähigkeiten, die man gern hätte, in der erwünschten Qualität aber nicht wird erlernen können, ein von außen an einen herangetragener Sinn bzw. Träume, die nicht dem eigenen Sein entsprechen, sondern denen von Eltern, Freunden und/oder der Gesellschaft. Loslassen hat zunächst etwas mit Verlust zu tun, der in der Regel mit dem Gefühl der Trauer einhergeht. Nach der Trauer kann und sollte sich der leere Raum, der durch das Loslassen entstanden ist, aber wieder mit etwas Neuem füllen, und zwar nun mit den Dingen, die authentisch zu der Person gehören. Begleitpersonen von traumatisierten Menschen kommt dabei eine ganz besondere Aufgabe zu, nämlich diese Menschen dabei zu begleiten, sich ihrer selbst bewusst zu werden, achtsam mit sich umzugehen, Resilienz (▶ Abschn. 3.1.2) zu entwickeln und ihren Weg zu suchen und zu gehen, ohne als Begleitperson jedoch eigene Ideen an sie zu delegieren. Das bedeutet, dass auch Sie als Begleitperson achtsam mit sich umgehen, um zum Beispiel rechtzeitig zu erkennen, wo Sie auf den Flüchtling Einfluss nehmen möchten.

Trauern

Trauer „beschreibt die emotionale und somatische Reaktion auf den Verlust eines nahestehenden Menschen oder eines wichtigen Lebensinhaltes" (Kachler 2012, S. 428 f.).

Aus dieser Definition wird ersichtlich, dass Trauer nicht gleich Trauer ist. Während es bei der Trauer um einen geliebten Menschen nicht ums Loslassen gehen kann, sondern um ein Bewahren von Erinnerungen und um ein inneres Gegenüber (vgl. Kachler 2012, S. 428 f.; ▶ Abschn. 7.1.2), sieht es bei der Trauer um wichtige Lebensinhalte anders aus, zumal dann, wenn sie sich als Lebensinhalte entpuppt haben, die nicht authentisch zu einem gehört haben (s. oben). Dabei kann es um ein echtes Loslassen gehen, um Platz zu schaffen für Eigenes.

Für traumatisierte Flüchtlinge gibt es zahlreiche Gründe zum Trauern, zum Beispiel
- der Verlust von Familienangehörigen und Freunden,
- der Verlust der Heimat, ihres Zuhauses,

- der Verlust der beruflichen Identität,
- der Verlust von Zukunftsplänen, des bis dahin gefundenen Lebenssinnes,
- oft auch der Verlust von nicht authentischen Lebenszielen (s. oben).

Jeden Verlust gilt es, bewusst wahrzunehmen, wertzuschätzen und an einem gesunden Umgang damit zu arbeiten. Und jeder Mensch trauert auf seine individuelle Art und Weise. Während Frauen eher das Gespräch suchen und sich in Trauercafés und Trauergesprächskreisen recht wohl fühlen können, trauern Männer unter Einbeziehung ihrer Muskeln. Der Psychotherapeut Roland Kachler erwähnte einmal in einem seiner Seminare, dass er Männer im Rahmen einer Trauerbegleitung weniger zu Treffen einladen würde, in dem es vorwiegend um Stillsitzen und Reden geht, als vielmehr zu sportlichen Aktivitäten, bei denen die Männer über ihre Muskeln trauern können.

> **Praxistipp**
>
> In den Flüchtlingseinrichtungen, insbesondere auch in den Einrichtungen für unbegleitete minderjährige Flüchtlinge, befinden sich derzeit sehr viele männliche Flüchtlinge. Umso wichtiger sind hier neben Gesprächsangeboten Offerten, bei denen sich Jungen und Männer bewegen und körperlich auspowern können.

Vergeben als Lebenskunst

Traumatisierte Menschen sind verletzt worden, so sehr, dass es ihr individuelles Bewältigungsvermögen überfordert hat. Wie schon mehrfach erwähnt, heilt die Zeit die Wunden nicht, auch wenn es für uns Menschen ein sehr bequemer Weg wäre, das, was uns an Verletzungen widerfahren ist, loszuwerden. Leider ist es anders: „Alle unsere bitteren Erfahrungen sammeln sich in unserer Seele an wie Gifte in unserem Körper. Sie verschwinden nicht einfach, sie werden nicht still und leise ausgeschieden, sondern sie setzen sich irgendwo in unserem Inneren ab und entfalten unbemerkt und unauffällig ihre stille, doch um so nachhaltigere Wirkung – das ist das Gefährliche und Tückische daran" (Weingardt 2014, S. 7).

Was also tun, wenn wir Menschen Verletzungen in uns tragen? Ähnlich wie körperliche „Beschädigungen" durch Krankheiten oder Unfälle einer Behandlung bedürfen, bedürfen es auch „die Beschädigungen und Kränkungen unserer Seele. (…) Man kann sie nicht einfach ‚stehen lassen' oder gar, noch illusorischer, ‚wegstecken' – wohin denn auch?" (Weingardt 2014, S. 6). Demnach dümpeln diese Verletzungen in uns und treiben dort ihr Unwesen. Das kann sich in körperlichen Symptomen niederschlagen, aber auch in Verbitterung, dem Nachsinnen auf Rache, auf jeden Fall durch das Fehlen eines inneren Friedens. Und so altmodisch es klingen mag: Um Frieden zu finden, bedarf es des Loslassens des Unrechts, das einem angetan wurde, mit anderen Worten der Vergebung. Reinhard Tausch (1993, S. 20–26), ein bekannter Psychologieprofessor, widmete dem Thema einen Artikel mit dem aussagekräftigen Titel „Verzeihen: Die doppelte Wohltat".

Was bedeutet es zu vergeben? „Wenn wir anderen vergeben, treten Schuldzuweisungen, Anklagen, Wunsch nach Vergeltung, Bestrafung oder Rache in den Hintergrund oder verschwinden völlig. Vergeben bedeutet ein Ent-Schuldigen, die Befreiung eines anderen von einer Schuld. Eine erlittene Verletzung oder Beeinträchtigung wird dem anderen nicht mehr angerechnet, das Ereignis wird nicht nachgetragen, sondern es wird als abgeschlossen und vergangen angesehen. Das Geschehene wird jedoch nicht ignoriert, ‚verdrängt' oder vergessen, sondern durchaus genau wahrgenommen und erinnert; aber es wird wenig oder gar nicht verurteilt oder negativ bewertet.

Beim Vergeben finden intensive innere Selbstgespräche in einem Menschen statt. Es ist eine mentale, gedankliche Bewältigung eines Ereignisses, das zunächst Enttäuschung, Wut, Ärger, Verletzung und seelische Schmerzen auslöste. Es ist nicht notwendig, einem anderen mitzuteilen, daß wir ihm vergeben oder verzeihen. Häufig lebt ja die oder der andere nicht mehr, dem wir vergeben, oder wir können ihn nicht erreichen. Entscheidend ist, daß wir dem anderen innerlich vergeben" (Tausch 1993, S. 20–26).

Vergeben hat zahlreiche positive Auswirkungen, zum Beispiel:

- Es entsteht eine andere Perspektive auf das, was geschehen ist. „Die Realität wird klarer gesehen und akzeptiert" (Tausch 1993, S. 20–26). Viele traumatisierte Menschen gelangen nicht an diesen Punkt, sondern verharren in ihrer Sichtweise der Dinge. Und die soll auch in keinster Weise geschmälert werden: Den Betroffenen ist großes Unrecht angetan worden, und sie haben unendlich viel Leid erlitten. Mit gebührendem Abstand können sie zum Teil aber auch andere Wahrheiten für sich entdecken, zum Beispiel, dass es als Kind schlimm war, sie nun aber Erwachsene sind, die einen anderen Umgang damit erlernen können, sofern sie es möchten, auch wenn das viel Arbeit bedeutet. Veränderung ist jederzeit möglich, auch wenn es Kraft, Zeit und Mut erfordert. Bei Kriegsflüchtlingen gilt es zu unterscheiden, wie alt die Flüchtlinge sind. Kinder können keine andere Perspektive gewinnen, Erwachsene können sich aber durchaus mit gebührender Distanz zu den Dingen – und das kann Jahre brauchen – fragen, welchen Anteil sie daran hatten. Inwieweit haben sie das System zum Beispiel unterstützt, und sei es, indem sie es geduldet haben?
- „Im gefühlsmäßigen Bereich tritt als Folge der geänderten Gedanken und Einstellungen ein starker Umschwung ein. ,Ich war erleichtert, froh, glücklich, mir ging es viel besser, ich war entspannt, hoffnungsvoll, versöhnt und erlöst und das war so gänzlich anders als vorher, wo ich niedergeschlagen war, voller Schmerz über das Vergangene, wo ich haderte und anderen Vorwürfe machte.' Anstelle von Beschuldigungen, Anklagen und negativen Gefühlen wird durch das Vergeben ein innerer Friede erlebt. (…)
- Eine wichtige Auswirkung war, daß die Personen nicht mehr über das Ereignis grübelten, negative Selbstgespräche führten, sich selbst Vorwürfe machten. Zusammen mit den positiveren Gedanken und Gefühlen führt das auch zu einer Minderung oder einem Fortfall psychosomatischer Beschwerden" (Tausch 1993, S. 20–26).

Vergebung ist allerdings etwas, das man nicht erzwingen kann. Es ist ein Prozess, der reift. Selbst wenn der Kopf möchte, können Herz und Seele Jahre brauchen, bis sie einen inneren Frieden gefunden haben. Manche Menschen finden diesen inneren Frieden leider nie.

Wie kommt ein Mensch aber dazu, insbesondere ein traumatisierter Mensch, vergeben zu können? Dazu schreibt Reinhard Tausch (Tausch 1993, S. 20–26): „Ein seelisch gesunder Lebensstil und Verhaltensweisen, die das seelische Wohlbefinden und die eigene Selbstachtung fördern, erleichtern den Vorgang des Vergebens, zumal wir im Zustand größeren seelischen Gleichgewichts Verletzungen weniger tief empfinden. Wichtige Möglichkeiten zur seelischen Gesunderhaltung sind regelmäßige Entspannung (wie Muskelentspannung, Atemmeditation oder Autogenes Training sowie Bewegungstraining), Vermeidung von Grübeln und negativen Selbstgesprächen. (…) Gewiß schmerzen die Verletzungen und Beeinträchtigungen. Aber wir neigen weniger dazu, anderen Schuld zuzuweisen und negativ zu bewerten. (…) Vergeben ist auch im Bereich der Politik bedeutsam. Auch in der heutigen Zeit beeinträchtigen und verletzen sich Mitglieder von Parteien, viele Gruppen und Völker gegenseitig. Eine Überwindung dieses Wunsches nach Vernichtung, Vergeltung, die Überwindung von Haß und Rache wird wesentlich möglich durch Vergeben und damit durch Aussöhnung."

Es ist schwer – für manche auch ein Ding der Unmöglichkeit –, Menschen zu vergeben, die massiv verletzt, getötet, missbraucht haben, die alles getan haben, um eine Person innerlich zu zerstören. Das ist absolut nachvollziehbar! Und dennoch kommt jetzt ein Aber, das zugleich einen Weg aus Ohnmacht und Hilflosigkeit zeigt, das mich bzw. den traumatisierten Menschen frei macht von dem Verhalten anderer: Ich kann nichts dagegen tun, wenn Kämpfer meine Eltern und Kinder töten und meinen Körper missbrauchen. Das ist absolut schrecklich. Aber innerlich zerstört werden kann ich nur dann, wenn ich es zulasse. Wie ich mit etwas umgehe, wenn ich erwachsen bin, ist ganz allein meine Verantwortung. Andere können alles tun, um mich zu einem Opfer zu machen. Ob ich die Opferrolle innerlich annehme, ist meine Verantwortung (vgl. auch die geistige Freiheit unter „Lebenssinn entdecken, Lebensziele festlegen"; s. oben). Gesünder für Körper und Seele ist es, selbst aktiv zu werden. Räche ich mich, ist das auch eine Aktivität, die jedoch zu weiteren Gräueltaten führt. Vergebe ich, verlange ich mir unheimlich viel ab – und hier kann der Glaube an einen Gott, der mir dabei hilft, unendlich wertvoll sein –, doch nur dann finde ich, findet der traumatisierte Mensch Frieden und gibt es Frieden.

Zuallererst ist Vergebung also eine Entscheidung. Diese Entscheidung hat zunächst nichts mit dem Gefühl zu tun. Das Gefühl kann etwas ganz anderes sagen, zum Beispiel „Du musst dich wehren" oder „Es ist eh alles zu spät, dein Leben ist nicht mehr zu retten" (Näheres zum Umgang mit Gefühlen in ▶ Abschn. 6.3.1). Es geht um eine Willensentscheidung, das Gefühl wird dann nach und nach nachziehen – über Wochen, Monate, Jahre. Aber nur so wird der Mensch frei. Andernfalls befindet er sich immer in der Abhängigkeit zu dem, was passiert ist, und er lässt sein Leben davon bestimmen. Durch das Loslassen – und daran kann einen niemand hindern –, durch die Vergebung kann ein Mensch das Band durchtrennen, das ihn mit der Vergangenheit verbunden hat. Dann beginnt ein anderes Leben, ein Leben in Freiheit.

> **Zum Nachdenken**
> Bin ich ein Mensch, der zur Vergebung bereit ist, sodass ich Menschen auf dem Weg der Versöhnung begleiten kann?
> Auch wenn Vergebung im Moment noch nicht dran ist, weil die Wunden der Flüchtlinge noch zu frisch sind, macht es einen Unterschied, ob ich sie als Mitarbeiter zum inneren Frieden hin begleite oder zum Wunsch nach Rache und Gerechtigkeit.

6.1.4.3 Lernen, Selbstverantwortung zu übernehmen

Jeder Mensch hat in jedem Augenblick seines Lebens die Chance, sein Leben zu verändern, an seinem Selbstwert zu arbeiten, sich selbst anzunehmen und die Verantwortung für sich und seine Entscheidungen zu übernehmen, sei es als Häftling im KZ, als Flüchtling in einer deutschen Massenunterkunft oder als Begleitperson in einer Einrichtung für unbegleitete minderjährige Flüchtlinge. Wer das erkannt hat, kann sein Leben selbst in die Hand nehmen. Er ist nicht länger Opfer, sondern kann aktiv werden. Durch das Gefühl, sich zu kennen, und das Wissen, wertvoll zu sein, braucht er nicht länger davon ausgehen, dass ihm die Welt feindlich gegenübersteht, dass er ihr ausgeliefert ist oder dass in ihm etwas Böses schlummert, das sich jederzeit Bahn brechen könnte. Er muss nicht länger mit dem Schlimmsten rechnen und braucht sich auch nicht mehr hinter einer Mauer des Misstrauens anderen und sich selbst gegenüber oder – was auch gern gemacht wird – hinter einer Mauer des Sich-über-den-anderen-Stellens schützen, die sich äußert in Abwertung des anderen bzw. Perfektionismus, der dem anderen keinen Anlass zu einer –

gefühlt – herablassenden Äußerung bietet. Er kann das Gefühl von Einsamkeit und Isolation überwinden. Er darf leben – sein Leben leben, ganz authentisch.

Im Folgenden einige Kennzeichen eines Lebens in Selbstverantwortung, das möglich ist durch Selbstvertrauen, Selbstwertgefühl und Selbstannahme:
- sich selbst und andere lieben,
- Gefühle zulassen,
- offen kommunizieren,
- Veränderungen und Probleme annehmen, Perspektiven wechseln, Lösungen suchen,
- Verantwortlichkeit übernehmen, ungute Verantwortlichkeiten loslassen,
- aus Fehlern lernen, sich Fehler verzeihen,
- vergeben können,
- authentisch und kongruent leben.

> **Zum Nachdenken**
> - Inwieweit habe ich die Verantwortung für mich und mein Leben übernommen?
> - Wie sieht es mit den im Text genannten Kennzeichen eines Lebens in Selbstverantwortung bei mir aus?

Nun haben Sie viel zum Thema „Autonomie gewinnen" gelesen und damit wichtige Bausteine auf dem Weg des Stabilwerdens kennengelernt. Jetzt gilt es, das Wissen in der Arbeit mit traumatisierten Flüchtlingen umzusetzen, sei es in Form von Gesprächen, mithilfe von Methoden wie etwa Zeiten der Stille und Entspannung oder des Genießens als Voraussetzung für seelische Gesundheit und insbesondere durch Ihre Vorbildfunktion.

6.2 Sich selbst erkennen

Auf die Bedeutung des Sich-selbst-(Er-)Kennens für die Stabilität eines traumatisierten Menschen sind wir ausführlich in ▶ Abschn. 6.1 eingegangen. Zu Recht kann jetzt die Frage gestellt werden, wie man denn bei sich oder anderen Menschen erkennen kann, was sozusagen in einem, in ihm steckt, um es annehmen und wertschätzen zu können. Dazu einige ausgewählte Handlungsanleitungen und Methoden, die sich zum Teil in einer veränderten Art zu leben niederschlagen werden.

6.2.1 Achtsamkeit

Bei der Achtsamkeit geht es um die ungeteilte Aufmerksamkeit bzw. das bewusste Fokussieren auf die Einzigartigkeit des gegenwärtigen Augenblicks, ohne zu bewerten. Dadurch entwickelt sich ein tieferes Gespür für sich selbst, die eigenen Gedanken und Gefühle (vgl. Bohus et al. 2013, S.12); es entwickelt sich ein besonderer Zustand, eine Art Besinnung (vgl. Bohus et al. 2013, S. 20). Oft meinen wir, dass wir mit unserer Aufmerksamkeit ganz bei dem sind, was wir tun, doch oft sieht es anders aus. Hier sei eine Anmerkung zum Thema Multitasking erlaubt. Groll (2012) schreibt: „Multitasking ist ein Mythos: Niemand kann mehrere komplexe Tätigkeiten gleichzeitig ausführen, das macht das menschliche Hirn nicht mit. (…) Neurowissenschaftler und Arbeitspsychologen haben das Phänomen über Jahre untersucht. Ihr Fazit: Neurobiologisch gibt es gar kein Multitasking. Das Gehirn kann sich nur auf eine, maximal zwei komplexe Tätigkeiten gleichzeitig konzentrieren, wie die französischen Wissenschaftler Sylvain Charron und Etienne Koechlin herausgefunden haben. Das Gehirn wechselt einfach nur rasant hin und her", was sehr anstrengend ist und viel Kraft und Energie verbraucht.

Anselm Grün (2014) erzählte folgende Geschichte: „Ein berühmter Zenmeister wurde einmal gefragt, was das Besondere des geistlichen Weges sei. Er antwortete: ‚Wenn ich sitze, dann sitze ich, wenn ich stehe, dann stehe ich, wenn ich gehe, dann gehe ich.' Darauf sagte der Fragende: ‚Das tue ich doch auch. Das ist doch nichts Besonderes.' Doch der Meister antwortete: ‚Nein, wenn du sitzt, dann stehst du schon, und wenn du stehst, dann gehst du schon. Und wenn du gehst, denkst du schon wieder an andere Dinge, an deine Arbeit oder ans Essen. (…). Leben heißt: gegenwärtig sein, präsent sein, im Leben aufgehen." Hindern wir uns am reinen Sein des Augenblicks, hindern wir uns letztlich am wahren Leben. Wir nehmen ihn oft gar nicht wahr, geschweige denn, dass wir ihn genießen können (vgl. Grün 2014). So nehmen wir uns selbst unsere Lebensfreude. Wir nehmen uns aber nicht nur die Lebensfreude, sondern leben auch an uns vorbei, an dem, was wir im Augenblick spüren, fühlen, denken.

Die gute Botschaft: Achtsamkeit kann man lernen. Wenn Sie als Kind eine feinfühlige Bindungsperson hatten, fällt es Ihnen vermutlich nicht so schwer, sich zu spüren und einen Zugang zu sich zu finden, sofern Sie sich Zeit nehmen. „Je weniger Sie die Gelegenheit hatten, ein sicheres Bindungsmuster zu entwickeln, desto mehr wird es Ihnen schwer fallen, sich in dieser Hinsicht selbst zu spüren und zu erkennen, wie es Ihnen geht – und wie Sie sich selbst von einem unangenehmen Zustand in einen angenehmen bewegen können. Leider entfernen sich auch viele Menschen, die durchaus einmal gute frühe Erfahrungen in dieser Hinsicht gemacht haben, mit dem Erwachsenwerden von dieser Feinfühligkeit. Dann können sie nicht empathisch sein mit sich selbst, auch wenn sie sich vielleicht durchaus in andere einfühlen können" (Huber 2010a, S. 24 f.).

Um gut mit sich umgehen zu können, bedarf es des Erkennens, wie es einem geht und was einem in der jetzigen Situation guttun würde. Traumatisierte Menschen haben jedoch gelernt, dass es keine Bedeutung hat, wie sie sich fühlen und was ihnen guttun würde. Sie mussten erleben, dass ihre Gefühle und Bedürfnisse übergangen wurden und sie selbst auf der Strecke blieben. Sie standen vor der Entscheidung, etwas auszuhalten, was nicht zum Aushalten ist, oder sich von sich selbst, den Zugang zu ihnen, ihren Gefühlen zu trennen, sprich zu dissoziieren (▶ Abschn. 3.2). Das Problem: Dissoziation schützt vor und verhindert zugleich Erkenntnis. Achtsamkeit führt zur Erkenntnis. Damit ist „Achtsamkeit […] das Gegenteil von Dissoziation" (Huber 2010b). Und damit stehen traumatisierte Menschen vor einem schier unlösbaren Problem: Um wieder authentisch und somit voller Lebensfreude leben zu können, brauchen sie einen Zugang zu sich selbst, sie brauchen Erkenntnis. Diesen Zugang zu erschließen, birgt aber zahlreiche Gefahren, unter anderem die, mit dem traumatisierenden Ereignis konfrontiert zu werden, vor dem sie sich geschützt haben.

Deshalb würde es Sinn machen, bewusstes Wahrnehmen erst dann einzuüben, wenn sich der traumatisierte Mensch sicher fühlt (▶ Kap. 5 und ▶ Kap. 7). Allerdings, und das ist die Krux, wird er sich erst sicher fühlen können, wenn ihm bewusst ist, dass er in Sicherheit ist, wenn er das Gefühl von Sicherheit auch spürt, wenn er die Sicherheit hat, sich ggf. selbst helfen zu können, indem er spürt, was ihm in welcher Situation einschließlich Krisen gut tut. Dafür wiederum bedarf es der Achtsamkeit.

Und so gilt es, traumatisierte Flüchtlinge zum einen dabei zu ermutigen, ihr Lernfenster einen Spalt weit zu öffnen, um zum Beispiel Neugier und Offenheit zu üben, sie zum anderen aber auch zu ermutigen, nur so achtsam zu sein, wie es sinnvoll und möglich ist (vgl. Huber 2010b). Hier passen verschiedene innere Anteile des traumatisierten Menschen auf, zum Beispiel der innere

Beobachter oder Wächter (▶ Abschn. 3.2.2). Dabei ist von Ihrer Seite aus große Feinfühligkeit gefragt. Kein traumatisierter Mensch darf zu etwas bewegt oder gar genötigt werden, dem er nicht zustimmen kann.

Im Folgenden stellen wir Ihnen eine kleine Auswahl an Übungen vor.

6.2.1.1 Meditationsübung

Wir beginnen mit einer Meditationsübung zur Wahrnehmung von Körper, Gedanken und Gefühlen von Michaela Huber (2010b):

- „Ich lade Sie ein, Ihren Körper durchzuspüren, vom Kopf – Kopfhaut, Stirnmuskeln, Muskeln um Augen, Nase, Mund herum – liegt die Zunge locker im Mund? Ist der Unterkiefer locker? – über
- Hals, Nacken, Schultern,
- Oberarme, Unterarme und Hände
- Den Rumpf oben, in der Mitte, unten
- Oberschenkel, Unterschenkel und Füße.
- Alle Gedanken, die kommen und gehen …
- Alle Gefühle, die kommen und gehen …
- Alle Körpergefühle, die kommen und gehen …
- Und alles wieder ziehen lassen.
- Nehmen Sie vielleicht einfach mit, was Sie mitnehmen wollen, und lassen Sie vielleicht einfach los, was Sie loslassen wollen … "

Jeder Mensch ist einzigartig, und so reagiert er auch einzigartig auf das, was ihm begegnet einschließlich der Achtsamkeitsübungen. Alles, was ein Mensch spürt, denkt und fühlt, ist seine Wahrheit, die auf seiner Biografie basiert. Und wenn ein Betroffener die Übung abbricht, war sie nicht vergeblich: Er konnte spüren, dass etwas seinen Widerstand weckt oder dass etwas noch nicht dran ist. Auch das sind wichtige Lernerfahrungen, die nur möglich sind, weil der traumatisierte Mensch etwas gespürt hat. Dies gilt es anzuerkennen. Zudem ist die Übung – und das ist wichtig – nur als Angebot zu verstehen, die der Durchführende jederzeit für sich modifizieren und/oder beenden kann (vgl. Huber, 2010a, S. 28).

> **Meditation**
>
> Es gibt Menschen, die sich mit Meditationsübungen schwertun, weil sie sie als spirituelle Praxis verstehen. Dazu eine Anmerkung: „Meditation" kommt aus dem Lateinischen und bedeutet so viel wie Nachdenken, Nachsinnen, Überlegen, ist also etwas, was jeder Mensch ohnehin tut. Bei Meditationsübungen geht es darum, sich bewusst Zeit zu nehmen und einen Rahmen zu finden, in dem sich Geist und Seele des Menschen freier fühlen, sodass neue Richtungen des Denkens und Fühlens möglich sind. Der eine empfindet eine bestimmte Körperhaltung als angenehm, ein anderer braucht die Bewegung in Form eines Spazierganges. Der eine braucht ein Dach über seinem Kopf und Blickschutz, ein anderer bevorzugt die Natur und/oder den Blick in die Weite. Während der eine absolute Stille braucht, hört ein anderer Musik. Wichtig ist auch hier, sich auszuprobieren, und zu spüren, was individuell stimmig ist.

6.2.1.2 Achtsamkeitsspaziergang

Achtsamkeitsspaziergänge haben sich bewährt zum Entspannen und Auftanken sowie zur Wahrnehmung von Körper, Gedanken und Gefühlen.

Ein festgelegtes Vorgehen gibt es nicht. Sinnvoll ist es, sich vorab darauf zu einigen, worauf man sich fokussieren möchte. Beispielsweise kann ich mit der Person, die ich als Mitarbeiter auf dem Achtsamkeitsspaziergang begleite, vereinbaren, auf welches Sinnesorgan wir uns konzentrieren möchten. Dabei könnte ich auf mein Ohr zeigen und den Flüchtling bitten, mit Daumen nach oben oder Daumen nach unten zu signalisieren, ob er einverstanden ist. Zudem kläre ich alle noch offenen Fragen ab, einschließlich der nach der Dauer des Spaziergangs, damit diese die Achtsamkeit nicht beeinträchtigen.

Dann geht es los. Nach etwa 15 Minuten veranlasse ich verbal oder per Zeichensprache ein Stehenbleiben und fordere zum bewussten Hören auf. Was höre ich? Ein Flugzeug? Den Autolärm? Das Rauschen der Blätter im Wald? Nach und nach gehen wir weiter, und immer wieder rege ich zum bewussten Hinhören an, wenn ich das Gefühl habe, dass der Betroffene den Grund unseres Spaziergangs vergessen zu haben scheint. Allerdings beobachte ich ihn auch dahingehend, ob der Spaziergang und die Achtsamkeit eine Überforderung darstellen, auf die der traumatisierte Mensch entsprechend seiner Stressreaktion reagiert. Sobald ich erste Anzeichen wahrnehme, spreche ich das an und lasse ihn entscheiden, wie es weitergeht. Stimmt meine Wahrnehmung? Möchte er darüber reden? Möchte er weitermachen? Ich bitte ihn, gut in sich hineinzuspüren, was jetzt für ihn richtig ist. Er ist der Experte für sich, er entscheidet.

Geht es dem Betroffenen gut, kann der Spaziergang bis zu zwei Stunden dauern, immer mit dem Fokus auf das Hören. Nach einer gewissen Zeit ist das Ohr so geschult, dass es immer feinere Geräusche wahrnimmt: das Rascheln von Mäusen im Gestrüpp, das Herabfallen eines trockenen Blattes, das Säuseln des Windes, das Knirschen von Sand oder Steinen unter dem Schuh, die Atmung des anderen, das Brummen von Hummeln und Summen der Bienen. Voraussetzung dafür ist jedoch, dass bis auf die wenigen Instruktionen oder zur Klärung des Ergehens nicht gesprochen wird. Der traumatisierte Mensch darf sich seinen Sinnen ganz hingeben und sollte auch nicht über seine Eindrücke sprechen müssen (sonst kann er sich nicht auf das Hören konzentrieren), was bei möglicherweise bestehenden Sprachbarrieren ein großer Vorteil ist.

Manche Menschen notieren ihre Erfahrungen in einem Notizbuch. Manche sammeln Gegenstände zur Erinnerung an bestimmte Momente, zum Beispiel das Blatt, das sie beim Aufkommen auf dem Boden beobachtet haben. Diese Notizen gehören ihnen ganz allein. Die Begleitperson muss nicht wissen, was derjenige notiert hat oder warum ihm bestimmte Erinnerungsstücke wichtig sind. Das kann ggf. Thema in einer Therapie sein oder beim nächsten Gespräch mit der Bezugsperson, sofern sie dies möchte.

Traumatisierte Menschen können in mehrfacher Weise von einem gemeinsamen Achtsamkeitsspaziergang profitieren: zum einen zur Entspannung und zur Wahrnehmung eigener Gefühle und Gedanken, zum anderen aber auch durch die gemeinsame Aktivität, dass jemand da ist, der mit ihnen geht, der sie nicht nur aushält, sondern gern bei ihnen ist, für den die Sonne aufgeht, wenn er mit ihnen zusammen ist (▶ Abschn. 5.2.1).

Möglicher Fokus bei Achtsamkeitsspaziergängen (Beispiele):

- Hören: Höre ich Autolärm, das Rascheln der Vögel im Laub, den Wind, das Knirschen meiner Schuhe, das Summen der Bienen? Dafür kann ich meine Hand hinter das Ohr legen, so wie es auch schwerhörige Menschen gern tun, und auf Bienen, Autos usw. zeigen.
- Riechen: Rieche ich Abgase? Wie riecht es am Rand des Waldes, wie beim Weitergehen, wie neben frisch gesägten Baumstämmen? Wie riecht es, wenn eine Wiese gemäht wurde, Heu gemacht wird, ich an einem Schweine- oder Kuhstall vorbeikomme?

- Schmecken: Hat die eingeatmete Luft einen Geschmack? Wie schmecken die Walderdbeeren, an denen ich vorbeilaufe? Wie schmeckt Regen- oder Quellwasser?
- Sehen: Wie sieht das Blatt oder die Rinde eines Baumes ganz genau aus, wie der Boden, auf dem ich mich bewege? Laufen Ameisen auf dem Weg? Wohin laufen sie? Wie schnell laufen sie? Tragen sie etwas? Wie klein oder groß sind sie?
- Fühlen: Wie fühlt sich die Rinde verschiedener Bäume an? Was spüre ich, wenn ich die Bäume umarme oder mit meinen Fingern über die Oberfläche eines Blattes fahre oder eine Ameise über meine Hand läuft?

Dabei gilt es, den Flüchtling nonverbal anzuleiten, zum Beispiel indem ich auf mein Sinnesorgan zeige und auf die Dinge, um die es geht. Möglich ist auch das Verknüpfen mehrerer Sinneseindrücke in besonderen Situationen, zum Beispiel das Liegen im Gras. Legen Sie sich doch mal mit dem Rücken ins Gras, breiten die Arme aus und bewegen Ihren Kopf nach links und rechts. Vielleicht sehen Sie einen Käfer, der auf einem Grashalm hochkrabbelt. War er vorher noch klein und unbedeutend, wirkt er jetzt groß, lebendig, kraftvoll. Das ist Leben. Der Grashalm wiegt sich hin und her, vielleicht spüren Sie, wie er zart Ihr Gesicht streichelt. Oder schauen Sie in den Himmel, sehen die Sonne, wie sie lacht, oder Wolken, die zum Teil in schnellem Tempo über sie hinwegziehen. Vielleicht spüren Sie sogar ein, zwei Regentropfen auf Ihrer Haut. Und vielleicht spüren Sie wieder das Glück eines Kindes, das selbstvergessen die Natur beobachtet und sich darin bewegt.

Vielleicht möchten Sie auch einfach mal wieder barfuß durch das Gras laufen oder im Regen stehen und spüren, wie Sie zunächst ein bisschen Nässe spüren, dann immer mehr, bis sie pitschnass sind und sich auf eine heiße Dusche oder ein Wannenbad freuen, bei dem Sie das Wasser, den Schaum bewusst auf Ihrer Haut spüren, die Wärme …

Ein Achtsamkeitsspaziergang in der Natur bietet unendlich viele Möglichkeiten. Nutzen Sie sie für sich und Ihre Schützlinge.

6.2.1.3 Genusstraining in der Gruppe

„Genießen ist eine Erfahrungswissenschaft. Das Wissen, was einem gut tut, kann nur ansatzweise theoretisch über den Kopf, vorwiegend aber durch konkretes Tun erworben werden. (…) Von besonderer Bedeutung ist die Differenzierung der sinnlichen Wahrnehmung als Folge einer Aufmerksamkeitsfokussierung." Diese „ist eine Voraussetzung dafür, dass positive Emotionen entstehen können. Ein zweiter erwünschter Effekt einer solchen Fokussierung ist es, dass störende Gedanken oder Gefühle ausgeblendet werden. Ein erwünschter Zirkel entsteht: Wird die Aufmerksamkeit auf positive Gegebenheiten fokussiert, entstehen positive Emotionen. (…) Zum Genießen gehört es, sich zum Beispiel Zeit zu nehmen, um sich ein gerade passendes Genussobjekt auszusuchen, die richtige Distanz zu ihm zu schaffen etc." (Lutz, o. J.).

In der Praxis bewährt hat sich die *Kleine Schule des Genießens* von Eva Koppenhöfer (2004). Dabei trifft sich eine feste Gruppe von bis zu acht Personen an regelmäßig wiederkehrenden Terminen, zum Beispiel ein- bis zweimal die Woche, um Übungen zum Thema Riechen, Tasten, Schmecken, Sehen oder Hören durchzuführen, und zwar jeweils nur ein Sinnesorgan pro Termin. Beim Riechen können verschiedene Düfte angeboten werden, seien es Öle, Lebensmittel oder Materialien aus der Natur wie Rosenblüten, Erde und Heu. Diese können zudem in ganz unterschiedlichen Kontexten angeboten werden: Einmal sitzen die Teilnehmenden, dann laufen sie, dann befinden sie sich in einem geruchsneutralen Raum, dann wiederum in einem Raum mit Eigengerüchen usw. Der Fantasie sind keine Grenzen gesetzt. Das gilt auch für die Übungen im Hinblick auf die anderen Sinnesorgane. Dabei ist darauf zu achten, dass sich die Teilnehmenden wirklich auf das jeweilige Sinnesorgan konzentrieren können. Geht es um das Schmecken, sollten zum Beispiel alle Lärmquellen und andere Sinnesreize ausgeschaltet sein.

Inhalt der *Kleinen Schule des Genießens* sind unter anderem folgende sieben Genussregeln:
- Genuss braucht Zeit.
- Genuss muss erlaubt sein.
- Genuss geht nicht nebenbei.
- Weniger ist mehr.
- Genuss ist Geschmackssache/Jedem das Seine.
- Ohne Erfahrung kein Genuss.
- Genuss ist alltäglich.

Hierzu gibt es zahlreiche praktische Übungen, beispielsweise die Übung mit der Mandarine (s. unten). Wie beim Achtsamkeitsspaziergang geht es darum, die Aufmerksamkeit bewusst zu fokussieren und selbst Gestalter seines Lebens zu sein und nicht Opfer unangenehmer Stimmungen. Die Teilnehmenden wissen nun, welche Stimulanzien angenehm für sie sind, was ihnen guttut, und können das in ihrem Alltag einsetzen.

Und das Gute in Bezug auf die Sprachbarrieren ist, dass Sie auch hier durch Zeichensprache anleiten können, ansonsten ist ein Sprechen nicht notwendig. Wichtig ist, dass der traumatisierte Mensch ganz bei sich und seinen Eindrücken ist. Sollte sich jemand jedoch mitteilen wollen, bieten Sie ihm einen Raum dafür an, sei es im Kontext der Gruppe oder in einem Einzelgespräch.

> **Praxistipp**
>
> Genusstraining in der Gruppe ist für Menschen geeignet, die gruppenfähig sind und neue Informationen aufnehmen und verarbeiten können. Solange noch keine Bindungssicherheit gegeben ist (▶ Kap. 5), kann das Genusstraining bei traumatisierten Flüchtlingen schwierig sein.

6.2.1.4 Genusstraining im Alltag

Eine der Genussregeln lautet: Genuss ist alltäglich. In außergewöhnlichen Situationen oder wenn wir es uns besonders schön machen wollen, ist das in der Regel kein Thema, da können wir genießen. Damit spüren wir aber auch nur in diesen besonderen Situationen die positiven Gefühle, die mit dem Genießen verbunden sind. Bei der Regel „Genuss ist alltäglich" geht es darum, Angenehmes und Schönes auch im Alltag zu entdecken bzw. auch im Alltag achtsam zu sein. Anlässe dafür gibt es mehr als genug.

Stellen Sie sich eine Mandarine vor, die Sie gerade ganz frisch auf dem Markt erworben haben. Sie legen sie auf Ihre Handfläche und betrachten sie. Sie sehen eine orangefarbene Kugel mit nicht ganz glatter Oberfläche, die wie poliert wirkt. Die untere Seite können Sie nicht sehen, da diese der Handfläche aufliegt. Oben jedoch sehen Sie eine Art Knopf. Wenn Sie die Mandarine näher zum Auge führen, erkennen Sie die zahlreichen Poren, die der Oberfläche ein gepunktetes Äußeres gibt. Zudem erkennen Sie, dass es sich bei dem Knopf um den Strunk handelt, den Teil, mit dem die Orange mit dem Baum verbunden war. Um den Strunk herum zeigt die Mandarinenschale strahlenförmig verlaufende Falten.

Bisher haben wir nur das Äußere der Mandarine angeschaut. Jetzt könnten wir an der Mandarine riechen. Führen Sie die Hand mit der Mandarine zur Nase. Nehmen Sie einen Geruch wahr? Riecht sie vielleicht an verschiedenen Stellen unterschiedlich?

Wie fühlt sich die Mandarine in Ihrer Hand an? Und wie fühlt sie sich an, wenn Sie sie anders herum drehen, der Strunk jetzt also in der Handfläche liegt? Wie schwer oder leicht ist sie? Wie fühlt es sich an, wenn Sie mit der Fingerkuppe zart über die Schale der Mandarine fahren? Und wie, wenn Sie damit über den Strunk streichen?

Jetzt haben wir uns schon einige Zeit mit der Mandarine beschäftigt und dabei einige Sinne eingesetzt. Wenn wir der Übung unsere volle Aufmerksamkeit geschenkt haben, hatten wir nicht die Möglichkeit, an etwas anderes zu denken, denn das Gehirn kann sich immer nur auf eine, maximal zwei komplexe Tätigkeiten konzentrieren. Damit ist diese Übung nicht nur Achtsamkeitsübung, ggf. auch Meditationsübung und Genusstraining, sondern dient auch der Distanzierung von zum Beispiel immer wiederkehrenden Gedanken (▶ Abschn. 6.3.2).

Wie geht es jetzt aber weiter mit der Mandarine? Nachdem Sie mit Ihren Sinnen erfasst haben, was die Mandarine äußerlich zu bieten hat, konzentrieren Sie sich wieder auf Ihren Tastsinn. Wie fühlt es sich an, den Strunk zu entfernen und ein Stück von der Schale abzureißen? Wie fühlt sich das Stück Schale an: Außen? Innen? Wie sieht sie aus: Außen? Innen? Welchen Geruch hat Ihre Nase wahrgenommen, als Sie das kleine Stück Schale entfernt haben? Hat Ihre Haut vielleicht sogar etwas gespürt, zum Beispiel Spritzer der Schale oder auch Saft der Mandarine?

Wenn Sie die ganze Schale entfernt haben, wie sieht die Mandarine jetzt aus? Aus wie vielen Segmenten besteht sie? Wie fühlt es sich jetzt an, mit den Fingerkuppen über die Mandarine zu streichen? Macht es einen Unterschied, ob Sie das mit einem Finger tun oder mit mehreren bzw. mit dem Daumen? Wie riecht die Mandarine jetzt? Und wenn Sie sie ganz nah zum Auge führen, was erkennen Sie da?

Nun trennen Sie vielleicht ein Segment ab. So geht es immer weiter, nach und nach kommt das Schmecken hinzu und das, was Sie mit dem Geruch oder dem Geschmack verbinden. Ist es etwas Positives, Angenehmes? Denken Sie zum Beispiel an den letzten Urlaub auf Mallorca und erleben ihn mental noch einmal, oder assoziieren Sie Mandarinen mit Weihnachten? Wie fühlt sich das an?

So könnten wir noch lange fortfahren. Auf diese Weise können Sie viel Zeit verbringen, die jedoch äußerst sinnvoll genutzt ist: zum Meditieren, zum Achtsamsein, zum Genießen, um still zu werden, zur Wahrnehmung eigener Gedanken und Gefühle, ohne zu werten.

Und das Gute: Zum einen kann diese Übung auch bei Menschen angewandt werden, die kaum Deutsch sprechen, weil die Anleitung kaum Worte bedarf. Es reicht, Vorbild zu sein. Zum anderen gibt es ununterbrochen Möglichkeiten, diese Form der Achtsamkeit einzuüben: beim Mittagessen, beim Hören von Musik oder beim Spaziergehen durch den Wald. Es sind keine Grenzen gesetzt, der Alltag ist voll von Gelegenheiten.

6.2.2 Zeit der Stille

Jeder Mensch ist Experte seiner selbst (vgl. Schiepeck 1999, S. 52). Das heißt, er allein weiß, was gut für ihn ist. Er trägt die Weisheit für sich in sich. Die Frage, die sich jedoch oft stellt, ist, wie man an die Weisheit in seinem Innersten kommt. Dazu gibt es verschiedene Wege. Zum einen ist das unter anderem Bestandteil der Systemischen Therapie, bei der der Therapeut durch bestimmte Fragestellungen und Methoden versucht, den Klienten an sein inneres Wissen heranzuführen. Aber auch in der Therapie geht es nicht ohne Zeiten der Stille, in der der Mensch zur Ruhe kommt, in der sein wahres Selbst, seine Seele sprechen darf. In der Regel spricht sie erst dann, wenn sie den Raum dafür bekommt, wenn sie spürt, dass ihr zugehört wird. Ich vergleiche das gern mit der Situation am Frühstückstisch, in der zum Beispiel eine Frau ihrem Mann von etwas berichten möchte, was sie innerlich sehr bewegt. Es dauert, bis sie sich durchgerungen hat, es ihm wirklich zu erzählen. Wie wird er reagieren? Zaghaft fragt sie ihn, ob sie ihm etwas erzählen darf, ob er

Zeit hat. Als Antwort kommt ein „Ja" zurück, und so beginnt sie. Doch dann schaut sie auf und sieht, dass er weiter in seine Zeitung blickt und liest. Da hört sie sofort auf zu reden, ist verletzt, fühlt sich nicht wertgeschätzt. Kennen Sie eine solche Situation? Unsere Seelen kennen solche Situationen in der Regel nur zu gut. Sie möchten uns etwas sagen, werden aber nicht gehört. Dann kann es sein, dass sie schweigen. Genauso gut kann es aber auch sein, dass sie versuchen, über körperliche Symptome zu uns sprechen, weil sie eine wichtige Botschaft haben. Nicht auf seine Seele zu hören und nicht aktiv zu entscheiden, wie man mit dieser Botschaft umgehen möchte, führt zu einem Leben, das nicht das eigene ist, sondern – bewusst oder unbewusst – fremdbestimmt wird. „Der Mensch ist frei, sich zu entscheiden, und er kann sich dieser Freiheit nicht wirklich entziehen" (Längle 2011, S. 46). Somit gilt: Der Mensch kann nicht nicht entscheiden. Er entscheidet, ob er sich fremdbestimmen lässt oder nicht – aus welchen Gründen auch immer. Ein häufiger Grund – und auch das oft unbewusst – ist Bequemlichkeit. Sich für seine Bedürfnisse einzusetzen, ist oft nicht leicht. Es bedeutet möglicherweise Auseinandersetzung, eine vorübergehende Disharmonie. Dieser möchten Menschen oftmals aus dem Weg gehen und ordnen die eigenen Bedürfnisse den Bedürfnissen anderer unter. Sie sagen ihrer Seele, ihrem wahren Selbst frei übersetzt: „Du bist nicht wichtig, zumindest nicht so wichtig, dass ich mich für dich einsetze und Unannehmlichkeiten in Kauf nehme." Da kann kaum Selbstvertrauen entstehen.

Das zu erkennen, fällt nicht leicht, und im Alltag schon gar nicht. Noch weniger, wenn ein Mensch im Hamsterrad läuft. Und nun stellt sich die Frage nach Ursache und Wirkung. Ist eine Zeit der Stille und des Redens der Seele nicht möglich, weil ein Mensch unermüdlich aktiv sein muss, sodass er eben keine Zeit dafür hat? Oder hat er keine Zeit dafür, weil er seine Seele gar nicht hören möchte? Dann macht ein Hamsterrad absolut Sinn.

Aber auch hier gilt: Um eine Antwort darauf zu finden, bedarf es Zeit, eine Zeit der Stille. „Im Moment des Innehaltens liegt die Freiheit der Wahl" (Weiss et al. 2013, S. 90).

Traumatisierte Menschen wissen oft nicht, wer sie sind, was aufgrund der Vielzahl an Anteilen und dem ständigen Wechsel zwischen den Anteilen (▶ Abschn. 3.2.2) absolut nachvollziehbar ist. Nicht zu unterschätzen ist auch die Angst vor dem, wer sie wirklich sein könnten, denn sie haben oftmals ja keine guten Erfahrungen machen können. Und an den unguten Erfahrungen – so meinen traumatisierte Menschen oft – müssen sie irgendwie schuld sein, da muss etwas in ihnen sein, was sie unmöglich akzeptieren können. Und bevor sie das entdecken, schauen sie lieber nicht hin, sondern sind lieber permanent aktiv. Entsprechend ist es für Sie als Begleitperson von traumatisierten Flüchtlingen eine Gratwanderung zwischen

- der Ermutigung, sich zu entdecken und damit verbunden eine Zeit der Stille zu suchen, und
- dem Erkennen, wann es für den Betroffenen wirklich nicht geht, weil er zum Beispiel noch nicht stabil genug ist, noch zu wenig selbstwirksame Erfahrungen machen konnte oder sein Selbstwertgefühl noch zu gering ist.

Auch hier gilt es, niemanden zu etwas zu bewegen, was er nicht möchte, und Feinfühligkeit walten zu lassen.

> **Zum Nachdenken**
> Jeder Mitarbeiter ist Vorbild für die Menschen in seiner Einrichtung.
> - Inwieweit bin ich Vorbild, was Zeiten der Stille anbelangt?
> - Wie wichtig ist mir eine Zeit der Stille überhaupt? Wenn sie mir gar nicht wichtig ist, welche Erklärung habe ich dafür? Gibt es etwas, was ich vielleicht lieber gar nicht sehen möchte? Oder welche anderen Gründe könnte es dafür geben, meine Seele nicht reden zu lassen?

6.2 · Sich selbst erkennen

Noch einmal zurück zum Begriff der Stille. Was meint der Begriff „Stille" eigentlich genau? „Stille ist eine Qualität, die uns gut tut. Stille ist reines Sein. (…) Stille ist" auch „mehr als das Fehlen von Geräuschen. So atmen wir die Stille durchaus auch im Gebirge, wenn wir (…) das Rauschen des Baches wahrnehmen. (…) Stille erleben wir aber nicht nur äußerlich, sondern auch innerlich. In uns gibt es einen Raum der Stille. Auch dieser Raum existiert unabhängig von unserem Tun, von unserem Schweigen oder Lärmen. Es geht darum, Zugang zu diesem inneren Raum der Stille zu gewinnen" (Grün 2008, S. 11 f.).

Der Zugang dazu kann in den in ▶ Abschn. 6.2.1 genannten Übungen bestehen. Sie können eine Art Brücke sein zu unserem Raum der Stille, den wir während der Übungen betreten, ohne es vielleicht bewusst zu merken. Auf einmal fängt die Seele an zu reden, und auch das, ohne dass wir uns dessen immer und sofort bewusst sind. Wir lassen unsere Gedanken schweifen, fangen an, etwas zu spüren. Und wieder liegt es an uns, wie wir damit umgehen. Hören wir zu, oder tun wir es als nutzloses Vergeuden von Zeit oder als Tagtraum ab? Trauen wir dem, was wir wahrnehmen, und stärken damit unser Selbstvertrauen, oder schwächen wir es, indem wir unsere Wahrnehmungen in irgendeiner Form abwerten?

Schuld

In diesem Zusammenhang ist mir noch eine Klarstellung wichtig: Aufgrund des bisher Gelesenen könnte man auf die Idee kommen, dass Menschen, wenn sie krank sind, selbst schuld seien, denn sie bräuchten sich ja nur anders entscheiden. Dieser Gedanke ist absolut logisch, jedoch berücksichtigt er nicht, dass es Gründe gibt, warum sich ein Mensch für dies oder jenes entscheidet. Alles, was ein Mensch tut, basiert darauf, dass es für ihn Sinn macht. Und oft geschieht dies unbewusst, zum Beispiel, weil er es nicht anders kennt, weil er so erzogen wurde, ihm bestimmte Werte vermittelt wurden, das Umfeld es einem unendlich schwermacht. Solange alles im Leben gut geht, gibt es in der Regel keine Veranlassung, darüber nachzudenken. Doch was ist, wenn nicht alles so geht wie erwünscht? Dann kann es Zeit sein, sich und sein Leben, seine Werte und Glaubenssätze zu hinterfragen und ggf. etwas zu verändern. Wir Menschen sind aber Gewohnheitswesen. Veränderungen fallen uns nicht leicht. Und so können wir im Alten verharren, obwohl wir spüren, dass wir etwas ändern sollten. Wir könnten anders entscheiden, doch im Moment geht es nicht, und das gilt es zu respektieren. Und manchmal sehen wir auch keinen Weg. Und nicht immer wagen wir den Schritt zu einem anderen Menschen, der uns helfen könnte, neue Perspektiven zu entwickeln. Natürlich hat auch das wieder Gründe, macht auch das aus irgendeinem Grund Sinn. Und so ist es ein viel zu komplexes Geschehen, als dass wir sagen könnten, dass da jemand selbst schuld sei. Wir könnten jedoch fragen, was eine Person braucht, um Veränderung zulassen bzw. eine Entscheidung treffen zu können, und sie zu diesem Weg ermutigen.

6.2.3 Ressourcenorientierung

Ein Trauma ist laut Definition ein „vitales Diskrepanzerlebnis zwischen bedrohlichen Situationsfaktoren und individuellen Bewältigungsmöglichkeiten" (Fischer und Riedesser 2009). Mit anderen Worten: Die Bedrohung war zu stark für das Individuum bzw. seine Bewältigungsmöglichkeiten zu schwach, zumindest in dem Augenblick der Traumatisierung. Im Nachhinein kann die Situation nicht verändert werden. Da der traumatisierte Anteil jedoch im Trauma steckengeblieben ist (▶ Abschn. 3.2.2), hilft es dem traumatisierten Menschen auch noch im Nachhinein, an seinen Bewältigungsmöglichkeiten zu arbeiten, um einen Perspektivenwechsel vornehmen zu können (▶ Abschn. 6.3.3) oder Resilienz (▶ Abschn. 3.1.2) zu entwickeln.

Martin Sack und Melanie Büttner (2015, S. 63) schreiben, dass die „Bewältigung traumatischer Erfahrungen (…) stark davon" abhängt, „inwieweit eigene Ressourcen mobilisiert werden können, um die unmittelbaren Folgeerscheinungen des Traumas zu kompensieren". Das bedeutet, dass Ressourcen eine große Rolle spielen bei der Bewältigung eines traumatischen Ereignisses. Sie tragen dazu bei, dass der Betroffene zu der Überzeugung gelangt, die geeigneten Fähigkeiten zu besitzen, um Probleme und Herausforderungen bewältigen zu können (vgl. Hanswille und Kissenbeck 2014, S. 132).

Der Begriff „Ressource" kommt aus dem Französischen und bedeutet „Quelle". Huber (2010a, S. 86) übersetzt ihn mit „innere Fähigkeiten, Kräfte und einmal Gekonntes".

Was können solche Ressourcen im Alltag sein? Im Grunde genommen alles, aus dem der Mensch Energie und Kraft schöpfen kann, das dazu beiträgt, das Leben positiv zu gestalten, das zur Entspannung beiträgt, das zu einem inneren Frieden führt, zum Beispiel (vgl. Hanswille und Kissenbeck 2014, S. 129 f.):

- Biologische Ressourcen: Fähigkeiten unseres Körpers, beispielsweise eine gute Immunabwehr unseres Körpers, ein sinnvoller Umgang mit Stress, ein gesundes Herz-Kreislauf-System.
- Individualressourcen: Individuelle Fähigkeiten wie Umgang mit Gefühlen, kognitive und soziale Fähigkeiten, Leistungsfähigkeit, Autonomie, Lebensfreude oder Skills. Unter Skills versteht man „kognitive, emotionale und handlungsbezogene Reaktionen, die sowohl kurz- als auch langfristig zu einem Maximum an positiven und einem Minimum an negativen Ergebnissen führen" (Linehan 1993, zit. nach Bohus und Wolf 2009, S. 2).
- Systemressourcen: Stärkende Beziehungen, etwa die Familie, Freunde oder auch Arbeitskollegen. Sie können Halt, Sicherheit, Geborgenheit vermitteln und das Gefühl, bei Problemen nicht allein zu sein.
- Spirituelle Ressourcen: Das Wissen, dass man in dieser Welt nicht allein ist, sondern dass es einen Gott gibt, der sich aus Liebe für uns Menschen einsetzt, dem wir etwas bedeuten, der größer ist als alles andere auf der Welt und somit auch mächtiger. Zudem bedeuten spirituelle Ressourcen oft auch die Zugehörigkeit zu einer Gemeinschaft. Daneben können sie sinnstiftend sein und Zuversicht ausstrahlen.

Daneben gibt es noch weitere Ressourcen, beispielsweise finanzielle Ressourcen, dass wir genug zu essen haben (auch die Flüchtlinge in Deutschland, nachdem sie lange Zeit Entbehrungen erlitten haben, auch wenn das Essen hier vielleicht nicht immer ihren Vorstellungen entspricht, was aus Armutsgründen übrigens für einen Teil der deutschen Bevölkerung ebenfalls zutrifft), ein Dach über dem Kopf haben zum Schlafen, Ausruhen, Leben usw. In Flüchtlings- und Asyleinrichtungen kann auch die Gruppe eine große Ressource darstellen (s. unten).

Für mich persönlich stellt der Glaube an Gott die größte Ressource dar, denn anders als alle anderen genannten Ressourcen ist diese Ressource konstant, denn Gott ändert sich nicht. Meine biologischen Ressourcen können schwinden, ebenso meine Individual- und Systemressourcen. Vielleicht bleiben sie auch gleich, und die Herausforderungen nehmen zu, sodass meine Ressourcen nicht mehr ausreichen. Unabhängig davon bleibt Gott Gott, und seine Ressourcen sind unbegrenzt.

Viele Flüchtlinge glauben an einen Gott. Dieser Glaube stellt eine große Ressource da.

Inwieweit können Sie die Voraussetzungen in Ihrer Einrichtung schaffen, dass die Flüchtlinge ihren Glauben praktizieren können, ohne die Freiheit anders Glaubender zu tangieren, und zwar losgelöst von der Anzahl der Gläubigen? So möchte ein tamilischer Hindu oder ein Flüchtling mit syrisch-orthodoxem Hintergrund seinen Glauben ebenso praktizieren dürfen wie die zahlreichen Muslime unter den Flüchtlingen.

6.2.3.1 Auswirkungen der Ressourcenorientierung

Die „Ressourcenorientierung hat bei vielen" Menschen „direkte Auswirkungen auf ihre physische und psychische Situation. Die Erfahrungen (…) zeigen, wie" sie „in ihrer körperlichen Konstitution aufrechter werden, wie der Körper sich strafft, die Sprache klarer wird, das Selbstwertgefühl steigt, das Gesicht sich entspannt, die Stimmung positiver wird, die Gereiztheit sich reduziert etc." (Hanswille und Kissenbeck 2014, S. 131).

Wie kann das sein? Gibt es dafür wissenschaftlich haltbare Erklärungen?

Sack (vgl. 2007, S. 174) schreibt diesbezüglich, dass die Ressourcenorientierung neurobiologisch regulierend wirkt, unter anderem durch

- Die Aktivierung des Bindungssystems und des Parasympathikus, dem Gegenspieler des Sympathikus (▶ Abschn. 3.3). Der Parasympathikus ist unter anderem wichtig für die Regeneration des Organismus, den Aufbau von Energiereserven, die Wiederherstellung des inneren Gleichgewichts und ein größeres Lernfenster; (◘ Abb. 3.6).
- Die Verbesserung der präfrontalen Hirnfunktion, die gebraucht wird für die Selbstkontrolle einschließlich der Regulierung emotionaler Prozesse (▶ Abschn. 3.1.2).

Hinzufügen möchte ich, dass durch die Ressourcenorientierung auch die Selbstwirksamkeit (▶ Abschn. 5.4 und ▶ Abschn. 7.1.3) und darüber das Selbstwertgefühl und die Stabilität gestärkt werden.

6.2.3.2 Methoden zum Entdecken von Ressourcen

Bei Ressourcen handelt es sich um etwas absolut Wertvolles, Kostbares. Ähnlich wie mit Gold, das auch erst einmal gefunden werden muss, um es nutzen zu können und Freude daran zu haben, ist es mit Ressourcen. Sie müssen erst einmal entdeckt, sprich als solche erkannt und bewertet werden, ehe sie genutzt werden können. Um Ressourcen zu entdecken, haben sich unter anderem folgende Methoden bewährt: Ressourcentrance, Ressourcendiagramm, Ressourcenschatzkiste, Ressourcenpost, Ressourcenbilderbuch, Ressourcenpoesiealbum, Ressourcenbilderwand, Ressourcengymnastik, Ressourcentanz, Ressourcenliste und innere Bilder (▶ Abschn. 6.2.4).

Ressourcentrance

Eine Trance ist im Grunde genommen nichts anderes als ein Zustand der Entspannung, in dem das Gehirn etwas anders arbeitet als sonst. „Der Mensch erzeugt Trance unter gewissen förderlichen Rahmenbedingungen, so auch im Alltag, z. B. beim in sich gekehrten Nachdenken während der U-Bahn-Fahrt. (…) Die Bandbreite (…) reicht von Tagträumen (…) bis hin zu tiefer Innenorientierung, in der das Äußere völlig unwichtig erscheint. Trancen sind neutral, ihre Inhalte können jedoch gut oder schlecht sein. In einer ‚Problemtrance' finden wir z. B. die Fixierung bzw. den Tunnelblick auf Problemerleben vor, und anderes wird ausgeblendet" (Lang 2012, S. 426).

Wenn es um die Entdeckung von Ressourcen geht, gilt es, der Problemtrance den Rücken zuzukehren und sich einer Ressourcen- oder Stärkentrance zuzuwenden, also der Fokussierung und Fixierung auf das, was die Probleme zu lösen hilft, nämlich den Dingen, aus denen der

Mensch Energie und Kraft schöpfen kann, die dazu beitragen, das Leben positiv zu gestalten, die zur Entspannung beitragen, die zu einem inneren Frieden führen. Diese Fokussierung kann im Rahmen eines Gesprächs stattfinden, aber auch fortwährend im Alltag.

Ressourcentrance im Gespräch

> **Praxistipp**
>
> Erfahrungsgemäß wissen traumatisierte Menschen oft nicht, wohin mit ihren Händen im Gespräch. Sie nesteln an ihrer Kleidung herum, an ihren Fingern und Fingernägeln, sind (stressbedingt) meist sehr unruhig. Hier hat es sich bewährt, ihnen vor dem Gespräch einen Igelball oder ein kleines Stofftier anzubieten, das sie während des Gesprächs kneten und walken können, so viel sie möchten. So findet ein Teil der Energie, die vorhanden ist, aber noch keinen guten Weg nach außen gefunden hat, eine Beschäftigung.

Ressourcen im Gespräch zu ermitteln, bedarf einer gewissen verbalen Verständigungsmöglichkeit. Denn im Gespräch stellt die Begleitperson – ohne dass sie besonders darauf hinweisen müsste, dass es jetzt um Ressourcen geht – Fragen, die zu positiven Erinnerungen anregen. Erfahrungsgemäß sind traumatisierte Menschen schnell wieder bei dem, was sie nicht können; dann gilt es, sie immer wieder zu den Ressourcen zurückzuführen.

Gestellt werden können alle Fragen, die
- für den traumatisierten Menschen im positiven Sinn bedeutungsvoll sind und sein Wohlbefinden stärken,
- keine unerwünschten Nebenwirkungen haben, zum Beispiel den Stress vergrößern bis hin zu einer möglichen Retraumatisierung (vgl. Hanswille und Kissenbeck 2014, S. 127).

> **Praxistipp**
>
> Prinzipiell gilt im Umgang mit traumatisierten Menschen: Schließen Sie als Begleitperson niemals die Augen, sondern beobachten Sie die traumatisierte Person jederzeit gut, um im Falle einer Retraumatisierung rechtzeitig intervenieren zu können.

Fragen, die Sie einbringen können, sind zum Beispiel folgende: Wann in Ihrem Leben fühlten Sie sich
- ... sicher und geborgen?
- ... anerkannt und geliebt?
- ... glücklich und zufrieden?
- ... kompetent und stolz?
- ... dankbar und zufrieden?
- ... im Einklang mit sich selbst?

In der Regel wirken diese Fragen positiv auf das Wohlbefinden eines Menschen. Allerdings nicht immer, und so kann es eine Gratwanderung sein, bei der der Flüchtling Führung braucht, damit er gedanklich nicht in die traumatisierenden Ereignisse abdriftet. Hat er sich zum Beispiel bei seiner Mutter sicher und geborgen gefühlt, sie aber auf der Flucht verloren, liegt das Erinnern an das schlimme Ereignis nahe. Deshalb die positiv formulierte Frage öfter mit ruhiger Stimme vortragen, sodass der Betroffene immer wieder von der Problemtrance zur Ressourcen- und damit Lösungstrance gelangen kann. Beobachten Sie den Flüchtling dabei bitte gut, um rechtzeitig vor einer einsetzenden Dissoziation Maßnahmen der Reorientierung ergreifen zu können (▶ Abschn. 7.1.3).

> **Praxistipp**
>
> Michaela Huber hat eine Art Kartenspiel entwickelt, das *Ressourcium*, mit dem sie Anregungen gibt, mit positiven und stärkenden Themen zu arbeiten nach dem Motto: von der Problem-/Defizit-Trance zu einer Problemlösungs-/Stärkentrance. Dieses Kartenspiel kann sehr hilfreich sein, wenn es darum geht, passende Fragen zu finden.
> Stellt die Sprachbarriere ein Problem dar, können Bildkarten verwendet werden, die es bisher nicht im Handel gibt, sondern von jeder Einrichtung selbst angefertigt werden, oft unter Einbeziehung der Flüchtlinge. Auf diesen Karten sollte alles zu sehen sein, was dem Menschen guttun könnte. Hier können auch Zeichnungen von „guten Dingen" aus der Heimat angefertigt werden. Der Kreativität sind keine Grenzen gesetzt
> Eine weitere Möglichkeit ist das Fotografieren von „guten Dingen" im Alltag der Flüchtlinge, wobei es dann allein um „gute Dinge" in Deutschland und nicht aus dem Heimatland gehen kann; entsprechend hat sich eine Kombination aus Zeichnungen und Handyfotos bewährt. Die Fotos werden ausgedruckt und können unterschiedlich verwendet werden: Zum einen sollten sie sich in dem Raum befinden, in dem die Ressourcengespräche mit den traumatisierten Flüchtlingen geführt werden, um sie zeigen zu können, zum anderen kann sich der Fotograf den Ausdruck seiner Bilder über sein Bett hängen – was sehr gern gemacht wird –, um jederzeit daran erinnert zu werden.

Ressourcentrance im Alltag

Wenn wir mit offenen Augen und achtsam durch den Tag gehen, werden wir vieles bemerken, was uns ein Lächeln ins Gesicht zaubert, uns dankbar sein lässt, uns Kraft gibt, zu unserem Glück und zu unserer Entspannung beiträgt.

Das hat zum einen etwas mit unseren Spiegelneuronen zu tun „Dabei schwingen sich Personen aufeinander ein, ihre Wahrnehmungen geraten gleichsam in Resonanz. Dazu Bauer: ‚Andere können uns also nicht nur auf die Nerven gehen, sie gehen uns tatsächlich auf die Neuronen! Umgekehrt erlöst uns die Begegnung mit einem charmanten Menschen oft aus der miesesten Stimmung'" (Odenwald 2005). Das heißt, wenn mich andere Menschen anlächeln – vielleicht auch deshalb, weil ich zuerst gelächelt habe – hat das positive Auswirkungen auf mein Befinden.

Zum anderen werden knapp ein Dutzend Hormone ausgeschieden, wenn wir glücklich sind. Die größte Bedeutung dabei haben Dopamin, körpereigenes Morphium (Endorphine) und Serotonin. Jeder Botenstoff hat dabei seine eigene Aufgabe. Dopamin scheint eher für die Vorfreude zuständig zu sein. Hat sich die positive Erwartung bestätigt, wird Dopamin im Gehirn über mehrere Zwischenschritte in Morphium umgewandelt. Wird es ausgeschüttet, löst es zumeist eine entspannte Freude aus mit folgenden körperlichen Symptomen: „Die Gefäße weiten sich, der Blutdruck sinkt, der Herzschlag und der Atem werden ruhiger. (…) Im Vergleich zu Dopamin und Morphium übernimmt das Serotonin einen unspektakulären Part: Es gleicht das Gemüt aus, dämpft Angst und Wut, vertreibt aber auch Kummer und Sorgen. (…) Aus ungezählten psychologischen Studien lässt sich ablesen, dass vieles glücklich macht. Ob Musik hören, gutes Essen, Lieben oder Liebe machen – jedes Mal sind die Glückshormone im Spiel. Auf Mozarts Symphonien reagieren selbst Ratten mit einer" Glückswoge. „Ähnliches geschieht bei Menschen während der Meditation" (Donner 2008; vgl. auch Esch 2011). Es gilt also, für sich selbst herauszufinden, was einen glücklich macht, und sich auf die Suche zu begeben.

Lachübungen
▬▬ Übung 1
„Was ist so gesund am Lachen? Beim Lachen werden Stresshormone abgebaut. Das Immunsystem wird stimuliert, der Stoffwechsel aktiviert. Die Gefäße erweitern sich. Zudem atmet man lachend automatisch richtig, der Körper wird durch die tiefe Bauchatmung mit Sauerstoff geflutet" (Schäffner 2008). Wie kann das aussehen? Hier eine Übung: „Etwas zum Schmunzeln: Bringen Sie Ihre Lippen in Schmunzelposition. Strecken Sie den linken Arm aus und sprechen das erste ‚ha'. Nun den Arm anwinkeln und das nächste ‚ha'. Und jetzt klopfen Sie sich auf die rechte Schulter, loben sich selbst und lachen dabei!" (Schäffner 2008).

▬▬ Übung 2
Eine weitere Übung kann darin bestehen, einen Smiley, ein Foto mit einem lachenden Gesicht oder sich selbst im Spiegel mit nach oben gezogenen Mundwinkeln anzuschauen. Das Gehirn empfängt die Botschaft „Es wird gelacht" und schüttet die entsprechenden Botenstoffe aus, sodass ein Wohlbefinden entsteht – und zwar so, als ob Sie selbst gelacht hätten oder als ob Sie jemand angelacht hätte.

Positives fokussieren
Wie in ▶ Abschn. 3.2.2 beschrieben, macht es für Menschen großen Sinn, sich das Negative in ihrem Leben zu merken, um daraus lernen und beim nächsten Mal rechtzeitig reagieren und zum Beispiel flüchten zu können. Damit fokussieren sie das Negative und lassen das, was gut war und auch später noch beglückend sein kann, wenn sie daran denken, nicht zu. Zudem wird nahezu alles, was sie erleben, aus der Perspektive des Schwierigen, Negativen gesehen. Einen Perspektivenwechsel hinzubekommen, ist gar nicht einfach, zumal dann, wenn viele der Flüchtlinge noch nicht wirklich in ihrer neuen Heimat angekommen sind. Hier bedarf es einiger Übung, und zwar so, als würde jemand eine Fremdsprache oder ein Musikinstrument lernen. Etwas Neues zu erlernen, braucht Geduld und Zeit. Es geht nicht von heute auf morgen, und es wird immer wieder Rückschläge geben sowie Zeiten der mangelnden Motivation. Hier sind Sie als Begleitperson gefragt.

▬▬ Übung 1
Bei dieser Übung geht es darum, seinen Lebenslauf positiv zu formulieren. Ich schreibe ganz bewusst „positiv", das heißt nicht „negativ" („Ich musste lernen, Geige zu spielen"), das heißt aber auch nicht „neutral" („Ich habe gelernt, Geige zu spielen"), sondern wirklich positiv („Da ich Geige spielen lernen durfte, hat sich mein Gehirn sehr gut entwickeln können. Ich habe gelernt, logisch zu denken, mich zu konzentrieren, durchzuhalten … " oder „Die Flucht war außerordentlich schwer, aber das hat meine Familie ganz neu zusammengeschweißt. Ich habe meinen Vater, meine Mutter ganz neu kennen- und lieben gelernt"). Des Weiteren kann ich in Zeiten besonderer Belastungen auch besondere Fähigkeiten entwickelt haben. Letztendlich geht es um ein Reframen, ein Umdeuten von dem, was war und ist, um einen Perspektivenwechsel. Ich kann dem, was war und ist, eine negative Bedeutung beimessen, aber auch eine positive. Wofür ich mich entscheide, ist wieder meine ureigenste Entscheidung, bei der niemand mitreden kann, wenn ich ihn nicht lasse.

Konkret geht es darum, in jedem Lebensabschnitt zu schauen, welche Ressourcen, Stärken, Fähigkeiten, gute Beziehungen, Lernsituationen, unvergessene Augenblicke usw. ein Mensch gemacht hat.

Natürlich ist diese Übung sehr schwer für Menschen, die im Krieg scheinbar alles verloren haben. Sie kann dadurch aber umso wertvoller sein, wenn die Menschen erkennen, dass es auch Positives gab und im zunächst Schweren auch „Schätze" verborgen waren, die es zu heben gilt. Beispielsweise kann ein neues Verständnis von Leben, Lebendürfen, entstanden sein („Ich bin noch am Leben, ich darf leben"), vielleicht eine neue Dankbarkeit für die Familie („Ich habe meinen Ehepartner noch, meine Tochter, meinen Sohn, ohne sie hätte ich es nicht geschafft, sie haben mir Kraft gegeben"), vielleicht auch ein Lebensziel, Lebenssinn („Meine Mutter hat immer davon geträumt, eine Ausbildung zu bekommen, ich werde für sie und mich eine Ausbildung machen") oder auch Lebensstärke, Kraft („Wenn ich das alles überstanden habe, dann werde ich auch mit allem anderen fertig, was im Leben auf mich zukommt").

Je nach Traumatisierung kann das bei dem einen Flüchtling schon möglich sein, bei einem anderen steht vielleicht erst noch eine Traumatherapie an und/oder ist erst noch eine größere Distanz zum Erlebten notwendig. Hier ist wieder Feinfühligkeit gefragt.

■■ Übung 2
Bei dieser Übung geht es darum, sich auf positive Eindrücke im Alltag zu konzentrieren, den Fokus auf das Positive zu richten. Mit meinen Klienten vereinbare ich dazu eine Zeit, in der sie die Übung ihrer Einschätzung nach realistisch gesehen durchführen können, zum Beispiel immer eine Stunde am Tag, etwa von 16 bis 17 Uhr. Haben sie das gut geschafft, frage ich sie, welchen Zeitraum sie sich als Nächstes vornehmen möchten.

Die Aufgabe besteht aus vier Teilen:
- Teil 1 der Aufgabe besteht darin, achtsam auf das Positive am Tag zu achten, es zu „jagen" bzw. die Spuren zu entdecken, zum Beispiel
    - das leckere Frühstück am Morgen und dass ich zuvor aus einem Bett aufstehen durfte, das sich an einem sicheren Ort befindet,
    - das Lächeln des Menschen neben mir, den ich zuvor angelächelt habe,
    - das Geräusch des fließenden Wassers unter der Dusche und der Geruch der Seife,
    - der neue Freund, der meine Glaubensrichtung teilt,
    - der Deutschunterricht.
- Teil 2 besteht darin, das Positive zu dokumentieren. Wie die Dokumentation aussieht, ist ganz der Kreativität des Klienten überlassen, zum Beispiel
    - ein „Positiv-Tagebuch", in dem jede positive Begegnung/Gefühlsregung, jeder als angenehm empfundene Augenblick festgehalten wird, sei es in Form von Sprache oder Bildern,
    - ein Gefäß, in das für jede positive Begegnung/Gefühlsregung, für jeden als angenehm empfundenen Augenblick ein Stein, eine Perle oder sonst ein Gegenstand hineingelegt wird,
    - ein Platt Papier an der Zimmertür, auf das für jede positive Begegnung/Gefühlsregung, jeden als angenehm empfundenen Augenblick ein Stern aufgeklebt oder etwas gemalt wird.
- Teil 3 findet am Abend statt, zum Beispiel vor dem Schlafengehen. Dann schaut sich der Klient die Sammlung des Tages an, geht sie noch einmal durch. Was war alles positiv?
- Teil 4 besteht in der Wiederholung von Teil 3 am Morgen nach dem Aufwachen. Dann beginnt wieder Teil 1.

Diese Übung ist auch gut mit Flüchtlingen durchzuführen, die kaum Deutsch können. Die Dokumentationsmöglichkeiten können beispielhaft angefertigt und gezeigt werden, die Aufgabenbeschreibung gelingt durch Zeichensprache. Erfahrungsgemäß bedarf es keiner Einzelsitzung, um die Übung zu erklären. Sie kann auch einer ganzen Gruppe erklärt werden, wobei die Durchführung jedem Einzelnen obliegt. Oder man ritualisiert die Übung. Dazu ein Erfahrungsbericht:

„Eine Gruppe von unbegleiteten minderjährigen Flüchtlingen genießt bei uns inzwischen jeden Abend folgendes Ritual als Tagesabschluss: Alle Kinder und Jugendlichen der Gruppe setzen sich in einen Stuhlkreis, in dessen Mitte sich eine große Vase befindet und eine Schale mit Steinen. Nacheinander darf sich jeder einen schönen Stein aussuchen und mit einem positiven Erlebnis vom Tag, das er benennt oder beschreibt, in die Vase legen. Das Ritual ist freiwillig, es müssen aber alle zur abgemachten Uhrzeit da sein. Am Anfang war es für die Gruppe ungewohnt, aber schon nach einer Woche freuten sich die Jugendlichen darauf. Seither kommen sie sehr gern und korrigieren sich gegenseitig, wenn einer „abdriftet" oder jemand ein Problem wälzen will. Und wenn einer neu ist und die deutsche Sprache noch nicht gut spricht, dann erklärt ein anderer Junge ihm das Vorgehen. Alle gehen anschließend mit einem positiven Gedanken ins Bett."

Ressourcendiagramm

Das Ressourcendiagramm dient ebenfalls der Fokussierung auf das Positive, konkret auf die Entwicklung eigener Fähigkeiten, glückliche Umstände, Hilfe/Unterstützung durch andere Menschen, positive Mottos. Dabei geht es jedoch nicht ohne Sprache. Dennoch möchte ich diese Methode aufnehmen, weil sie so einfach und gleichzeitig so zielführend ist (vgl. Huber 2010a, S. 86 f.).

Malen Sie zuerst ein großes U auf ein Flipchart-Papier. In das U malen Sie ein Augenpaar und darunter einen lachenden Mund (◘ Abb. 6.2). Links oben am U notieren Sie eine 0 bzw. schreiben „Geburt", rechts oben am U steht das heutige Alter des Flüchtlings, in der Mitte unten notieren Sie die halbe Lebenszeit. Dann fragen Sie den Flüchtling nach seinen Ressourcen, beginnend von Geburt an. Die Zeitachse ist wichtig, um die Gedanken des Betroffenen auf einen bestimmten Zeitpunkt zu fokussieren, was Sicherheit gibt und ein konkreteres Nachdenken und -spüren ermöglicht.

- Sind Sie ein Wunschkind? Haben sich Ihre Eltern auf Sie gefreut? Was wissen Sie von sich als Säugling, was haben die Eltern an Positivem erzählt? Früh gelaufen, früh gesprochen ..., viel gelacht ...
- Hatten Sie als Kind ein Dach über dem Kopf, sprich ein Zuhause? Gab es genug zu essen? Waren Ihre Angehörigen lieb zu Ihnen? Hatten Sie ein Haustier, das Sie lieb hatten?
- Hatten Sie Freunde, Kinder mit denen Sie spielen konnten? Ist es Ihnen leicht gefallen zu spielen? Welche Hobbys hatten Sie? Wo/wann konnten Sie Ihren Hobbys nachgehen? Wurden Sie besonders gefördert?
- An welche schönen Erlebnisse erinnern Sie sich, an welche Erfolge? Was waren Ihre Stärken im Kindergarten, in der Schule?
- Was gab es weiter an Positivem?

All das schreiben Sie auf das Flipchart-Papier und ordnen es dem zeitlichen Verlauf zu. Statt zu schreiben, besteht auch die Möglichkeit, an der entsprechenden Stelle kleine Bilder vom Flüchtling anfertigen zu lassen – oder Sie zeichnen selbst.

Das Diagramm kann bei gering belasteten Menschen in der Regel allein ausgefüllt werden, bei Flüchtlingen mit traumatischen Erfahrungen würde ich davon Abstand nehmen, da es jederzeit zu Flashbacks (▶ Abschn. 3.3) kommen kann und sie dann unter Umständen Ihre Hilfe zur Reorientierung benötigen.

Beim Sprechen über die Ressourcen hat es sich bewährt, diese – so oft es angebracht ist – ruhig und in angenehmer Tonlage zu wiederholen, um zu einer Ressourcen- bzw. Stärkentrance zu gelangen, zu einer Art „Tunnelblick" auf das Positive, welches das Innerste des Menschen erreicht.

6.2 · Sich selbst erkennen

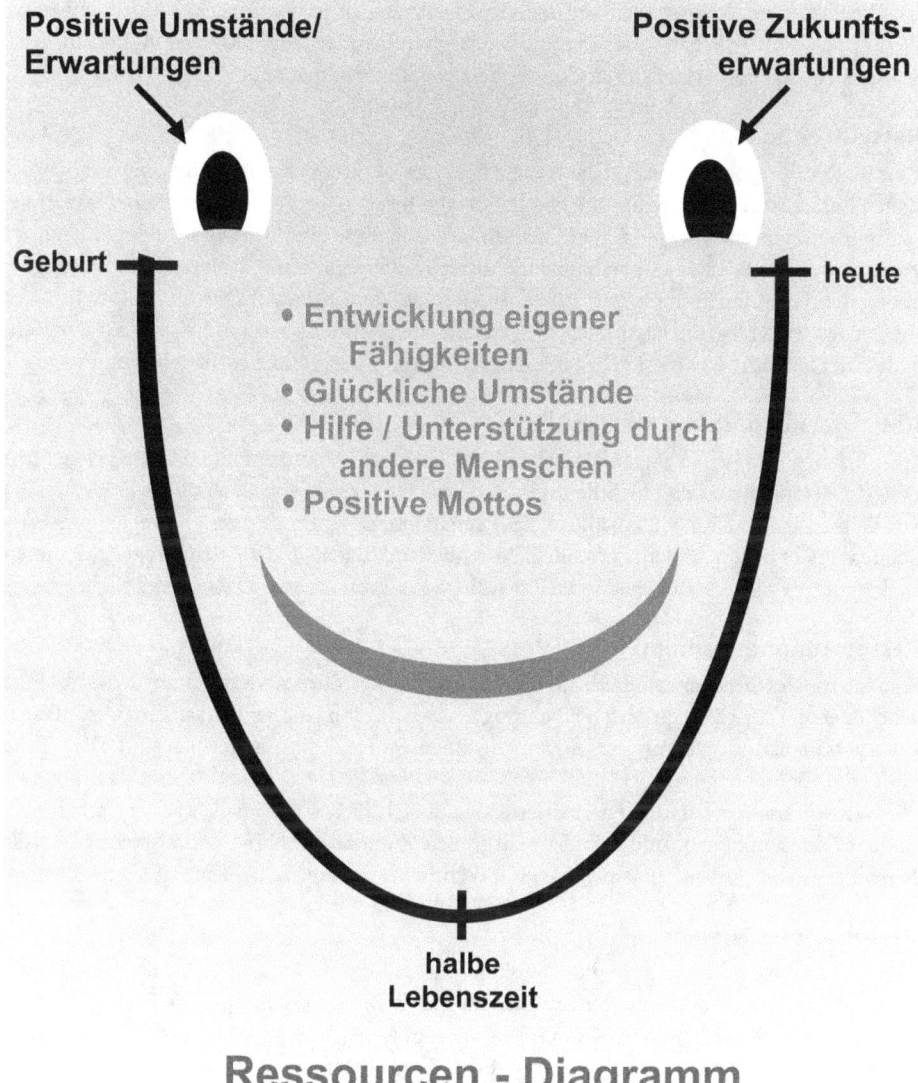

Abb. 6.2 Ressourcendiagramm. (Nach Huber 2005, S. 86)

Ressourcenschatzkiste

Um die Aussage, dass es sich bei den Ressourcen um Schätze handelt, die kostbar und wertvoll sind, zu bekräftigen, können Sie den Flüchtlingen eine Schatzkiste mitgeben, in die Sie Zettel mit den erarbeiteten Ressourcen in Bild- oder Textform hineinlegen können. Sie können die Schatzkiste auch von den Flüchtlingen selbst anfertigen lassen, zumal viele Flüchtlinge sehr gern mit Holz arbeiten. Die Vorteile:

- Es macht Spaß.
- Es handelt sich um eine sinnvolle Beschäftigung, bei der die Flüchtlinge ihr handwerkliches Geschick zeigen und darüber ggf. eine weitere Ressource entdecken können.

– Die Flüchtlinge können die Kiste in der Größe herstellen, in der sie sie benötigen, um zum Beispiel größere Schätze darin aufzubewahren wie Erinnerungsstücke vom Achtsamkeitsspaziergang, Fotos der Familie, Gegenstände aus dem Heimatland.

Ressourcenpost
Eine weitere „Ergebnissicherung" kann darin bestehen, dass die erarbeiteten bzw. bewusst gewordenen Ressourcen auf verschiedene Postkarten geschrieben werden – ggf. mit einer vom traumatisierten Menschen angefertigten Zeichnung –, und diese der Bezugsperson des Flüchtlings gegeben werden. Die Bezugsperson hat die Aufgabe, diese nach und nach zur Post zu bringen, sodass der Flüchtling für ihn unerwartet Post erhält, auf dem etwas Positives über ihn steht. Oder die Bezugsperson legt die Postkarten zu verschiedenen Zeitpunkten zum Beispiel auf sein Bett, sodass der Flüchtling an diesem Tag mit einer positiven Überraschung schlafen geht.

Ressourcenbilderbuch
Gute Erfahrungen haben wir auch mit dem Erstellen eines Ressourcenbilderbuches gemacht, in denen die traumatisierten Flüchtlinge ein Bilderbuch über sich erstellen mit der Frage, was sie von Geburt an an Schönem, Positivem, Kraftspendendem, zu Dankbarkeit Bewegendem, Stärkendem erlebt haben, und dies zeichnen. Anschließend fügen wir die Zeichnungen zusammen und binden sie zu einem Buch, das die Flüchtlinge auf ihrem weiteren Lebensweg begleitet.

Ressourcenpoesiealbum
Ähnlich wie das Ressourcenbilderbuch funktioniert das Ressourcenpoesiealbum, in das alle Mitarbeiter einer Einrichtung, die den Flüchtling kennen, für ihn eine Seite in seinem persönlichen Buch gestalten, und zwar mit Ressourcen, die ihnen am Flüchtling aufgefallen sind. Diese Seite können sie dann noch kreativ gestalten.

Nachteil daran ist, dass der traumatisierte Mensch sich die Ressourcen nicht selbst erarbeitet hat und somit je nach Situation und Befindlichkeit größere Zweifel daran hegen wird, als wenn er sich die Ressourcen selbst erarbeitet und mit seiner Handschrift bzw. in seinem Zeichenstil dokumentiert hat.

Ressourcenbilderwand
Viele Flüchtlinge gestalten gern die Wand über ihrem Bett mit Fotos, die sie mit ihrem Handy gemacht haben und die sie ausdrucken durften. Hier könnten zum Beispiel die Ergebnisse ihrer „Jagd nach Positivem" bzw. ihrer Ressourcentrance im Alltag (s. oben) aufgehängt werden, sodass sie im Bett liegend von ihren Ressourcen in bildlicher Darstellung umgeben sind.

Ressourcengymnastik, Ressourcentanz
Bei der Ressourcengymnastik handelt es sich um eine Körperübung mit dem Ziel, über die Bewegung eine Brücke zu den Ressourcen zu schlagen und sie tiefer zu verinnerlichen.

> **Praxistipp**
>
> „Nicht immer ist Körperarbeit mit traumatisierten Menschen angezeigt." Wenn zum Beispiel „durch die Übungen das Gefühl von Stabilität und Sicherheit verlorengeht oder wenn die Klienten den Eindruck einer Grenzverletzung durch die Körperübungen erhalten, ist die Körperarbeit nicht zu empfehlen" (Hanswille und Kissenbeck 2014, S. 176 f.). Allein der schnellere Puls oder die bewegungsbedingt schnellere Herzfrequenz kann als Trigger wirken, denn in der Regel sind das die körperlichen Symptome, die auch während des traumatisierenden Ereignisses aufgetreten sind (Hanswille und Kissenbeck 2014, S. 176 f.).

Was hat es mit der Ressourcengymnastik auf sich? Dazu werden fünf bis acht der erarbeiteten Ressourcen ausgewählt, und zu jeder Ressource wird eine Bewegung gesucht und einstudiert. Die Ressource „handwerkliches Geschick" könnte zum Beispiel mit einer Sägebewegung hinterlegt werden, die Ressource „Kochen" mit dem imaginären Rühren mit einem Kochlöffel in einem Topf. Diese Bewegungen werden in unterschiedlichem Tempo und in unterschiedlicher Reihenfolge eingeübt. Zusätzlich wird der traumatisierte Mensch eingeladen, sein mit der Bewegung einhergehendes Körperempfinden bzw. sein damit verbundenes Gefühl bewusst wahrzunehmen. Wurden alle fünf bis acht Bewegungen nach und nach einstudiert, kann eine Ressourcenchoreografie entworfen werden. Geplant werden

- Reihenfolge/Ablauf der Übungen inkl. Wiederholungen,
- Intensität der Bewegungen,
- Tempo(-wechsel) und
- passende Musik.

Die Ressourcengymnastik macht insbesondere in der Gruppe viel Spaß, wenn jeder Teilnehmende seine Ressourcenchoreografie „tanzt", zumal Flüchtlinge in der Regel eine große Affinität zum Tanzen, zur Bewegung und zur Musik haben. Darüber hinaus ist es sinnvoll, wenn jeder Teilnehmende seine Choreografie bzw. jede Bewegung mindestens zweimal am Tag durchführt und sich jedes Mal achtsam auf seine Gefühle bzw. die damit verbundenen positiven Erinnerungen und Erfahrungen konzentriert (vgl. Hanswille und Kissenbeck 2014, S. 178 f.).

Ressourcenliste

Eine Ressourcenliste ist eine Liste gefüllt mit angenehmen, als positiv erlebten Aktivitäten. Hier können Sie fertige Listen verwenden, die Sie mit den Flüchtlingen durchgehen – eine Beispielseite zeigt ◘ Abb. 6.3 –, oder selbst eine Liste erstellen (◘ Abb. 6.4). Wenn die Flüchtlinge den Text nicht lesen können, können Sie die Aktivitäten vorspielen oder demonstrieren. Vielleicht mag der eine und andere Flüchtling auch ein Bild dazu malen, sodass die Liste um aussagekräftige Bilder ergänzt wird.

Der Flüchtling hat die Aufgabe, beim Durchgehen der einzelnen Aktivitäten zu prüfen, welche der genannten Aktivitäten von ihm persönlich als positiv empfunden werden, welche für ihn infrage kommen. So entwickelt sich seine ganz individuelle Liste, die zusätzlich von ihm ergänzt werden kann. Der Betroffene beschäftigt sich dann mit der Frage: Welche Dinge, die in meiner jetzigen Lebenssituation möglich sind, empfinde ich als angenehm, was tut mir gut?

Neben der Ausrichtung auf die angenehmen, als positiv empfundenen Dinge des Lebens bietet die Ressourcenliste weitere Vorteile, zum Beispiel wenn es darum geht, eine Belohnung zu suchen. „Wieso Belohnung?", fragen Sie sich jetzt vielleicht. Belohnungen sind für unser Gehirn bedeutungsvoll, das gilt in besonderem Maße für traumatisierte Menschen. Warum?

In ► Abschn. 3.2.2 ging es unter anderem um die Amygdala, den Mandelkern, die sich vor allem darauf konzentriert, Gefahren zu erkennen. Dafür fokussiert sie sich schwerpunktmäßig auf das Negative, das wir erleben, um uns beim nächsten Mal davor schützen zu können, ohne groß nachdenken zu müssen. Verständlich wird das mit dem Jäger und dem Säbelzahntiger der Frühzeit. Stellen Sie sich vor, ein Jäger steht überraschend vor einem der gefährlichsten Tiere der damaligen Zeit. Würde er jetzt anfangen nachzudenken, was er tun soll, wäre es um ihn geschehen. Er hat aber eine Chance, weil die Amygdala den Säbelzahntiger als äußerst gefährlich abgespeichert hat und den Jäger reflexartig dazu veranlasst, Sicherheit zu suchen oder den Speer mit aller Kraft auf den Tiger zu werfen. Das, was die Amygdala macht, ist also absolut sinnvoll. Allerdings beeinträchtigt uns das sehr, wenn wir in unserem Leben nur auf Gefahren und das Negative achten. Hier ist es wie beim Essen. Wenn ich mich nur von Pommes frites und Mayonnaise ernähre, brauche ich mich nicht wundern, wenn mein Körper daraufhin an Gewicht zunimmt. Das, was ich zu mir nehme, was ich konsumiere, hat Auswirkungen und prägt mich. Das gilt nicht

Ressourcenliste bzw. Liste positiver Aktivitäten	
1.	Sich in die Sonne setzen
2.	Vögel beobachten
3.	Einen Tee/Kaffee trinken
4.	Mit Freundin telefonieren
5.	Fußball spielen
6.	Musik hören
7.	Schaumbad bei Musik und Kerzenschein
8.	Backen
9.	Joggen
10.	Einen Spaziergang machen
11.	Ein Stück Schokolade essen
12.	Fahrrad fahren
13.	Ein Gedicht lesen
14.	Mit Freunden verabreden
15.	Im Gras liegen und in den Himmel schauen
16.	Pilze sammeln
17.	Gäste einladen
18.	Kochen
19.	Ins Kino gehen
20.	Buch lesen
21.	Schöne Dinge sammeln
22.	Singen
23.	Fahrräder reparieren
24.	Schlafen
25.	Musikinstrument spielen
26.	Bild malen
27.	Schwimmen gehen
28.	Fotografieren
29.	Jemandem eine Freude machen
30.	Pflanzen versorgen

Abb. 6.3 Ressourcenliste bzw. Liste positiver Aktivitäten

nur für das Essen. Wenn ich nur negative Bilder und Gefahren konsumiere, verliere ich die Freude am Leben. Unser Gehirn hat dann keine Veranlassung, die oben beschriebenen Hormone auszuschütten, denn wir gönnen uns ja keinen Grund zum Glücklichsein. Ich wage hier die These, dass unsere Gehirn auch hier sehr effektiv arbeitet: warum etwas produzieren, wenn es doch gar nicht gebraucht wird?

Umso wichtiger ist es, für glückliche Momente zu sorgen, und genau das geschieht durch die angenehmen Aktivitäten. Dabei wird Dopamin ausgeschüttet, das das „Lustzentrum" im Gehirn,

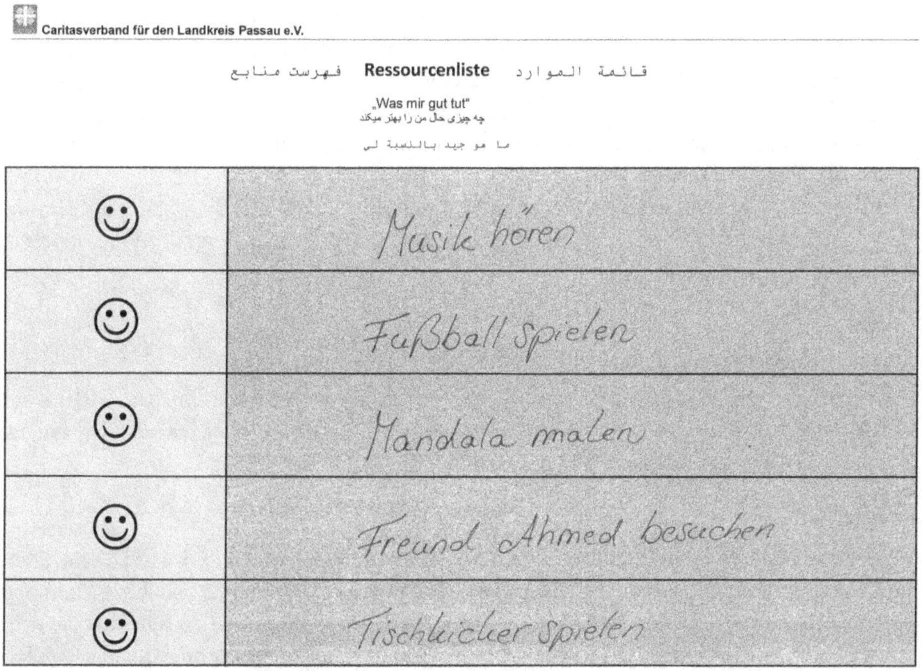

6.2 · Sich selbst erkennen

Caritasverband für den Landkreis Passau e.V.

Ressourcenliste قائمة الموارد فهرست منابع

„Was mir gut tut"
چه چیزی حال من را بهتر میکند

ما هو جيد بالنسبة لي

☺	Musik hören
☺	Fußball spielen
☺	Mandala malen
☺	Freund Ahmed besuchen
☺	Tischkicker spielen

Abb. 6.4 Individualisierte Ressourcenliste bzw. Liste positiver Aktivitäten. Es dürfen deutlich mehr Aktivitäten genannt werden als hier dargestellt. Oft stehen 30 Aktivitäten und mehr auf der Liste, denn je mehr Aktivitäten angegeben sind, desto wirkungsvoller ist sie. Auf diese Weise kann der Flüchtling im Bedarfsfall auf viele angenehme Aktivitäten zugreifen

den Nucleus accumbens, aktiviert. „Hat der Botenstoff an den Rezeptor des Nucleus accumbens angedockt, sendet dieser Erregungspotenziale an andere Gehirnstrukturen, welche dann Zufriedenheit und Freude auslösen" (Kupferschmidt 2011).

Über eine Belohnung konsumiere ich also etwas, auf das Körper und Seele positiv reagieren. Und wenn Körper und Seele einmal in den Genuss gekommen sind, möchten sie mehr davon. Das motiviert uns Menschen zur Wiederholung. Das Glücksgefühl nach dem Joggen oder das wohlige Gefühl nach einem herrlichen Wannenbad im Kerzenschein bei schöner Musik und verführerischen Düften möchte ich noch einmal erleben. Belohnung kann so eine Motivation werden „nach mehr". Genau das brauchen Menschen, bei denen bis dahin das Negative im Mittelpunkt stand.

Allerdings birgt das Belohnungssystem auch eine Gefahr, denn der „Mensch hat (…) gelernt, den Weg zur neuronalen Belohnung abzukürzen: mit Zigaretten, Alkohol, einem Zug an der Crackpfeife oder einer Dosis Heroin, die er sich in die Venen spritzt. Die Drogen greifen auf unterschiedliche Weise in die komplexen Mechanismen des Lustzentrums ein. (…)

Am Ende haben alle Drogen stets denselben Effekt: Die Zellen im Nucleus accumbens, die Dopamin-Rezeptoren auf ihrer Oberfläche haben, werden stärker und länger aktiviert – und das Gehirn signalisiert: Belohnung. Weil Drogen unser Lustzentrum auf diese Art und Weise bis zu zehn Mal intensiver stimulieren als etwa Essen, sind sie ein mächtiger Motivator" (Kupferschmidt 2011).

Das ist neben dem oft unsicheren Bindungsmuster (▶ Abschn. 3.1.2) oft ein Grund dafür, dass traumatisierte Menschen einer Sucht verfallen. Prophylaktisch wirken demnach eine sichere

Bindung bzw. Beziehungsaufbau und Vertrauen sowie das Erlernen und Anwenden positiver Aktivitäten. Und deshalb hat die Frage, wie sich ein Mensch belohnt hat für etwas, das ihm gelungen ist, was er gut gemacht hat, was schon besser ging als sonst, eine große Bedeutung. Häufig kommt dann die Antwort: „Ich weiß nicht ... " Mit der Liste der positiven Aktivitäten wissen sie um einige Belohnungsmöglichkeiten und können das Gute somit zeitnah verstärken, ohne lange nachdenken zu müssen.

Ein weiterer Nutzen der Ressourcenliste besteht darin, dass sie im Umgang mit Gefühlen hilfreich sein kann, konkret bei der Regulation von Gefühlen. Näheres dazu findet sich in ▶ Abschn. 6.3.1.

6.2.3.3 Methoden zur Nutzung von Ressourcen im Alltag

Was nützt es, Ressourcen zu entdecken, wenn sie nicht auch praktisch genutzt werden? Zwar wurde in den vorhergehenden Abschnitten oft auch gleich auf die Nutzung bzw. den Nutzen der Ressourcen verwiesen, doch es sollen noch weitere Möglichkeiten folgen.

Innere Helfer

Viele Menschen nutzen in ihrem Alltag innere Helfer, ohne sich dessen bewusst zu sein. Steht ein Kind zum Beispiel vor der heißen Herdplatte und überlegt, ob es darauf fassen soll, kommen ihm die Worte der Mutter in den Sinn: „Achtung, die Herdplatte kann heiß sein, fass da nicht drauf." In diesem Fall entspricht die Mutter einem inneren Helfer. Dieser muss nicht anwesend sein, dennoch wirkt das, was er gesagt oder getan hat.

Entsprechend können wir innere Helfer in unserem Leben installieren bzw. traumatisierte Menschen darin unterstützen. Innere Helfer müssen nicht real sein. Es können Menschen sein, denen wir in dem Bereich, in dem wir auf sie hören wollen, Kompetenzen einräumen. Es können aber auch Fabelwesen sein – in Metaphern und Märchen oft als „weiser Mann", „weise Frau", „weise Eule" oder „gute Fee" beschrieben –, ebenso Heilige und Engel bzw. Gott selbst, sein Sohn Jesus oder der Heilige Geist, der viele Facetten aufweist – unter anderem auch die eines inneren als auch äußeren Helfers.

> **Praxistipp**
>
> Wichtig ist, wenn es um Gott geht, nicht den Flüchtling zu bitten, ein Bild von ihm zu erstellen, denn sowohl für Muslime als auch für viele Christen gilt das Gebot, sich kein Bildnis von Gott zu machen (Bibel 2. Mose 20, 4/Hadithe).

In schwierigen Momenten, zum Beispiel wenn sich das Gefühl einschleicht, wertlos zu sein, oder wenn man das Gefühl hat, gleich ausrasten zu müssen, kann der Betroffene lernen, innezuhalten und sich zu fragen: Was würde mein innerer Helfer jetzt empfinden? Was würde er jetzt tun? Was würde er sagen, wenn ich mit ihm sprechen würde?

Zum einen geht der Betroffene dadurch ein Stück weit auf Distanz zu der schwierigen Situation, nimmt sich also kurz eine Auszeit, zum anderen besteht die Möglichkeit eines Perspektivenwechsels. Man kann die Situation auch mit anderen Augen sehen und ihr anders begegnen.

Hat der Flüchtling eine Beziehung zu Gott, kann er ihn zusätzlich bitten, ihn zum Beispiel bei einem anderen Verhalten zu unterstützen. Er muss es nicht alleine schaffen; da ist jemand, der ihn liebevoll begleitet.

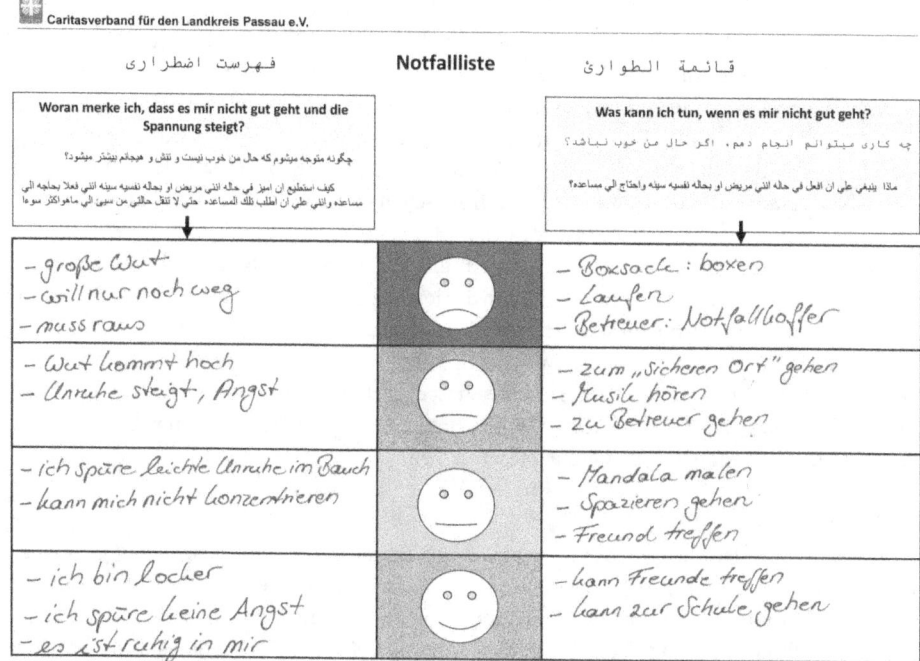

☐ Abb. 6.5 Die Notfallliste funktioniert folgendermaßen: Links notiert der Flüchtling das, woran er merkt, dass seine Spannung steigt, zudem sein Verhalten, seine Gedanken, Gefühle oder Körperwahrnehmungen, die damit verbunden sind. Rechts notiert er das, was er in dem konkreten Fall tun möchte, und greift dabei auf seine Ressourcen(liste) bzw. die Liste mit angenehmen Aktivitäten zurück. (Klinik Hohe Mark, modifiziert durch Autorinnen)

„Taschentherapeut"

Beim „Taschentherapeuten" handelt es sich ebenfalls um einen inneren Helfer, der aber im wahrsten Sinne des Wortes be-greif-bar gemacht wird. Es geht um etwas zum Anfassen und/oder Anschauen. Das kann ein Kettenanhänger sein, der den Flüchtling an ein anderes Verhalten erinnert, zum Beispiel an das, was er in seinem letzten Gespräch mit seiner Bezugsperson besprochen hat, aber auch ein Schlüsselanhänger oder ein Handschmeichler, eine Murmel oder ein kleiner Stein, deren einzige Aufgabe darin besteht, den Flüchtling an das zu erinnern, was er sich vorgenommen hat bzw. an seinen inneren Helfer.

Einen inneren Helfer und „Taschentherapeuten" kann der Flüchtling überall mit hinnehmen. Dadurch ist er weder an einen Ort gebunden noch an die Anwesenheit von bestimmten Personen.

Notfallliste, Spannungsskala

Voraussetzung für die Notfallliste sind folgende zwei Aspekte:
- zum einen das Spüren von Gefühlen bzw. Spannungszuständen (▶ Abschn. 6.2.1),
- zum anderen das Wissen um Ressourcen und positive Aktivitäten (s. oben).

Wie eine Notfallliste konkret aussieht, ist sehr unterschiedlich. Ich selbst verwende sie gern in der Form, wie ich sie in der Klinik Hohe Mark in Oberursel kennengelernt habe (☐ Abb. 6.5). Sie dient der Affektregulation. In der linken Spalte notiert der Betroffene die Intensität seiner Anspannung bzw. die Symptome, die mit der jeweiligen Spannungsintensität verbunden sind, in der rechten Spalte adäquate Maßnahmen, um die Spannung zu senken. Die rechte Spalte kann gelegentlich auch Telefonnummern enthalten, zum Beispiel vom Therapeuten oder Sozialarbeiter in der Einrichtung, und/oder Namen von Freunden, wobei das vorher mit diesen abzuklären ist. An welchen Tagen und zu welchen Zeiten sind sie zum Beispiel erreichbar und wann nicht? Diese Informationen sind äußerst wichtig, denn der Nutzer der Notfallliste sollte in dem Augenblick, in dem er die Skala einsetzt, wirklich die Hilfe erfahren können, die er in der rechten Spalte notiert hat. Damit ist die Skala übrigens für alle Menschen interessant, die einen anderen Umgang mit ihren Gefühlen erlernen wollen.

Indem sich der Flüchtling auf seine Anspannung hin beobachtet bzw. auf die damit einhergehenden Symptome und erkennt, was ihm in der jeweiligen Situation guttut und die Spannung reduziert, lernt er sich immer besser kennen, wird sich seiner immer mehr bewusst (als wichtige Voraussetzung für ein gesundes Selbstwertgefühl) und lernt einen anderen Umgang mit seinen Gefühlen und Spannungszuständen. Dann reagiert er nicht mehr unkontrolliert aus dem Basis- und Triebsystem seines Gehirns heraus (▶ Abschn. 3.1.2), sondern studiert ein neues Verhalten ein, das vom präfrontalen Cortex gesteuert wird.

Notfallkoffer

Vielen traumatisierten Menschen „hilft es, sich einen Notfallkoffer zuzulegen. Dies ist ganz wörtlich gemeint: Eine kleine Tasche, die die wichtigsten Skills beinhaltet. Überlegen Sie also: Was sind Ihre effektivsten Wege zur Ablenkung und Selbstberuhigung unter Hochstress? Packen Sie diese 3–4 Skills in Ihren Notfallkoffer" (Bohus und Wolf 2009, S. 137). Mit Skills sind hier Dinge gemeint, die den Betroffenen darin unterstützen, sein Ziel zu erreichen, sprich den Spannungsabbau. Es geht also darum, für den traumatisierten Menschen einen individuellen Koffer zu packen, mit dem er seinen Alltag bewältigen kann.

Wie wird der Koffer bzw. die Tasche gepackt? Bewährt hat sich folgendes Vorgehen: Bestimmen Sie in Ihrer Einrichtung einen Raum, der ruhig liegt, in dem man sich ungestört unterhalten kann und der eher geruchsneutral ist. Bestimmen Sie in diesem Raum einen Platz, auf dem der Notfallkoffer liegt.

Spürt ein Flüchtling eine große Anspannung und kommt zu Ihnen, können Sie mit ihm in den Raum mit dem Notfallkoffer gehen. Nun öffnen Sie den Koffer und lassen ihn ausprobieren, was ihm im jetzigen Augenblick guttut und was ihm hilft, die innere Spannung abzubauen. Da das eine Weile dauern kann, setzen Sie sich dazu am besten hin.

Tut dem Flüchtling das Rosenöl gut, träufeln Sie etwas davon auf einen Tupfer und geben Sie ihm diesen mit. Dann kann er zur Ent-Spannung immer wieder daran riechen. Ein anderer wählt vielleicht Tabasco und trinkt – je nach Anspannung – einige Tropfen oder auch deutlich mehr davon.

Ist die Spannung so weit gesunken, dass es dem Flüchtling wieder besser geht, können Sie mit ihm an der Notfallliste bzw. der Spannungsskala arbeiten, sofern das nicht schon im Vorfeld geschehen ist. Anschließend können Sie zusammen seinen ganz individuellen Koffer packen. Bei dem einen ist zum Beispiel Tabasco drin, bei dem anderen ein Igelball. Empfohlen sind drei bis vier Utensilien, mit deren Hilfe der Betroffene seine Spannung senken und sein Wohlbefinden erhöhen kann.

Inhalte eines Notfallkoffers können sein (◘ Abb. 6.6):
- *Ressourcium*, das Kartenspiel von Michaela Huber (s. oben),
- verschiedene Öle und Tupfer/Kompressen (viele Flüchtlinge empfinden Rosenöl als besonders angenehm, da es in ihren Kulturen mit etwas Positivem verbunden wird, zum Beispiel mit der Geburt eines Kindes oder mit der Ankunft von Gästen, die zum Händewaschen Rosenwasser gereicht bekommen),

■ Abb. 6.6 Notfallkoffer (© Fabian Sommer). Er sollte nur Dinge enthalten, die beim traumatisierten Menschen mit positiven Aktivitäten assoziiert sind und somit dem Spannungsabbau dienen.

- Postkarten mit beruhigenden Motiven/Meditationsübungen,
- Armreife in Ampelfarben als Erinnerung an die Spannungsskala (in welchem Bereich befinde ich mich gerade?),
- Gummibänder zum Schnalzen lassen (der leichte Schmerz wird als angenehm empfunden, jedoch gilt es aufzupassen, dass keine Verletzungen entstehen und es nicht zu Einschnürungen kommt),
- Fingerringe, die auf Druck wehtun,
- Schwimmnudel, mit der man auf ein Kissen oder einen Stuhl schlagen kann,
- Igelbälle,
- Fisherman's friend,
- Tabasco,
- Wasabi-Paste,
- Eis/Coolpack,
- Sudoku/Kreuzworträtsel,
- Kontaktdaten von Freunden, Therapeuten.

6.2.3.4 Die Gruppe als Ressource in Flüchtlings- und Integrationseinrichtungen

„Unser Gehirn reagiert auf eigentümliche Weise. Das menschliche Wesen besteht aus Gewohnheiten. 95 % unserer Reaktionen sind durch vorausgegangene Erfahrungen automatisiert (Smith 1996). Das bedeutet, dass bestimmte Stimuli voraussehbare Reaktionen auslösen" (Beaulieu 2005, S. 19). Und es bedeutet, dass ich das, was ich als Gewohnheit angenommen habe, nicht so schnell ändere, und ich mich – vorausgesetzt, es waren positive Erfahrungen – freue, wenn ich in einem fremden Umfeld auf etwas Gewohntes, Vertrautes treffe. Das schafft eine Verbindung, die sonst nicht möglich gewesen wäre. Dazu ein Beispiel von Dani Beaulieu (2005, S. 20): „Seit langem fahre ich in den Schulferien mit meinem Sohn nach Kuba. Im letzten Jahr, als ich mit Jordane am Strand war und wir uns unterhielten, kam plötzlich jemand hinzu: ‚He! Salut! Kommt ihr aus Quebec?', fragte dieser Fremde auf vertraute Weise. Er hatte" etwas Gewohntes „erkannt, denn wir sprachen in dem spanisch sprechenden Umfeld den Dialekt von Quebec. Niemals hätte uns diese Person zu Hause so kameradschaftlich angesprochen." Das Vertraute schafft eine Annäherung. Und so ist es auch bei den Flüchtlingen. Viele von ihnen hätten in ihrem Heimatland vermutlich kaum Kontakt gehabt, aber in den Flüchtlingseinrichtungen oder als Flüchtlinge in einem Kindergarten, einer Schule, in einem Land, das verbindet, das schafft Annäherung. Entsprechend wichtig ist die Gruppe von Flüchtlingen für den Einzelnen. Er spürt: Ich bin nicht allein. „Die Wiederanknüpfung sozialer Bindung beginnt mit der Entdeckung, dass man nicht alleine ist. Nirgendwo spürt" ein traumatisierter Mensch „dies so unmittelbar und in so überzeugender Deutlichkeit wie in einer Gruppe (Herman 2006)" (Bausum 2013, S. 194).

Ghettoisierung

Die Gruppe in der Flüchtlingsarbeit birgt neben vielen positiven Aspekten auch Gefahren, zum Beispiel das Fortführen von Stammesfehden und die Ghettoisierung.

Bei den Stammesfehden handelt es sich um kämpferische Auseinandersetzungen zwischen Stammesgruppen (▶ Abschn. 1.3.1). Unter Ghettoisierung versteht man ein Sichabschotten einer Randgruppe – wozu die Allgemeinheit der Flüchtlinge in Deutschland ebenso gehört wie die einzelnen religiösen und ethnischen Gruppen unter den Flüchtlingen – in ihrer eigenen (Sub-)Kultur, was eine Integration schwermacht. Gerade weil die Reaktionen eines Menschen zu 95 Prozent auf Gewohnheiten basieren, streben die Menschen einer Kultur, Religion oder ethnischen Gruppe nach Zusammenhalt in diesem Vertrauten.

Für Sie als Mitarbeiter in einer Flüchtlingseinrichtung bzw. einem Kindergarten oder einer Schule ist es wichtig, die positiven Aspekte der Gruppe zu befördern und gleichzeitig darauf zu achten, dass weder eine Abschottung geschieht noch ein Fortsetzen von kämpferischen Auseinandersetzungen zwischen Stammesgruppen. Dazu trägt ein Vertrautmachen mit der Kultur und Religion bzw. den Kulturen und Religionen, die in Deutschland gelebt werden, bei. Das geschieht zum Beispiel in Form von Unterricht in den Flüchtlingseinrichtungen, in denen die deutsche Kultur, ihre Werte, das Grundgesetz, die demokratische Grundhaltung gelehrt und praktisch eingeübt werden. Beispielsweise kann eine Frau hier lernen, von einem Mann mit Handschlag begrüßt zu werden, und dass es kein Affront ist, wenn er ihr dabei in die Augen schaut, sondern wertschätzende Höflichkeit. Ebenso geschieht das Vertrautmachen in Form von Ausflügen in die deutsche Kultur, zum Beispiel Ausflüge in die Städte mit praktischen Erfahrungen: Wie funktioniert das Einkaufen, das Bestellen einer Tasse Tee oder Kaffee hier? Wie gehen Männer und Frauen miteinander um? Wie wird Demokratie gelebt? Ebenso sind Begegnungsstätten wichtig, in denen sich Gleichaltrige treffen und kennenlernen sowie den Austausch unter Einhaltung demokratischer Grundwerte pflegen können. Das baut die Angst auf beiden Seiten ab, schafft peu à peu etwas Vertrautes.

❓ Zum Nachdenken

Nicht nur die Flüchtlinge sind zu 95 Prozent „Gewohnheitswesen", sondern auch wir Mitarbeiter. Entsprechend wichtig sind deshalb unter anderem folgende Fragen:
- Wie offen bin ich für andere Kulturen?
- Wie viel Geduld bringe ich mit, wenn es darum geht, dass die Flüchtlinge die deutsche Kultur, Sprache etc. erlernen?
- Wie offen bin ich in meinem Alltag für Neues? Bewege ich mich nahezu ausschließlich in vertrauten Kreisen? Wenn ja, könnte es für die Arbeit mit den Flüchtlingen hilfreich sein, neue Erfahrungen zu machen und zu schauen, wie es einem dabei geht. Dann bekommt man eine Ahnung davon, was es bedeutet, Flüchtling in anderen Kulturen zu sein.

Gruppenpädagogik

„Eine Gruppe setzt sich aus einer Anzahl von Personen zusammen, die in einem bestimmten Zeitraum durch relativ regelmäßige und feste Beziehungen miteinander in wechselseitiger Verbindung stehen" (Fallenstein 2013). Insbesondere in Einrichtungen für unbegleitete minderjährige Flüchtlinge sollte nicht auf die Ressource einer Gruppe verzichtet werden, jedoch wäre sie auch in Einrichtungen mit traumatisierten Erwachsenen absolut wünschenswert.

Menschen mit traumatischen Erfahrungen brauchen Bindungssicherheit und Vertrauen. Diese können sie mithilfe von Mitarbeitern in den Einrichtungen aufbauen, aber vor allem auch in Gruppen von Gleichaltrigen bzw. Gleichbetroffenen. Über das Wissen, dass die anderen in der Gruppe Gleiches oder Ähnliches erlebt haben, „entsteht die Bereitschaft, sich mit den Auswirkungen der eigenen Traumasymptome auseinanderzusetzen, Rückmeldungen der Gruppe zuzulassen und diese auf dem Weg zum neuen, eigenen Ich zu integrieren. Die Teilhabe an einer kohärenten Gruppenatmosphäre, in der Beziehungen klar definiert sind, bietet traumatisierten" Menschen „die Möglichkeit, wieder Vertrauen, Sicherheit, Selbstwirksamkeit und Zuversicht zu empfinden" (Bausum 2013, S. 195).

Dabei haben die Mitarbeiter darauf zu achten, dass die Gruppe nicht zu groß ist, dass sie konstant bleibt – ohne große Fluktuation der Gruppenmitglieder – und dass es hier zu keinen weiteren Traumatisierungen kommt. Alle Gruppenteilnehmer müssen lernen, erfahren und spüren können, dass sie sicher und gut aufgehoben sind. Dafür bedarf es positiver Erfahrungen. Entsprechend achten die Mitarbeiter darauf, dass niemand bloßgestellt oder anderweitig verletzt wird. „Es ist Aufgabe der" Mitarbeiter, „dafür zu sorgen, dass die" Teilnehmenden „wissen, wie Beziehungsangebote gestaltet werden, welche Strukturen, Regeln, Konsequenzen und Arbeitsweisen in ihrer Gruppe gelten" (Bausum 2013, S. 195), und auf ihre Einhaltung zu achten.

Ob es darum geht, Bindungssicherheit aufzubauen, sich wertgeschätzt und angenommen zu fühlen oder ein Korrektiv zu haben, dem der Flüchtling vertraut, für all dies ist eine Gruppe wertvoll und daher eine wichtige Ressource.

Gruppenangebote

Bei den Gruppenangeboten können Sie absolut kreativ sein. Anbei einige Beispiele.

Reflexionsrunde

Bei der Reflexionsrunde für traumatisierte Flüchtlinge handelt es sich um eine weitgehend geschlossene Gruppe, an denen nur Flüchtlinge mit traumatischen Erfahrungen teilnehmen sollten. Die Leitung sollte in den Händen von erfahrenen Traumatherapeuten oder Traumapädagogen liegen, denen nach Möglichkeit Übersetzer und weitere Mitarbeiter zur Seite stehen, da sich hier das innere Chaos mehrerer traumatisierter Menschen mehr oder weniger gleichzeitig zeigen kann, auf das es einerseits voller Verständnis, andererseits aber auch Sicherheit vermittelnd, reorientierend und Grenzen setzend zu reagieren gilt. Hier kommen alle Maßnahmen aus ▶ Kap. 5, ▶ Kap. 6 und ▶ Kap. 7 zur Anwendung, von denen die in der aktuellen Situation adäquaten anzuwenden sind. Zudem haben alle traumatisierten Menschen erlebt, dass ihre Würde missachtet wurde, und noch nicht alle haben für sich den Weg der Heilung gefunden, was zu verschiedenen Formen des Einforderns von Ehre, Würde und Recht führen kann, unter anderem zur Anwendung von Gewalt (▶ Abschn. 7.1.5).

Die Gruppe trifft sich regelmäßig, nach Möglichkeit täglich. Hier müssen sich die Gruppenteilnehmer „mit ihrem Verhalten und dem Verhalten der anderen (…) auseinandersetzen und sich überlegen, wie sie einzelne Situationen des Tages in akzeptables bzw. nicht akzeptables Verhalten einordnen. Fehleinschätzungen werden nicht nur durch die" Mitarbeiter „aufgedeckt und korrigiert, sondern vor allem auch von" den anderen Männern und Frauen bzw. „Kindern und Jugendlichen in der Gruppe. Diese Rückmeldungen haben einen" enorm hohen Stellenwert, da sie von Gleichaltrigen bzw. Menschen, die ähnliche Erfahrungen gemacht haben, kommen. Die Gruppenteilnehmer „lernen neben dem Geben und Empfangen von Feedback, auch eigene Gefühle und Meinungen zu verbalisieren. Sie können Selbstkritik üben und sich bei anderen Gruppenmitgliedern für abwertendes, übergriffiges oder gewalttätiges Verhalten entschuldigen. Sie haben hier aber auch die Möglichkeit, zu lernen sich selbst zu loben und auf etwas stolz zu sein" (Bausum 2013, S. 195).

In der Gruppe werden die Teilnehmenden mit ihren verschiedenen Persönlichkeitsanteilen konfrontiert (▶ Abschn. 3.2.2). Da sie alle aufgrund eigener Erfahrungen wissen, wie es sich anfühlt, traumatisiert zu sein, und über das, was im Körper bei einer Traumatisierung passiert, informiert sind (▶ Abschn. 6.2.5), können sie hier einen wertschätzenden Umgang mit den anderen Gruppenmitgliedern, aber auch mit den eigenen Anteilen lernen. Ein Beispiel: Samir beschimpft Yasin in der Reflexionsrunde aufs heftigste. Yasin rutscht auf seinem Stuhl hin und her und möchte am liebsten aufspringen. Mohammad hält ihn fest und äußert, dass er die Beschimpfung nicht persönlich nehmen soll, er wisse doch, dass Samir immer Probleme mit ihm habe, denn sein auf der Flucht verstorbener Bruder habe ebenfalls Yasin geheißen und nun fühle er sich von diesem im Stich gelassen.

Für einen Neuankömmling mag es zunächst schwer sein, sich zu beteiligen, dennoch sollte nicht darauf verzichtet werden, ihn in die Gruppe einzubinden und in jeder Runde etwas sagen zu lassen. Es mag am Anfang etwas holperig sein, aber mit Unterstützung der Gruppe wird verständlich werden, was er sagen möchte. Dadurch wird er lernen, Hilfe anzunehmen und nicht der Macho sein zu müssen, zu dem er in seiner Kultur vielleicht erzogen wurde. Und er spürt die Wertschätzung seiner Person gegenüber: Die Gruppe möchte wissen, was er zu sagen hat.

Sonstige Gruppenangebote

Neben den regelmäßigen Reflexionsrunden können weitere Gruppen angeboten werden:
- Psychoedukationsgruppen (▶ Abschn. 6.2.5),
- soziales Kompetenztraining in der Gruppe, um zum Beispiel Selbstwirksamkeit und Selbstvertrauen zu fördern, aber auch Zurückhaltung und Rücksichtnahme,
- interkulturelles Kompetenztraining, um eine Brücke zwischen den Kulturen zu schlagen,
- kreative bzw. ergotherapeutische Gruppen, in denen gemalt, mit Speckstein, Holz, Perlen, Ton usw. gearbeitet wird, um die traumatisierten Menschen spüren zu lassen, was sie alles können und somit das Selbstwertgefühl zu stärken bzw. auch anzunehmen, in manchen Bereichen mittelmäßig sein zu dürfen. Das gilt auch für:
- Sportgruppen (bei traumatisierten Kindern vor allem Ball- und Bewegungsspiele),
- Musikgruppen,
- Koch-/Backgruppen,
- Deutschgruppen zum Erlernen der deutschen Sprache,
- Spielgruppen zum freien oder angeleiteten Spiel einschließlich Kommunikations- und Interaktionsspiele.

Praxistipp

Mitarbeiter in Einrichtungen mit traumatisierten Flüchtlingen sollten darauf achten, dass die Kommunikation in ihren Einrichtungen wertschätzend geschieht, auch wenn das bei ggf. vielen Hundert Flüchtlingen nicht allumfassend möglich sein wird. Im Rahmen der Gruppenpädagogik bzw. der Gruppe als Ressource sowie sonstigen Gruppenangeboten ist es aber unerlässlich, die Gruppenprozesse wahrzunehmen und in

> den regelmäßigen Gesprächen aufzugreifen. Die Mitarbeiter „sind verantwortlich für die Sicherheit, den Schutz und die Wahrung von Intimität der gesamten Gruppe und jedes einzelnen Gruppenmitglieds. Ihre Aufgabe ist das Installieren eines *'Wir-Gefühls'* und einer *'Gruppenkultur'* zur positiven Identifikation der" Mitglieder „mit ihrer Gruppe. Dabei ist es wichtig", jedes Gruppenmitglied „als Individuum mit eigenen speziellen Bedürfnissen wahrzunehmen." Die Mitarbeiter „müssen sich auf Gruppenprozesse einlassen, sich einmischen und als Person präsent und verfügbar sein" (Bausum 2013, S. 197).
> Zudem sind die Mitarbeiter verantwortlich für die Durchsetzung der Regeln in den Gruppen und der Durchführung angekündigter Konsequenzen bei Nichteinhaltung, wobei alle an einem Strang ziehen müssen.

6.2.4 Innere Bilder

Um sich selbst annehmen und ein Selbstwertgefühl entwickeln zu können, bedarf es Selbstbewusstsein im Sinne von „sich seiner selbst bewusst sein", also achtsam mit sich und seinen Gefühlen, Gedanken und Bedürfnissen umgehen, sie spüren und annehmen. Das ist für nicht traumatisierte Menschen manchmal schon nicht so einfach, um wie viel schwieriger aber für Menschen, die mit Ereignissen konfrontiert wurden, die ihre individuellen Verarbeitungsmöglichkeiten überstiegen haben, sodass verschiedene Persönlichkeitsanteile in diesem Menschen entstanden sind (▶ Abschn. 3.2.2).

Das bedeutet, dass der traumatisierte Mensch ein Selbstbewusstsein hinsichtlich seiner Anteile entwickeln muss, um sie annehmen zu können als Voraussetzung für ein gesundes Selbstwertgefühl. Damit ist es aber nicht getan, denn die Anteile sind mit der Annahme ja nicht verschwunden, sondern weiterhin äußerst wirksam. In ▶ Kap. 3 wurde beschrieben, wie die traumatisierten Anteile in der traumatisierenden Situation stecken geblieben sind, somit die Gedanken, Gefühle, die Körperhaltung und auch den Handlungsimpuls dieser Situation in sich tragen. Und in ▶ Abschn. 6.3.1. können Sie lesen, dass Emotionen Programmen gleichen, die automatisch ablaufen, wenn ein Auslöser gedrückt wurde. Wenn bei einem Menschen ein solches unbewusst und automatisch ablaufende Programm in Gang gesetzt wurde, ist er oft selbst überrascht, und nicht selten kommt Angst dazu. Die Betroffenen fragen sich, warum sie handeln, wie sie handeln, sie fühlen sich nicht normal und vermuten etwas Böses in sich. Und sie fühlen sich ihren Anteilen und/oder Gefühlen hilflos ausgeliefert. Sie spüren, dass es etwas gibt, das sie nicht unter Kontrolle haben, und auch das macht Angst.

Die traumatisierten Persönlichkeitsanteile sind also in dem traumatisierenden Ereignis stecken geblieben. Sie haben noch nicht mitbekommen, dass sich Zeiten geändert haben, dass aus dem Kind ein Erwachsener geworden ist, aus dem Hilflosen ein Mensch, der nicht mehr hilflos ist, der gut für sich sorgen kann, wenn das, was ihn innerlich davon abhält, erkannt wurde.

Und so ist das Erkennen ein ganz wesentlicher Schritt auf dem Weg der inneren Heilung. Dabei geht es aber nicht um die Erinnerung an das traumatische Ereignis, sprich die Traumakonfrontation, diese ist nur Psychotherapeuten mit entsprechender Qualifikation vorbehalten. Es geht um das, was sich durch das Trauma innerlich verändert hat. Es geht darum, das Innere kennenzulernen und anzunehmen. Und dann gilt es für den traumatisierten Flüchtling zu prüfen: Was davon bin ich wirklich, und was davon gehört vielleicht gar nicht zu mir, sondern ist dem Überleben geschuldet? Was gehört zum Trauma und damit in die Vergangenheit, und was gehört zum Heute?

Im Folgenden möchte ich drei Methoden schildern, wie innere Anteile bewusst gemacht werden können (Roderus 2011, S. 215 ff.): Erarbeiten eines Außen- und eines Innenbildes, Malen des eigenen Herzens sowie eines Bildes, das das momentane Innere wiedergibt.

Diese Methoden können auch genutzt werden, um in Richtung Traumakonfrontation zu arbeiten, doch darum soll und darf es hier nicht gehen, denn – ich möchte es noch einmal wiederholen – die Traumakonfrontation ist ausschließlich Therapeuten mit entsprechender

> **Praxistipp**
>
> Voraussetzung für die Arbeit mit dem Inneren sind Bindungssicherheit und Vertrauen. Das heißt, es muss eine Beziehung gewachsen sein, und das wiederum ist nur möglich, wenn sich Mitarbeiter und Flüchtling in relativ kurzen Zeitabständen regelmäßig treffen. Meine Erfahrung ist die, dass es nicht selten ein Jahr und länger dauert, bis in der Traumabegleitung mit der Arbeit am Inneren begonnen werden kann.
>
> Eine zweite Voraussetzung ist die Stabilität des traumapädagogischen Mitarbeiters. Er muss Sicherheit ausstrahlen und dem traumatisierten Menschen durch seine Sicherheit Halt geben. Zu empfehlen sind zuvor auf jeden Fall Fort- und Weiterbildungen, in denen das Arbeiten mit inneren Bildern praktisch eingeübt wird, damit es zu keinen unbeabsichtigten Traumakonfrontationen und Retraumatisierungen kommt.
>
> Eine dritte Voraussetzung ist die Fähigkeit des traumatisierten Menschen, mit vermehrtem Stress umgehen zu können, und das Vorhandensein einer gewissen Stabilität sowie die Fähigkeit zur Reorientierung.
>
> Daran schließt sich die vierte Voraussetzung an: Inwieweit ist der traumatisierte Mensch bereit, mehr über sich zu erfahren? Darf er das jetzt schon wissen? Und wie viel darf er davon wissen? Blockaden sind immer ernst zu nehmen und mit Wertschätzung zu begegnen, denn auch sie machen Sinn. Als Begleitperson darf ich den Menschen ermutigen, ich darf Sparringpartner in der Realität sein, aber ich darf niemals einen traumatisierten Menschen zu etwas zwingen oder ihn überreden. Allein der traumatisierte Mensch und sonst niemand weiß, was gut für ihn ist. Das gilt es zu respektieren, und somit halte ich mich in den Gesprächen an das Tempo, das der traumatisierte Mensch vorgibt.
>
> Es gilt sehr genau abzuwägen, ob man einen traumatisierten Menschen die Bilder in Abwesenheit ihrer traumapädagogischen Begleitperson malen lässt oder in ihrer Anwesenheit, um ggf. reorientierend einwirken zu können (vgl. Roderus 2011, S. S. 215 ff.).

> **? Zum Nachdenken**
>
> Gerade haben Sie gelesen, dass eine Voraussetzung für die Arbeit mit dem Inneren die Stabilität des traumapädagogischen Mitarbeiters ist. Er sollte Sicherheit ausstrahlen und dem traumatisierten Menschen durch seine Stabilität Halt bieten (▶ Abschn. 5.3.2). Vielleicht mögen Sie sich einmal fragen, wie das bei Ihnen aussieht:
> - Wie gut kenne ich mich?
> - Wie gut kann ich mich und mein Leben bzw. den Menschen, der er dadurch geworden ist, annehmen?
> - Wie stabil bin ich in meinen Gefühlen, Gedanken und Handlungsimpulsen?
> - Wenn ich der traumatisierte Mensch wäre und würde mir als Mitarbeiter begegnen, würde ich bei mir Halt und Sicherheit erfahren?

6.2 · Sich selbst erkennen

◘ Abb. 6.7a   Außenansicht
© Ulrike Imm-Bazlen
◘ Abb. 6.7b   Innenansicht
© Ulrike Imm-Bazlen

Qualifikation vorbehalten (▶ Kap. 4). Es geht ausschließlich darum, die inneren Anteile kennenzulernen, um so auch das eigene Verhalten und sich selbst besser kennenzulernen, sich zu verstehen als Voraussetzung für Selbstannahme und eine bewusste Entscheidung zur Veränderung.

6.2.4.1   Erarbeiten eines Außen- und eines Innenbildes

Beim Erstellen eines Außenbildes und eines Innenbildes geht es um Gedanken und Gefühle des Betroffenen.
- Was meint er zum Beispiel darüber, wie er nach außen wirkt, wie Familienmitglieder, Mitschüler, Arbeitskollegen und Freunde ihn sehen?
- Und wie sieht er sich selbst? Unterstützend kann hier die Frage sein, welche Rollen er in seinem Leben innehat, welche verschiedenen Bereiche bzw. Aspekte seiner Persönlichkeit er wahrnimmt.

In der Regel besteht eine auffällige Diskrepanz zwischen dem Außen- und dem Innenbild (◘ Abb. 6.7a und b). Während das Außenbild in der Regel einen gut funktionierenden intakten Menschen zeigt, auch wenn er vielleicht nicht ganz „dazugehört", zeigen Innenbilder oft etwas Verstörendes, Zerstörerisches.

> **Praxistipp**
>
> Beim Malen ist es gut, es einfach geschehen zu lassen, ohne zu viel darüber nachzudenken, um auch dem Unbewussten Raum zu geben. Im Gespräch kann dann gefragt werden, ob der traumatisierte Mensch darüber reden möchte, zum Beispiel über die Gedanken und Gefühle, die er beim Malen der einzelnen Aspekte hatte, um so nicht allein die Persönlichkeitsanteile, sondern auch die damit verbundenen Gedanken, Gefühle und Handlungsimpulse besser verstehen zu können.

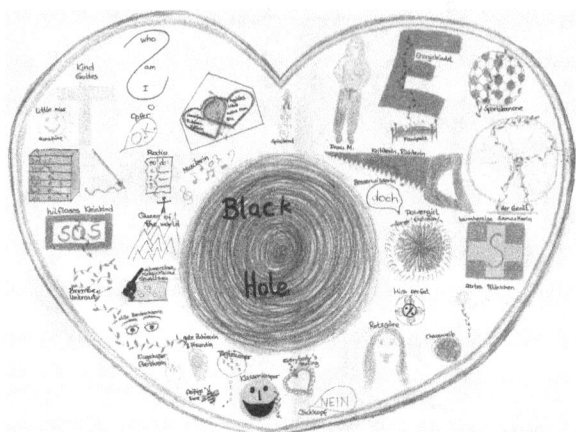

◘ **Abb. 6.8** Beispiel für die Darstellung des eigenen Herzens mit dem, was darin enthalten ist. Im nachfolgenden Gespräch wurde darauf eingegangen, mit welchen Gefühlen, Gedanken und Handlungsimpulsen die einzelnen Anteile verbunden sind und wie sie heißen könnten. Anschließend sind wir der Frage nachgegangen, wie die einzelnen Anteile voneinander erfahren können.
© Ulrike Imm-Bazlen

6.2.4.2 Malen des eigenen Herzens

Eine weitere Möglichkeit, das Innere zu entdecken, besteht im Malen des eigenen Herzens, und zwar mit allem, was sich darin befindet, sofern es sich der Betroffene bewusst machen kann. Mich erstaunt immer wieder, wie unterschiedlich diese Bilder ausfallen und über wie viel innere Weisheit die Betroffenen verfügen. Ein Beispiel zeigt ◘ Abb. 6.8.

6.2.4.3 Malen eines inneren Bildes

Das Malen eines inneren Bildes kann sich auch darauf beziehen, was zum Zeitpunkt des Malens im Inneren eines Menschen besonders wirksam ist (◘ Abb. 6.9).

> **Praxistipp**
>
> Während Sie mit dem traumatisierten Flüchtling über seine Bilder sprechen, achten Sie auf die nötige Distanz zum Traumageschehen und beobachten den Betroffenen, um rechtzeitig eine zu große Nähe zum traumatisierenden Ereignis erkennen und ihn ggf. rechtzeitig reorientieren zu können (▶ Abschn. 7.1.3).
> Es lässt sich nicht immer vermeiden, dass Flüchtlinge über die traumatisierenden Ereignisse sprechen (müssen), zum Beispiel im Rahmen eines Aufnahmegesprächs in einer Einrichtung oder beim Stellen eines Asylantrags. Dann ist die Frage von Bedeutung, *wie* sie darüber sprechen. Nach Möglichkeit sollte eine Retraumatisierung vermieden werden, weshalb es wichtig ist, darauf zu achten, dass sich die Flüchtlinge mit traumatischen Erfahrungen mit einer inneren Distanz zum traumatisierenden Ereignis äußern. Das bedeutet, den Flüchtling zum Beispiel nicht in der Ich-Form sprechen zu lassen („Dann habe ich gesehen, wie ... "), sondern gleich zu intervenieren, wenn er es tut, und ihn immer wieder dazu anzuleiten, in einer beschreibenden Form zu reden, so als ob ein Film über ihn gedreht worden wäre, den er nun beschreibt. Zum Beispiel: „In dem Film geht es um einen Jungen. Am Anfang des Films ist zu sehen, wie er mit seiner Mutter spielt. Er hat ein rotes T-Shirt

■ **Abb. 6.9** Die fünf Kinder, die in Zellen gesperrt wurden, stehen für verschiedene eingesperrte Anteile, beispielsweise die Würde. Davor sitzt ein Wächter, der es gut mit den Anteilen in den Zellen meint. Er möchte sie vor neuer Entwürdigung schützen. Dass er es heute nicht mehr tun muss, weil das traumatisierende Ereignis nicht mehr besteht, der Mensch in Sicherheit ist, hat er noch nicht verstanden. (Mit freundlicher Genehmigung aus Roderus 2011)

und eine blaue Hose an ..." Dabei sollte es nicht um Details gehen, was zum Beispiel er genau gesehen oder wie es gerochen hat, denn um detailliert beschreiben zu können, muss er sich in die Situation hinein begeben oder zumindest eine Nähe dazu herstellen, was ja gerade vermieden werden soll. Es ist wichtig, sich dabei wirklich auf das Wesentliche zu beschränken.

Damit der Übersetzer nicht unwissentlich in der Ich-Form übersetzt oder Fragen näheschaffend formuliert, sollte er im Vorfeld über das Vorgehen und die Hintergründe informiert werden.

Nimmt die Nähe zum Trauma zu, muss rechtzeitig mit Distanzierungstechniken, Übungen zur Reorientierung oder der Übung des sicheren Ortes (▶ Abschn. 7.1.3) begonnen werden. Ergreifen Sie dabei die Führung und erwarten Sie nicht, dass der traumatisierte Mensch Sie darum bittet, denn das kann er zu diesem Zeitpunkt in der Regel nicht mehr.

Sie können sich auch entscheiden, nach jedem Gespräch, in dem traumatisierende Ereignisse zur Sprache gekommen sind, eine Übung zur Reorientierung folgen zu lassen bzw. dem Flüchtling Alltagsfragen zu stellen, um ihn wieder im Hier und Jetzt sein zu lassen. So könnten Sie zum Beispiel nach dem Datum des heutigen Tages fragen und danach, was der Betroffene gleich machen will. Ebenso könnten Sie aber auch noch eine kurze Rechenaufgabe stellen.

6.2.5 Psychoedukation

Der Begriff *educare* kommt aus dem Lateinischen und bedeutet so viel wie „bilden", „erziehen". Bei der Psychoedukation geht es darum, Wissen zu vermitteln, damit Menschen lernen, sich selbst besser zu verstehen, denn Wissen und Verstehen vermitteln Sicherheit.

Was gilt es zu wissen und zu verstehen? Zum einen ganz grundsätzlich, wie Traumata entstehen, wie sie sich im Körper eines Menschen auswirken, welche Konsequenzen sie für den Alltag haben können und es sich um ganz normale Reaktionen auf etwas handelt, das nicht normal war. Diese Informationen werden im Rahmen von psychoedukativen Gruppen oder Einzelgesprächen gegeben. Inhalte der Psychoedukation können sein (vgl. zum Beispiel Roderus 2011, S. 173, 175 ff.):

- Individuelle Bewältigungsmöglichkeiten (▶ Abschn. 3.1.2).
- Ursachen der Traumatisierung (▶ Abschn. 3.1.1).
- Traumafolgestörungen bzw. Störungsbilder (▶ Abschn. 3.3).
- Sinn der Symptome, zum Beispiel Schutz oder Maßnahmen zur Überlebenssicherung. Symptome, die der Mensch aufgrund traumatisierender Ereignisse zeigt, sind absolut nachvollziehbar und logisch. Der Betroffene ist normal und nicht verrückt, wie er selbst manchmal denkt. Deshalb ist die folgende Botschaft enorm wichtig: Du bist nicht verrückt. Das, was dir wiederfahren ist, ist verrückt. Das hätte nicht geschehen dürfen. Dir ist etwas Schlimmes angetan worden, du hast Schlimmes erlebt. Du hast reagiert, um zu überleben.
- Bedeutung von und Umgang mit Gefühlen einschließlich Angstkreislauf (▶ Abschn. 6.3.1).
- Bedeutung von Gedanken und Bedürfnissen (▶ Abschn. 6.3.2 und ▶ Abschn. 6.3.3).

Zudem ist die Information von großer Bedeutung, dass nichts bleiben muss, wie es ist. Ein Wiederherstellungsweg ist möglich, die inneren Anteile können sich kennenlernen und wieder ein Ganzes werden. Zwar werden Narben bleiben, keine Frage, doch machen auch diese absolut Sinn. Beispielsweise können sie den Betroffenen an das erinnern, was war, und zwar mit dem gleichzeitigen Wissen, es geschafft zu haben. Diese Stärke tragen sie in sich, keiner kann sie ihnen jemals wieder nehmen. Zudem können die Narben wie Wachhunde reagieren und „anschlagen", wenn die Betroffenen wieder in eine Situation der Hilflosigkeit geraten, sodass sie rechtzeitig gegensteuern können. In diesem Sinn sind Sie als Mitarbeiter auch Ermutiger auf dem Weg der inneren Heilung.

6.3 Selbstfürsorge erlernen

Traumatisierte Menschen haben erlebt, wie über ihre Gefühle und Bedürfnisse hinweggegangen wurde. Sie haben Ohnmacht erlebt und Hilflosigkeit, als sie für sich selbst sorgen wollten, konnten ihre Grenzen nicht wahren bzw. waren es anderen Menschen nicht wert, dass ihre Grenzen eingehalten wurden. Andere Menschen haben sich selbst als wichtiger erachtet, so wichtig, dass sie sich genommen haben, was sie wollten und brauchten. Diese Menschen haben ihre eigenen Bedürfnisse und Gefühle über die des anderen gestellt. Traumatisierte Menschen haben diese Sichtweise zum Teil verinnerlicht: „Ich bin nicht so wichtig, andere Menschen sind wichtiger." Nun gilt es umzulernen. Mark Twain (1835–1910) hat einmal gesagt: „Kein Mensch kann sich wohlfühlen, wenn er sich nicht selbst akzeptiert." Ich möchte ergänzen „… und wichtig nimmt". Dabei geht es nicht darum, sich wichtiger zu nehmen als den anderen, aber auch nicht unwichtiger.

Somit gilt es an der Akzeptanz der traumatisierten Menschen zu arbeiten, und zwar, was die eigene Person anbelangt, aber auch daran, was in ihrem Leben geschehen ist. Damit haben wir uns in den vorherigen Kapiteln auseinandergesetzt. Um sich wohlzufühlen, bedarf es aber noch mehr, nämlich eines wertschätzenden und fürsorglichen Umgangs mit den eigenen Gefühlen, Gedanken und Bedürfnissen.

6.3.1 Wertschätzender Umgang mit Gefühlen

Ein wertschätzender Umgang mit Gefühlen (Affekten) meint, mit *allen* Gefühlen wertschätzend umzugehen, unabhängig davon, ob ich sie als angenehm oder unangenehm empfinde. Denn meine Gefühle sind Ausdruck meiner Seele, meiner Persönlichkeit, meines wahren Selbst. Angenehm empfundene Gefühle anzunehmen, fällt in der Regel nicht schwer, mit den als unangenehm bewerteten Gefühlen wertschätzend und fürsorglich umzugehen, schon mehr. Das trifft insbesondere auf Gefühle zu, die in engster Weise mit einer Traumatisierung verbunden sind, zumal diese Gefühle den betroffenen Menschen oft überfluten und er nicht mehr weiß, wie er selbstbestimmt mit diesen Gefühlen umgehen kann, wenn sie ihm das Steuer aus der Hand reißen. Dazu vielleicht erst einmal die Frage: Was sind Gefühle überhaupt? Und sind Emotionen und Gefühle identisch?

6.3.1.1 Allgemeines Emotionsmodell

Hinter Emotionen steht ein Prozess. Man kann auch sagen, dass Emotionen informationsverarbeitende Strukturen oder Programme sind, die im gegenwärtigen Augenblick entwickelt werden, um Probleme des individuellen Überlebens zu lösen (vgl. Buss 1995, S. 3; Bohus und Wolf 2009, S. 155), und die aufgrund innerer oder äußerer Reize aktiv werden. Dabei sind Gefühle Bestandteil von Emotionen. „Emotionen", so der Neurowissenschaftler António Damásio (2000, S.1049–1056, zit. nach Osterrath 2011) „seien körperliche Reaktionen, die auf einen Reiz folgen und nach außen sichtbar sind; Gefühle hingegen entständen, wenn das Gehirn die Reaktionen des Körpers analysiert und bewusst wahrnimmt."

Grob gesagt läuft das Programm wie folgt ab (vgl. Bohus und Wolf 2009, S. 157 f.):
- Auslöser: Sie können aus dem sozialen Umfeld kommen, aber auch intrapsychisch lokalisiert sein.
- Informationsselektion: Aktive Selektion der Eingangsinformationen – worauf konzentriere ich mich, was nehme ich bewusst wahr? Das wiederum hat mit emotionaler Verwundbarkeit zu tun, zum Beispiel wenig Schlaf, körperlichen Erkrankungen und bestehenden inneren Verletzungen.
- Bewertungsprozesse, Interpretation: Verarbeitung der eingegangenen Informationen nach bestimmten Entscheidungsregeln, zum Beispiel kulturellen Aspekten und/oder individuellen Erfahrungen und Werten.
- Handlungen, Reaktionen, Konsequenzen: Produktion von „Output".

Nun wird es aber noch etwas komplizierter, weil der Mensch über zwei emotionale Netze verfügt: ein primäres und ein sekundäres Netz.

Nachdem der Mensch einen Reiz aus der Umwelt oder intrapsychisch aufgenommen und häufig auch interpretiert hat (◘ Abb. 6.10), erfolgt eine erste emotionale Reaktion im primären Netz, die sich aus folgenden Komponenten zusammensetzt (vgl. Bohus und Wolf 2009, S. 184 ff.):
- zum Stimulus bzw. zur Interpretation passende Gefühle wie Freude, Zuneigung, Gleichgültigkeit, Scham, Ekel, Enttäuschung, Angst, Liebe, Hass, Schuld, Trauer usw.
- zum Stimulus bzw. zur Interpretation passende Wahrnehmungen,
- zum Stimulus bzw. zur Interpretation passende Körperreaktionen, zum Beispiel ein bestimmter Gesichtsausdruck und/oder die passende Körperhaltung,
- zum Stimulus bzw. zur Interpretation passende Gedanken, die uns nicht unbedingt bewusst sind, aber bewusst gemacht werden können,
- zum Stimulus bzw. zur Interpretation passende Handlungsimpulse.

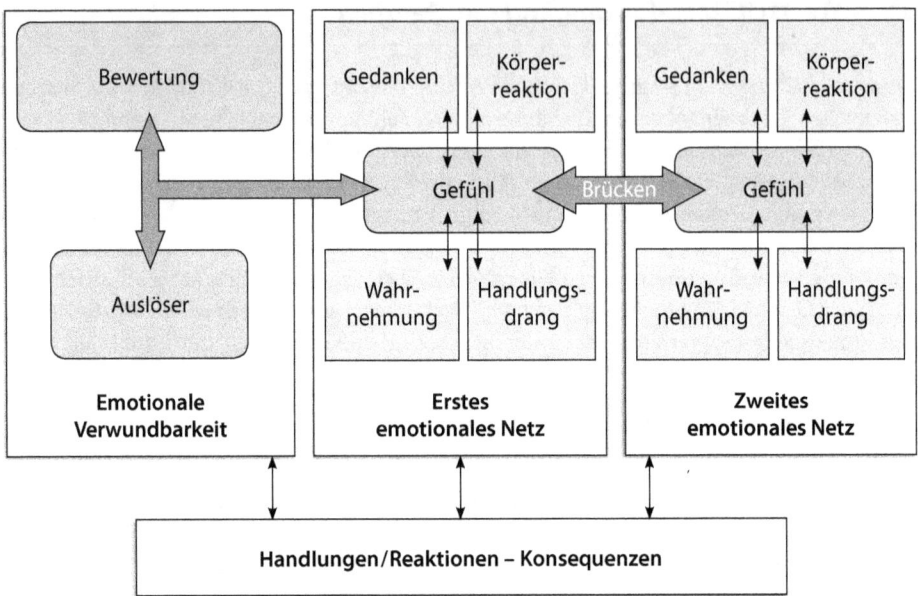

Abb. 6.10 Übersicht über das allgemeine Emotionsmodell. (Bohus und Wolf-Arehult 2013, S. 184)

Im primären Netz befinden wir uns in der Gegenwart. Anders ist es mit dem sekundären emotionalen Netz, das ebenfalls aus den Komponenten Gefühl, Wahrnehmung, Körperreaktion, Gedanken und Handlungsimpuls besteht. Dieses basiert auf dem Erleben in der Vergangenheit, oft auch als „Schema" bezeichnet. Damit passt es nicht immer zur Situation in der Gegenwart. Ihr Gegenüber sieht dann zum Beispiel einen erwachsenen Menschen vor sich, der aber wie ein Kind fühlt und handelt, was zu Irritationen führen kann.

Abb. 6.10 zeigt eine Übersicht über das allgemeine Emotionsmodell und die Falle zwischen gegenwärtiger Wirklichkeit und dem vergangenen Erleben.

„Die Intensität, also die Stärke einer Emotion, hängt ganz davon ab, wie viele der **vier Komponenten** (Wahrnehmung, Körperreaktion, Gedanken, Handlungsdrang) gleichzeitig aktiviert werden. Sie können die Emotionen stärker oder schwächer machen" (Bohus und Wolf 2009, S. 190).

> **Zum Nachdenken**
> Nicht nur die Flüchtlinge, auch Mitarbeiter verfügen über ein primäres und ein sekundäres emotionales Netz.
> – Welches Erleben aus der Vergangenheit ist in meinem sekundären Netz verankert?
> – Gibt es Handlungen im Heute, die ich dem sekundären Netz zuschreibe?
> – Wie kongruent bin ich in meinen Gefühlen und meinem Verhalten?

6.3.1.2 Gefühlswelt traumatisierter Menschen

„Unwillkürlich auftretende Repräsentationen von traumatischen Ereignissen wie Flash-backs, Albträumen (…) etc. sind meist an starke Affekte gekoppelt" (Hanswille und Kissenbeck 2014, S. 141). Entsprechend wichtig sind für Menschen mit traumatischen Erfahrungen Fertigkeiten zur Regulation von Emotionen. Es geht zum einen „darum, eine distanzierte, objektivere Einstellung zu Emotionen zu entwickeln". Zum anderen geht es darum, „über die Bedeutung und Funktion" von Emotionen aufgeklärt zu sein. Auf dieser Basis können traumatisierte Menschen lernen, „wie man einschätzt, ob die Emotionen zum jeweiligen Zeitpunkt sinnvoll oder inadäquat sind und wie man sie gegebenenfalls abschwächt" (Bohus und Wolf 2009, S. 155).

Traumatisierte Menschen verstehen sich und ihre Gefühle selbst oft nicht. Und je länger die Ereignisse zurückliegen, die traumatisierend gewirkt haben und das sekundäre Netz prägen, desto schwerer ist es, einen Zusammenhang herzustellen. Allerdings ist es nicht so, wie man vielleicht vermuten könnte, dass die Zeit die Wunden heilen wird. Im Gegenteil. „Je mehr Zeit vergeht, desto mehr werden die psychischen Funktionen beeinträchtigt, desto schwerer ist die psychische Stabilität insgesamt aufrechtzuerhalten. Die Auf- und Abspaltungsprozesse zum Fernhalten des Traumas aus dem Bewusstsein verbrauchen fortwährend die psychische Kraft und erschöpfen die Energiereserven" (Ruppert 2010, S. 80; ▶ Abschn. 3.2.2).

Liegt die Traumatisierung der Flüchtlinge noch nicht lange zurück, sind die Zusammenhänge also klarer, und desto weniger beeinträchtigt sind die psychischen Funktionen. Das birgt eine große Chance im Hinblick auf die Traumaverarbeitung und -integration, sofern die betroffenen Menschen baldige Unterstützung bekommen. Allerdings darf man nicht unterschätzen, dass bei Flüchtlingen die Flucht selbst, die stundenlangen Fußmärsche verbunden mit den Nöten und Ängsten, die losgelöst von einer Traumatisierung in solch einer Situation vorhanden sind, ebenfalls die Energiereserven erschöpfen.

„Auf den ersten Blick wirken viele Betroffene nach außen lebenstüchtig und stark. Innerlich sind sie" – je nach Traumafolgestörung in unterschiedlicher Ausprägung – „oft angespannt, als könne jeden Moment etwas Schlimmes passieren, finden kaum Ruhe, sind schreckhaft und misstrauisch, ständig auf der Hut. Sie kämpfen sich durchs Leben, sind häufig müde und erschöpft und versuchen, irgendwie zu funktionieren" (Roderus 2011, S. 54).

Zudem wundern sie „sich über bestimmte Gedanken und Verhaltensmuster, die sie selbst als unangemessen erleben und die im Alltag zu Schwierigkeiten führen" (Roderus 2011, S. 54). Das wiederum hat mit dem sekundären emotionalen Netz zu tun, in diesem Fall dem Traumaschema, dem Erlebten in der Vergangenheit.

6.3.1.3 Umgang mit Gefühlen lernen

Für traumatisierte Menschen ist es absolut bedeutsam, um das sekundäre emotionale Netz zu wissen, denn dann können sie lernen, bewusst damit umzugehen, ausgeglichener zu werden und so an Stabilität zu gewinnen. Es macht einen großen Unterschied, ob ich ein Gefühl von Ohnmacht und Hilflosigkeit spüre und dieses dem sekundären emotionalen Netz zuordnen kann – ich also weiß, dass das Gefühl aus der Vergangenheit stammt, das ich in der gegenwärtigen Situation zwar spüre, das mit der gegenwärtigen Situation jedoch nicht wirklich etwas zu tun hat – oder ob ich meine, dass das Gefühl der augenblicklichen Situation entspricht. In dem einen Fall wird meine Amygdala Alarm schlagen (▶Abschn. 3.2.3), und ich werde ihr folgen, indem ich zum Beispiel angreife oder fliehe; in dem anderen Fall weiß ich, dass mein Gefühl der jetzigen Situation nicht angemessen ist, und ich werde prüfen, wie es mir in diesem Moment geht und wie in dieser Situation eine adäquate Reaktion aussehen könnte.

> **? Zum Nachdenken**
> — Wie reagiere ich, wenn meine Amygdala Alarm schlägt?
> — Kann ich meine Gefühle benennen und einen bewussten Umgang mit ihnen pflegen, oder bestimmen meine Gefühle mich (hin und wieder)?

Kennenlernen von Gefühlen

Um die Frage, wie es mir im Augenblick geht und was ich ggf. brauche, damit es mir besser geht, beantworten zu können, sollte ich um Gefühle wissen, die auftreten können. Das ist bei traumatisierten Menschen aber nicht so einfach, weil sie während des traumatisierenden Ereignisses ja geradezu von Gefühlen überflutet wurden, die für sie nicht auszuhalten waren, sodass sie einen Schutz brauchten, zum Beispiel in Form von Dissoziation. Dabei bleibt der traumatisierte Bereich „in seiner Entwicklung und seinem Leid stecken", während der „Überlebensbereich versucht, das Trauma und alles, was damit in Verbindung steht, auf Abstand zu halten, zu vergessen" (Roderus 2011, S. 73), was das innere Durcheinander, das Auf und Ab der Gefühle erklärt. Der Überlebensanteil hat also kein Interesse, Gefühle zu spüren, denn Gefühle könnten an das Trauma und damit an eine im wahrsten Sinne des Wortes unerträgliche Situation erinnern, die das Funktionieren des Menschen beeinträchtigen kann, was dem Ziel des Überlebensanteils, nämlich zu funktionieren, konträr entgegensteht.

Somit besteht eine Arbeit für Menschen mit Traumatisierung darin zu lernen, dass es zahlreiche Gefühle gibt und sie wieder wahrnehmen sowie benennen zu können. Dazu bieten Bohus und Wolf (2009) eine Übersicht über zahlreiche Gefühle an, in deren Beschreibung sie auf die Komponenten

- Auslöser,
- Informationsselektion,
- Bewertungsprozesse/Interpretation,
- Gedanken,
- Körperreaktion,
- Wahrnehmung,
- Handlungsdrang und
- Konsequenz/Ausdruck

eingehen. Da es sich um ein Manual für die therapeutische Arbeit mit Borderline-Patienten handelt, wird in der Beschreibung auch auf diese Zielgruppe eingegangen, was zum Kennenlernen der Gefühle jedoch in keinster Weise hinderlich ist, im Gegenteil: Da davon auszugehen ist, dass die Borderline-Störung weitestgehend ebenfalls eine Traumafolgestörung ist, können diese Beschreibungen in der Begleitung von Flüchtlingen mit traumatischen Erfahrungen sehr hilfreich sein. So schreibt Joachim Bauer (2016) auf seiner Homepage: „Mehrere wissenschaftliche Studien der letzten 10 Jahre zeigen, dass zwischen 60% und 90% der Patienten, die sich immer wieder selbst verletzen, Opfer von schwerer körperlicher Gewalt (…) waren. Diese Gewalterfahrungen werden in einem unbewussten ‚Trauma-Gedächtnis' gespeichert und hinterlassen schwere seelische Wunden."

Die moderne Emotionsforschung geht davon aus, dass Emotionen mit der „Aktivierung einer spezifischen Handlungstendenz" verbunden sind, dass „in der Aktivierung von spezifischen Handlungsmustern und Programmen (…) sozusagen der ‚Sinn' der Emotion" besteht. „Häufig ist dieser Handlungsdrang die einzig bewusste Manifestationsebene der Emotion, oder einfacher ausgedrückt: Viele Menschen spüren nicht die Emotion, sondern den Handlungswunsch. So verspürt man den dringenden Wunsch, eine Verabredung abzusagen, ohne wahrzunehmen, dass man befürchtet, sich auf der Stehparty zu blamieren, also eigentlich Scham antizipiert wird" (Bohus und Wolf 2009, S. 158 f.).

Sinnermittlung von Gefühlen

Emotionen haben einen Sinn, nämlich ohne viel Zeit zum Nachspüren und Nachdenken gleich handeln zu können. Das macht in zahlreichen Situationen absolut Sinn. Wenn ich zum Beispiel bei Rot über eine Straße gehe und aufgrund dessen, dass meine Sinne ein schnell herbeifahrendes

6.3 · Selbstfürsorge erlernen

Auto registrieren, Angst bekomme und deshalb mit einem Satz auf den gegenüberliegenden Gehweg springe, macht das Sinn. Natürlich könnte ich auch stehen bleiben, nachdem mir mein Gehirn ein schnell herannahendes Auto gemeldet hat, und darüber nachdenken, was in dieser Situation am besten zu tun wäre. Ich hätte viele Möglichkeiten: Ich könnte stehen bleiben und dem Autofahrer zuwinken, damit er anhält. Ich könnte ihn auch anbrüllen und ihm den Befehl erteilen, anzuhalten. Ich könnte auch gespannt darauf warten, was passiert, wenn ich nichts tue. Ebenso könnte ich all das gegen eine andere Handlung abwägen. Bis dahin hätte aber vermutlich der Autofahrer entschieden, wie er mit der Situation umgeht, und vielleicht wäre sie für mich nicht gut ausgegangen, weil der Autofahrer vielleicht erst zu spät erkannt hätte, dass ich auf der Straße stehe, weil die Ampel für ihn ja Grün zeigt.

Emotionen mit ihren automatischen Programmabläufen machen also absolut Sinn. Das gilt auch für die Emotionen, die im Traumabereich, den EPs (▶ Abschn. 3.2.2), stecken geblieben sind. Wenn sie zum Klingen kommen, weil etwas den Menschen triggert, laufen Programme ab, um die Existenz des Betroffenen zu sichern. Was die traumatisierten Bereiche noch nicht verstanden haben bzw. nicht wissen, ist, dass die existenzbedrohende Situation vorbei ist und die Programme umgeschrieben werden können. Und so laufen die Programme noch so ab, als würde sich der Mensch in der bedrohlichen Situation befinden, vor der er geschützt werden muss.

Wenn sich ein Flüchtling emotional zeigt, zum Beispiel aggressiv auf mich reagiert, macht die Aggressivität für ihn Sinn, sonst würde er anders reagieren. Vermutlich spürt er eine Bedrohung, auf die er mit dem erlernten automatischen Programm reagiert, ein Programm, das bisher seine Existenz gesichert hat – so gesehen bisher etwas sehr Positives! Und das gilt es wertzuschätzen. Ihn jetzt zu bitten, weniger aggressiv zu sein, wäre weder wertschätzend, noch würde es in diesem Augenblick mit dem jetzigen „Wissenstand der Anteile" Sinn machen. Wenn Sie für den Flüchtling da sein und ihm helfen wollen, geht es also nicht darum zu vermitteln, dass aggressiv zu sein etwas Negatives, „Böses" ist (was in der Regel dazu führt, dass der Betroffene sich als schlimm oder böse definiert), sondern die Frage zu stellen, weshalb seine Emotionen in diesem Augenblick Sinn machen. Anstatt ihn für sein aggressives Verhalten gleich zu sanktionieren, könnten Sie ihm den Dialog anbieten und ihn fragen, was er in der Situation gedacht und gefühlt hat. Vielleicht entdeckt der Flüchtling auf einmal, dass er Angst gespürt hat, auf die er immer mit dem Programm „Aggression" reagiert, um sich zu schützen. Dieser Angst könnte er dann – begleitet von Ihnen – weiter nachgehen. Hatte er zum Beispiel wirklich Angst vor Ihnen, oder galt seine Angst einem anderen bzw. etwas anderem? Gab es zum Beispiel „Brücken" (s. unten) in sein sekundäres emotionales Netz, oder kam die Angst aus seinem primären Netz, hatte also etwas mit der heutigen Situation zu tun? Vielleicht wird dem Flüchtling so bewusst, dass Sie ihn an die Dame erinnert haben, die für seinen Asylantrag zuständig ist, und dass seinem aggressiven Verhalten wirklich Angst zugrunde lag, nämlich die Angst vor dem Abgeschobenwerden. Dann würde ihm vermutlich auch bewusst werden, dass sein aggressives Verhalten Ihnen gegenüber gar keinen Sinn gemacht hat, worauf er sich fragen könnte, welches Verhalten in Zukunft sinnvoller wäre. Würde es zum Beispiel Sinn machen, noch einmal zur Behörde zu fahren und nachzufragen? Oder wäre es sinnvoller, das Gespräch mit Freunden oder der Bezugsperson zu suchen, wenn sich die Angst wieder meldet, um über sie reden und einen anderen Umgang mit ihr erlernen zu können?

Sollte die Aggression aus einem EP (▶ Abschn. 3.2.2) herauskommen, wird das Gespräch allerdings erst dann möglich sein, wenn der traumatisierte Mensch sich wieder im ANP befindet bzw. in seinem gesunden Anteil. Dafür kann eine vorherige Reorientierung nötig sein. Zudem ist auch hier viel Feinfühligkeit gefragt, ob in dem Augenblick ein Gespräch und die damit verbundene Nähe möglich ist oder nicht.

> **Praxistipp**
>
> Jeder Mensch trägt jederzeit Verantwortung für sich. Das gilt auch für Menschen, die einen Regelverstoß begehen, während sie sich zum Beispiel in einem EP befinden, einem Traumaanteil. Ansonsten würden diese Menschen einen Freibrief für sämtliche Taten bekommen und hätten eine Veranlassung weniger, an ihren inneren Heilungsprozessen zu arbeiten.
> So schreibt der Psychologe Klaus Mücke (2009, S. 178): „Aufgrund rein pragmatischer Überlegungen" gehe ich „davon aus, dass selbst psychotisch diagnostizierte Menschen sich kontrollieren können und die volle Verantwortung für das haben, was sie tun. Sie können sich als autonome Individuen wie jeder andere Mensch entscheiden, sich schuldig zu machen oder nicht." Und weiter: „Handlungen eines Menschen wie beispielsweise Gewalttätigkeit, Missbrauch, Misshandlungen, Suizidversuche, Mord- und Selbstmordabsichten, Beleidigungen sollen nicht mit therapeutischen Maßnahmen beantwortet werden, sondern mit sozialen Kontrollmaßnahmen durch gesellschaftliche Institutionen sozialer Kontrolle wie Polizei und Psychiatrie. Andernfalls besteht die Gefahr, dass man in solchen Situationen mit Verständnis reagiert, wo klare Grenzziehungen not-wendig sind."
> Deshalb gelten vereinbarte Konsequenzen bei Regelverstoß auch für traumatisierte Menschen. Regeln und Konsequenzen widerstreben zwar manchen Mitarbeitern, aber sie geben Sicherheit, so wie auch Leitplanken und Mittelstreifen einer Fahrbahn Sicherheit geben. Und oft fordern Kinder, Jugendliche und traumatisierte Anteile diese Sicherheit auch ein, indem sie gegen Regeln verstoßen, um herauszufinden, ob diese Leitplanken auch halten, was sie versprechen.
> Dabei gilt es jedoch zu berücksichtigen, dass es bei Konsequenzen niemals um die Konsequenz an sich geht. Sie sind stets auf ihre Sinnhaftigkeit zu hinterfragen, und das bereits beim Festlegen der Konsequenz für jeden einzelnen Regelverstoß, was denen, die die Regeln einhalten sollen, vorab zur Kenntnis zu bringen ist (so kann jeder für sich entscheiden, ob er die Regel einhalten möchte oder lieber die Konsequenz wählt, was seine Selbstwirksamkeit und seine Selbstverantwortung befördert). Konsequenzen sollten jedoch immer in Liebe eingebettet sein, ansonsten handelt es sich um Härte.

Erkennen von „Brücken"

Emotionen lösen Programme aus, die einen Sinn haben. Kein Mensch muss diesen Programmen jedoch Folge leisten. Es liegt im Ermessen jedes Einzelnen, auch wenn es durch zahlreiche Parameter wie beispielsweise die Intensität der Emotionen erschwert wird, ansonsten wären wir Opfer unserer Gefühle und dessen, was in der Vergangenheit stattgefunden hat. Schauen Sie sich das Emotionsmodell noch einmal an (◘ Abb. 6.10). Zwischen dem primären und dem sekundären emotionalen Netz gibt es eine Brücke, die aus „automatischen Gedanken und Geboten" besteht, man könnte auch Glaubenssätze dazu sagen, beispielsweise „Ich habe kein Recht, mich zu freuen", „Ich bin es nicht wert, ich kann eh nichts" oder „Eigentlich dürfte ich nicht leben …". Diese aus einer früheren Zeit stammenden Gedanken „aktivieren oft blitzschnell ein sekundäres emotionales Netz" (Bohus und Wolf 2009, S. 185). Das sekundäre Netz existiert nicht nur bei traumatisierten, sondern in mehr oder minder ausgeprägter Form bei jedem Menschen. Bei Flüchtlingen ist entscheidend, auf welches emotionale Netz und auf welche Brücken ihre neuen Erfahrungen treffen. Nehmen wir als Beispiel die Ablehnung, die manchen Flüchtlingen auf der Balkanroute widerfahren ist, als sie zu Fuß die Grenzen passieren wollten. Wenn sie in der Vergangenheit auch schon Ablehnung erfahren und verinnerlicht haben, reicht ein unfreundlicher Blick eines Polizisten, und sie können das Abgleiten über die Brücke „Mich mag niemand, ich bin nicht willkommen" in ihr sekundäres emotionales Netz kaum noch stoppen. Haben die Flüchtlinge bis dahin jedoch Wertschätzung erfahren und sich angenommen gefühlt bzw. hat sich die erfahrene Ablehnung aufgrund ihrer Resilienz nicht festsetzen können, werden sie den Blick des Polizisten wahrscheinlich anders deuten. Anstatt ihn auf sich zu beziehen, werden sie vielleicht denken, dass er heute einen schlechten Tag hat oder so schaut, weil die Politiker das von ihm fordern. Damit würden sie im primären emotionalen Netz bleiben.

Für die Emotionsregulation ist demnach wichtig, seine Brücken zu kennen, auf denen es oftmals kein Halten mehr gibt, sodass die nachfolgenden Reaktionen aus dem sekundären emotionalen Netz kommen.

Brücken zu erkennen, ist nicht immer leicht, und wenn der sprachliche Austausch nicht möglich ist, kann es noch einmal schwerer sein. Eine Möglichkeit besteht in dem Malen von Bildern, die das eigene Innere wiedergeben (▶ Abschn. 6.2.4). Dabei können nicht nur die Brücken erkannt werden, sondern auch die verschiedenen Persönlichkeitsanteile.

Möglichkeiten der Gefühlsregulation

Über zwei Möglichkeiten der Gefühlsregulation haben wir gesprochen: Wenn ich einen Sinn in meiner Emotion erkenne, kann ich bewusst damit umgehen. Und wenn ich um meine Brücken weiß, kann ich lernen, rechtzeitig zu erkennen, wenn ich sie betrete, um wieder einen Schritt zurückzutreten. Und ich kann daran arbeiten, die Brücken zurückzubauen.

Welche Möglichkeiten einer hilfreichen Gefühlsregulation gibt es noch (vgl. Bohus und Wolf 2009, S. 159–163)?

- Ich könnte Situationen auswählen, die angenehme Emotionen hervorrufen, oder anders ausgedrückt: Durch eine bewusste Steuerung im Alltag könnte ich dafür sorgen, dass angenehme Ereignisse die unangenehmen Emotionen ausbalancieren. Dabei ist jedoch darauf zu achten, dass die Ereignisse, die zu angenehmen Emotionen führen, nicht zu einer Sucht werden. Diese Gefahr ist insbesondere bei traumatisierten Menschen sehr hoch (▶ Abschn. 3.1.2). Dazu kann zum Beispiel auch die sexuelle Selbstbefriedigung und Pornografiesucht (▶ Abschn. 3.3.2) gehören.
- Ich könnte die Situationen verändern. Hat ein Flüchtling zum Beispiel Angst vor dem nächsten Behördenbesuch, kann es eine Hilfe für ihn sein, wenn er begleitet wird. Damit steht er nicht mehr allein vor dem ihm vielleicht angsteinflößenden Beamten.
- Ich könnte die Aufmerksamkeit auf etwas anderes richten, mich ablenken. Voraussetzung dafür ist, dass es mir gelingt, meine Aufmerksamkeit von dem starken emotionalen Ereignis zu lösen, auf das sie fokussiert ist, und mich etwas Neuem zuzuwenden. Diese Fähigkeit wird übrigens gefördert, indem ich lerne, bewusst wahrzunehmen (▶ Abschn. 6.2.1).
- Ich könnte einen Perspektivenwechsel vornehmen. Oft haben traumatisierte Menschen ein Schwarz-Weiß-Denken. Sie sehen entweder alles schwarz oder weiß, die Grautöne dazwischen sehen sie genauso wenig wie die komplette Farbpalette. Oder sie schaffen es nicht, Dinge aus der Distanz heraus zu betrachten. Wenn es uns gelingt, ihnen eine neue Perspektive aufzuzeigen, lässt die Stärke der Emotion nach. Halten Sie sich einmal Ihre Hand ganz nahe vor Augen. Sie werden vermutlich nur eine verwaschene Farbfläche wahrnehmen. Wenn Sie die Hand aus einer etwas größeren Distanz betrachten, sehen Sie ihre Form, die Finger daran, die Rillen in der Handfläche usw.
- Ich könnte die Bedeutung verändern. „Die emotionale Aktivierung geschieht immer im **Kontext der Bedeutung,** die das Individuum den jeweiligen Ereignissen zumisst" (Bohus und Wolf 2009, S. 161). Verändert ein Mensch die Bedeutung, verändert sich auch

der Grad der emotionalen Aktivierung. Indem ich Ereignissen eine weniger wichtige Bedeutung beimesse oder meinen Fähigkeiten eine größere Bedeutung, kann ich eine Situation verändern.

- Ich könnte die emotionale Reaktion über die verschiedenen Komponenten des emotionalen Netzes (▶ Abschn. 6.3.1) verändern. Das ist nicht leicht, weil der Handlungsdrang dann in der Regel schon aktiviert ist. Zudem gibt es zahlreiche Möglichkeiten, unangenehme Gefühle schneller abzumildern, die auf Dauer gesehen aber eher schaden, wie etwa Alkohol oder Drogen zu konsumieren, sich selbst oder andere zu verletzen, Zwangshandlungen durchzuführen. Auf Dauer wirksamer und fürsorglicher wäre Folgendes:
    - Verändern der Wahrnehmung: Ich schaue nicht auf das, was mir Angst macht, sondern fokussiere etwas anderes, zum Beispiel das, was ich in meinem Leben schon alles geschafft habe (▶ Abschn. 6.2.3).
    - Verändern der Bewertungsprozesse: Ist es zum Beispiel wirklich so schlimm, wenn mein Zimmernachbar zuerst sein Essen bekommt und ich noch warten muss? Bin ich wirklich die wichtigste oder hungrigste Person, oder gibt es Menschen, die die Mahlzeit noch schneller brauchen als ich?
    - Verändern der körperlichen Reaktionen: Meine Emotionen haben nicht nur Auswirkungen auf meine Körperhaltung, sondern meine Körperhaltung auch auf meine Befindlichkeit. Wissenschaftler haben zahlreiche Experimente durchgeführt und herausgefunden, dass das „Körpergeschehen (…) Ursache des psychologischen Erlebens" sein kann „und nicht die Wirkung davon. In der psychologischen Fachsprache heißt der Vorgang Bodyfeedback." Das Ergebnis eines Versuchs lautet zum Beispiel: „Durch die gekrümmte Körperhaltung wurden (…) Themen wie Depression, Aufgeben, Mutlosigkeit aktiviert. Und dies bewirkte eine kognitive Voreinstellung, die in einer schwierigen Situation schneller zu Mutlosigkeit mit entsprechenden Verhaltenskonsequenzen führte" (Storch 2010b, S. 59–63; vgl. Storch 2010a). Allerdings funktioniert es nicht bei allem: „Die Angst (…) lässt sich durch einen ängstlichen Gesichtsausdruck zwar steigern, aber durch ‚gute Miene zum bösen Spiel' nicht mildern" (Bohus und Wolf 2009, S.163). Dennoch kann es sinnvoll sein, Flüchtlinge zu animieren, aufrecht zu sitzen und zu gehen.
    - Ändern der Reaktion auf der Verhaltensebene: Das wiederum gelingt am besten, wenn ich den Sinn meiner bisherigen Verhaltensweisen in der Vergangenheit verstanden habe und die „Sinnlosigkeit" in der heutigen Situation, wenn ich meine Brücken zwischen dem primären und dem sekundären emotionalen Netz kenne und ich bereit bin, neue Verhaltensweisen einzuüben. Dafür bedarf es einer bewussten Entscheidung und der intrinsischen Motivation. Allein ein „Ich will" und dann soll es passiv geschehen, reicht in der Regel nicht aus.

> **Praxistipp**
>
> Manchmal ist es gar nicht so einfach zu entscheiden, ob ein Gefühl der Situation angemessen ist oder nicht. „Der einfachste Weg, um Orientierung zu gewinnen, sind folgende Fragen: ‚Was will ich eigentlich wirklich?' und ‚Ist das, was ich gerade tun will, auf diesem Weg kurzfristig und langfristig sinnvoll'"(Bohus et al. 2013, S. 31)?
> Wenn ein traumatisierter Mensch von seinen Gefühlen nicht mehr überrascht wird und sich ihnen nicht mehr ausgeliefert fühlt, sondern weiß, wie er mit ihnen umgehen und sie sogar sinnvoll nutzen kann, trägt das ganz wesentlich zu seiner Stabilität bei. Hier helfen die „Instrumente der Gefühlsregulation" (s. unten).

Instrumente der Gefühlsregulation

Ein Instrument entspricht einem Werkzeug. Darunter versteht man „ein nicht zum Körper gehörendes Objekt, mit dessen Hilfe die Funktion des eigenen Körpers erweitert werden soll, um auf diese Weise ein unmittelbares Ziel zu erreichen" (Wikipedia 2015).

Solch ein Objekt kann zum einen die in Abschn. 6.2.3 beschriebene Notfallliste bzw. Spannungsskala oder der Notfallkoffer sein, zum anderen aber auch ein Gefühlsprotokoll, das den traumatisierten Menschen veranlasst, achtsam auf seine Gefühle zu achten und sie zu beschreiben. Dabei werden bestimmte Uhrzeiten am Tag festgelegt, an denen er folgende Parameter bestimmt und notiert:

- Welches Gefühl spüre ich gerade (es können auch mehrere sein)?
- In welcher Intensität spüre ich das Gefühl? Hilfreich ist hier eine Skala von 0 bis 100 (0 = kein Gefühl spürbar, 100 = größte Intensität von Gefühlen spürbar).
- Wie sieht die auslösende Situation aus? Was war unmittelbar vorher? Wodurch wurde das Gefühl hervorgerufen?
- Welche Interpretationen, Vermutungen, Bewertungen, Annahmen habe ich über die Situation?
- Welche körperlichen Symptome, körperlichen Veränderungen, Körperwahrnehmungen gehen mit dem Gefühl und den Bewertungen einher?
- Wie sieht meine Körpersprache (Gesichtsausdruck, Gesten, Körperhaltung) dabei aus?
- Was habe ich in der Situation gesagt oder getan?
- Welche Auswirkungen hat das Gefühl auf mich, mein Befinden, meine anderen Gefühle, mein Verhalten, meine Gedanken, meinen Körper?
- Welchen Sinn, welche Funktion hat das Gefühl in dieser Situation?

Ritzen als Instrument der Gefühlsregulation

Das Ritzen ist in Einrichtungen für unbegleitete minderjährige Flüchtlinge weit verbreitet. Dabei geht es um einen Problemlösungsversuch. Entsprechend gilt es, sich die Frage zu stellen, für welches Problem das Ritzen eine Lösung darstellen soll. Bei traumatisierten Menschen wird es etwas mit ihrer Geschichte zu tun haben, die – bei *jedem* traumatisierten Menschen – eine sehr schmerzvolle ist. Traumatisierte Menschen werden – ohne es immer bewusst wahrzunehmen – oft von einem tiefsitzenden Schmerz begleitet. „Ein leichter, ständiger Schmerz ist" aber „schwerer zu ertragen als ein heftiger, der bald vorüber ist" (Röhr 2013, S. 55). Somit macht das Ritzen absolut Sinn. Diese Sinnfrage gilt es zu klären, um so eine andere Problemlösung herbeizuführen, zum Beispiel sich verstehen und mit den Gefühlen und Anspannungen umgehen zu lernen, wobei die Spannungsskala und der Notfallkoffer sich bei Menschen, die sich ritzen, sehr bewährt haben.

Sollten Sie auf einen Menschen treffen, der sich gerade ritzt und blutet, ist es wichtig, Ruhe auszustrahlen, um dem inneren Chaos äußere Ruhe und Stabilität entgegenzusetzen. Das ist wichtig, denn die Betroffenen brauchen das Gefühl von Sicherheit.

Zudem sollte die Person, die sich ritzt, nun nicht mehr Aufmerksamkeit bekommen, da das Ritzen sonst ggf. ein Lösungsversuch für weitere Probleme wird. Die Betroffenen sollten also nicht lernen „Wenn ich ritze, bekomme ich Aufmerksamkeit", sondern durch das Bezugsbetreuersystem und die regelmäßig stattfindenden Gespräche, bei denen die Bezugsperson auf den Flüchtling zugeht, erfahren, dass sie bewusst gesehen und wahrgenommen werden, ohne etwas dafür tun zu müssen.

> Entsprechend können Sie demjenigen erst einmal in aller Ruhe Verbandmaterial und ein zeitlich beschränktes Krisengespräch anbieten (ihm jetzt viel Zeit zu widmen könnte als eine Art Belohnung aufgefasst werden mit der Tendenz, mehr davon haben zu wollen). Hier können Sie zum Beispiel den Notfallkoffer (▶ Abschn. 6.2.3) einsetzen. Ist die Phase der hohen Anspannung überwunden, können Sie auf den bereits vereinbarten Termin mit der Bezugsperson hinweisen, an dem die Möglichkeit besteht, über das Geschehene zu sprechen und zum Beispiel auch zu klären, was die Person gehindert hat, auf bereits erlernte Fähigkeiten im Umgang mit Gefühlen zuzugreifen oder – wenn noch nichts erarbeitet wurde – nun mit der Notfallliste bzw. Spannungsskala (◘ Abb. 6.5) anzufangen, und zwar mit dem Blick nach vorn. Es geht um die Frage: Was brauche ich, um es beim nächsten Mal anders zu machen? Wurden Lösungsmöglichkeiten gefunden, wie der Betroffene beim nächsten Mal mit der ansteigenden Anspannung umgehen kann – in der Regel in Form der Spannungsskala und Notfallliste –, gilt es auch, gemeinsam Konsequenzen mit ihm zu vereinbaren, wenn er die Lösungsmöglichkeiten nicht nutzt. Dabei geht es nicht um ein unreflektiertes Anwenden der Konsequenzen. Selbstverständlich sollte der Betroffene erst gefragt werden, was ihn daran gehindert hat, die Lösungsmöglichkeiten zu nutzen, und zu schauen, was er ggf. braucht, um es beim nächsten Mal anders machen zu können. Wichtig ist jedoch die klare Botschaft, dass das Ritzen während des Aufenthalts in der Einrichtung zu unterbleiben hat und die vereinbarte Konsequenz nach sich zieht. Dabei geht es nicht um Härte, sondern um den einzigen Weg, die betroffene Person in die Selbstverantwortung zu bringen (▶ Abschn. 7.1.3), und das ist Handeln aus Liebe. Oft wird Liebe mit Liebsein verwechselt. Während Liebsein zum Opfer schwieriger Verhaltensweisen macht, zeigt Liebe einen Weg in die Freiheit auf. Dabei geht es um eine „Liebe, die auch führen und korrigieren kann" (Berger 2014).

6.3.2 Wertschätzender Umgang mit Gedanken

Wir Menschen haben Gefühle und Gedanken. Sie kommen ganz automatisch, allerdings beachten wir sie oft nicht. Das ist auch gut so, denn sonst würden wir kaum arbeiten können, wären Opfer unserer Gefühle und Gedanken. Welche Bedeutung wir ihnen beimessen, entscheiden wir. Manche sind so unwichtig, dass wir sie gar nicht erst bewusst wahrnehmen, andere wiederum verfolgen uns bis in die Nacht und rauben uns den Schlaf. Dann geben wir ihnen große Macht über uns. Hier möchte ich noch einmal an die Aussage von Martin Luther erinnern: „Du kannst nicht verhindern, dass Vögel über deinen Kopf fliegen, aber du kannst verhindern, dass sie auf deinem Kopf Nester bauen." So ist es auch mit den Gedanken. Wir können nichts dagegen tun, dass Gedanken auftreten, aber wir können verhindern, dass sie Nester bauen, dass sie uns nicht mehr loslassen, dass wir ins Grübeln geraten, dass wir glauben, was uns die Gedanken vorzugeben scheinen.

6.3.2.1 Umgang mit Gedanken lernen

Gedanken kommen also einfach, ohne dass wir sie eingeladen haben. Was können wir dann tun?

Gedanken begrüßen und wieder gehen lassen
Eine gute Übung, um zu lernen, dass ich nicht meinen Gedanken folgen muss, beschreiben Bohus et al. (2013, S. 28). „Stellen Sie Ihren Zeitgeber auf 10 Minuten. Das erscheint Ihnen vielleicht zu lange, aber für diese Übung ist diese Zeit tatsächlich notwendig (…). Nehmen Sie eine achtsame

Sitzposition ein, (…) Stichwort ‚vordere Stuhlkante'. Von Beginn der Übung an versuchen Sie, sich ausschließlich auf Ihren Atem zu konzentrieren. Beobachten Sie die Stelle an der Nasenspitze, an der die Atemluft aus- und einströmt. Versuchen Sie, an nichts anderes zu denken. Wann immer ein Gedanke (…) entsteht, so dürfen Sie ihn benennen: ‚Aha, ich denke … '(…). Begrüßen Sie Ihre Gedanken (…) mit Milde, doch kehren Sie dann wieder zurück zu Ihrem Atem. Halten Sie diese 10 Minuten durch. Beenden Sie bitte auf keinen Fall die Übung, bevor Ihr Zeitgeber Ihnen das Zeichen gibt."

Gedanken ein- und ausatmen

Oft wird man in einer Situation von seinen Gedanken und Gefühlen überrascht, in denen man sie als störend erlebt. Dann kann die in Kapitel 5 bereits erwähnte Übung helfen: Tief einatmen, tief ausatmen. Das einige Male wiederholen und sich dann bei der Einatmung zum Beispiel sagen „Gelassenheit ein" und bei der Ausatmung „Gedanken oder Gefühle aus".

Hier ein Beispiel: Ich fühle mich von einem Kind gestört und merke, wie ich ärgerlich werde. Dann atme ich tief ein und spreche innerlich dazu: „Gelassenheit ein." Anschließend atme ich tief aus mit den innerlich gesprochenen Worten „Ärger aus".

Bewährt hat sich die Übung übrigens auch zur Selbstberuhigung in Angstsituationen. Ich atme die Angst aus sowie Ruhe und Gelassenheit ein.

Doch was ist, wenn die Gedanken trotzdem immer wieder kommen?

Gedanken mitnehmen

Es gibt mehrere Möglichkeiten, mit Gedanken umzugehen: Man kann versuchen, sie zu ändern oder sie wegzuschieben, man kann aber auch akzeptieren, dass sie auftauchen, ohne sich von ihnen beeinflussen zu lassen. Allen Möglichkeiten ist gemeinsam, dass man Gedanken – ob angenehm oder unangenehm – erst einmal erkennen und begrüßen sollte: „‚Hallo, dich kenne ich schon.' Oder: ‚Ach ja, da ist ja wieder dieses Ich-schaffe-das-nie-Gefühl.' Oder: ‚Ach ja, da ist ja wieder dieser Ohne-mich-geht-gar-nichts-Gedanke'" (Bohus et al. 2013, S. 100). Das führt zu einer annehmenden Haltung, die im Gegensatz zum Kampf gegen Gedanken absolut hilfreich ist. Sie kennen bestimmt die Aufforderung „Denken Sie jetzt bitte nicht an einen blauen Elefanten". Und was passiert? Je mehr Sie gegen den Gedanken kämpfen, umso stärker wird er. Und so brauchen Sie immer mehr Kraft und Energie, bis Sie vielleicht irgendwann aussteigen, indem Sie sich ablenken oder betäuben. Wenn es aber egal ist, ob Sie daran denken oder nicht, bzw. wenn Sie annehmen können, was Sie denken, verliert der Gedanke an Macht. Erlauben Sie Ihren Gedanken, Sie zu begleiten. Dabei können Sie Ihre Gedanken externalisieren, sie sich zum Beispiel als männliche oder weibliche Figuren vorstellen und ihnen sogar Namen geben. Dann laden Sie diese Figuren ein, sie auf Ihrem Weg zu begleiten. Damit verlieren die Gedanken ihre Macht über Sie. Sie können zwar weiterhin da sein, doch werden sie Sie nicht mehr bestimmen.

Wie kann das Flüchtlingen kommuniziert werden? Beispielsweise mithilfe eines Boxsackes, der in einem Raum der Einrichtung angebracht ist. Gehen Sie mit dem Betroffenen zum Boxsack und verdeutlichen ihm, dass der Boxsack seine Gedanken darstellt. Je mehr er auf den Sack bzw. seine Gedanken eindrischt, desto gefährlicher wird es für ihn, zumindest dann, wenn er stehen bleibt. Denn die Gedanken schwingen wie der Boxsack und nehmen an Kraft und Energie zu. Um sie zu lenken und um richtig zu ihnen zu stehen und nicht auf dem falschen Fuß erwischt zu werden, bedarf es immer mehr Energie und Konzentration. Es bleibt keine Zeit, um sich anderweitig umzuschauen. Kaum schaue ich weg, ist der Boxsack bzw. sind die Gedanken schon wieder da (◘ Abb. 6.11–6.13).

Dann können Sie den Boxsack abnehmen und auf ein fahrbares Gestell legen, das der Betroffene hinter sich herziehen kann wie ein Spielzeugtier auf Rädern. Der Gedanke ist zwar nun immer dabei, spielt aber keine wirkliche Rolle mehr (◘ Abb. 6.14).

6.3.3 Wertschätzender Umgang mit Bedürfnissen

Was sind Bedürfnisse überhaupt? Und wie kommen sie zustande? Bedürfnisse sind quasi Bestandteil motivationaler Systeme. Diese dienen dazu, das Wohlergehen der Person zu sichern. Sie enthalten nicht nur die Bedürfnisse, sondern auch Motive, Werte und Ziele. Somit entwickeln sie „Standards für das eigene Wohlergehen der Person. Standards, die die Person für sich persönlich erreichen, aufrechterhalten und bei Verlust wiedergewinnen will" (Püschel und Sachse 2009, S. 92). Dies gilt auch für traumatisierte Menschen. Entsprechend trägt der wertschätzende Umgang mit Bedürfnissen zur Erhaltung der Gesundheit bzw. zur Heilung bei.

Zu den motivationalen Systemen zählen laut Joseph D. Lichtenberg und Kollegen (2000; Brisch 2010, S. 314 ff.) folgende Grundbedürfnisse:

- physiologische Grundbedürfnisse,
- Bedürfnis nach Bindung und Zugehörigkeit,
- Bedürfnis nach Exploration und Selbstwirksamkeit,
- Bedürfnis nach sensorisch-sexueller Stimulation, nach sinnlichem Genuss und sexueller Erregung,
- Bedürfnis nach Vermeidung von negativen Stimuli.

Zusätzlich möchte ich das Bedürfnis nach Sinn ergänzen (► Abschn. 6.1.4). „Im Leben einen Sinn zu finden, ist existentielles Bedürfnis für jeden Menschen" (Längle 2011).

◘ **Abb. 6.11–6.13** Umgang mit Gedanken. Je mehr ein Mensch auf seine Gedanken – hier dargestellt in Form eines Boxsackes – eindrischt, desto gefährlicher wird es für ihn, zumindest dann, wenn er stehen bleibt. Denn die Gedanken schwingen wie der Boxsack und nehmen an Kraft und Energie zu. Um richtig zu ihm zu stehen und wieder darauf schlagen zu können, sprich um ihn zu lenken, bedarf es immer mehr Energie und Konzentration. Es bleibt keine Zeit, um sich anderweitig umzuschauen. Kaum schaut der Mensch weg, ist der Boxsack bzw. sind die Gedanken schon wieder da und schlagen ihn, wenn er nicht genug aufpasst, nieder. (Zeichner: Rudi Kämpf)

6.3.3.1 Umgang mit Bedürfnissen lernen

Im Folgenden werde ich kurz auf die Grundbedürfnisse eingehen. Ausführlicher und unter dem Aspekt des Sich-sicher-Fühlens werden sie noch einmal in Kapitel 7.1 besprochen. Denn der Mensch ist nicht linear aufgebaut wie ein Buch, sondern circulär, weshalb es in einem Buch, in dem es um Menschen geht, gelegentlich auch zu Wiederholungen unter anderem Fokus kommen kann. Zudem sind das Wissen um die eigenen Bedürfnisse und ein gesunder Umgang damit existenziell. Dieser Bedeutung möchten wir Autorinnen nicht zuletzt durch die Mehrfachnennung Ausdruck verleihen.

◘ **Abb. 6.14** Ein anderer Umgang mit Gedanken als in ◘ Abb. 6.11–6.13 dargestellt, ist, den Boxsack abzunehmen und ihn auf ein fahrbares Gestell zu legen, das der Betroffene wie ein Spielzeugtier auf Rädern hinter sich herzieht. Die Gedanken sind zwar nun immer dabei, spielen aber keine wirkliche Rolle mehr. (Zeichner: Rudi Kämpf)

Physiologische Grundbedürfnisse

„Zu den physiologischen Grundbedürfnissen (…) gehören die ausreichende Versorgung mit Sauerstoff, Ernährung, Flüssigkeitszufuhr, Wärme und Möglichkeiten zu einem ausgeglichenen Schlaf-Wachrhythmus, der sowohl Phasen des Schlafs wie auch solche der wachen, angeregten Aktivität enthält. (…) Da der Säugling seine physiologischen Grundbedürfnisse in gar keiner Weise allein regulieren kann, im Gegensatz zu Erwachsenen oder größeren Kindern, benötigt der Säugling eine verstärkte Außenregulation durch Bindungs- und Pflegepersonen, die die Befriedigung dieser für das Überleben essenziellen physiologischen Grundbedürfnisse sicherstellen" (Brisch 2010, S. 314 f.).

Es gibt nicht nur Säuglinge, die bei der Erfüllung der physiologischen Grundbedürfnisse auf Unterstützung angewiesen sind. Haben Menschen nicht gelernt, selbstwirksam sein zu dürfen – zum Beispiel die Menge essen zu dürfen, die ihr Körper braucht, bis er satt ist, aber nicht mehr – oder Verantwortung für sich zu übernehmen, werden sie unter Umständen auch bei diesen physiologischen Grundbedürfnissen auf Hilfe angewiesen sein.

Es gibt aber auch Menschen, die ihre Gefühle nicht spüren, auch keine Körpergefühle wie Hunger, Durst, Körperschmerzen, Müdigkeit, Wärme. Oder Menschen, die zwar etwas spüren, aber nicht gelernt haben, adäquat auf das Grundbedürfnis zu reagieren. So kann es sein, dass jemand Ärger spürt und als Reaktion darauf isst. Würde er essen, um genug Kraft für ein klärendes Gespräch mit demjenigen zu haben, der den Ärger ausgelöst hat, wäre das eine adäquate Reaktion. Oft wird aber gegessen, um das unangenehme Gefühl in sich mit einem angenehmen Gefühl zu übertrumpfen. Die Wirkung kann dabei vorübergehend positiv sein, auf Dauer ist sie aber nicht hilfreich, zumal dann auch nicht der Mensch eigenverantwortlich sein Handeln bestimmt, sondern zum Beispiel der Ärger Chef seines Lebens wird. Da der Mensch aber so angelegt ist, dass er autonom über sein Leben bestimmen möchte und nur dann glücklich sein kann, wenn er sein Leben authentisch lebt, macht jeder Verzicht auf den eigenen Chefsessel im Leben auf Dauer unzufrieden und unglücklich. Und die gute Botschaft: Jeder Mensch kann lernen, Verantwortung für sich zu übernehmen und gut für sich zu sorgen, und das auch im Hinblick auf die Befriedigung physiologischer Grundbedürfnisse.

Bedürfnis nach Bindung und Zugehörigkeit

Der Mensch ist ein Beziehungswesen, das heißt, er ist auf Bindung und Zugehörigkeit angewiesen. „Der Mensch wird am Du zum Ich", so Martin Buber (2014). Ohne soziale Kontakte, ohne ein Du, kann ich mich nicht weiterentwickeln, kann ich nicht zum Ich heranreifen, kann also nicht das entwickeln, was in mir angelegt ist. Klaus Mücke (2009, S. 98 f.) formuliert es so: „Das Streben nach Zugehörigkeit ist eine seit der Wiege der Menschheit bestehende existentielle Triebkraft, eine Konstante des menschlichen Seins, die unser Handeln bestimmt. In archaischen Gesellschaften und prähistorischen Stammeskulturen entschied allein die Zugehörigkeit zum Stamm über Leben und Tod seiner Mitglieder. Die schlimmste Strafe (…) war nicht der Tod, sondern die Verbannung, der Ausschluss aus der Stammesgemeinschaft."

Symptom einer Traumafolgestörung ist nicht selten der Rückzug von anderen. Dazu passt auch die Hypothese des Psychologen Martin Seligmann (1996, S. 25 ff., in Ortberg 2015, S. 60 f.) der sich mit der Frage auseinandergesetzt hat, warum sich die Zahl der sich depressiv zeigenden Menschen erhöht, obwohl die Versorgung dieser Menschen immer besser wird. Er äußert, dass es daran liegen könnte, „dass Kirche, Glaube und Gemeinschaft durch einen winzigen Notbehelf ersetzt wurden, der nicht in der Lage ist, das Gewicht unseres Daseins zu tragen und ihm Sinn zu verleihen. Dieser Notbehelf ist unser Selbst. (…) Wir drehen uns nur noch um uns selbst", statt in Beziehung zu gehen, was unserer Bestimmung entspricht. Umso wichtiger ist es, traumatisierte Menschen dahingehend zu begleiten, ihr Bedürfnis nach und die Bedeutung von Beziehungen wahrzunehmen und zu erkennen, was sie hindert, Beziehungen zu leben, sowie den Mut zu entwickeln, einen ersten kleinen Schritt auf ein Du hin zu machen.

Bedürfnis nach Exploration und Selbstwirksamkeit

Fühlt sich ein Säugling sicher gebunden, möchte er seine Umwelt und sich selbst neugierig entdecken (▶ Abschn. 3.1.2). Da der Säugling noch nicht einschätzen kann, welche seiner Entdeckungsreisen mit Gefahren verbunden sind, ist er auf eine sichernde Bindungsperson angewiesen, die ihn jedoch nicht nur ängstlich zurückhält, sondern auch immer wieder ermutigt und unterstützt und ihm seinem Alter gemäß Selbstwirksamkeit ermöglicht.

Nicht wenige Erwachsene haben aufgrund verschiedener Umstände, zum Beispiel einer unsicheren Bindung, nicht gelernt zu explorieren, sprich: neugierig die Welt und sich selbst zu erkunden, obwohl das einem Grundbedürfnis entspricht. Oder sie haben – so wie manch ein traumatisierter Mensch – erfahren müssen, dass sie zwar neugierig waren, aber nicht in Sicherheit.

Hier gilt es zum einen, an der Sicherheit zu arbeiten (▶ Kap. 7), zum anderen aber auch,
- die Menschen zur Exploration und Selbstwirksamkeit zu ermutigen bzw. sie ihnen zu ermöglichen,
- die inneren Persönlichkeitsanteile zu erkennen, die das Explorieren und die Selbstwirksamkeit verhindern wollen, um mit ihnen zu arbeiten.

Bedürfnis nach sensorisch-sexueller Stimulation

„Ohne Erfahrungen durch sensorische Stimulationen ist eine gesunde Entwicklung des Säuglings nur bedingt möglich" (Brisch 2010, S. 316). Damit spricht Karl Heinz Brisch alle Sinnesmodalitäten an, die für den Menschen und seine Entwicklung von großer Bedeutung sind. Im Folgenden soll der Fokus auf der Berührung liegen, denn die „Berührung ist zehnmal intensiver als der verbale oder emotionale Kontakt, und sie wirkt sich auf nahezu alle unsere Aktivitäten aus. Kein anderes Sinnesorgan stimuliert uns so sehr wie der Fühl- oder Tastsinn. Das war schon immer bekannt, aber wir haben uns nie bewusst gemacht, dass es dafür eine biologische Grundlage gab. Wenn sich die Berührung nicht gut anfühlte, gäbe es keine Artenvielfalt, keine Eltern, kein Überleben. Eine Mutter würde den Körperkontakt zu ihrem Baby nicht suchen, wenn sie keine Freude daran hätte. Wenn uns das Berühren und Erkunden des anderen nicht gefiele, gäbe es keinen Sex. Tiere, die instinktiv mehr Körperkontakt hatten, zeugten Nachkommen, die überlebensfähiger waren und mehr Energie besaßen; auf diese Weise vererbten sie die Neigung zum Körperkontakt, die sich dadurch immer stärker ausprägte. Wir vergessen, dass die Berührung nicht nur ein grundlegendes Bedürfnis, sondern der Schlüssel für das Überleben unserer Art ist" (Schanberg 1995, zit. nach Gieler 2006).

Viele traumatisierte Menschen haben keinen guten Umgang mit Berührungen erlebt. Auf der einen Seite steht ein grenzüberschreitendes, übergriffiges Zuviel an Berührung, etwa bei sexuellem Missbrauch, auf der anderen Seite ein Zuwenig an Berührung, etwa bei emotionaler Vernachlässigung. Hier gilt es, (wieder) einen gesunden Umgang mit Berührungen zu erlernen, denn: „Die Haut ist durchsetzt von Abertausenden Sinneszellen, die schon auf kleinste Berührungsreize ansprechen. Untersuchungen des Touch Research Instituts der Universität Miami zeigten, dass schon das Auflegen der Hand die Produktion von Stresshormonen wie Cortisol senkt und die Ausschüttung der Entspannungshormone Oxytocin und Prolaktin anregt. Berührungen sollen Depressionen und chronische Schmerzen lindern, das Immunsystem kräftigen und den Blutdruck senken" (Wagner 2011).

So kann es durchaus angebracht sein, einen traumatisierten Flüchtling zu fragen, ob Sie ihn umarmen dürfen. Das kann sowohl für Sie als auch den traumatisierten Menschen eine wunderbare Begegnung sein, eine freudvolle Körpererfahrung (▶ Abschn. 5.2.1), wenn sie echt ist und das Wohl des anderen zum Ziel hat. Ebenso kann es sinnvoll sein, die Hand auf den Arm eines traumatisierten Menschen zu legen, um ihn zu beruhigen, sofern er das zulassen kann.

Bedürfnis nach Vermeidung von negativen Stimuli

„Schon intrauterin sowie von Geburt kann man beobachten, wie der Säugling sich mit seinen motorischen Fähigkeiten (Kopf wegdrehen, Händchen vors Gesicht führen, Mund verschließen, weinen) gegen negative Stimuli zu wehren versucht, insbesondere wenn sie ihm Schmerz und Unwohlsein bereiten" (Brisch 2010, S. 316). Traumatisierten Menschen war es nicht möglich, sich zu wehren, sie haben negative Stimuli erlebt, und zwar Stimuli, die ihr individuelles Bewältigungsvermögen überstiegen haben. Damit das nicht mehr vorkommt und sie sich besser schützen können, gilt es, sie – wie in diesem Kapitel sowie in ▶ Kap. 5 und ▶ Kap. 7 beschrieben – zu stabilisieren und stark zu machen sowie mit ihnen an ihrer Resilienz zu arbeiten. Oft beginnt es damit, dass diese Menschen erst wieder lernen müssen, sich schützen zu dürfen.

Bedürfnis nach Sinn

„Die Sinnfrage ist für den Menschen von zentraler Bedeutung. Denn immer ist Leben entweder zu gestalten oder zu bestehen. Hinter jeder Auseinandersetzung mit dem Leben steht die Frage nach der Sinnhaftigkeit. Um diese zu beantworten, brauchen Menschen eine Ausrichtung, ein ‚Wozu' – und in der Krise, im Leiden, manchmal ein ‚Trotzdem'" (Längle 2011, S. 15).

Oft haben Menschen die Vorstellung, zu Hause auf dem Sofa sitzend den Sinn ihres Lebens ermitteln zu können, um dann frustriert feststellen zu müssen, dass die Umsetzung nicht so einfach ist, weil zum Beispiel die eigenen Fähigkeiten nicht mit dem gegebenen Sinn mithalten und/oder das Umfeld nicht mitspielt.

„Das Leben des Menschen ist eingebettet in ein inneres und äußeres Milieu. Jeder Mensch findet sich in einer physischen und sozialen Umgebung vor und ist mit Anlagen ausgestattet, die er nicht gewählt hat. Alles kommt nun darauf an, wie er sein Leben in dieser Welt gestaltet. Jeder Mensch kann aus seinem Leben und aus sich selbst etwas machen" (Längle 2011, S. 18). So wie Viktor Frankl (1994, S. 199; ▶ Abschn. 6.1.4) es von den Männern im KZ Auschwitz beschrieb: Sie hatten sich entschieden, Menschen mit Würde zu bleiben, und an dem Platz, an dem sie waren, Gutes zu tun. Aristoteles (384– 322 v. Chr.) formuliert es etwas anders: „Wir können den Wind nicht ändern, aber die Segel anders setzen."

Das setzt allerdings Resilienz (▶ Abschn. 3.1.2) voraus, also die innere Stärke, welche die Bewältigung von bedrohlichen Situationen ermöglicht. Und das bedeutet, mit den Flüchtlingen daran zu arbeiten. So kann ein Trauma, das in der Kindheit erworben wurde, im Erwachsenenalter aufgrund neuer Perspektiven und den damit verbundenen neuen neuronalen Vernetzungen im Gehirn Heilung finden. Das trifft auch auf einen Menschen zu, der auf der Flucht traumatisiert wurde. Das meint der Psychiater Ben Furman (2013), wenn er sagt: „Es ist nie zu spät, eine glückliche Kindheit zu haben." Dabei geht es nicht darum, die Wahrheit zu schönen oder zu verbiegen bzw. sich selbst zu belügen, damit eine traurige Vergangenheit in hellem Licht erstrahlt. Es geht auch nicht darum, so zu tun, als wäre die Kindheit bzw. die Flucht etwas Schönes gewesen, wenn

Praxistipp

Um Flüchtlingen wirklich zu helfen, ist Mitleid, das im Leid und Schmerz verharrt und die Position des Opferseins verstärkt, wenig sinnvoll. Hilfreicher ist eine Empathie, die es dem Flüchtling ermöglicht, eine andere Perspektive zu gewinnen, zum einen auf das, was war, zum anderen auf das, was ist, und dem Blick darauf, was unter den gegebenen Umständen möglich ist. Dabei liegt der Sinn nicht im Erfolghaben oder im Nehmen und Bekommen, sondern „im Einsatz für den Wert, für das Schöne, für die Aufgabe, für die Beziehung zum Wertvollen" (Längle 2011, S. 97).

es nicht so war. Es geht darum, in dem Schweren und Unschönen etwas zu finden, das es trotz der widrigen Umstände ermöglicht, glücklich zu werden, und das gelingt mithilfe einer anderen Perspektive, zum Beispiel der Perspektive auf das Trotzdem: mit dem Blick auf die Dinge, die trotzdem gut und schön waren, bzw. auf die Dinge, die dazu geführt haben, sich selbst besser kennengelernt zu haben mit der Konsequenz, an sich gearbeitet und erfahren zu haben, dass alles Negative auch Chancen in sich birgt, auch wenn sie oft nicht gleich zu erkennen sind.

6.3.3.2 Umgang mit Bedürfnissen lernen

Voraussetzung für einen gesunden Umgang mit seinen Bedürfnissen ist erst einmal das Erkennen von Bedürfnissen. Hierfür eignet sich die Übung „Was brauche ich gerade?" (Bohus et.al. 2013, S. 41):

„Die Grundlage für einen wohlwollenden Umgang mit sich selbst haben Sie mit den Achtsamkeitsübungen schon gelegt. Halten Sie einen Moment inne und beobachten Sie achtsam, wie Sie sich gerade fühlen. Wie ist Ihre Sitzposition? Ist Ihnen warm oder kalt? Haben Sie Durst oder müssen Sie auf die Toilette?

Fragen Sie sich: ‚*Was empfinde ich gerade?*'

Erkennen Sie diese Wahrnehmung so an, wie sie gerade ist, und überlegen Sie sich im nächsten Schritt, wie Sie sich jetzt im Moment etwas Gutes tun können.

Fragen Sie sich: ‚*Was brauche ich in diesem Moment?*'

Vielleicht möchten Sie sich bequemer hinsetzen oder beim Lesen eine Pause machen, um sich etwas zu trinken zu holen. Seien Sie sorgsam und liebevoll zu sich selbst."

Und dann hat es etwas mit der Frage zu tun, wie wichtig Sie sich nehmen. Spürt der Mensch ein Bedürfnis, spürt er im Grunde genommen den Zustand bzw. das Erleben eines Mangels verbunden mit dem Wunsch, diesen Mangel zu beheben. Dabei geht es in der Regel nicht um irgendeinen x-beliebigen Mangel, sondern um einen Mangel von etwas, was „ein Lebewesen zu seiner Erhaltung und Entfaltung braucht" (Metz-Göckel 2014).

Es ist erstaunlich, wie viele Menschen es gibt, die sich und ihre Bedürfnisse nicht ernst nehmen und sich damit etwas verweigern, was sie für den eigenen Erhalt und ihre Gesundheit bräuchten, zudem für ihre Entfaltung als Individuum, als Mensch. Oft stellen sie Werte wie Harmonie über sich und ihre Bedürfnisse – ggf. mit dem Gefühl eines ungesunden Stolzes, besonders demütig oder als Nachgebender der Klügere und Stärkere zu sein – und nehmen lieber in Kauf, sich innerlich leer und unwert zu fühlen, als sich für sich selbst und die eigenen Bedürfnisse einzusetzen. Ja, es ist manchmal anstrengend, sich für eigene Bedürfnisse einzusetzen, und dennoch geht es nicht anders, wenn man gesund bleiben und Zufriedenheit erleben möchte.

Denken Sie noch einmal an die Bedeutung der Hormone Dopamin, des körpereigenen Morphiums und Serotonins im menschlichen Organismus, die eine entspannte Freude und Zufriedenheit auslösen (▶ Abschn. 6.2.3). Sie entstehen dann, wenn wir dem Standard unserer motivationalen Systeme für das eigene Wohlergehen entsprechen. Tun wir das nicht, äußert sich das in Form von Bedürfnissen. Köper und Seele fordern uns in dem Moment auf, den erkannten Mangel zu beheben. Und dann liegt es an uns, wie wir mit diesen Wünschen umgehen. Wieder müssen

> **? Zum Nachdenken**
> Es gibt Menschen, die das Befriedigen von Bedürfnissen als egoistisch bewerten im Sinne von „rücksichtslosem Verhalten", dabei bedeutet Egoismus im Grunde genommen nichts anderes als Eigeninteresse. Und Eigeninteresse ist per se nichts

Schlechtes, sondern sogar eine existenzielle Notwendigkeit. Denn wenn ich kein Interesse an mir habe und nicht für mich sorge, wer soll es dann tun? Wenn die Selbstfürsorge jedoch kippt und es nur noch um den eigenen Vorteil geht, muss ich mich fragen, ob sich der Standard für mein Wohlergehen verstellt hat, so wie sich auch ein Kompass verstellen kann und wieder geeicht werden muss.

Nicht selten verstellt sich der Kompass aber so, dass jedes Bedürfnis als rücksichtsloses Verlangen interpretiert wird, was zu der interessanten Frage führt, für wen oder was es Sinn gemacht hat, den frühkindlichen Kompass auf diese Weise zu verstellen. Möchte ich es diesem Sinngeber weiterhin recht machen, werde ich meinen Kompass nicht eichen lassen. Möchte ich aber ein authentisches Leben leben, wäre das Eichen des Kompasses notwendig.

Wer war oder ist der Sinngeber, der mich heute (noch) beherrscht?
- Ist es die Angst vor Auseinandersetzungen oder vor Zurückweisung?
- Ist es das Unwohlsein, wenn nicht alles harmonisch verläuft?
- Ist es Bequemlichkeit, weil es gerade so schön ist und man die Stimmung nicht kaputt machen möchte?
- Sind es Schuldgefühle, wenn ich mich anders verhalte, als mir beigebracht worden ist?
- Ist es die Scham, sich wertlos zu fühlen?
- Ist es der Wunsch nach Anerkennung und danach, gefallen zu wollen und gemocht zu werden?

Für all das zahlt der Mensch einen hohen Preis: die Aufgabe seines authentischen Lebens.

wir eine Entscheidung treffen, die uns niemand abnehmen kann, weil niemand sonst unseren Standard kennt und unsere Bedürfnisse spürt und weil wir allein für uns verantwortlich sind. Demnach ist ein Vergleichen mit anderen völlig unsinnig. Was nützt es mir, wenn der Standard meines Partners erfüllt ist, aber nicht meiner, wenn er zufrieden ist, ich aber nicht? Und hier liegt die Verantwortung allein bei mir. Es ist schön, wenn mir eine andere Person eine Freude machen will, erwarten kann ich es nicht. Auch nicht, dass sie in jedem Moment meine jeweiligen Bedürfnisse spürt. Ich aber habe die Möglichkeit – und die Verantwortung für mich –, mich zu spüren und meinen Mangel auszugleichen.

Möchten Mitarbeiter traumatisierten Menschen helfen, gehört es dazu, sie zu ermutigen, ihre Bedürfnisse zu spüren, sich zu fragen, wie ihr „Kompass" eingerichtet, wie er geeicht wurde, ob es wirklich authentische Bedürfnisse sind, und dann entsprechend der Aussage von Aristoteles „Wir können den Wind nicht ändern, aber die Segel anders setzen" zu prüfen, woher der Wind kommt, wie die Umstände sind, in denen der Flüchtling augenblicklich lebt, und wie er seine Segel unter diesen Umständen so setzen kann, dass dennoch ein Leben mit innerem Frieden möglich ist. Dabei wird entscheidend sein, welche Perspektive ein Flüchtling einnimmt, nach dem Motto „Ist ein Glas halb voll oder halb leer?". Schaut der Flüchtling auf das, was er nicht hat, darauf, dass er manche Bedürfnisse nicht mehr so befriedigen kann wie früher – zum Beispiel wird er nicht in Damaskus mit Freunden in der Sonne sitzen können –, wird er unglücklich. Schaut er jedoch darauf, was sich hinter dem Mit-Freunden-in-Damaskus-in-der-Sonne-sitzen-Wollen an Bedürfnis verbirgt, nämlich beispielsweise die Zugehörigkeit zu einer Gruppe, die Nähe zu Menschen, denen er vertraut, dann kann er dieses Bedürfnis auch in Deutschland in einer Massenunterkunft befriedigen. Vielleicht nicht sofort, weil er vielleicht erst noch Freundschaften aufbauen muss, aber er kann daran aktiv mitwirken. Er ist nicht zur Passivität verdammt. Und so kann jeder Flüchtling auch für sich Sinn entdecken. Es geht nicht darum, gleich einen Arbeitsplatz zu finden, auch wenn das wunderbar wäre. Es geht darum, sich da, wo man gerade steht, einen Sinn zu suchen, und das ist überall und unter allen Umständen möglich.

> **? Zum Nachdenken**
> - Inwieweit lebe ich ein Leben, in dem ich mich mit meinen Gefühlen und Bedürfnissen ernst nehme?
> - Empfinde ich das, was ich tue, als wertvoll und wichtig?

Allerdings können Mitarbeiter dies nur weitergeben, wenn sie es selbst so sehen und ihr Leben selbst als sinnvoll betrachten. Denn es geht in der Regel nicht um die Frage nach dem großen übergeordneten Sinn im Leben – auf den es auch Antworten geben kann, zum Beispiel im Glauben an einen Gott, der den Menschen geschaffen hat, weil er ein Beziehungswesen ist und eine Beziehung zum Menschen haben möchte –, sondern um die vielen kleinen Sinnfragen im Alltag. „Es ist (...) nicht so, dass der Mensch hilflos mit seiner Freiheit sich selbst überlassen ist, verloren in einer inneren Leere und unfähig, sich Orientierung zu verschaffen. Tatsächlich sind wir imstande, uns in jeder Situation zu orientieren, um eine fundierte und authentische Richtung für das nächste Stück Leben ausfindig zu machen" (Längle 2011, S. 45).
Es gibt einen Spruch, der lautet: „Lebe dein Leben, denn du lebst nur einmal." Das ist korrekt. Erweitern würde ich ihn gern folgendermaßen: „Lebe dein Leben, denn dich gibt es nur einmal." Dass Sie leben, hat einen Sinn – wie jedes Puzzleteil in einem Puzzle Sinn macht, auch wenn es erst einmal nicht so aussieht. Was haben die Männer im KZ, die sich entschieden haben, Gutes zu tun und darin ihren Sinn in Auschwitz zu sehen, alles bewirkt. Sie haben Viktor Frankl zum Nachdenken gebracht. Ihre Entscheidung, sich nicht zu verleugnen, sondern ihre Würde als Mensch zu behalten in all den widrigen Umständen, war wichtig auf dem Weg der Fortentwicklung der Logotherapie, die dazu beigetragen hat, zahlreichen Menschen andere Sichtweisen auf ihr Leben zu ermöglichen mit der Folge, dass sie seelisch gesund blieben und/oder Heilung fanden. Und so ist es auch mit Ihrem Leben und dem Leben der Flüchtlinge. „Lebe dein Leben, denn es gibt dich nur einmal."

Literatur

Bamboo & Art (2015), Bambus – Ausdruck asiatischer Kultur, www.bamboo-and-art.ch/der-bambus/ (Zugegriffen 14. März 2016)
Bauer, Joachim (2005), Warum ich fühle, was Du fühlst – Intuitive Kommunikation und das Geheimnis der Spiegelneurone, Hamburg: Hoffmann und Campe
Bauer, Joachim (2015), Selbststeuerung – Die Wiederentdeckung des freien Willens, München: Blessing
Bauer, Joachim (2016), www.psychotherapie-prof-bauer.de/gewaltundtrauma.html (Zugegriffen: 05. Februar 2016)
Bausum, Jacob (2013), Ressourcen der Gruppe zur Selbstbemächtigung: „Ich bin und ich brauche euch", in: Bausum, Jacob/Besser, Lutz-Ulrich/Kühn, Martin/Weiß, Wilma (Hrsg.), Traumapädagogik – Grundlagen, Arbeitsfelder und Methoden für die pädagogische Praxis, 3. Auflage, Weinheim/Bergstraße: Beltz Juventa
Beaulieu, Danie (2011), Impact-Techniken für die Psychotherapie, Heidelberg: Carl-Auer
Berger, Jörg (2014), Stachelige Persönlichkeiten, Marburg: Francke

Bohus, Martin/Wolf, Martina (2009), Interaktives SkillsTraining für Borderline-Patienten – Manual zur CD-ROM für die therapeutische Arbeit, Stuttgart: Schattauer

Bohus Martin/Wolf-Arehult, Martina (2013), Interaktives Skillstraining für Borderline-Patienten, 2. Auflage, Stuttgart: Schattauer

Bohus, Martin/Lyssenko, Lisa/Wenner, Michael/Berger, Mathias (2013), Lebe Balance – Das Programm für innere Stärke und Achtsamkeit, Stuttgart: Trias

Brisch, Karl Heinz (2010), Eltern-Säugling-Therapie – Von der Prävention zur Beratung und Therapie, in: Brisch, Karl Heinz/Hellbrügge, Theodor (Hrsg.), Der Säugling – Bindung, Neurobiologie und Gene, 2. Auflage, Stuttgart: Klett-Cotta

Buber, Martin (2014), Ich und Du, Gütersloh: Gütersloher Verlagshaus

Buss, David M. (1995), Evolutionary psychology: A new paradigm for psychological science, Psychological Inquiry: An International Journal for the Advancement of Psychological Theory, Band 6

Damásio, António, et al. (2000), Subcortical and cortical brain activity during the feeling of self-generated emotions. Nature Neuroscience, 3(10)

Donner, Susanne (2008), Morphium-Rausch im Gehirn, www.wissenschaft.de/archiv/-/journal_content/56/12054/1669924/Morphiumrausch-im-Gehirn/ (Zugegriffen: 13. März 2016)

Esch, Tobias (2011), Die Neurobiologie des Glücks: Wie die Positive Psychologie die Medizin verändert, Stuttgart: Thieme

Fallenstein, Isabel (2013), Die gruppendynamischen Rollen innerhalb einer Gruppe, München: GRIN

Fischer, Gottfried/Riedesser, Peter (2009), Lehrbuch der Psychotraumatologie, 4. Auflage, Stuttgart: UTB (München: Reinhardt)

Frankl, Viktor E. (1994), Logotherapie und Existenzanalyse – Texte aus sechs Jahrzehnten, Berlin/München: Quintessenz

Fuhrmann, Ben (2013), Es ist nie zu spät, eine glückliche Kindheit zu haben, 6. Auflage, Dortmund: Borgmann

Gieler, Uwe (2006), Psychosomatik der Haut – Das Haut-Ich, Plenarvortrag, 22. April 2006, im Rahmen der 56. Lindauer Psychotherapiewochen 2006, http://www.lptw.de/archiv/vortrag/2006/gieler.pdf (Zugegriffen: 18. März 2016)

Groll, Tina (2012), Alles gleichzeitig funktioniert nicht, ZEIT ONLINE, www.zeit.de/karriere/beruf/2012-08/multitasking-gehirnleistung (Zugegriffen 14. März 2016)

Grün, Anselm (2008), In die Stille finden – Mönchische Erfahrungen für den Alltag, München: Claudius

Grün, Anselm (2014), Die Kunst, das rechte Maß zu finden, München: dtv

Hanswille, Reinert/Kissenbeck, Annette (2014), Systemische Traumatherapie – Konzepte und Methoden für die Praxis, 3. Auflage, Heidelberg: Carl-Auer

Herman, Judith Lewis (2006), Die Narben der Gewalt – Traumatische Erfahrungen verstehen und überwinden, 3. Auflage, Paderborn: Junfermann

Huber, Michaela (2005), Der innere Garten – Ein achtsamer Weg zur persönlichen Veränderung, Paderborn: Junfermann

Huber, Michaela (2010a), Der innere Garten – Ein achtsamer Weg zur persönlichen Veränderung, 4. Auflage, Paderborn: Junfermann

Huber, Michaela (2010b), Trauma, Trauer, Veränderung – Oder: Was hilft, seelische Erschütterungen zu verarbeiten, www.michaela-huber.com/files/vortraege/trauma-trauer-veraenderung-2010-juni.pdf (Zugegriffen: 14. März 2016)

Hünersdorf, Bettina (2012), Autonomie, in: Wirth, Jan V./Kleve, Keiko (Hrsg.), Lexikon des systemischen Arbeitens – Grundbegriffe der systemischen Praxis, Methodik und Theorie, Heidelberg: Carl-Auer

Kachler, Roland (2012), Trauer, in: Wirth, Jan V./Kleve, Keiko (Hrsg.), Lexikon des systemischen Arbeitens – Grundbegriffe der systemischen Praxis, Methodik und Theorie, Heidelberg: Carl-Auer

Koppenhöfer, Eva (2004), Kleine Schule des Genießens – Ein verhaltenstherapeutisch orientierter Behandlungsansatz zum Aufbau positiven Erlebens und Handelns, Lengerich: Pabst Science

Kupferschmidt, Kai (2011), Sucht – Motivation zu schlechten Zielen, www.dasgehirn.info/denken/motivation/sucht-2013-motivation-zu-schlechten-zielen (Zugegriffen: 14. März 2016)

Lang, Anne M. (2012), Trance, in: Wirth, Jan V./Kleve, Keiko (Hrsg.), Lexikon des systemischen Arbeitens – Grundbegriffe der systemischen Praxis, Methodik und Theorie, Heidelberg: Carl-Auer

Längle, Alfried (2011), Sinnvoll leben – Eine praktische Anleitung der Logotherapie, 2. Auflage, St. Pölten/Salzburg: Residenz

Lichtenberg Joseph D./Lachmann Frank M./Fosshage, James L. (2000), Das Selbst und die motivationalen Systeme – Zu einer Theorie psychoanalytischer Technik, Frankfurt am Main: Brandes & Apsel

Literatur

Linehan, Marsha (1993), Skills Training Manual for Treating Borderline Personality Disorder, New York: Guilford (dt.: Trainingsmanual zur Dialektisch Behavioralen Therapie der Borderline-Persönlichkeitsstörung, München: CIP, 1996)

Lutz, Rainer (o.J.), Kleine Schule des Genießens – Aufbau und Durchführung, www.hospiz-marburg.de/Artikel_zum_Vortrag_Lutz_II.pdf (Zugriffen: 14. März 2016)

Metz-Göckel, Hellmuth (2014), Bedürfnis, in: Wirtz, Markus Antonius (Hrsg.), Dorsch – Lexikon der Psychologie, 17. Auflage, Bern: Huber

Mücke, Klaus (2009), Probleme sind Lösungen – Systemische Beratung und Psychotherapie, Lehr- und Lernbuch, 4. Auflage, Potsdam: ÖkoSysteme

Odenwald, Michael (2005), Neurobiologie – Der Spiegel im Gehirn, http://www.focus.de/gesundheit/news/neurobiologie-der-spiegel-im-gehirn_aid_210249.html (Zugegriffen: 14. März 2016)

Ortberg, John (2015), Hüter meiner Seele – Ordne die verborgene Welt deiner Seele, sie ist das Wertvollste, das du hast, Asslar: GerthMedien

Osterrath, Brigitte (2011), Bewusste Gefühle, www.dasgehirn.info/denken/emotion/bewusste-gefuehle (Zugegriffen: 14. März 2016)

Roderus, Ursula (2011), Handbuch zur Traumabegleitung – Hilfen für Seelsorger, Berater und Therapeuten, Lüdenscheid: ASAPH

Röhr, Heinz-Peter (2009), Narzissmus – Dem inneren Gefängnis entfliehen, 8. Auflage, Ostfildern: Patmos

Röhr, Heinz-Peter (2013), Weg zum Glück – Die geheimen Programme der Seele entschlüsseln, Ostfildern: Patmos

Ruppert, Franz (2010), Trauma, Bindung und Familienstellen – Seelische Verletzungen verstehen und heilen, 4. Auflage, Stuttgart: Klett-Cotta

Püschel, Oliver/Sachse, Rainer (2009), Das motivationale System, in: Sachse, Rainer/Fasbender, Jana/Breil, Janine/Püschel, Oliver, Grundlagen und Konzepte Klärungsorientierter Psychotherapie, Göttingen: Hogrefe

Sack, Martin/Büttner, Melanie (2015), Traumafolgestörungen, in: Rief, Winfried/Henningsen, Peter (Hrsg.), Psychosomatik und Verhaltensmedizin, Stuttgart: Schattauer

Saße, Dörte (2015), Welt der Physik – Warum fahren Fahrräder so stabil?, http://www.weltderphysik.de/thema/hinter-den-dingen/stabilitaet-von-fahrraedern/ (Zugegriffen: 14. März 2016)

Satir, Virginia (2010), Kommunikation, Selbstwert, Kongruenz – Konzepte und Perspektiven familientherapeutischer Praxis, 8. Auflage, Paderborn: Junfermann

Schäffner, Michaela (2008), Der Kobold in mir, in: Donner, Susanne, Morphium-Rausch im Gehirn, www.wissenschaft.de/archiv/-/journal_content/56/12054/1669924/Morphiumrausch-im-Gehirn/ (Zugegriffen 13. März 2016)

Schanberg, Saul (1995): The genetic basis for touch therapy, in T.M. Field et al (Eds): Toch in Early Development, Mahwah NY: Lawrence Erlbaum Associates

Schiepeck, Günter (1999). Die Grundlagen der systemischen Therapie. Theorie – Praxis – Forschung. Göttingen: Vandenhoeck & Ruprecht

Seligmann, Martin (1996), The Optimistic Child, New York: Houghton Mifflin

Smith, H. (1996), Mes valeurs, mon temps, ma vie, Montréal: Un Monde Defférent

Storch, Maja (2010a), Wie Embodiment in der Psychologie erforscht wurde, in: Storch, Maja/Cantieni, Benita/Hüther, Gerald/Tschacher, Wolfgang (Hrsg.), Embodiment – Die Wechselwirkung von Körper und Psyche, 2. Auflage, Bern: Huber

Storch, Maja (2010b), Die Macht des Körpers, in: Psychologie Heute compact, Ausgabe 26, Weinheim: Beltz, http://majastorch.de/download/110110_DieMachtdesKoerpersPH.pdf (Zugegriffen: 19. März 2016)

Tausch, Reinhard (1993). Verzeihen: Die doppelte Wohltat, in: Psychologie heute, Jg. 20, Ausgabe 4, Weinheim: Beltz. www.eheseelsorger.net/verzeihenRT.htm (Zugegriffen: 16. März 2016)

von Foerster, Heinz/Pörksen, Bernhard (2011), Wahrheit ist die Erfindung eines Lügners: Gespräche für Skeptiker, 9. Auflage, Heidelberg: Carl Auer

Wagner, Sarah (2011), Heilsame Berührung – Umarmung ersetzt Pillen, www.focus.de/gesundheit/ratgeber/psychologie/heilsame-beruehrung-umarmung-ersetzt-pillen_aid_671469.html (Zugegriffen: 14. März 2016)

Wardetzki, Bärbel (2008), Weiblicher Narzissmus – Der Hunger nach Anerkennung, 20. Auflage, München: Kösel

Watzlawick, Paul (2001), Man kann nicht nicht kommunizieren – Das Lesebuch, Bern: Huber

Weingardt, Beate M. (2014), Das verzeih ich dir (nie)! – Kränkungen überwinden, Beziehungen erneuern, 6. Auflage, Witten: SCM R. Brockhaus

Weiss, Halko/Harrer, Michael E./Dietz, Thomas (2013), Das Achtsamkeitsübungsbuch – Für Beruf und Alltag, 4. Auflage, Stuttgart: Klett-Cotta

Sicherheit erreichen

Ulrike Imm-Bazlen
Anne-Kathrin Schmieg

7.1 Erfüllung der Grundbedürfnisse als Basis des Sich-sicher-Fühlens – 184
7.1.1 Physiologische Grundbedürfnisse – 184
7.1.2 Bedürfnis nach Bindung und Zugehörigkeit – 187
7.1.3 Bedürfnis nach Exploration und Selbstwirksamkeit – 193
7.1.4 Bedürfnis nach sensorisch-sexueller Stimulation – 204
7.1.5 Bedürfnis nach Vermeidung von negativen Stimuli – 207
7.1.6 Bedürfnis nach Sinn – 208

7.2 Rahmenbedingungen als Basis des Sich-sicher-Fühlens – 211
7.2.1 Bezugsbetreuersystem – 211
7.2.2 Mentorensystem – 216
7.2.3 Tagesstruktur – 219
7.2.4 Geregelter Schlaf-Wach-Rhythmus – 223
7.2.5 Grundversorgung mit Nahrung – 225
7.2.6 Gesundheitsförderung – 227
7.2.7 Räumliche Ausstattung – 231
7.2.8 Informationsmanagement – 232

Literatur – 234

© Springer-Verlag Berlin Heidelberg 2017
U. Imm-Bazlen, A.-K. Schmieg, *Begleitung von Flüchtlingen mit traumatischen Erfahrungen*,
DOI 10.1007/978-3-662-49561-2_7

In ▶ Abschn. 6.3.3 ging es im Rahmen der Stabilisierung um die Erfüllung motivationaler Bedürfnisse, „deren Aufgabe es ist, für die Erfüllung und Regulierung von Grundbedürfnissen zu sorgen. Jedes System umfasst ganz bestimmte motivationale und funktionale Aspekte. Jedes System ist um ein Grundbedürfnis herum aufgebaut" (Benz 2009, S. 9). Sind die dort genannten Grundbedürfnisse erfüllt, stabilisiert das nicht nur, es gibt dem Menschen auch ein Gefühl von Sicherheit. Entsprechend sollten auch die Rahmenbedingungen darauf ausgerichtet sein, weshalb wir die Grundbedürfnisse an dieser Stelle noch einmal nennen, sie teilweise vertiefen und/oder unter anderen Gesichtspunkten betrachten möchten als in ▶ Abschn. 6.3.3.

7.1 Erfüllung der Grundbedürfnisse als Basis des Sich-sicher-Fühlens

Ulrike Imm-Bazlen

Die Erfüllung der menschlichen Grundbedürfnisse entscheidet ganz wesentlich darüber, ob sich ein Mensch sicher fühlt oder nicht. Dabei geht es nicht darum, dass jedes Grundbedürfnis zu jeder Zeit in gleichem Ausmaß erfüllt ist. Es gibt Zeiten, da steht das Bedürfnis nach Nahrung über dem Bedürfnis nach Berührung, dann wiederum kann das Bedürfnis nach Berührung und Kommunikation über dem der Nahrungsaufnahme stehen. Man spricht auch von einer Dynamik der motivationalen Systeme. Diese Dynamik kann in jeder Lebensphase zu einer Veränderung der Bedürfnisse, Wünsche, Begierden und Ziele führen, was sich in unterschiedlichen bewussten und unbewussten Vorlieben, Entscheidungen und Neigungen ausdrückt (vgl. Benz 2009, S. 10).

Noch einmal zur Erinnerung. Es geht um folgende Grundbedürfnisse:
- Physiologische Grundbedürfnisse,
- Bedürfnis nach Bindung und Zugehörigkeit,
- Bedürfnis nach Exploration und Selbstwirksamkeit,
- Bedürfnis nach sensorisch-sexueller Stimulation,
- Bedürfnis nach Vermeidung von negativen Stimuli,
- Bedürfnis nach Sinn.

7.1.1 Physiologische Grundbedürfnisse

„Physiologisches Befinden wie Hunger, Müdigkeit, Harndrang, Unwohlsein usw. sind geprägt durch das Bedürfnis, das unangenehme Empfinden zu regulieren, um dadurch wieder in einen Zustand des Wohlbefindens zu gelangen. Beispielhaft dafür ist die Regulierung des Hungergefühls:
- Empfinden von Hunger und Affekt seelischer Not (Weinen),
- (…) Erfahrung der Nahrungsaufnahme,
- Empfinden von Sättigung und Gefühl des Vergnügens.

Die frühe Erfahrung der Regulierbarkeit – anfänglich durch die primäre Bezugsperson – motiviert zur Selbstregulierung.

Das Gelingen dieser Prozesse begründet die Gewissheit, der Welt nicht ausgeliefert zu sein" (Benz 2009, S. 11), was zu einem Gefühl von Selbstbewusstsein beiträgt und damit auch zu (Selbst-)Sicherheit und Resilienz, wodurch das Risiko einer Traumatisierung reduziert wird, die ja unmittelbar mit den individuellen Bewältigungsmöglichkeiten verbunden ist (▶ Abschn. 3.1).

Zudem macht der Mensch bei frühen Erfahrungen der Regulierbarkeit und Selbstregulation grundlegende Erfahrungen im Zusammensein mit anderen Menschen, die mit dafür verantwortlich sind, ob ein Mensch sich und anderen vertrauen kann oder auch nicht. Bei positiven Erfahrungen hat der Mensch auf diese Weise selbstberuhigende und selbstregulierende Strategien erlernt und verfügt darüber.

Bei der Erfüllung der physiologischen Grundbedürfnisse geht es also nicht allein um das Stillen von Hunger, ausreichend Schlaf oder dem Entleeren der Blase, sondern auch um die Erfahrung von Regulierbarkeit und Selbstregulation, zum Beispiel bei Bedürfnissen, Gefühlen und Gedanken. Und es geht um das grundlegende Thema Bindung, inwieweit sich der Mensch bewusst wahrgenommen und sicher gefühlt hat, damit sein Kontrollzentrum im Gehirn reifen konnte, sodass eine Selbststeuerung möglich ist, denn „das Fundament unseres Gehirns ist mit Bindung assoziiert" (Westickenberg 2013; ▶ Abschn. 3.1.2). Joachim Bauer (2015a, S. 38) schreibt: Die „Fähigkeit zur Selbstkontrolle und damit auch zur Selbststeuerung" ist „nicht angeboren. Genetisch mitgegeben ist dem Menschen nur die Möglichkeit, sie zu erwerben." Die „sozialen Erfahrungen, denen das kindliche Gehirn ausgesetzt ist, formen seine Strukturen und Funktionen", und zwar lebenslänglich.

7.1.1.1 Empfinden von Sättigung

Wie ist es aber um die Selbststeuerung bestellt, wenn der Mensch – wie zahlreiche Flüchtlinge – Zeiten des Hungerns erlebt hat und mit ansehen musste, wie Menschen auf der Flucht verhungert sind?

Auch hier kommt es auf die Basis an. Haben die Menschen zuvor Resilienz entwickeln können, werden sie anders damit umgehen als Menschen, deren innere Widerstandskraft als Potenzial zwar angelegt, aber noch nicht entwickelt ist. Wenn es noch nicht entwickelt ist, fehlen die individuellen Bewältigungsmechanismen für diese Krisensituation und kann die Erfahrung von Hunger den Menschen zu „unmenschlichem Verhalten" führen. Umgangssprachlich spricht man ja auch davon, dass jemand „zum Tier" wird. Dann funktioniert der Mensch aus dem limbischen System (◘ Abb. 3.1) heraus, und der präfrontale Cortex, die Instanz der Selbstkontrolle, ist abgeschaltet. Für diese Menschen bedeutet Sicherheit, genug zum Essen zu haben, was nach der Ankunft in Deutschland zu einer Gier nach Nahrung führen kann. Auf Menschen, die keinen Hunger erlebt haben, mag das befremdlich wirken, für Menschen, die Ähnliches erlebt haben, ist das Entwickeln von Gier absolut nachvollziehbar. Auch sie gilt es wertzuschätzen als einen Faktor von vielen, die den Flüchtlingen das Überleben gesichert haben. Nun sind die Flüchtlinge in Deutschland aber in einer Situation, in der es ausreichend Nahrung gibt. Das müssen die traumatisierten Persönlichkeitsanteile aber erst einmal mitbekommen. Und nicht nur das: Sie müssen der neuen Situation vertrauen lernen. Dann ist es nicht mehr wichtig, bei der Essensausgabe vor den anderen dranzukommen oder den Teller bis zum Rand zu füllen.

Hier bedarf es der Geduld und des Blickes auf das Innere des Flüchtlings auch von Ihnen als Mitarbeiter, um sich selbst wertschätzend und adäquat verhalten zu können.

> **❓ Zum Nachdenken**
> Um ein besseres Gefühl für Flüchtlinge zu bekommen, die hungern mussten, können Sie sich einmal selbst fragen, wie Sie mit Hunger umgehen.
> - Wie fühlt es sich an, Hunger zu haben? Und dabei geht es um Hunger, nicht um Appetit.
> - Wie reagieren Sie auf ein Hungergefühl? Muss dann schnell etwas her, weil Sie es sonst nicht aushalten oder für andere sonst „ungenießbar" sind?

> Sie können sich ja auch auf ein kleines Experiment einlassen und einmal einen Tag lang auf die Zufuhr von Nahrung verzichten.
> - Wie geht es Ihnen dann? Auch wenn der Vergleich hinkt, weil Sie wissen, dass Sie essen könnten, wenn Sie wollten, bekommen Sie so doch eine Ahnung davon, was es heißt, zu hungern.

Manchmal geht es den Flüchtlingen aber weniger um Hunger als vielmehr um Appetit, weil die Ernährungsgewohnheiten völlig anders sind als in ihrem Herkunftsland. Und nicht umsonst gibt es den Spruch: Was der Bauer nicht kennt, das isst er nicht. Hier wird es für den Flüchtling darum gehen, eine gute Kombination aus Altem und Neuem herzustellen, wenn er integrativ leben will. Nicht nur in den Flüchtlingseinrichtungen, auch sonst wird er mit deutschen Ernährungsgewohnheiten konfrontiert werden. Und da Essen nicht nur der Nahrungsaufnahme dient, sondern auch der Kommunikation und der Beziehungspflege, wird er in Situationen kommen, in denen er entscheiden muss, wo seine Grenzen sind. Natürlich kann er erwarten, dass überall auf ihn Rücksicht genommen wird, doch gilt das auch umgekehrt. Lehnt ein Flüchtling alkoholische Getränke oder Schweinefleisch ab, braucht er sie nicht zu sich nehmen. Möchte es aber der Mensch neben ihm, gilt es, das ebenfalls wertzuschätzen. Und es gilt, eine Lösung zu suchen, wie dennoch Beziehungspflege möglich ist.

Zudem sind wir Menschen geschmacklich nicht festgelegt. Auch hier ist Veränderung möglich. Voraussetzung: Der Mensch muss es wollen. Möchte er es nicht, wird er auf seiner Prägung beharren und andere Ernährungsgewohnheiten ablehnen.

Hier sind Sie als Mitarbeiter gefragt, feinfühlig auf die Bedürfnisse der Flüchtlinge nach gewohnter Nahrung einzugehen. Das kann bedeuten, den Flüchtlingen als Zeichen, dass Sie verstanden und die Flüchtlinge bewusst wahrgenommen haben, auch einmal die gewohnte Ernährungsform zu ermöglichen und sie dennoch dafür zu gewinnen, sich für Neues zu öffnen. Möchten die Flüchtlinge das nicht, hat es sich bewährt, nach dem Sinn dahinter zu fragen. Haben die Flüchtlinge zum Beispiel das Gefühl, ihre Kultur zu verraten? Fühlen sie sich abgelehnt und versuchen so, eine Gruppenzugehörigkeit aufrechtzuerhalten, was ebenfalls einem Grundbedürfnis entspricht? Dann ist es wichtig, an diesen Themen zu arbeiten, wenn das Ziel Integration sein soll.

7.1.1.2 Ausreichend Schlaf

Ein weiteres physiologisches Grundbedürfnis ist das nach ausreichendem Schlaf, was insbesondere für traumatisierte Flüchtlinge ein großes Problem darstellt, weil sie traumabedingt oft unter Ein- oder Durchschlafstörungen sowie unter Albträumen leiden. Entsprechend wichtig ist dann ein geregelter Schlaf-Wach-Rhythmus, auf den in ▶ Abschn. 7.2.4 näher eingegangen wird. Das bedeutet aber, dass es in Flüchtlingseinrichtungen nicht ohne Regeln geht, in diesem Fall Regeln zur Nachtruhe, die für alle verbindlich sind und Konsequenzen bei Nichtbeachtung nach sich ziehen. Auch wenn es in manchen Kulturen unüblich ist, zum Beispiel um 22 Uhr das Licht zu löschen und für Ruhe zu sorgen, kann von den Flüchtlingen erwartet werden, genau das zu tun. Sie sind Gäste, was auch bedeutet, die Regeln des Gastgeberlandes anzuerkennen (▶ Abschn. 7.1.3). Möchte sich ein Flüchtling partout nicht daran halten, hat auch das wieder einen Sinn. Entsprechend gilt es, danach zu fragen bzw. ihn zu suchen. Oft geht es zum einen um die Frage der Integration, die die Flüchtlinge vielleicht gar nicht anstreben, zum anderen um eine fehlende Rücksichtnahme und Wertschätzung den Menschen gegenüber, die einen geregelten Schlaf-Wach-Rhythmus brauchen. Auch hier gilt es, hinsichtlich der Regeln und Konsequenzen ganz klar zu sein, was für den Aufbau von Bindung sowieso enorm wichtig ist und eine Form der dialogischen Kommunikation und Feinfühligkeit darstellt (▶ Abschn. 5.3.2).

Ansonsten ist mit dem Einzelnen zu besprechen, was er braucht, damit er in der jeweiligen Situation schlafen kann. Das ist eine große Herausforderung, können manche Regeln einer guten Schlafhygiene nicht immer eingehalten werden. Für traumatisierte Flüchtlinge steht auch hier die Arbeit mit den inneren Anteilen an, die vielleicht noch nicht glauben können, dass sie in Sicherheit sind und somit auch schlafen können (▶ Abschn. 3.2.2). In ihrem Inneren wirkt der toxische Stress der Traumatisierung. Damit ist weiterhin ihr CRH-Gen aktiviert und werden weiterhin Adrenalin und Noradrenalin ausgeschüttet, sodass ihnen Flucht und Angriff deutlich näher liegen als Schlaf. Ein einfaches „Sie können beruhigt schlafen" reicht dann nicht aus. Es geht auch hier wieder um Bindung und Vertrauen sowie darum, dass der traumatisierte Mensch sein Potenzial zur Resilienz und Selbststeuerung wahrnehmen und entwickeln kann und so ein wachsendes Gefühl von Sicherheit erlangt, in dessen Folge er dann auch wieder Schlaf finden wird.

7.1.2 Bedürfnis nach Bindung und Zugehörigkeit

Das motivationale System nach Bindung und Zugehörigkeit ist der Motor, soziale Beziehungen aufnehmen und pflegen zu wollen, zuerst mit der primären Bezugsperson, dann auch mit mehreren Menschen bzw. mit einer Partnerin, einem Partner (vgl. Benz 2009, S. 9). Wir Menschen sind Beziehungswesen. Erst am Du werden wir zum Ich (vgl. Buber 2014, S. 37). Damit haben Bindung und Zugehörigkeit eine enorm große Bedeutung für uns Menschen. Zum einen bei der Entwicklung unserer Gehirne, zum anderen aber auch bei der Entstehung psychischer Störungen.

7.1.2.1 Entscheidungsfindung ermöglichen

Aufgrund der großen Bedeutung von Bindung und Zugehörigkeit als menschlichem Grundbedürfnis ist zu verstehen, warum sich Menschen aus anderen Kulturen schwertun, sich in die für sie ungewohnte deutsche Gesellschaft zu integrieren bzw. integrieren zu lassen. Sie haben bisher mehr oder weniger alles dafür getan, um in ihrer Gesellschaft Anerkennung zu finden, um dazugehören zu dürfen. Viele Menschen stellen die Anforderungen der Gesellschaft bzw. ihrer Familie über ihre eigenen Bedürfnisse und nehmen Störungen und Krankheiten in Kauf, nur um zu dieser Gruppe dazugehören zu dürfen. Damit kommt das innere Gleichgewicht aus dem Lot, weil der Mensch zwar das Grundbedürfnis nach Bindung und Zugehörigkeit hat, aber auch nach Selbstwirksamkeit und einem Sinn für sein Leben, der nicht immer mit den Anforderungen der Gesellschaft kongruent ist. Hier ist es wichtig, eine bewusste Entscheidung zu treffen bzw. eine bewusste Prioritätensetzung vorzunehmen. Was ist mir, meinem wahren Selbst, im Moment wirklich wichtig? Ist es mir wichtig, mich einer Gesellschaft in einigen Fragen anzupassen, weil mir das mein Überleben einfacher macht oder gar mein Überleben sichert, oder ist es mir wichtiger, mich so zu entwickeln, wie ich es meinem inneren Wissen nach tun sollte, auch wenn es unter anderem Schwierigkeiten mit sich bringt? Wichtig ist, eine bewusste Entscheidung zu treffen, damit der Mensch Chef seines Lebens und authentisch bleibt. Das kann auch bedeuten, sich für die Schwierigkeit zu entscheiden, weil es der authentische Weg ist. Viele Menschen, die sich gegen ihren authentischen Weg entschieden haben, bereuen das im Nachhinein oft sehr, einfach deshalb, weil sie nicht ihr Leben gelebt haben (vgl. Ware 2013). Dabei ist jeder Mensch der Experte für sich, und nur er weiß, was langfristig gut für ihn ist. Manchmal ist dieses innere Wissen verschüttet, dann können andere Menschen – seien es Freunde, Therapeuten oder Mitarbeiter in Flüchtlingseinrichtungen – vielleicht weiterhelfen, um es wiederzuentdecken. Die

Entscheidung dafür oder dagegen geht aber immer ganz individuell von jedem einzelnen Menschen aus. Er allein kann spüren, wenn sein Innerstes nicht in Balance, nicht im Lot ist. Viele Menschen haben dieses Gespür jedoch für sich verloren, zum Beispiel im Rahmen einer Traumatisierung. Entsprechend wichtig ist es, mit diesen Menschen an ihrem Selbstbewusstsein und an der Entwicklung von Selbstwert und Resilienz zu arbeiten. Dabei kann es um das Kennenlernen der traumabedingten Anteile und ihre Annahme gehen, vor allem aber auch um die in ▶ Kap. 5 und ▶ Kap. 6 genannten Einstellungen und Maßnahmen. Sind diese aus Zeitgründen nicht alle möglich, gilt es, ganz elementare Dinge zu beachten, insbesondere die Wertschätzung und Annahme des traumatisierten Flüchtlings, wie er *heute* ist. Es gilt, ihn anzunehmen und aus der eigenen Authentizität heraus würdevoll zu behandeln.

7.1.2.2 Klima des Vertrauens schaffen

Erst wenn der Mensch Vertrauen zu jemandem oder etwas Neuem gewonnen hat, kann er sich von Altem lösen, etwa der Zugehörigkeit zu einer Gruppe, ohne seine ggf. bestehende innere Verbundenheit aufzugeben. Bekommt ein Mensch von einem anderen Menschen Vertrauen entgegengebracht, wird das von dessen Motivationssystem sofort mit einer positiven Reaktion beantwortet, was dazu führt, dass sich auch diese Person vertrauensvoll und kooperativ verhalten wird (vgl. Bauer 2013, S. 35). Entsprechend gilt es, ein Klima des Vertrauens in den Flüchtlingseinrichtungen, aber auch in unserer Gesellschaft ganz allgemein zu schaffen. Spürt der traumatisierte Flüchtling die Wertschätzung in Deutschland ihm gegenüber, wird dies seine Offenheit erhöhen, sich zu verändern, und zwar auch der deutschen Kultur und ihren Gesetzen gegenüber. Ist ein Flüchtling noch ganz seiner Kultur verhaftet, wird er anfangs nur das essen wollen, was er kennt. Wächst sein Vertrauen in die neue Gesellschaft – vielleicht auch zu einem einzigen Menschen dieser neuen Gesellschaft –, kann er sich öffnen und Neues zulassen, indem er beispielsweise die für ihn ungewohnten Speisen probiert und dann vielleicht sogar als genießbar empfindet, wenn auch ungewohnt. Das trifft auf viele Bereiche des Lebens zu. Es gilt also, an einem Klima des Vertrauens und der Wertschätzung in den Flüchtlingseinrichtungen und unserer Gesellschaft zu arbeiten – ein großes Unterfangen (▶ Kap. 5), aber nicht unmöglich.

Angenommen, eine Gesellschaft tut alles, um einen Flüchtling wertschätzend bei sich aufzunehmen. Ist damit alles gewonnen? Nein. Denn natürlich muss der Flüchtling zu einer Veränderung bereit sein. Und damit sind wir bei einem ganz entscheidenden Punkt: der Motivation.

7.1.2.3 Ermutigen

Die Flüchtlinge kommen aus unterschiedlichen Gründen nach Deutschland (▶ Abschn. 1.3.1). Der häufigste Grund ist die Sorge ums Überleben. Das ist sozusagen eine rationale Entscheidung, eine in der Regel extrinsische Motivation, die von vielen Gefühlen begleitet wird, zum Beispiel Wut, Angst, Hoffnung und Trauer. Gefühle sind Bestandteil von Emotionen, die auch mit Gedanken, einer Körperhaltung und einem Handlungsimpuls verbunden sind (▶ Abschn. 6.3.1). Diese Gefühle haben oftmals noch nicht verstanden, warum die Flucht wichtig war. Entsprechend suchen sie nach dem Alten und Vertrauten, was in einem fremden Land zum einen durch die Sehnsucht und oft auch Idealisierung der verlassenen Heimat zum Ausdruck kommt, zum anderen durch die Sehnsucht, mit Menschen aus der eigenen Kultur zusammen zu sein, um Zugehörigkeit spüren zu können. Das ist absolut verständlich und menschlich. Es gilt, dies wertzuschätzen. Es gilt aber auch, sich als Flüchtling immer wieder bewusst zu machen, dass man sich für die Flucht entschieden hat („Niemand hat das Gehen übernommen, ich habe die Schritte selbst gemacht"), weil es gute Gründe dafür gab. Und genau diese Gründe können den Gefühlen

7.1 · Erfüllung der Grundbedürfnisse als Basis des Sich-sicher-Fühlens

mitgeteilt und entgegengehalten werden, wenn sie wieder sehr stark werden und das Verhalten des Flüchtlings bestimmen, also auf seinem Chefsessel Platz nehmen wollen. Dabei geht es nicht darum, dass sie lieber in ihrem Heimatland geblieben wären. Das wären die meisten Flüchtlinge bestimmt. Aber in der Regel sind sie dennoch freiwillig gegangen – kaum einer wurde nach Deutschland verschleppt –, weil es gute Gründe gab. Einerseits waren die Flüchtlinge Opfer, aber nicht nur. Und es ist eine Frage der Entscheidung, ob ich in meinem Leben Opfer bleiben möchte oder ob ich an mir arbeite, um die Opferrolle nicht länger anzunehmen. Dies gelingt aber nur, wenn der Mensch es möchte. Auch dafür gilt es wiederum, eine bewusste Entscheidung zu treffen und sich seiner Gefühle und Gedanken bewusst zu werden, um einen anderen Umgang damit zu erlernen. Viktor Frankl (o.J.) drückt es so aus: „Zwischen Reiz und Reaktion liegt ein Raum. In diesem Raum liegt unsere Macht zur Wahl unserer Reaktion. In unserer Reaktion liegen unsere Entwicklung und unsere Freiheit."

Diese Freiheit hat etwas mit unserem freien Willen, unserer Selbststeuerung zu tun, und diese wiederum mit der Entwicklung der Kontrollzentren in unserem Gehirn (▶ Abschn. 3.1.2). Und die gute Botschaft: Die Entwicklung unseres Gehirns ist nicht abgeschlossen, lebenslanges Lernen ist möglich. So sagt die deutsche Neuropsychologin Angela Friederici (Müller-Jung 2008): „Hans kann durchaus lernen, was Hänschen nicht gelernt hat", allerdings ist das mit Arbeit verbunden, denn „was die Trainierbarkeit angeht, ist unser Gehirn vielleicht mit einem Muskel zu vergleichen. Ein Muskel, der lange nicht benutzt worden ist, wird natürlich schwerer zu reaktivieren sein." Entsprechend brauchen die traumatisierten Flüchtlinge Unterstützung und Begleitung. „Niemand kann sich am eigenen Schopf aus dem Sumpf ziehen. Wer sich verändern will, sollte sich daher andere suchen, die ihn begleiten" (Bauer 2015a, S. 27). Die Flüchtlinge kennen kurz nach ihrer Ankunft in Deutschland oft noch keinen Menschen, dem sie in dieser Weise vertrauen können. Sie brauchen jedoch jemanden, der sie begleitet, ihnen Mut zuspricht und für sie da ist, weshalb das Bezugsbetreuersystem (▶ Abschn. 7.2.1) oder das Etablieren von festen Mentoren (▶ Abschn. 7.2.2) eine absolute Notwendigkeit ist. Erst dann kann Integration gelingen, weil sie nicht nur vom Gastgeberland, sondern auch von den Flüchtlingen gewollt wird. Und erst dann können sie sich dafür entscheiden, die Lebensweisen, die nicht durch den Koran oder die Bibel vorgeschrieben sind, sondern von Menschen entwickelt, interpretiert und vorgegeben wurden, aufzugeben, ohne dass ihre Identität darunter leidet. Ein Afghane wird in seinem Herzen immer Afghane bleiben, wenn zuvor eine Bindung zu seinem Heimatland bestand, ein Syrer immer ein Syrer, ein Deutscher immer ein Deutscher. Das heißt aber nicht – und genau das ist der springende Punkt –, dass der Mensch nur dann seine Identität als Afghane, Syrer oder Deutscher behält, wenn er sich kulturtypisch verhält, also zum Beispiel nur afghanische, syrische oder deutsche Kost zu sich nimmt. Entscheidend ist nicht das Äußere, sondern seine innere Einstellung, und hier ist er frei. So wie er auch frei ist, die Opferhaltung anzunehmen oder auch nicht. Dazu noch einmal die Erinnerung an die Männer im KZ Auschwitz. Äußerlich betrachtet hat man ihnen ihre Würde als Menschen, als Männer genommen, indem man sie absolut menschenunwürdig behandelt hat. Jeder hätte es verstanden, wenn sie sich als Opfer gefühlt hätten. Innerlich konnte ihnen aber niemand nehmen, sich als Mensch zu fühlen und sich zu entscheiden, sich auch so zu verhalten, auch wenn das nicht nur positive Konsequenzen nach sich gezogen hat. Aber der Mensch ist innerlich frei und kann entscheiden – im Gegensatz zu einem Opfer –, was ihm wichtig ist und unter diesen Umständen selbstbestimmt leben.

Das gilt auch für traumatisierte Menschen, jedoch liegt ein Weg der Arbeit vor ihnen, um dahin zu kommen. Begleitet werden sie auf diesem Weg von Ihnen als Mitarbeiter in einer Flüchtlingseinrichtung, von Traumatherapeuten, Traumapädagogen und/oder Traumabegleitern (▶ Kap. 4). Innerlich sind wir Menschen frei. Unsere Würde als Mensch, unsere Identität kann uns niemand nehmen, und auch nicht unsere Würde als Afghane, Syrer oder Deutsche. Dabei können wir die Kultur als etwas Trennendes erleben, wenn wir uns darauf versteifen, dass diese zu unserer Identität als Afghane, Syrer oder Deutscher dazugehört. Wenn wir aber verstehen, dass wir als Allererstes Mensch sind und die Kulturspezifika als Ergänzung, als Bereicherung hinzukommen, über die wir uns freuen, wenn wir sie leben können, die aber nicht unsere Identität ausmachen, können wir auch loslassen bzw. Einschränkungen hinnehmen, ohne unsere Identität zu verlieren. Dafür müssen wir allerdings wissen, was unsere Identität ausmacht, denn genau hier ist die Grenze. Gehört zu meiner Identität, so zu leben, wie Gott es in der Bibel – oder für Muslime im Koran – ausdrückt, werde ich dieses Leben bzw. die damit verbundenen Einstellungen und Verhaltensweisen nicht aufgeben können. Dann gilt es wieder zu entscheiden, zum Beispiel: Ist das Aufnahmeland richtig für mich, wenn der Glaube an Gott dort keinen Stellenwert hat? Oder möchte ich bewusst in solch ein Land gehen, weil ich es verändern möchte, was sich unter Umständen als sehr schwierig herausstellen dürfte? Oder gehe ich in das Land, weil es mir Reichtümer verspricht, die ich in anderen Ländern in der Form nicht bekommen würde, wohlwissend, dass ich meinen Glauben ggf. nur eingeschränkt leben kann? Dann entscheide ich mich automatisch auch für Schwierigkeiten im Hinblick auf meinen Glauben. Und das ist die Entscheidung eines jeden Flüchtlings, sofern er die notwendigen Informationen für diese Entscheidung hat. Liegen ihm keine Informationen vor, liegt es in seiner Verantwortung, sich zu informieren. Allerdings ist das nicht leicht in einer Ausnahmesituation wie die Flucht sie darstellt. Hier sind wir Deutschen gefragt, den Flüchtlingen die Informationen über unser Land, unsere Gesetze und unsere Art zu leben zu vermitteln, damit sie bewusst entscheiden können, ob sie bleiben oder doch lieber weiterziehen möchten. Haben sie sich entschieden zu bleiben, darf von ihnen zu Recht erwartet werden, dass sie sich an die Regeln des Gastgeberlandes halten.

Dass sie eine Entscheidungsfreiheit haben, ist vielen Menschen nicht bewusst. Sie meinen oft, so handeln zu müssen, wie sie handeln. Eine Besonderheit stellen oftmals traumatisierte Menschen dar. Sie meinen zwar auch, so handeln zu müssen, wie sie handeln, und doch spüren sie, dass es oft um Handlungsweisen geht, die nicht zu ihnen gehören. Entsprechend äußern sie oft auch „Das bin doch nicht ich". Das macht ihnen das Treffen von Entscheidungen oftmals schwer, da sie sozusagen die Meinung aller Persönlichkeitsanteile hören und abwägen müssen und in der Regel nicht für alle eine gute Lösung herbeiführen können. Ohne Traumabegleitung wird es ihnen kaum möglich sein, ihre Anteile zu erkennen und so mit ihnen zu arbeiten, dass eine Integration der Anteile stattfindet und sie zu einer authentischen Entscheidung aus ihrem wahren Selbst heraus kommen.

Dass Menschen oft nicht wissen, dass sie eine Entscheidungsfreiheit haben, ist auf eine große Unwissenheit zurückzuführen, nämlich die Unwissenheit, wer sie sind. Dann binden sie sich an Äußerlichkeiten, die ihnen Halt und oft auch eine Identität geben sollen. Je weniger Identität ein Mensch hat, je weniger er weiß, wer er ist, je weniger Selbstwert er besitzt, desto mehr muss er sich an Äußerlichkeiten festhalten. Und desto heftiger muss er sich für diese Äußerlichkeiten einsetzen, denn ohne sie verliert er seinen Halt und – gefühlt – seine Identität. Mit anderen Worten: Je mehr ich einen Flüchtling und seine Identität als Afghane, Syrer, Äthiopier usw. wertschätze, desto weniger Grund hat er, Äußerlichkeiten als Halt zu nehmen, desto weniger vehement muss er sie verteidigen, und desto größer ist die Chance für Veränderungen (◘ Abb. 7.1).

> **? Zum Nachdenken**
> Menschen aus anderen Kulturen leben umso stärker ihre Prägung und ihre kulturellen Gepflogenheiten, je unsicherer und je weniger akzeptiert sie sich fühlen. Je unsicherer ein Mensch ist, desto mehr hält er sich an Regeln fest.

Abb. 7.1 Je mehr meine Identität bei geringem Selbstwertgefühl abgewertet oder infrage gestellt wird, desto mehr werde ich sie und den damit verbundenen Lebensstil verteidigen. (Zeichner: Rudi Kämpf)

> Es ist spannend, sein eigenes Verhalten diesbezüglich zu reflektieren.
> - Wie reagiere ich, wenn ich das Gefühl habe, dass mein Herkunftssystem angegriffen wird, wobei es sich meistens um verbale Äußerungen handelt? Kenne ich das, dass ich anfange, es zu verteidigen, auch wenn ich ihm ansonsten durchaus kritisch gegenüberstehe?
> - Wie verhalte ich mich im Ausland? Gehöre ich zu den Menschen, die auf gewisse Dinge großen Wert legen wie zum Beispiel deutsche Sauberkeit und deutsche Pünktlichkeit, wohlwissend, dass es damit in Deutschland auch nicht überall gut bestellt ist? Aber im Ausland kommt es einem doch manchmal so vor, als wäre in Deutschland vieles besser, oder?
> - Wie verhalten sich Flüchtlinge mir gegenüber? Besinnen sie sich in meiner Gegenwart deutlich mehr auf ihre kulturellen Wurzeln und Prägungen als sonst?

Je mehr meine Identität bei geringem Selbstwertgefühl abgewertet oder in Frage gestellt wird, desto mehr werde ich sie und den damit verbundenen Lebensstil verteidigen. Somit kommt wieder die Arbeit am Selbstwertgefühl ins Spiel, welche die absolute Basis der Arbeit mit traumatisierten Menschen darstellt. Und dabei geht es nicht darum, nach außen stark und selbstbewusst aufzutreten, sondern in seinem Innersten wirklich selbstbewusst *zu sein*. Das ist ein großer Unterschied. Wer weiß, wer er ist, kann zum einen besser Grenzen setzen, um sich zu schützen, wo es nötig ist. Gleichzeitig kann er erst dann richtig differenzieren, wo es nötig ist, Grenzen zu setzen. Und dann kann er auch leichter loslassen, was ihn einengt und ihm seine Freiheit und Freude raubt, ohne seine Identität zu verlieren. Denn die Flüchtlinge werden erst dann wahres Glück finden können, wenn sie zu einem authentischen Leben gefunden haben, das sie in ihrem Herkunftsland ebenso leben können wie in Deutschland. Viktor Frankl (o.J.) drückte es so aus: „Die letzte der menschlichen Freiheiten besteht in der Wahl der Einstellung zu den Dingen." Die Aussage von Aristoteles dazu haben Sie bereits mehrfach in diesem Buch gelesen: „Wir können den Wind nicht ändern, aber die Segel anders setzen." Das gilt auch hier. Der Wind hat die Flüchtlinge nach Deutschland gebracht, doch mit welcher Einstellung sie in Deutschland leben, obliegt ihrer Entscheidung. Und das gilt es, den Flüchtlingen zu vermitteln und vorzuleben als ein ganz entscheidender Faktor, um sich sicher zu fühlen.

7.1.2.4 Raum zum Trauern schaffen

Wenn das motivationale System nach Bindung und Zugehörigkeit der Motor ist, soziale Beziehungen aufnehmen und pflegen zu wollen, was bedeutet dann das Beziehungsende etwa durch ein Auseinandergerissenwerden auf der Flucht bzw. den Tod?

Dazu hat Inge Wuthe (1995) eine wunderbare Geschichte von der traurigen Traurigkeit geschrieben. Sie handelt von einer kleinen alten Frau, die bei einer zusammengekauerten, fast körperlos erscheinenden Gestalt am Straßenrand stehen bleibt und sie fragt, wer sie sei. Diese antwortet flüsternd, dass sie die Traurigkeit sei. Daraufhin freut sich die kleine alte Dame, was bei der Traurigkeit zu Misstrauen führt und sie zu der Frage veranlasst, ob die alte Dame sie kennen würde. Die alte Dame antwortet, dass sie von der Traurigkeit immer wieder ein Stück des Weges begleitet worden sei. Da wird die Traurigkeit noch misstrauischer, denn sie kennt es, dass alle vor ihr davonlaufen. Sie seufzt und sagt: „Es ist so, dass mich offensichtlich niemand mag. Es ist meine Bestimmung, unter die Menschen zu gehen und eine Zeitlang bei ihnen zu verweilen. Aber fast alle reagieren so, als wäre ich die Pest. Sie haben so viele Mechanismen für sich entwickelt, meine Anwesenheit zu leugnen. Sie haben Sätze erfunden, an deren Schutzschild ich abprallen soll. Sie sagen ‚Papperlapapp – das Leben ist heiter', und ihr falsches Lachen macht ihnen Magengeschwüre und Atemnot. Sie sagen ‚Gelobt sei, was hart macht', und dann haben sie Herzschmerzen. Sie sagen ‚Man muss sich nur zusammenreißen' und spüren das Reißen in den Schultern und im Rücken. Sie sagen ‚Weinen ist nur für Schwächlinge', und die aufgestauten Tränen sprengen fast ihre Köpfe. Oder aber sie betäuben sich mit Alkohol und Drogen, damit sie mich nicht spüren müssen." Und das, obwohl die Traurigkeit, wie sie sagt, mit ihrer Anwesenheit helfen will, wobei das nur geht, wenn die Menschen das zulassen. „Weißt du", sagt die Traurigkeit, „indem ich versuche, ihnen ein Stück Raum zu schaffen zwischen sich und der Welt, eine Spanne Zeit, um sich selbst zu begegnen, will ich ihnen ein Nest bauen, in das sie sich fallen lassen können, um ihre Wunden zu pflegen. Wer traurig ist, ist ganz dünnhäutig und damit nahe bei sich. Diese Begegnung kann sehr schmerzvoll sein, weil manches Leid durch die Erinnerung wieder aufbricht wie eine schlecht verheilte Wunde. Aber nur, wer den Schmerz zulässt, wer erlebtes Leid betrauern kann, wer das Kind in sich aufspürt und all die verschluckten Tränen leerweinen lässt, wer sich Mitleid für die inneren Verletzungen zugesteht, nur der hat die Chance, dass seine Wunden wirklich heilen. Stattdessen schminken sie sich ein grelles Lachen über die groben Narben. Oder verhärten sich mit einem Panzer aus Bitterkeit." Die Traurigkeit weint und ist verzweifelt. Sie möchte Gutes tun, doch das wird von den Menschen nicht erkannt. Die kleine alte Frau nimmt sie tröstend in den Arm und beschließt, sie von nun an zu begleiten, damit die Mutlosigkeit keine Macht gewinnt. Erst jetzt fragt die Traurigkeit die kleine alte Dame, wer sie denn sei: Es ist die Hoffnung.

Ja, Hoffnung und Trauer sind die zwei Seiten einer Medaille. Beim Auseinandergerissenwerden von Familien ist das offensichtlich. Mal hat die Hoffnung die Oberhand, mal die Trauer, mal scheinen sie auch parallel aufzutreten. Und im Todesfall?

Trauer ist ein Zeichen der Liebe. Der verstorbene Mensch wurde geliebt und wird noch geliebt. Mit dem Verlust des Menschen bleibt das motivationale Bedürfnis nach Bindung unbefriedigt, und das oft völlig überraschend. Je nach Umständen und individuellen Bewältigungsmechanismen kann der Verlust ein mögliches traumatisches Geschehen gewesen sein, das im Rahmen der Trauerbegleitung angeschaut werden kann, vielleicht auch muss, also in einem Rahmen des Vertrauens. Ist der Betroffene stark genug, kann das ein Thema sein, muss aber nicht. Es kann auch sein, dass der Betroffene über das An-sich-Arbeiten zum Beispiel im Rahmen einer Traumabegleitung so stark wird, dass ein explizites Aufarbeiten zu einem späteren Zeitpunkt nicht sein muss. Früher oder später aber setzt die Trauer ein (▶ Abschn. 6.1.4), die begleitet wird von Hoffnung. Zuerst mag und kann sie der Betroffene nicht sehen, doch eines Tages wird sie in seinem Leben Einzug halten. Er wird sehen und spüren, dass neue, wenn auch andere Bindungen möglich werden. Und so wird sich seine Beziehung zum Verstorbenen wandeln.

Bei den Trauerverläufen von traumatisierten Menschen handelt es sich oft um komplexe Trauerverläufe, weil enorm viele Dinge mit hineinspielen. Es geht nicht allein um den Verlust des Menschen, sondern ggf. um den Halt im Leben, den Stabilisator, vielleicht aber auch um eine Person, die involviert ist in das traumatische Geschehen. Niemals geht es in der Trauerbegleitung um Trost, denn den gibt es nicht. Erst einmal geht es darum, den Menschen und seine Trauer auszuhalten – damit geht es wieder um den Bindungs- und Vertrauensaufbau, die Basis der Begleitung von Menschen mit traumatischen Erfahrungen – und den Weg mit dem Betroffenen zu gehen, für ihn da zu sein, bis Stabilität und damit auch die Hoffnung immer mehr Raum bekommen können. Vielleicht hat Astrid Lindgren (1982) das gemeint, als sie in *Ronja Räubertochter* schrieb: „Lange saßen sie dort und hatten es schwer. Aber sie hatten es gemeinsam schwer, und das war Trost. Leicht war es trotzdem nicht."

7.1.3 Bedürfnis nach Exploration und Selbstwirksamkeit

Schon ein Säugling hat das grundlegende Bedürfnis nach Exploration, also danach, seine Umwelt und sich selbst neugierig zu erkunden (▶ Abschn. 3.1.2). Voraussetzung beim Säugling ist eine sichere Bindung, die mit einem sicheren Hafen für ein Kind verglichen wird, in dem es vor Gefahren geschützt ist, sich geborgen und angenommen fühlt. Auch erwachsene Menschen haben das Bedürfnis, ihre Umwelt und sich selbst neugierig zu erkunden und zu lernen, sofern sie in Sicherheit sind. „Unser Gehirn ist für das Lernen optimiert. Es lernt also nicht irgendwie und mehr recht als schlecht, nebenbei und wenn es sein muss. Nein, unser Gehirn kann nichts besser und tut nichts lieber!" (Spitzer 2004).

Und Gerald Hüther (2016) sagt: „Lernen heißt nicht weniger, als lebendig zu bleiben. Wer nichts mehr lernt, ist tot." Jedoch, und das ist gerade im Hinblick auf traumatisierte Flüchtlinge bedeutsam, bedarf es zum Lernen das Gefühl von Sicherheit, ansonsten verkleinert sich das Lernfenster (◘ Abb. 3.6). Sicherheit bedeutet aber nicht nur äußere Sicherheit, also kein Krieg mehr, keine weitere Traumatisierung durch äußere Faktoren, sondern ebenso innere Sicherheit. Hier ist gerade bei traumatisierten Menschen vieles durcheinandergeraten. Entsprechend wichtig ist auch unter diesem Gesichtspunkt ein Klima des Vertrauens, vor allem deshalb, weil *die* Voraussetzung, um Selbstwertgefühl aufbauen zu können, das Wissen darum ist, wer man ist. Das wiederum bedarf der Exploration, um seine Stärken und Schwächen herauszufinden, seine Vorlieben, seine Bedürfnisse, seine Grenzen usw. Dafür wiederum bedarf es der Selbstwirksamkeit, die bei Flüchtlingen in gewissen Bereichen eingeschränkt ist. Allerdings ist es eine Frage der Fokussierung, ob ich als Betroffener die Einschränkungen oder die Möglichkeiten sehe, und das wiederum hat damit zu tun, wofür ich mich entscheide. Und so gilt es für Sie als Begleitperson von traumatisierten Menschen, ihnen das Explorieren und das Leben von Selbstwirksamkeit weitestgehend zu ermöglichen sowie sie darin zu unterstützen, ihre Möglichkeiten zu sehen. Dann stellt sich auch das Gefühl von Sicherheit ein aus dem Wissen heraus, nicht ohnmächtig der Welt ausgeliefert zu sein, sondern – wenn vielleicht auch begrenzt – sein Leben gestalten zu können. Und hier sei die Frage erlaubt, welcher Mensch sein Leben ohne Grenzen gestalten kann. Zusätzlich stellt sich die Frage nach der Sichtweise auf Grenzen. Sind sie wirklich nur als Einschränkung zu sehen oder nicht auch als Bereicherung? Wie ich es sehen möchte, obliegt wieder ganz allein meiner Entscheidung (s. unten).

7.1.3.1 Selbstwirksamkeit ermöglichen

Wie kann Flüchtlingen ganz praktisch Selbstwirksamkeit ermöglicht werden? Dazu einige Beispiele aus verschiedenen Flüchtlingseinrichtungen:

- Den Flüchtlingen Landkarten und andere Informationen von der Gegend geben, in der sie wohnen bzw. in dem sich die Flüchtlingseinrichtung befindet. Mithilfe dieser Informationen sowie Informationen aus dem Internet die Flüchtlinge bitten, Ausflüge zu organisieren, wobei zu beachten ist, dass sie je nach Aufenthaltsstatus den Landkreis nicht verlassen dürfen. Sich dabei nicht einmischen, auch wenn vielleicht nicht alles optimal verläuft. Eine Einmischung erfolgt nur, wenn es gefährlich und finanziell für die Flüchtlinge nicht erkennbar zu teuer wird. Dann ist es wichtig, darauf zu achten, wie Sie das kommunizieren.
- Von den Flüchtlingen eine Infobroschüre für nachkommende Flüchtlinge herstellen lassen, in denen sie die deutsche Kultur anhand von Bildern aus der Sicht von Flüchtlingen beschreiben. Ebenso bewährt hat sich das Drehen von Filmen in verschiedenen Sprachen. Dabei können auch Missverständnisse aufgedeckt und geklärt werden.
- Flüchtlinge verbindlich Dienste übertragen, zum Beispiel den einen die Verantwortung für das Kochen bzw. für das Backen, den anderen Hausmeisterdienste sowie die Pflege der Grünanlagen um die Einrichtung herum. Wer die Dienste vernachlässigt, hat mit einer zuvor vereinbarten Konsequenz zu rechnen. Es geht wirklich um Verbindlichkeit.
- Um Mütter zu entlasten, Flüchtlinge eine Krabbel- bzw. Kleinkindgruppe organisieren lassen mit verbindlichen Verantwortlichkeiten.
- Waschmaschinen und Nähmaschinen sowie andere Nähmaterialien zur Verfügung stellen, damit die Flüchtlinge ihre Wäsche selbst pflegen können, ggf. Nähdienste für die umliegende Bevölkerung anbieten.
- Flüchtlinge Kulturveranstaltungen organisieren lassen, zu denen die umliegende Bevölkerung eingeladen wird. Sie zum Beispiel ein Programm vorbereiten lassen, das zeigt, wie sie die deutsche Kultur verstehen. Das kann – Humor vorausgesetzt – eine lustige Angelegenheit werden.
- Behördengänge begleiten, aber nicht abnehmen. Die Begleitung kann zum Beispiel auch ein anderer Flüchtling übernehmen, der als Mentor fungiert. Mit Ehepaaren einüben, dass jeder für sich spricht. Dazu Rollenspiele anbieten.
- Die Flüchtlinge für neu ankommende Flüchtlinge einen Willkommensabend vorbereiten lassen, sich eine Willkommenskultur überlegen.
- Flüchtlinge motivieren, für die deutsche Bevölkerung Sprachkurse zu geben.

Letztendlich geht es darum, alle Aufgaben, die von Mitarbeitern in Flüchtlingseinrichtungen zurzeit übernommen werden und die delegierbar sind, zu delegieren, bzw. mit den Flüchtlingen daran zu arbeiten, dass sie die Aufgaben übernehmen können, auch wenn die Qualität eine andere sein sollte, als wenn man es selbst macht. Hier ist so manch ein Begleiter gefragt, darüber nachzudenken, warum er bestimmte Dinge nicht abgeben kann. Ist für ihn Perfektion wichtig? Oder braucht er selbst die Anerkennung und kann die Aufgabe deshalb nicht delegieren? Zudem geht es darum, zusammen mit den Flüchtlingen Aufgaben zu finden, die sie erfüllen, denn „Sinn kann nicht gegeben, sondern muss gefunden werden" (Frankl 2013, S. 28). Somit kommt jede neue Situation in unserem Leben einem Aufforderungscharakter gleich. Umgekehrt bedeutet das aber auch, dass eine Gesellschaft, die von einem Flüchtling Motivation und Leistung erwartet – was der Betroffene in dieser Form vielleicht gar nicht kennt –, ihn dazu ermutigt und ein Umfeld schafft, in dem er die erwartete Motivation und Leistung auch erbringen kann. Ansonsten droht die existenzielle Frustration, die zu einer Sinnsuche in wenig hilfreichen Bereichen führt, etwa

7.1 · Erfüllung der Grundbedürfnisse als Basis des Sich-sicher-Fühlens

in der Sucht oder im Suizid. „Einstein hat einmal gemeint, wer sein eigenes Leben als sinnlos empfinde, der sei nicht nur unglücklich, sondern auch kaum lebensfähig" (Frankl 2013, S. 26). Somit ist es eine wesentliche Aufgabe von Mitarbeitern in Flüchtlingseinrichtungen, Menschen auf ihrer Sinnsuche zu begleiten, ihnen dafür nach Möglichkeit auch ein Umfeld zu schaffen, um das Gefühl von Sicherheit und ihre Menschenwürde zu stärken.

7.1.3.2 Selbst entscheiden können

„Menschliches Verhalten wird nicht von Bedingungen diktiert, die der Mensch antrifft, sondern von Entscheidungen, die er selber trifft" (Frankl, o.J.). Mit anderen Worten: Man kann nicht überall entscheiden, aber wie man mit einer Entscheidung umgeht bzw. mit den vorhandenen Möglichkeiten, das kann man entscheiden.

Flüchtlinge mit traumatischen Erfahrungen haben Schlimmes erlebt. Es war so schlimm, dass es ihre individuellen Bewältigungsmechanismen überstiegen hat. In der traumatisierenden Situation selbst hatten sie somit auch keine Chance, eine Entscheidung zu treffen. Sie waren ohnmächtig, machtlos. Dabei geht es nicht darum, wie schrecklich die Situation wirklich war. Es gibt keinen Gradmesser dafür. Entscheidend ist allein, wie sie auf jemanden gewirkt hat. Und bei traumatisierten Menschen war es ein Zuviel. Während der Situation selbst hatten sie keinen Entscheidungsspielraum. Im Rahmen einer Traumabegleitung können diese Menschen aber an ihren Bewältigungsmechanismen arbeiten, sodass erneute Traumatisierungen unwahrscheinlicher werden. Das ist möglich, und es ist etwas absolut Sinnvolles. Denn so erlangen die Betroffenen zunehmend die Sicherheit, dass ihnen „so etwas" nicht noch einmal passiert, dass sie stark genug sind, beim nächsten Mal anders mit der Situation umgehen zu können. Das bedeutet nicht, gegen traumatisierende Ereignisse resistent zu sein, jedoch resilient, auch wenn dieser Weg Zeit braucht und einen Prozess darstellt. Eine akute Belastungsreaktion (▶ Abschn. 3.3.1) nach einem schrecklichen Ereignis ist etwas völlig Normales, erst mit der posttraumatischen Belastungsstörung (▶ Abschn. 3.3.2) kommt es zu einer wirklichen Störung, der Traumatisierung. Zu lernen, Entscheidungen zu treffen, und das auch einzuüben, ist somit eine wichtige Voraussetzung dafür, sich sicher zu fühlen, zumal Entscheidungen immer auch damit zu tun haben, Grenzen zu setzen. Wenn ich mich beim Autokauf für die Farbe Rot entscheide, entscheide ich mich damit automatisch gegen alle anderen Farben, setze allen anderen Farben gegenüber also eine Grenze. Das Problem vieler Menschen ist, dass sie gern etwas haben, zu den anderen Dingen aber nicht Nein sagen möchten – entweder aus dem Gefühl heraus, etwas zu verpassen, oder aus einer gewissen Gier heraus, die sich oft aus dem Einnehmen der Opferrolle entwickelt, quasi um der Ungerechtigkeit eine gewisse Gerechtigkeit entgegenzusetzen, oder aus der Sorge, etwas zu verpassen. Zudem wird ihnen im Augenblick einer bewussten Entscheidung klar, dass sie die Verantwortung für diese Entscheidung tragen und somit für die Folgen dieser Entscheidung ganz allein verantwortlich sind. Das möchten viele Menschen nicht, ohne sich dessen jedoch immer bewusst zu sein. Sie meinen dann, Opfer von Umständen zu sein, obwohl auch das Nicht-Entscheiden-Wollen eine Entscheidung von ihnen darstellt, für die sie die Verantwortung tragen.

Entscheidung für Regeleinhaltung oder Konsequenz

Flüchtlinge haben eine schlimme Zeit hinter sich. Oft ist es nicht allein die Zeit der Flucht, sondern auch die Zeit vor der Flucht. Man könnte nun meinen, dass sie sich in Deutschland in Sicherheit fühlen müssten, weit weg von den fluchtauslösenden Ereignissen. In diesem Zusammenhang fällt einem jedoch gleich die Angst ein, die Flüchtlinge immer wieder äußern, dass nämlich IS-Kämpfer unbemerkt von deutschen Behörden eingereist sein könnten, die Gefahr aus dem Heimatland sie sozusagen bis nach Deutschland begleitet hat. Hier gilt es, in den Flüchtlingseinrichtungen

Abb. 7.2 Stellen Sie sich vor, Sie fahren auf dieser Landstraße. Die Mittellinie und die Mauer zeigen Ihnen, in welchem Bereich Sie gefahrlos fahren können. Fahren Sie über die Mittellinie hinaus, kann es sein, dass Sie in der Kurve mit einem entgegenkommenden Auto kollidieren. Gäbe es die Mauer nicht, bestünde die Gefahr, dass Sie nach rechts den Abgrund hinunterstürzen, insbesondere bei Dunkelheit, wenn die Fahrbahnbegrenzung weniger gut zu erkennen ist. Die Markierung und die Straßenbegrenzung in Form der Mauer erhöhen also ganz wesentlich die Sicherheit der Autofahrer. (© Jürgen Fälchle / Fotolia)

sehr wachsam zu sein, um Ausübung von Druck, beispielsweise im Bereich einer fundamentalistisch geprägten islamischen Lebensführung, rechtzeitig erkennen und im Keim ersticken zu können. Ebenso wachsam gilt es, dem gegenüber zu sein, was die Flüchtlinge außerhalb der Flüchtlingseinrichtungen erleben und mitbringen.

Wachsamkeit ist das eine. Doch ohne Kriterien, auf die sich die Wachsamkeit beziehen soll, geht es nicht. Hier spielt Klarheit eine sehr große Rolle, und zwar Klarheit bezüglich der deutschen Lebenskultur als „Kriterienkatalog". Entsprechend wichtig sind die Aufklärung über die deutsche Kultur und das Einholen einer schriftlichen Einverständniserklärung, sich an die Kultur und die Regeln des Gastgeberlandes halten zu wollen, andernfalls könne man keine Gastfreundschaft gewähren. Das mag vielen Lesern problematisch erscheinen, und dennoch bietet dieses Vorgehen Halt und Sicherheit, ähnlich wie Straßenmarkierungen und Leitplanken an gefährlichen Straßenabschnitten (◨ Abb. 7.2).

Die meisten Menschen sind dankbar für Straßenmarkierungen und Leitplanken an gefährlichen Straßenabschnitten. So ergeht es auch Kindern und Jugendlichen, die Halt und Sicherheit in Form von Regeln brauchen, weil ihnen die Erfahrung im Umgang mit schwierigen und brenzligen Situationen fehlt. Dabei geht es um einen Rahmen, in dem sich der Mensch frei entfalten kann. Er weiß, solange er sich in diesem Rahmen bewegt, passiert nichts Schlimmes, nichts Negatives. Und auch das Vermeiden von negativen Stimuli ist ja ein Grundbedürfnis. Und so kann sich der Mensch entscheiden, sich innerhalb dieses Rahmens zu bewegen. Er kann sich aber auch dagegen entscheiden, wobei er sich damit für die Konsequenzen entscheidet, die ihm – das ist allerdings wichtig – zuvor mitgeteilt worden sind. Denn auch hier gilt: Der Mensch kann nicht nicht entscheiden, und er möchte über sich bestimmen können, selbstwirksam sein.

Damit das Zusammenleben sowohl in einer Flüchtlingseinrichtung als auch in einer Gesellschaft, einem Staat, überhaupt gelingen kann, ist nicht nur das Aufstellen von Regeln enorm wichtig, sondern auch die klare Benennung der Konsequenzen bei Nichteinhaltung der Regeln. Nur dann kann ein Mensch selbst entscheiden und damit selbstwirksam sein. Das bedeutet aber auch, dass die angekündigten Konsequenzen tatsächlich erfolgen. Alles andere wäre eine große Ungerechtigkeit der Person gegenüber, die sich für die Konsequenz und gegen die Regeleinhaltung entschieden hat. Diesen Aspekt übersehen die Menschen oft, die es gut mit dem Betroffenen meinen und ihn von der Konsequenz entbinden wollen. Die betroffene Person hat sich aber

7.1 · Erfüllung der Grundbedürfnisse als Basis des Sich-sicher-Fühlens

für die Konsequenz entschieden. Um ihm seine Selbstwirksamkeit zu lassen, bei der es um ein existenzielles Grundbedürfnis geht, ist die Konsequenz auszuführen.

> **? Zum Nachdenken**
> Im Zusammenhang mit dem Aufstellen von Regeln und der Durchführung angekündigter Konsequenzen bei Nichteinhaltung der Regeln haben viele Menschen Probleme. Dabei geht es oft weniger darum, dass der andere etwas erleben muss, was ich als unangenehm empfinde, als vielmehr darum, dass ich mich schuldig fühle, dies dem anderen zumuten zu müssen. Ich fühle mich verantwortlich, dass der andere etwas erleben muss, was ich persönlich als unangenehm empfinde, und übersehe, dass ich es nicht bin. Der andere hat sich für die Konsequenz entschieden – somit hat er auch ein Recht auf die Konsequenz – und ist allein verantwortlich dafür.
> ▬ Wie sieht es bei Ihnen aus? Wie konsequent sind Sie?

Um entscheiden und selbstwirksam sein zu können, müssen die Menschen, um die es geht, von den Konsequenzen wissen. Und genau das ist die Aufgabe von Ihnen als Mitarbeiter in der Flüchtlingshilfe bzw. des Staates, der Flüchtlinge aufnimmt. Wissen die Flüchtlinge um die Regeln, können sie sich entscheiden, sich daran zu halten oder zum Beispiel ausgewiesen zu werden. Und das gibt ihnen ein Gefühl von Selbstwirksamkeit und Sicherheit. Sie werden dann nicht mehr unwissentlich gegen Spielregeln verstoßen mit zum Teil verheerenden Folgen wie Ablehnung oder gar Hass. Ob sie etwas richtig machen oder nicht, ist nicht mehr dem Schicksal oder Zufall geschuldet, sondern Folge ihrer Entscheidung. Damit werden sie Chef ihres Lebens, ihres Seins, und damit stellt sich Sicherheit ein.

Zu empfehlen ist daher eine Beschreibung der deutschen Kultur mit Benennung der in Deutschland geltenden Regeln in schriftlicher Form und in allen erforderlichen Sprachen, sodass sie jeder Flüchtling versteht. Immer mehr Verlage erstellen kostenlose Informationsmaterialien, unter anderem auch die Stiftung Christliche Medien mit multimedialen Angeboten für Flüchtlinge. Unter dem Titel *Welcome – was Christen glauben* stehen den Flüchtlingen ein Buch sowie eine Smartphone-App mit zwölf Einheiten zur Verfügung. Die App, die die Flüchtlinge mit ihrem Mobiltelefon aufrufen können, bietet zu jeder Einheit ein 3-min-Video. Außerdem hat die Stiftung das farbige Magazin *Welcome – Wie Deutsche leben und glauben* veröffentlicht (http://scmedien.de/welcome).

Sich an Regeln halten zu müssen, mag die individuellen Persönlichkeitsrechte tangieren, doch ohne Regeln ist ein friedliches Zusammenleben nicht möglich. Die menschliche Freiheit hört bekanntermaßen dort auf, wo sie die Freiheit des anderen tangiert. Hier steht der Mensch wieder vor einer Entscheidung: Möchte ich als Beziehungswesen mit anderen Menschen zusammenleben, sprich dem Grundbedürfnis nach Bindung und Zugehörigkeit entsprechen, oder möchte ich mich von den Menschen zurückziehen, um in völliger Freiheit und Unabhängigkeit zu leben? Dann sei allerdings die Frage erlaubt, wer auf dem Chefsessel dieses Menschen sitzt. Ist er wirklich frei oder Opfer seiner Gefühle, seines sekundären emotionalen Netzes (◘ Abb. 6.10), seiner traumabedingten Anteile (▶ Abschn. 3.2.2)?

Wir Menschen sind zur Freiheit geschaffen. Wir haben die Fähigkeit zur Selbststeuerung und das Potenzial eines freien Willens (vgl. Bauer 2015a). Das bedeutet, dass unseren Gefühlen und Gedanken eine Instanz übergeordnet ist, die uns nicht einfach auf das Leben reagieren lässt, sondern die abwägen kann, was uns guttut, und die uns hilft, das, was uns guttut, auch zu leben. Joachim Bauer (2015a, S. 15) drückt es so aus: „Affekte und Impulse sind ein Teil des menschlichen Lebens, sie sind nichts Schlechtes. Doch gehört zum Menschsein auch die Fähigkeit zur Selbstkontrolle. Selbststeuerung ist ganzheitliche Selbstfürsorge und besteht in der Kunst, Impulse *und* deren Kontrolle miteinander zu verbinden." Wichtig dabei ist der präfrontale Cortex (▶ Abschn. 3.1.2). Er spielt nach dem Erkennen der traumabedingten Persönlichkeitsanteile eine ganz wichtige Rolle im Verlauf der Traumabegleitung bzw. auf dem Weg der Heilung und damit des Gefühls von Sicherheit.

7.1.3.3 Sich selbst regulieren können

Selbstwirksamkeit trägt entscheidend zu einem Gefühl von Sicherheit bei. Was aber, wenn ich das Gefühl habe, dass ich immer wieder die Kontrolle über mich verliere, weil die Kontrollzentren im Gehirn nicht so funktionieren, wie sie funktionieren könnten? Wenn ich das Gefühl habe, nicht Chef meines Lebens zu sein, sondern die traumabedingten Anteile führungslos auf die Bühne kommen, weil sie noch nicht verstanden haben, dass sie gesehen werden und in Sicherheit sind (▶ Abschn. 3.2.2)? Genau das ist die Aufgabe der Traumabegleitung: diesen Anteilen mitzuteilen bzw. mitteilen zu lassen, dass sie in Sicherheit sind, dass sie in der Form, in der sie bisher benötigt wurden, nicht mehr benötigt werden, dass sie andere Aufgaben übernehmen dürfen, dann jedoch unter der Regie des wahren Selbst des Menschen. Die EPs sind anfangs für diese Nachricht wenig empfänglich. Verständlich, da beim traumatisierten Menschen, wenn der EP die Bühne betreten hat, die rechte Gehirnhälfte aktiv ist und keine Synchronisation mit der linken Hirnhälfte erfolgt. Dafür braucht er in der Regel erst einmal Unterstützung.

Wie sieht diese Unterstützung aus? Es geht um Distanzierungstechniken, Reorientierungstechniken und Maßnahmen zur Aufrechterhaltung bzw. Wiedergewinnung der inneren Balance.

Distanzierungstechniken

Traumatisierte Menschen werden immer wieder von den Bildern, die sie während des traumatisierenden Ereignisses aufgenommen haben, überschwemmt, was für die Betroffenen erneuten Stress bedeutet. Dieser Stress kann so groß werden, dass sie ihren Alltag nicht mehr bewältigen können. Entsprechend wichtig ist es, die bedrohlichen Bilder und die damit einhergehenden Gedanken und Gefühle auf Abstand zu bringen. Dabei geht es nicht um ein Verdrängen der Bilder und Gefühle, sondern darum, selbst bestimmen zu können, wann diese auftreten dürfen, zum Beispiel im Rahmen einer Traumatherapie, und wann nicht, beispielsweise nicht während der Arbeitszeit. Können traumatisierte Menschen darüber selbst bestimmen, fühlen sie sich nicht mehr als Opfer der Geschehnisse und Opfer der Bilder und Gefühle, die in ihnen wirken, von denen sie sozusagen aus heiterem Himmel überrascht werden, sondern als Steuermann und Chef dieser Bilder und Gedanken.

„Inzwischen gibt es auch vonseiten der Hirnforschung Bestätigung dafür, dass Vorstellungen das Gehirn fast genauso beeinflussen und formen können wie echte Erfahrungen. Schon länger wissen wir, dass Vorstellungsbilder im Körper zu nachweisbaren Veränderungen führen. Lebhafte Visualisierungen, d. h. lebhaftes Sich-Vorstellen aktiviert dieselben Bereiche des Gehirns wie die vorgestellte Handlung selbst" (Reddemann und Dehner-Rau 2012, S. 125).

Jeder Mensch verfügt über die Fähigkeit, sich Dinge auszumalen. Wenn Sie an Weihnachten denken, haben Sie gleich bestimmte Bilder im Kopf, zum Beispiel die Kerzen auf dem Tisch, die ein- oder ausgepackten Geschenke oder den Tannenbaum. Aber nicht nur Bilder. Sie riechen den Glühwein, den Duft von Orangen beim Entfernen der Schale, und Sie hören sogar das Knacken der Nüsse oder der Holzscheite im Kamin. Und das, obwohl es vermutlich nicht gerade Weihnachten ist, wenn Sie dieses Buch lesen werden. Interessant ist, dass der Mensch über die Fähigkeit verfügt, sich innerlich etwas vorzustellen, es auch zu schmecken, zu hören, zu fühlen und dennoch nicht den Bezug zur Realität zu verlieren. Obwohl Sie vielleicht den Orangenduft durch die Assoziation Weihnachten in der Nase haben, wissen Sie, dass Sie zum Beispiel gerade im Schwimmbad auf Ihrem Handtuch liegen und sich bei 30 °C in der Sonne bräunen lassen. Und sobald Sie das lesen, entwickeln Sie automatisch wieder innere Bilder, dieses Mal vom Schwimmbad, vom Sommer usw. Und genau diese Fähigkeit des Menschen wird bei den Distanzierungstechniken genutzt.

Positive innere Bilder

Eine im Rahmen der Traumabegleitung gern durchgeführte Maßnahme besteht darin, den traumatisierten Menschen das Angebot zu machen, an ein Bild zu denken, das ihnen guttut, um den schrecklichen Bildern positive Bilder entgegenzusetzen. Unterstützt werden kann das durch Postkarten und Zeichnungen, auf denen etwas zu sehen ist, was Wärme, Geborgenheit und Schutz ausstrahlt. Bitte gehen Sie dabei nicht davon aus, dass das, was Sie als angenehm empfinden, auch von dem traumatisierten Menschen als angenehm empfunden wird. So kann ein Bild von einem wunderschönen Olivenhain, bei dem Sie vielleicht an Ihren letzten Urlaub in Italien und die Entspannung dort denken, bei einem Flüchtling Erinnerungen an die Heimat wachrufen, gefolgt von schrecklichen Bildern. Es gilt also, behutsam vorzugehen, wenn Sie Bilder zeigen. In meiner Praxis verwende ich unter anderem Fotos von Adlern, die am Himmel fliegen oder gerade dabei sind, an Höhe zu gewinnen, Bilder von Bächen, Blüten oder bei Christen zum Beispiel Figuren von Dorothea Steigerwald.

Wird das Bild als angenehm empfunden, besteht die Möglichkeit, es zeichnen zu lassen. Zum einen beschäftigt sich der traumatisierte Mensch dann länger und intensiver mit den angenehmen Bildern und bekommt so ein wenig Abstand zu den toxisch wirkenden traumatischen Bildern, zum anderen kann auch der Körper ein wenig entspannen vom toxischen Stress, was wiederum Auswirkungen auf das Lernfenster der Person hat und auf seine Gehirnentwicklung, speziell auf sein Kontrollzentrum.

Auf keinen Fall sollte das Bild „zerredet" werden. Worte haben nicht die Kraft von Bildern und können den Eindruck nur schmälern. Zudem bedeutet das Sprechen für Flüchtlinge mit geringen Deutschkenntnissen Stress, und gerade der ist in dem Augenblick, wo es um Distanzierungstechniken geht, absolut zu vermeiden. Stress ist ein häufiger Trigger von traumabedingten Affekten, die durch die Distanzierungstechniken ja gerade gesteuert werden sollen. Das erklärt auch, warum Distanzierungstechniken nicht gleichzeitig zum Einüben der deutschen Sprache eingesetzt werden können, selbst wenn das auf den ersten Blick verlockend erscheint. Zudem geht es in der Traumabegleitung auch immer wieder um Achtsamkeit. Einerseits soll der traumatisierte Flüchtling darauf achten, was ihm guttut, also ganz bei sich sein, andererseits Bilder in der deutschen Sprache erklären. Das geht nicht. Es wäre eine Überforderung und würde das Entstehen eines wirklichen positiven inneren Bildes unmöglich machen.

Mitarbeiter von Flüchtlingseinrichtungen erzählen immer wieder, dass Flüchtlinge gern Videos auf ihren Handys anschauen, auf denen Familienangehörige zu sehen sind, und das mitten auf einem Kriegsschauplatz mit entsprechend schrecklichen Bildern. Beim Anschauen dieser Bilder wird der Betrachter in der Regel retraumatisiert – mit unguten Folgen. Die Flüchtlinge nehmen das aber in Kauf, weil sie gute Gründe dafür haben, und zwar Gründe, die für die Betroffenen noch wichtiger sind als ein Leben ohne schreckliche Bilder. Würden die Bilder nicht in irgendeiner Weise Sinn für den traumatisierten Flüchtling machen, würde er sie nicht anschauen. Was kann der Sinn sein? Oft ist es die Angst, den Angehörigen oder auch sein Herkunftssystem zu vergessen, und/oder der Wunsch, seinem Angehörigen, zum Beispiel dem Bruder auf dem Schlachtfeld, nahe sein zu wollen. Wenn Flüchtlinge die Bilder ihren

Bezugspersonen und/oder Mentoren zeigen wollen, steckt oft auch Stolz auf den Bruder oder den Vater dahinter. Es macht also Sinn, die Bilder anzuschauen. Nun stellt sich die Frage, wie der Sinn auf andere Art und Weise erfüllt werden kann. Und hier helfen wieder innere Bilder, die auch gemalt werden können. Eine Möglichkeit ist, den Betroffenen von seinem Vater oder Bruder erzählen zu lassen, ohne auf den Krieg einzugehen. Zum Beispiel: Wie sieht der Vater aus? Was kann er besonders gut? Wie klingt sein Lachen? Worüber haben sie gemeinsam gelacht? Wie sieht das Gesicht genau aus, wenn der Vater lacht? Möchte der Betroffene dieses lachende Gesicht einmal zeichnen? Alles, was der Vertiefung dieses inneren Bildes dient und es stärkt, tut gut. Es ist allerdings eine Gratwanderung, denn es können auch die schlimmen Bilder auftauchen. In diesem Fall empfiehlt es sich, Reorientierungstechniken (s. unten) und/oder die Tresorübung (s. unten) durchzuführen. Nicht hilfreich ist es jedoch, mit den traumatisierten Flüchtlingen die schrecklichen Bilder anzuschauen und sich ggf. noch davon berichten zu lassen.

Tresorübung
Bei der Tresorübung geht es darum, sich zunächst einmal einen Tresor vorzustellen. Sollte es zu Sprachproblemen kommen, habe ich in meiner Praxis verschiedene Bilder von Tresoren, die ich bei Bedarf zeigen kann. Dieser Tresor soll im Verlauf der Übung alle schrecklichen Bilder aufnehmen, die den Betroffenen in unguter Weise begleiten und ihn an der Bewältigung seines Alltags hindern. Je nach Menge der Bilder bedarf es eines sehr großen oder auch etwas kleineren Tresors, je nachdem. Zudem ist es wichtig, dass er absolut sicher verschlossen werden kann. Kein Dieb darf ihn öffnen können, und er darf auch nicht von allein aufgehen. Nur der Besitzer des Tresors kann die starke Tür mit dem Sicherheitsschloss, das sich der Betroffene bis ins Detail vorstellen sollte, öffnen. Es geht darum, ein ganz konkretes inneres Bild von dem Tresor zu entwickeln, das sich der Betroffene jederzeit abrufen kann. Hat er ein inneres Bild von diesem Tresor entwickelt, gilt es zu prüfen, ob der Tresor wirklich sicher ist. Deshalb frage ich die Betroffenen in meiner Praxis, wie sich der Tresor anfühlt. Können sie ihm vertrauen? Erst wenn der Tresor so gut ausgestattet ist, dass der traumatisierte Mensch absolut von dessen Sicherheit überzeugt ist, frage ich ihn, ob er sich vorstellen kann, die inneren Bilder, von denen er sich im Augenblick distanzieren möchte, da hineinzutun und den Tresor gut zu verschließen. Damit haben die Bilder einen Platz und müssen sich nicht ständig in Erinnerung bringen. Tun sie es doch, kann der Betroffene sie sofort wieder zurück in den Tresor schicken. Gegebenenfalls muss er sich fragen, ob der Tresor ausreichend sicher ist oder ob er ihn noch nachrüsten muss, damit die Bilder nicht entweichen können. Die Bilder finden so lange Platz in dem Tresor, bis der Betroffene sie bewusst abruft, zum Beispiel im Rahmen einer Traumatherapie.

Der sichere Ort
Beim sicheren Ort handelt es sich wie bei der Tresorübung um eine Visualisierungs- bzw. Imaginationsübung nach Luise Reddemann (2014). Während die Tresorübung jedoch ohne deutsche Sprachkenntnisse möglich ist aufgrund von Bildern und Zeichensprache, bedarf es für diese Übung eines Übersetzers. Wenn Sie sich als Begleitperson vorgenommen haben, die Übung beim nächsten Treffen mit dem Flüchtling, für den Sie Bezugsbetreuer oder Mentor sind, einzuüben, informieren Sie am besten auch gleich den Übersetzer darüber, damit er pünktlich vor Ort ist. Pünktlichkeit ist dabei enorm wichtig, denn wenn Sie und der traumatisierte Mensch warten müssen, kann das für den traumatisierten Menschen Stress bedeuten oder auch eine Demütigung, auf die er mit Aggressionen (▶ Abschn. 7.1.5) oder Dissoziationen (▶ Abschn. 3.2.2) reagiert. Ob das Einüben des sicheren Ortes dann noch möglich ist, sei dahingestellt.

Das Ziel dieser absolut wichtigen Übung ist, dass der Betroffene sich in Situationen, die von ihm als bedrohlich erlebt werden bzw. in denen er keine Distanz dazu gewinnen kann, kurz an den sicheren Ort geht, dort auftankt und sich mit neuer Perspektive und oft auch neuer Kraft der Situation stellt, jetzt aber mit dem nötigen Abstand. Das geht in Bruchteilen von Sekunden, wenn das Visualisieren bzw. Imaginieren zuvor eingeübt worden ist. Deshalb ist es wichtig, diese Übung möglichst in einer Phase der Entspannung einzuüben, damit sie durchgeführt werden kann, wenn der Bedarf dafür da ist.

In meiner Praxis beginne ich mit einigen einleitenden Sätzen der Entspannung, um den Betroffenen dann an einen Ort mitzunehmen, der für ihn absolut sicher ist. Dieser Ort kann zwar auch in der realen Welt vorkommen, nach Möglichkeit lasse ich den Betroffenen aber einen Ort suchen, der mit der realen Welt nichts zu tun hat, weil es dort keinen 100-prozentig sicheren Ort gibt. Und der Ort, den der traumatisierte Mensch imaginiert, muss wirklich sicher sein. Wenn er ihn gefunden hat, frage ich deshalb auch nach, ob der Ort wirklich sicher ist oder ob es noch Veränderungen bedarf, zum Beispiel eines Zaunes (der aber auch einengt), eines starken Tieres oder eines Engels; bei Christen kann es auch Jesus, der Hirte oder König dieser Welt sein. Wenn der Betroffene absolut sicher ist, frage ich nach Sinneseindrücken, zum Beispiel Gerüchen, taktilen Empfindungen und Geräuschen. Immer wieder lasse ich Zeit, damit der Betroffene die neuen Ideen in sein inneres Bild des sicheren Ortes integrieren kann. Am Ende lasse ich den traumatisierten Menschen noch ein bisschen an diesem Ort verweilen. Anschließend bitte ich ihn, den sicheren Ort mit einer Körpergeste zu verbinden, die ihn zukünftig unmittelbar an diesen Ort gehen lässt. Es darf also keine Geste sein, die derjenige ständig oder unbewusst ausführt, sondern eine Geste, die allein dem Aufsuchen des sicheren Ortes dient, zum Beispiel ein dezentes, für andere Menschen unauffälliges Ziehen am Ohrläppchen.

Anschließend führe ich den Betroffenen zurück in meinen Praxisraum. Je nach Wunsch des traumatisierten Menschen wiederholen wir das einige Male; in der Regel können sie die Übung aber sehr schnell allein durchführen und machen auch gute Erfahrungen damit. Sind die Erfahrungen nicht gut, gilt es, die Sicherheit des Ortes zu hinterfragen. Vielleicht sind Nachbesserungen nötig. Vielleicht ist die Übung aber auch nicht für ihn geeignet, wobei ich das noch nicht erlebt habe. Dennoch: Niemals einen Menschen zu etwas bewegen, das er nicht möchte. Wenn ihm die Übung im Moment zu viel ist, kann zu einem späteren Zeitpunkt nachgefragt werden. Der traumatisierte Mensch braucht jederzeit das Gefühl, wertgeschätzt und „richtig" zu sein, auch wenn er eine vorgeschlagene Maßnahme ablehnt.

Praxistipp

Die Übung „Sicherer Ort" ist auch bestens für Mitarbeiter geeignet, die sich in emotional schwierigen Situationen befinden, zum Beispiel kurz davor sind, die Geduld oder Beherrschung zu verlieren. Dann tut es gut, an den sicheren Ort zu gehen, kurz aufzutanken und sich von dem Geschehen zu distanzieren, um dann mit genügend Abstand auf die Situation reagieren zu können.

Reorientierungstechniken

Treten innere Bilder von dem traumatisierenden Ereignis auf, kann der traumatisierte Mensch oftmals nicht mehr unterscheiden, ob es sich um die Vergangenheit handelt oder um das Heute. Für ihn ist es so, als würde sich das Ganze in diesem Augenblick wiederholen, weshalb er auch die Symptome aus der Situation zeigt, in der die Traumatisierung entstanden ist. Das bedeutet, dass er sich innerlich wieder in einer Situation befindet, in der er weder angreifen noch fliehen kann, obwohl sein Körper alles zur Verfügung stellt, was er dafür braucht, bis die Stressachse zusammenbricht und er dissoziiert.

Da der traumatisierte Mensch davon überrascht wird, solange er seine inneren Persönlichkeitsanteile und die Auslöser dafür noch nicht kennt, ist es für Sie als Bezugsperson unabdingbar, ihn gut zu beobachten, um rechtzeitig eingreifen, sprich ihn reorientieren zu können. Reorientieren bedeutet, dem Betroffenen wieder eine Orientierung zu geben, die er vorübergehend verloren hat, und ihn zurückzuführen in das Hier und Heute. Dafür gilt es, erst einmal Ruhe zu bewahren, auch oder gerade dann, wenn der traumatisierte Mensch hyperventiliert oder dissoziiert.

Anschließend geht es darum, Augenkontakt herzustellen, indem ich den traumatisierten Flüchtling anspreche („Hallo, Frau Hemidi, machen Sie doch mal die Augen auf und schauen mich an … hier bin ich … ja, prima") und mit Zeichensprache unterstütze, indem ich zum Beispiel auf meine Augen zeige, ohne den traumatisierten Menschen anzustarren, da das bedrohlich wirken könnte. Es geht darum, die Fokussierung auf das Innere und die inneren Bilder, die bei geschlossenen Augen noch intensiver wirken, beim traumatisierten Menschen zu unterbrechen. Schaut er mich daraufhin an, versichere ich ihm, dass er in Sicherheit ist. Das mag er zwar schon öfter gehört haben, aber der Anteil, der gerade auf der Bühne war, als der Betroffene dissoziierte, wusste das nicht, sonst hätte er anders reagiert.

Ein nächster Schritt ist der, den betroffenen Menschen in der Realität zu verankern und zu erden. Folgende Möglichkeiten kommen dafür in Betracht:
- In Raum und Zeit orientieren: Welchen Wochentag haben wir heute? Wie spät ist es? Welches Datum haben wir heute? Dabei können eine Uhr und ein Kalender im Raum gute Dienste leisten.
- Einen Igelball kneten lassen.
- Den Boden unter den Füßen, das Gewicht des Gesäßes auf der Sitzfläche spüren lassen. Das lässt sich gut demonstrieren.
- Aufstehen lassen, Arme und Beine ausschütteln lassen.
- Fenster öffnen und tief durchatmen lassen (als Bezugsperson mitmachen und durch das eigene Tun anleiten).
- Sinnesorgane einsetzen, Reize setzen (Duftöl, Kältereize, scharfe Lebensmittel wie Tabasco oder Wasabi-Paste, leichte Schmerzreize, etwas mit einem schnalzenden Gummiband am Arm, das jedoch nicht abschnüren darf, oder einem Fingerring, der schmerzt, wenn die andere Hand den Finger kräftig drückt), Bilder an der Wand beschreiben lassen.
- Schmetterlingsübung durchführen: Dabei die linke Hand auf den rechten Oberarm legen lassen und die rechte Hand auf den linken Oberarm. Anschließend links, dann rechts, wieder links – also im ständigen Wechsel – auf die Oberarme klopfen lassen, um das Gehirn zu einer Synchronisation beider Hirnhälften zu veranlassen.
- Rechenübungen, zum Beispiel von 2600 in 13er-Schritten rückwärts rechnen lassen (ggf. die Zahlen auf ein Stück Papier schreiben, damit der Flüchtling sie ablesen kann; ist die Zahl zu hoch, mit einer niedrigeren Zahl beginnen), Sudoku, Kreuzworträtsel: Auch hier geht es um die Synchronisation beider Hirnhälften, insbesondere die Aktivierung der linken Hirnhälfte, nachdem die Synchronisation traumabedingt unterbrochen wurde.

Auch bei einem hyperventilierenden Menschen ist das oberste Gebot, Ruhe zu bewahren. Gibt es Maßnahmen, um einer Hyperventilation oder Dissoziation vorzubeugen?

> **Hyperventilation**
>
> Beim Hyperventilieren wird die Atmung schneller, und die Atemzüge werden tiefer. Da das Blut bereits bei normaler Atmung fast vollständig mit Sauerstoff gesättigt ist, bewirkt die Hyperventilation keine zusätzliche Sauerstoffversorgung, sondern eine Senkung der Konzentration von CO_2 im Blut, was zu Kopfschmerzen, Schwindel, Benommenheit, Sehstörungen und auch Muskelkrämpfen führen kann (www.netdoktor.de). Als Maßnahme lässt man den Betroffenen in eine Plastiktüte ein- und ausatmen, sodass die Konzentration von CO_2 im Blut wieder steigt. Meiner Erfahrung nach ist die Plastiktüte jedoch nur äußerst selten notwendig. In der Regel bewirken die Spiegelneurone und das Containing (▶ Abschn. 5.3.2), dass der Betroffene ruhig wird, wenn ich als Mitarbeiter ruhig bleibe.

Ja, die gibt es, allerdings setzt das eine gute Beobachtung von Seiten der Bezugsperson und/oder des traumatisierten Menschen voraus.

Wenn Sie als Bezugsperson den Eindruck haben, dass der traumatisierte Mensch kurz vor der Dissoziation steht, können Sie ihm überraschend einen Ball zuwerfen, den der Betroffene aus einem Reflex heraus auffängt. Ihn anschließend bitten, Sie anzuschauen und ggf. den Ball zurückzuwerfen, und ihn dann mit den oben genannten Maßnahmen weiter reorientieren.

In ▶ Kap. 5 wurde im Rahmen der Stabilisierung auf die Spannungsskala, die Notfallliste und den Notfallkoffer eingegangen. Bei diesen Methoden geht es darum, rechtzeitig zu erkennen, wenn die innere Anspannung steigt, um rechtzeitig gegensteuern zu können, zum Beispiel mit den positiven Aktivitäten oder dem Inhalt des Notfallkoffers. In den Gesprächen zwischen dem Flüchtling und seiner Bezugsperson sollte auch immer wieder Bezug darauf genommen und nachgefragt werden, wie sich die Maßnahmen im Alltag bewähren oder ob sie ggf. nachjustiert werden müssen (Evaluierung der Maßnahmen).

Ist der traumatisierte Mensch wieder im Hier und Jetzt, haben Sie es mit aller Wahrscheinlichkeit mit dem ANP (▶ Abschn. 3.2.2) zu tun, der dafür Sorge trägt, dass der traumatisierte Mensch funktioniert. Er lehnt die EPs weitestgehend ab, möchte mit ihnen nichts zu tun haben, sodass es in der Regel nicht möglich ist, unmittelbar nach der Dissoziation nach einem möglichen Auslöser für die Dissoziation zu fragen. Es wäre dann Aufgabe der Traumatherapie, hier weiter in die Tiefe zu gehen und den ANP zur Mitarbeit zu gewinnen. Für die Mitarbeiter in Flüchtlingseinrichtungen relevant ist aber die Information, dass nur der ANP eines traumatisierten Menschen verhandlungsfähig ist. Wenn während der Dissoziation etwas zu Bruch geht oder ein EP den traumatisierten Menschen veranlasst, eine Regel zu brechen, hat es keinen Sinn, in diesem Zustand mit ihm darüber zu reden und ggf. Konsequenzen anzukündigen. Das geht erst dann, wenn die Person reorientiert ist und der ANP wieder den Alltag regelt.

Maßnahmen zur Aufrechterhaltung bzw. Wiedergewinnung der inneren Balance

Zu den Maßnahmen zur Aufrechterhaltung bzw. Wiedergewinnung der inneren Balance gehören alle Maßnahmen, die dem traumatisierten Menschen helfen, Stabilität zu gewinnen (◘ Abb. 7.3) und die Phasen zwischen Anspannung und Entspannung immer besser auszutarieren. Ob es darum geht, die steigende Anspannung in sich rechtzeitig zu bemerken und mit Maßnahmen aus der Notfallliste oder dem Notfallkoffer in Balance zu bringen, oder darum, sich Gutes zu gönnen und zu genießen, alles dient letztendlich der inneren Ausbalancierung. Aber nicht nur

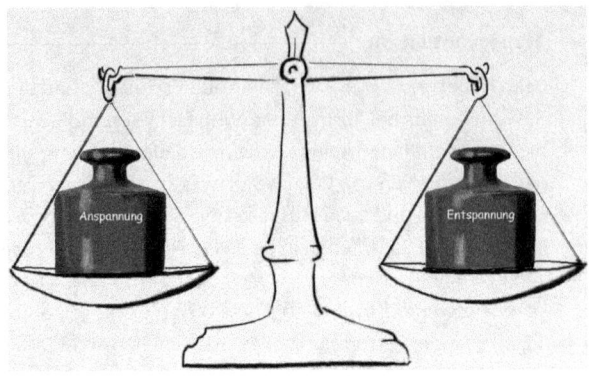

Abb. 7.3 Um zu einer inneren Balance zu finden als Voraussetzung für ein ausgeglichenes Leben ohne toxischen Stress gehört eine äußere Balance zwischen Entspannung und Anspannung. (Zeichner: Rudi Kämpf)

das. Ebenso wichtig ist es, sich wieder spüren zu können, ohne dass die schmerzhaften Gefühle einen überfluten, und so Schritt für Schritt an sich, seinem Selbstbewusstsein und seinem Selbstwert zu arbeiten, ohne die eine wirkliche Balance nicht möglich ist mit Blick auf ein kongruentes und authentisches Leben, in dem der traumatisierte Mensch frei und unabhängig von dem, was geschehen ist, agieren kann.

7.1.4 Bedürfnis nach sensorisch-sexueller Stimulation

Menschen haben das Bedürfnis nach sensorischen Reizen und Sinneseindrücken. Bleiben diese vollständig aus, kommt es zu einer sensorischen Deprivation, die mit Störungen im Denkablauf, Konzentrations- und Schlafstörungen, depressiven Verstimmungen, Persönlichkeitsveränderungen und im Einzelfall Halluzinationen einhergehen kann (vgl. Lexikon der Psychologie 2000). Somit steht fest: Jeder Mensch braucht sensorische Reize.

Stellt sich die Frage nach der Qualität dieser Reize. Traumatisierte Flüchtlinge, die nach Deutschland kommen, bringen eine Menge an Sinneseindrücken mit. Leider oft in einer Qualität, die ihnen unbearbeitet nicht gut tut. In ▶ Abschn. 7.1.3 wurden einige Gründe genannt, warum sich Flüchtlinge manchmal schreckliche Bilder vom Krieg auf ihren Handys anschauen. Ein weiterer Grund dafür könnte eine Art Langeweile sein, wenn die Flüchtlinge in den Flüchtlingseinrichtungen angekommen sind und noch nicht wissen, wie es weitergeht. Gerade noch wurden sie mit zahlreichen neuen Eindrücken konfrontiert, und nun befinden sie sich in einem Zelt, einer Turnhalle, einer Wohnung, die erst einmal Endstation ist, in der die sensorische Stimulation auf Dauer nachlässt. Zudem haben Paare kaum die Möglichkeit, ihr Bedürfnis nach Intimität leben zu können in einem Raum, den sie mit anderen Menschen teilen. Das Bedürfnis ist jedoch tief in uns Menschen verankert und stärkt das Zusammengehörigkeitsgefühl der Partner. Und nicht nur das. „Die gesundheitsfördernde Wirkung von Sexualität setzt nicht erst mit dem Orgasmus ein. Schon beim ersten Streicheln beginnt das Gehirn, Glückshormone auszuschütten, nämlich zunächst Endorphine und daraufhin auch Dopamin. Diese Stoffe sorgen dafür, dass man sich entspannt und wohlfühlt." Somit wirkt Sex „**antidepressiv**. Die durch Sex aktivierten Endorphine vermitteln ein Stimmungshoch und lindern sogar akute und chronische Schmerzen" (Georg Pfau, zit. nach Wagner 2011).

Was können Mitarbeiter, die traumatisierte Flüchtlinge begleiten, tun?

7.1 · Erfüllung der Grundbedürfnisse als Basis des Sich-sicher-Fühlens

Zum einen geht es darum, den Menschen positive Sinneseindrücke ohne Reizüberflutung zu ermöglichen. Das ersetzt zwar nicht das Bedürfnis nach Sexualität, und dennoch ist ein beglückendes Leben ohne Sexualität möglich, wenn der Mensch andere positive Stimuli für sich findet (▶ Abschn. 6.2.3). Findet er diese nicht, kann es sein, dass er immerzu auf der Suche nach einem Menschen ist, der seine sexuellen Bedürfnisse befriedigt, oder er befriedigt sich selbst. Was können positive Stimuli sein?

Hier sei in erster Linie auf das Fußballspielen hingewiesen, das vor allem junge Männer sehr gern spielen und bei dem es nicht ohne sensorische Reize abgeht: sei es die Berührung mit den anderen Fußballspielern beim Bejubeln eines Tores, das Spüren der Luft auf der Haut oder des Rasens unter den Füßen. Die Männer spüren sich, ihre Kraft, und sie können sich messen und auspowern.

Eine weitere Möglichkeit kann darin bestehen, den traumatisierten Menschen Ausflüge in die Natur anzubieten, die gleichzeitig ein Weg in die Stille sein können (▶ Abschn. 6.2.2), Achtsamkeit ermöglichen (▶ Abschn. 6.2.1) und damit ein Spüren ihres Selbst. Dabei können sie selbst entscheiden, ob sie sich auf einer Wanderung oder einem kurzen Spaziergang lieber zurückziehen wollen, um die Stille zu suchen, oder ob sie mit der Gruppe in Beziehung treten wollen.

Ebenso können Handarbeitsgruppen ein guter Weg sein, sensorische Reize aufzunehmen. Das Fühlen von Wolle oder Garn beim Stricken oder beim Knüpfen von Teppichen oder das Spüren der Stoffe beim Nähen kann zu angenehmen sensorischen Reizen führen, insbesondere wenn es mit dem Zusammensein in einer Gruppe verbunden ist.

Manche Flüchtlinge mögen auch das Arbeiten mit Holz. Das Werkzeug und das Holz in der Hand zu spüren, den Geräuschen des Schnitzens, Schleifens, Schmirgelns, Holzhackens zu lauschen und/oder das Atmen der anderen bei anstrengenden Tätigkeiten sowie das Spüren der eigenen Kraft können angenehme sensorische Reize darstellen.

Der Kreativität sind, was positive Reize anbelangt, kaum Grenzen gesetzt. Es gibt jedoch Ausnahmen, und die haben mit Grenzen zu tun: Grenzen, die der Flüchtling setzt, und Grenzen, die andere Menschen setzen. Denn die eigene Freiheit hört da auf, wo sie die Freiheit anderer Menschen tangiert.

Dort, wo der Flüchtling eine Grenze setzt, haben auch Mitarbeiter ihre Grenzen. Hinsichtlich der Angebote zum Erleben positiver Reize sollte ein Angebot jedoch nicht für alle Zeiten unterbleiben, sondern immer einmal wieder ausgesprochen werden. Bei vielen Flüchtlingen muss erst einmal das Vertrauen wachsen, ehe sie sich auf solche Angebote einlassen können, zumal traumatisierte Menschen gelernt haben, dass die Welt feindlich und Misstrauen jederzeit angebracht ist. Oft bedarf es aber auch der Ermutigung oder des Arbeitens zum Beispiel an dem Thema Angst.

Eine weitere Ausnahme besteht in den Grenzen, die andere Menschen, zum Beispiel Frauen männlichen Flüchtlingen gegenüber, setzen. Frauen in der Flüchtlingsarbeit sollten sich bewusst sein, dass männliche Flüchtlinge ohne erfülltes Sexualleben für weibliche Reize empfänglich sind. Natürlich sollten die Männer die Grenzen von Frauen wahren, doch auch Frauen haben eine Verantwortung, nämlich klare Grenzen zu setzen. Während die Mehrheit der Männer in westlichen Kulturen gelernt hat, Frauen auf allen Ebenen als gleichberechtigt zu respektieren und einen entsprechenden Umgang zu pflegen, müssen die Männer aus anderen Kulturen oft erst einen für sie ungewohnten Umgang mit Frauen lernen. In vielen Kulturen dürfen Männer und Frauen nicht einmal zusammen in einem Bus sitzen. Und in Deutschland ist für diese Kulturen plötzlich eine verblüffende Nähe zu Frauen möglich. Die Grenzen dieser Nähe sollten von den Mitarbeitern in Flüchtlingseinrichtungen erklärt werden. Nur weil eine Frau ihre Schultern im Sommer frei zeigt, heißt das nicht, dass diese Frau angefasst werden darf.

> **Praxistipp**
>
> Männliche Flüchtlinge dürfen die Bindungsarbeit nicht als Beziehungsangebot verstehen. Mitarbeiterinnen wissen um ihre besondere Rolle und reflektieren sich: „Was strahle ich aus, was sagen meine Augen, mein Blick und meine Körperhaltung?" Mit professioneller Distanz, einem reflektierten Rollenbild sowie kollegialer Beratung kann die Arbeit in der Flüchtlingshilfe trotz aller Kultur- und Geschlechterunterschiede sehr gut gelingen.

Wie Paaren in Flüchtlingseinrichtungen Intimität ermöglicht werden kann, ist keine einfache Frage. Am besten wäre, sie könnten baldmöglichst in eine kleine Wohneinheit ziehen. Denn in einer Phase, in der man alles verloren hat, wird der Partner umso wichtiger. In einer Welt, die so anders ist als die vertraute, sucht man die Bestätigung. Diese spüren wir Menschen, wenn wir zumindest von einem Menschen so angenommen werden, wie wir sind. Und genau darum geht es. Die zentrale Bedeutung von gelebter Sexualität „besteht darin, dass wir durch Sex psychosoziale Grundbedürfnisse erfüllen können, die Männer und Frauen gleichermaßen erstreben: Angenommensein, Zugehörigkeit. Alles, was wir im Leben tun, zielt darauf ab: Wenn ich einen guten Job bekomme, die richtige Wohnung habe, sind das alles Ableitungen der Botschaft: Ich bin okay. Und die intensivste Form, das zu spüren, ist sexuelle Körperkommunikation" (Ahlers 2013). Das gibt den Eltern Halt, aber auch den Kindern, die spüren, dass es ihren Eltern gut geht. Und genau das ist für Kinder etwas ganz Wesentliches. Sie sind auf ihre Eltern angewiesen, und wenn sich diese schwach zeigen, versuchen sie alles, um sie zu stärken. Das beeinträchtigt sie jedoch in ihrer Möglichkeit zur Exploration, zum Beispiel dem Sich-Öffnen-Können für die deutsche Kultur. Zudem erleben die Erwachsenen über die in ihrer Paarbeziehung gelebte Sexualität Momente, in denen ihr Körper Glückshormone freisetzt, sodass sie für die Widrigkeiten, die es in ihrem Leben augenblicklich gibt, besser gewappnet sind und sich sicherer fühlen.

Die Chance, die in der Erfahrung gelebter Sexualität liegt, birgt aber auch Gefahren. Denn die Ausschüttung von Glückshormonen wünschen sich viele Menschen. Entsprechend wichtig ist es, ihnen andere Wege zum Erleben von Glücksmomenten zu ermöglichen. Diese sind „soziale Interaktionen, die mit gegenseitigem Vertrauen und guter Zusammenarbeit verbunden sind" (Bauer 2013, S. 35), also auch wieder Interaktionen, bei denen sich der Mensch angenommen fühlt, so wie er ist. Des Weiteren antwortet unser Motivationssystem auch auf das Geben mit einer Ausschüttung von Glückshormonen, sofern es ein echtes Gebenwollen ist und nicht ein unbewusstes Suchen nach Anerkennung und Dank. Schon in der Bibel steht: „Geben ist seliger als Nehmen" (Apostelgeschichte 20,35). Damals gab es garantiert noch keine Hirnforschung, und dennoch belegt diese genau diese Aussage (Bauer 2013, S. 37). Das werden Sie auch als Mitarbeiter in Flüchtlingseinrichtungen erleben.

Doch welche Möglichkeiten des Gebens haben Flüchtlinge? „Zu kooperieren, anderen zu helfen und Gerechtigkeit walten zu lassen, ist eine global anzutreffende, biologisch verankerte menschliche Grundmotivation. Dieses Muster zeigt sich über alle menschlichen Kulturen hinweg" (Bauer 2013, S. 39). Deshalb sei noch einmal die Frage erlaubt, inwieweit die Flüchtlinge da, wo Sie tätig sind, das auch leben können als wichtige Voraussetzung, um sich sicher zu fühlen?

> **? Zum Nachdenken**
>
> Von der Hirnforschung wissen wir, dass unser Motivationssystem mit einer Ausschüttung von Glückshormonen auf das Geben von etwas reagiert.
> - Was ist Ihre Motivation zum Helfen und Geben?
> - Inwieweit geben Sie, um sich gut zu fühlen?

> - Angenommen, Sie geben, weil Sie spüren, dass es Ihnen guttut: Welche Chancen räumen Sie den Flüchtlingen ein, ebenfalls geben zu können? Nur zu geben und sich nicht auch von den Flüchtlingen beschenken zu lassen, für die das Schenken und Geben aufgrund ihrer kulturellen Prägung Teil ihrer Identität ist, stellt so gesehen eine große Ungerechtigkeit dar und kann etwas auf sich Bezogenes, Egoistisches beinhalten.
> - Inwieweit bieten Sie den Flüchtlingen Raum zum Geben und können es annehmen, beschenkt zu werden oder auch selbst Hilfe anzunehmen?

7.1.5 Bedürfnis nach Vermeidung von negativen Stimuli

Wir Menschen haben das Bedürfnis nach lustvollen Augenblicken. Gleichzeitig möchten wir unangenehme Reize vermeiden. Das hat etwas mit der untersten Ebene unseres Kontrollzentrums im Gehirn zu tun, das hilft, „uns zu merken, was wir mögen, was uns schmeckt, was sich gut anfühlt, behaglich ist oder uns die Langeweile vertreibt. Zugleich lässt es uns aber (wieder-) erkennen, was – scheinbar oder tatsächlich – gefährlich ist. Es produziert die Angstgefühle, die uns veranlassen, Schmerzen und Gefahrenherde zu meiden, uns zu wehren oder davonzulaufen" (Bauer 2015a, S. 19).

Was aber sind Schmerzen und Gefahrenherde für Flüchtlinge, die in Deutschland ankommen? Joachim Bauer (2013, S. 41) gibt darauf eine klare Antwort: „Wer einen Menschen unfair behandelt, tangiert die neurobiologische *Schmerzgrenze*". Schmerz wird also ausgelöst durch soziale Zurückweisung, Ausgrenzung und Verachtung. Dabei wird das Gehirn an der gleichen Stelle aktiviert wie bei körperlichen Verletzungen oder Erkrankungen. Man spricht von sozialen Schmerzen. Schmerzen gehören aber zu den Reizen, die wir Menschen gern vermeiden möchten. Ein Versuch, um diese Art von Schmerz auszuschalten, ist bei traumatisierten Menschen zu dissoziieren oder – das gilt für alle Menschen – das Aggressionsprogramm in Gang zu setzen. Da unser Schmerzzentrum auch dann reagiert, wenn wir gar nicht selbst betroffen sind, sondern zusehen, wie einer anderen Person Leid zugefügt wird, kann auch das Zusehen zur Dissoziation bzw. zu aggressivem Verhalten führen.

Menschliches Verhalten macht immer Sinn. Wenn ein Mensch aggressiv reagiert, steht damit die Frage nach dem Sinn seines Verhaltens im Raum. Wozu können die Aggressionen gut sein?

„Soziale Akzeptanz ist eine derart stark ausgeprägte menschliche Grundmotivation, dass Menschen bereit sind, Böses zu tun, nur um zugehörig zu sein. Thomas Insel, Direktor des National Institute of Mental Health (NIMH), eine der weltweit größten neurowissenschaftlichen Forschungsstätten, sagte vor einiger Zeit, der Wunsch des Menschen nach sozialer Verbundenheit sei so etwas wie eine ‚addiction disorder', also eine Suchtkrankheit. Der Wunsch nach Zugehörigkeit um jeden Preis kann zu einer Quelle zwischenmenschlicher Aggression und Gewalt werden." Zudem reagiert das menschliche Gehirn „auf soziale Diskriminierung (…) ähnlich wie auf einen körperlichen Angriff. Daher erhöht nicht nur zugefügter körperlicher Schmerz die Aggressionsbereitschaft, sondern auch Ausgrenzung oder Demütigung" (Bauer 2015b, S. 11).

Durch aggressives Verhalten versuchen wir Menschen also zum einen, den als negativ empfundenen Schmerz nicht mehr spüren zu müssen (ebenso wie bei der Dissoziation), und zum anderen, entstandene Störungen im Bereich der sozialen Zugehörigkeit zu beheben. Gelingt das nicht auf angemessene Art und Weise, kann sich das Problem verschlimmern. Das erleben wir auch in Flüchtlingseinrichtungen. So kommt es vor, dass sich ein Flüchtling bei der Essensausgabe in Massenunterkünften übergangen fühlt. Seine Aggression soll jetzt zeigen, dass er damit nicht einverstanden ist. Als Mitarbeiter können Sie jetzt auf die Aggression oder auf die Botschaft hinter der Aggression reagieren, die lauten könnte: „Ich fühle mich gedemütigt, ausgegrenzt und fühle mich dadurch in meiner Existenz bedroht, bzw. ich spüre Schmerzen." Nun wäre es an Ihnen, in dieser Situation auf die nicht ausgesprochene Botschaft zu reagieren und dadurch deeskalierend zu wirken. Zu einem späteren Zeitpunkt können Sie dann mit dem Betroffenen noch einmal sprechen und mit ihm weitere Lösungsmöglichkeiten erarbeiten, die ihn in seinem Angenommen-Sein-Wollen und seiner Selbstwirksamkeit bzw. einem gesunden Selbstwertgefühl unterstützen. Hier kommen vor allem auch die Techniken in Betracht, mit denen sich ein Mensch selbst regulieren kann (▶ Abschn. 7.1.3.3). Das gelingt aber nur, wenn ausreichend – und vor allem entsprechend geschulte – Mitarbeiter vor Ort sind. Andernfalls gilt es, um das Aggressionspotenzial zu wissen, ohne das es bei den Vorgeschichten der Flüchtlinge fast nicht gehen kann, und die Abläufe in der Einrichtung entsprechend zu planen, wozu die für die Flüchtlinge jederzeit spürbare Wertschätzung und die grundsätzliche Vermeidung von Stress gehören, sodass der Aggressionsapparat nicht ganz so schnell anzuspringen braucht.

Viele der Flüchtlinge sind Mitarbeitern gegenüber sehr höflich und zeigen ihre Aggression in diesem Kontext nicht. Die mit der Aggression verbundene Energie ist aber nicht einfach weg, weshalb es zu Aggressionsverschiebungen kommt. „Sie kann entweder das *Objekt* oder den *Zeitpunkt* der Aggression betreffen" (Bauer 2013, S. 76). Werden die Flüchtlinge immer wieder auf den nächsten Tag vertröstet, wenn es um ihren Aufnahmeantrag geht, müssen sie immer wieder Schlange stehen, um am Ende doch wieder abgewiesen zu werden, springt oft der Aggressionsapparat an. Da es an dieser Stelle wenig sinnvoll ist, seine Aggressionen zu zeigen – immerhin geht es um die Anerkennung als Asylbewerber und damit verbunden um die Frage nach der Zukunft –, wird sie oftmals an anderer Stelle ausgelebt, zum Beispiel in den Flüchtlingseinrichtungen. Unabhängig von den Umständen ist der Mensch jedoch immer für sein Handeln verantwortlich. Es mag einen Aggressionsapparat in uns Menschen und es mag Auslöser dafür geben, dass er anspringt, das entbindet uns jedoch niemals von unserer Verantwortung, die wir für unser Handeln haben.

> **Praxistipp**
>
> An dieser Stelle möchten wir Autorinnen noch einmal auf die Bedeutung des Bindungs- und Vertrauensaufbaus hinweisen, denn bei Menschen, die soziale und zwischenmenschliche Bindungen haben, kommt aggressives Verhalten deutlich seltener vor. Ein Mensch, der nicht gesehen wird bzw. wiederholt die Erfahrung von schmerzlicher Zurückweisung erlebt hat, muss Angst haben, nicht überleben zu können. Entsprechend geht es bei gelebter Aggressivität auch um einen Überlebenskampf, der dem Überlebenskampf eines Ertrinkenden ähnelt. Ein Mensch, der weiß, dass er gesehen, also in seiner Individualität wahrgenommen und wertgeschätzt wird, braucht nicht kämpfen.

7.1.6 Bedürfnis nach Sinn

Von der Bedeutung der Sinnfrage für den Menschen und sein Gefühl von Sicherheit haben Sie bereits mehrfach gelesen. Dabei gibt es aber nicht *den* Sinn, denn er muss sich in jeder Situation neu gegeben werden. „Nicht nur von Stunde zu Stunde wechselt die Frage, die das Leben an uns stellt – gemäß der Einmaligkeit jeder Situation –, sondern sie wechselt auch von Mensch

zu Mensch, entsprechend der Einzigartigkeit jeder Person", so Viktor Frankl (2013, S. 28 f.), der Begründer der Logotherapie, die unter anderem auf folgenden Grundsätzen basiert:
- Sinn kann nicht gegeben, sondern muss gefunden werden.
- Sinn muss gefunden, kann aber nicht erzeugt werden.
- Sinn muss aber nicht nur, sondern kann auch gefunden werden.

7.1.6.1 Sinn kann nicht gegeben, sondern muss gefunden werden

Wir Menschen haben das Potenzial, uns jederzeit orientieren und einen bewussten, mit uns und unserem Leben kongruenten Schritt machen zu können. Jeder von uns hat die Möglichkeit, das Bestmögliche in jeder Situation zu tun. Oft sehen wir jedoch keinen Spielraum und meinen, einer Notwendigkeit Folge leisten zu müssen. Das Nutzen unserer Freiheit, das Sehen von Freiräumen und Einnehmen anderer Perspektiven ist aber jedem Menschen möglich. Das Potenzial ist da, es muss nur entwickelt und gelebt werden. Ist das nicht eine wunderbare Nachricht? Wir Menschen sind also nicht Opfer unserer Umstände. Wir können eine andere Perspektive einnehmen und uns einen Sinn geben wie die Männer, die sich geschworen haben, im KZ Auschwitz ihre Würde als Menschen nicht abzugeben. Die Wächter dort mögen sie als menschenunwürdiges Leben abgewertet haben, sie selbst haben sich als Menschen gesehen, die anderen Menschen eine Hilfe sein können. Sie haben eine andere Perspektive als die Wächter eingenommen und einen Sinn darin gefunden, im KZ zu sein, nämlich andere Menschen zu ermutigen und ihnen als KZ-Insassen Menschenwürde vorzuleben. Das gilt auch für traumatisierte Flüchtlinge. Durch die Traumatisierung mag es ein etwas längerer Weg sein, seine Freiheiten zu sehen und einen Perspektivenwechsel vornehmen zu können, und es ist auch kein einfacher Weg, und doch ist es der einzige Weg zu einem authentischen und freien Leben.

7.1.6.2 Sinn muss gefunden, kann aber nicht erzeugt werden

„Im Dienst an einer Sache oder in der Liebe zu einer anderen Person erfüllt der Mensch sich selbst. Je mehr er aufgeht in seiner Aufgabe, je mehr er hingegeben ist an seinen Partner, umso mehr ist er Mensch, um so mehr wird er selbst" (Frankl 1996, S.147). Das erklärt, warum wir Menschen uns nicht allein vom Verstand her einen Sinn geben oder ihn gar erzwingen können. Der Sinn hat etwas mit unserem Sein zu tun, und oft zeugen „leuchtende Augen" davon, wenn wir den Sinn für uns entdeckt haben. Damit reagiert nicht nur unser Belohnungssystem im Gehirn mit der Ausschüttung von Glückshormonen, sondern wir werden immer mehr zu dem Menschen, der wir selbst sind. Damit spüren wir unseren eigenen Wert, spüren unsere Grenzen und können uns für sie einsetzen, werden resilienter und fühlen uns damit sicherer. Wir sind nicht das Blatt im Wind, sondern geben unserem Leben eine Richtung, die mit unserem Innersten im Einklang steht.

Viele Menschen meinen, wenn sie eine bezahlte Arbeit gefunden haben bzw. ihre Existenz sichern können, würden sie ein sinnvolles Leben führen. Ist es so? Woher kommen dann all die Menschen, die trotz Arbeit unglücklich und unzufrieden sind bis hin zu Burnout und Depressionen? Arbeit und das Sorgenkönnen für den Lebensunterhalt sind wichtige Faktoren im menschlichen Leben, einen Sinn per se geben sie aber nicht. Es geht um die Erfüllung, die „leuchtenden Augen". Und so ist es auch mit Arbeit allein für die Flüchtlinge in Deutschland nicht getan. Sinn über Arbeit, das mag eine Weile funktionieren, doch dann wird sich erneut die Sinnfrage einstellen. Vergleichen kann man das mit einer Lohnerhöhung. Wie viele Menschen meinen, wenn sie die erst bekommen haben, dann werden sie glücklicher und zufrieden sein. Der Effekt ist aber schon bald verpufft, und es wird der nächsten Lohnerhöhung entgegengefiebert, weil sie mit etwas assoziiert wird, was mit ihr aber nicht assoziiert ist: Sinn und Glück. Und so ist auch eine berufliche Arbeit nicht gleichbedeutend mit Sinn. Sie mag ein erzeugter Sinn sein, aber kein für sich gefundener, der etwas mit dem Sein zu tun hat und das Belohnungssystem aktiviert.

7.1.6.3 Sinn muss aber nicht nur, sondern kann auch gefunden werden

Sinn muss aber nicht nur, sondern kann auch gefunden werden. Das ist die beste Nachricht, die es für uns Menschen neben den Erkenntnissen der Epigenetik (Gensteuerung; ▶ Abschn. 3.1.2) und der christlichen Botschaft, sofern Sie daran glauben, gibt: Sinn kann gefunden werden – von jedem! Jeder Mensch hat die Fähigkeit, den Sinn, der in einer Situation verborgen liegt, zu erkennen, und zwar seinen ganz persönlichen Sinn.

> „Nicht jede Möglichkeit ist sinnvoll,
> bloß weil sie möglich ist.
> Wir müssen auswählen,
> mit dem Herzen abwägen,
> fühlen, was wertvoll ist,
> was uns wichtig ist
> und in jeder Situation sehen,
> was Gewicht hat.
> Sinn ist die wertvollste Möglichkeit
> in der jeweiligen Situation."
> (Alfried Längle 2011)

Was bedeutet das für die Arbeit mit Flüchtlingen?

Sie als Mitarbeiter können die Flüchtlinge ermutigen, einen Sinn in der jeweiligen Situation zu suchen und mit ihnen herauszufinden, wo sie – trotz aller momentanen Einschränkungen – „leuchtende Augen" bekommen. Vielleicht bedarf es dazu auch einiger tatkräftigen Schritte von Ihnen, um den Flüchtlingen den von ihnen gefunden Sinn zu ermöglichen, zum Beispiel Werbung für Sprachkurse zu organisieren, wenn die Flüchtlinge das Vermitteln ihrer Sprache als sinnstiftend ansehen. Sinn zu leben, ist nicht immer ein bequemer Weg, aber einer, der glücklich macht, weil er zu einem authentischen Leben beiträgt. Und hier können Sie die Flüchtlinge unterstützen. Ist das nicht eine tolle Aufgabe?

> **? Zum Nachdenken**
> - Wie sieht es in Ihrem Leben mit der Sinnfrage aus? Tun Sie das, von dem Sie „leuchtende Augen" bekommen, oder tun Sie etwas, was andere Menschen als sinnvoll bezeichnen und für das Sie vielleicht auch viel Anerkennung bekommen?
> - Welche Möglichkeiten bietet Ihre derzeitige Situation? Haben Sie schon einmal versucht, eine andere Perspektive einzunehmen?
> - Wie zufrieden sind Sie mit Ihrem Leben? Was können die Flüchtlinge von Ihnen abschauen? Wo sind Sie Vorbild?
> - Gibt es etwas, was Sie heute ändern möchten?

7.2 Rahmenbedingungen als Basis des Sich-sicher-Fühlens

Anne-Kathrin Schmieg

Nachdem Sie nun viel über die Begleitung von Flüchtlingen mit traumatischen Erfahrungen gelesen haben, fragen Sie sich vielleicht, ob eine Begleitung in der beschriebenen Art und Weise unter den derzeit bestehenden Rahmenbedingungen (► Abschn. 1.1) überhaupt möglich ist. Kann es eine Begleitung geben, die dazu beiträgt, dass Flüchtlinge sich in Deutschland sicher fühlen? Nach unserem Verständnis lautet die Antwort: Ja.

Das scheinbar Unmögliche wird möglich,
- wenn wir uns als Mitarbeiter entscheiden, das uns Mögliche beizutragen,
- wenn die Flüchtlinge ebenfalls daran arbeiten möchten,
- wenn wir bereit sind zur Kreativität und Flexibilität.

Es gilt, für die Flüchtlingseinrichtung, in der Sie arbeiten, Ressourcen und individuelle Lösungswege zu suchen und zusammen mit den Kollegen umzusetzen. Es gibt zahlreiche Möglichkeiten, um einen Rahmen zu schaffen, in dem sich traumatisierte Flüchtlinge sicher fühlen können. Im Folgenden gehen wir auf folgende Rahmenbedingungen näher ein:
- Bezugsbetreuersystem und Patenschaften,
- Mentorensystem,
- Tagesstruktur/Wochenplan,
- geregelter Schlaf-Wach-Rhythmus,
- Grundversorgung mit Nahrung,
- Gesundheitsfürsorge,
- räumliche Ausstattung,
- Informationsmanagement.

7.2.1 Bezugsbetreuersystem

Das Bezugsbetreuersystem hat sich in den unterschiedlichsten Kontexten bewährt, sei es in der Kinder- und Jugendhilfe, sei es in der psychiatrischen Pflege, sei es in der Begleitung von traumatisierten Menschen. Immer geht es darum, eine sichere Bindung zwischen einem Menschen herzustellen, der betreut wird, und einem Menschen, der betreut. Dieser Betreuer ist der Hauptansprechpartner für den bzw. die zu betreuenden Menschen. Ob es um Wünsche und Bedürfnisse oder um ein Krisengespräch geht: Der Bezugsbetreuer ist Ansprechpartner. Hat er frei, wird das rechtzeitig kommuniziert und ein Vertreter benannt. Noch besser wäre es natürlich, wenn zwei Bezugsbegleiter pro Flüchtling benannt werden könnten, die sich gegenseitig vertreten, wenn einer von beiden ausfällt.

Allein durch die Zeit, die der traumatisierte Flüchtling und seine Bezugsperson miteinander verbringen, und die vielen Gespräche werden sich eine gewisse Nähe und Verbundenheit zwischen ihnen einstellen. Vielleicht erlebt der traumatisierte Mensch zum ersten Mal, wie es ist, bewusst wahrgenommen und angenommen zu werden, dass er nicht stört, sondern sich der Betreuer wirklich gern die Zeit für ihn nimmt – mit anderen Worten all das, was in den Kapiteln 5 bis 7.1 dieses Buches beschrieben wurde. Oberstes Ziel des Bezugsbetreuersystems ist die Beziehungskonstanz.

> **Praxistipp**
>
> Damit das Bezugsbetreuersystem zielführend sein kann, bedarf es
> - des Bewusstseins und der kritischen Reflexion über die eigene Grundhaltung als Mitarbeiter,
> - der Qualifikation und Kompetenz der Mitarbeiter,
> - der Gestaltung eines sicherheitsgebenden und vertrauensfördernden Milieus (vgl. Kropp 2010, S. 97); dabei ist die Teamgestaltung ein entscheidendes Merkmal dieser Milieugestaltung.

„Zur Aufgabenerfüllung benötigt das Team – neben einer klaren Zuweisung und Klärung von Rollen, Befugnissen und Kompetenzen der beteiligten" Personen „– gemeinsame Leitlinien und Spielregeln der Zusammenarbeit. Diese werden im Team festgelegt bzw. fortlaufend verändert oder gefestigt" (Klein 2010, S. 104).

Neben Themen wie Respekt gegenüber Kollegen und Flüchtlingen, Beziehungsgestaltung einschließlich Nähe und Distanz, gemeinsame Werte und konzeptionelle Vorstellungen sollten folgende Themen besondere Beachtung finden (vgl. Klein 2010, S.104):

- Einheitlichkeit im Hinblick auf die Einhaltung und Umsetzung von Regeln, Vereinbarungen und Richtlinien: Unabhängig davon, wer gerade Dienst hat, sind die Botschaften an den Flüchtling einheitlich. Nur dann empfindet der Flüchtling das Team als verlässlich und vertrauenswürdig und wird sein Gefühl, in Sicherheit zu sein, gestärkt.
- Verschiedenheit, wenn es um die unterschiedlichen Fähigkeiten im Team geht, die Individualität der Einzelnen und die Wertschätzung dafür: Es geht darum, sich „fortlaufend darüber zu verständigen, welche Dinge einheitlich zu handhaben sind und wo der Verschiedenheit Raum gelassen wird" (Klein 2010, S.105). Nur wenn die Flüchtlinge erleben, dass jedes Teammitglied in seiner Individualität wertgeschätzt wird, werden sie die Sicherheit gewinnen, selbst so sein zu dürfen und angenommen zu werden, wie sie sind.
- Offenheit als Gegenteil von Verheimlichen, Vertuschen, Tabuisieren: Voraussetzung für Offenheit ist Vertrauen. Spüren die Flüchtlinge, dass sich die Mitarbeiter untereinander vertrauen, können auch sie sich öffnen und Vertrauen lernen. Sollten sich Mitarbeiter aber schon nicht vertrauen und keine Offenheit zeigen können, wie viel mehr Grund haben die Flüchtlinge dann erst, sich zu schützen, zum Beispiel in Form von Misstrauen oder Rückzug? Das bedeutet nicht, alles über sich preiszugeben. Genau diese Grenzen können Flüchtlinge ebenfalls von Mitarbeitern in einem gut funktionierenden Team lernen.
- Transparenz „ermöglicht das Wissen, was, wie, wann und warum geschieht. Fehlende Transparenz lässt das Gegenüber im Unklaren und macht es ohnmächtig und abhängig" (Klein 2010, S.105), also etwas, das traumatisierte Flüchtlinge nur allzu gut kennen und genau das Gegenteil von dem bewirkt, was wir als Mitarbeiter erreichen wollen, nämlich das Gefühl von Sicherheit.

Um es auf den Punkt zu bringen: Nur Mitarbeiter, die sich selbst sicher fühlen und ruhig sind, können auch Sicherheit geben und Ruhe vermitteln (vgl. Kracht 2014, S. 203).

7.2.1.1 Bezugsbetreuersystem in Einrichtungen für Kinder und Jugendliche

Die Clearing- und Nachsorgeeinrichtungen der stationären Kinder- und Jugendhilfe (▶ Abschn. 1.1.4) weisen unterschiedliche Größen auf. Um den Kindern und Jugendlichen einen geschützten Rahmen und Sicherheit bieten zu können, werden sie in der Regel in (kleine) Gruppen aufgeteilt, die von Kontinuität geprägt sind.

Beim Bezugsbetreuersystem werden einem unbegleiteten minderjährigen Flüchtling ein bis zwei feste Bezugspersonen zugeordnet – im Idealfall eine weibliche und eine männliche Bezugsperson. Der Vorteil bei zwei Bezugspersonen ist der, dass auch bei Abwesenheit der einen Bezugsperson die Beziehungskonstanz gesichert ist und dass sich die beiden austauschen können, um ein klareres Bild von dem Kind oder Jugendlichen bzw. einem möglichen Konflikt zu bekommen. Im Alltag sieht es oft so aus, dass eine Vollzeitkraft für zwei Personen und eine Teilzeitkraft für eine Person zuständig ist, wobei gerade bei Teilzeitkräften mindestens zwei Bezugspersonen benannt sein sollten, um die Beziehungskonstanz zu garantieren.

Sollten Sie sich hier die Frage stellen, ob es nicht aus Sicht der Bindungstheorie (▶ Abschn. 3.1.2) besser wäre, dass sich das Kind oder der Jugendliche seine Bezugsbetreuer selbst aussucht, anstatt ihm ein oder zwei Mitarbeiter zuzuordnen, haben Sie grundsätzlich Recht. Es lässt sich in der Praxis allerdings nicht umsetzen, und zwar aus mehreren Gründen nicht: Es könnte sein, dass auf einige Mitarbeiter viele Kinder und Jugendliche entfallen würden und auf andere weniger oder gar keine. Das wäre weder vom Dienstplan her noch von der Arbeitsaufteilung her zu realisieren. Zudem würde es das Team spalten. Auf der einen Seite stehen die beliebten Mitarbeiter, auf der anderen Seite die weniger beliebten. Das geht auch am besten Team nicht spurlos vorbei.

Wurden die Bezugsbetreuer für ein Kind oder einen Jugendlichen bestimmt, sind sie fortan seine Hauptansprechpartner. Sie vereinbaren mit ihm Termine für das Aufnahmegespräch, die wöchentlichen Gespräche, unter anderem im Rahmen der Hilfeplanung, und Termine, um etwas zusammen zu unternehmen. Für Sie als Bezugsbetreuer sind die vereinbarten Termine und überhaupt alle Vereinbarungen absolut verbindlich. Überlegen Sie deshalb bitte sehr genau, ob Sie die Vereinbarung auch wirklich halten können, ehe Sie zusagen. Das kann bedeuten, erst einmal auf den Dienstplan zu schauen oder die nächste Mitarbeiterbesprechung abzuwarten, ehe ein Termin fest zugesagt wird, oder mit dem Dolmetscher abzuklären, ob er an dem angedachten Termin auch wirklich Zeit hat, zum Beispiel zur Einübung des sicheren Ortes (▶ Abschn. 7.1.3). Nur so kann sich beim minderjährigen Flüchtling das Gefühl der Sicherheit einstellen. Wie sollte er Ihnen vertrauen können, wenn Sie Vereinbarungen nicht halten? Dazu gehört auch, dem Jugendlichen Ihre Dienstzeiten mitzuteilen, damit er jederzeit weiß, wann Sie da sind und wann nicht. So kann er entscheiden, ob er mit einem Anliegen warten möchte, bis Sie wieder im Dienst sind, oder ob er sich unter diesen Umständen lieber an Ihre Kollegen wenden möchte. Das ermöglicht dem Jugendlichen Selbstwirksamkeit, was für traumatisierte Menschen außerordentlich wichtig ist. In der Praxis haben sich Aushänge mit Bildern der Mitarbeiter bewährt, auf denen ersichtlich ist, wann diese Dienst haben. So kann der Betroffene jederzeit nachschauen, wenn er die im Gespräch mit seinem Betreuer genannten Dienstzeiten vergessen haben sollte. Um ein Vergessen zu vermeiden, können die Dienstzeiten und die vereinbarten Termine mit dem Bezugsbetreuer auch in einem extra dafür hergestellten und vom Jugendlichen gestalteten Kalender fixiert werden. Sie ohne vorherige Absprache mit dem Flüchtling einfach an die Informationstafel zu hängen, würde einem wertschätzenden Umgang entgegenstehen und dem Flüchtling ggf. (wieder) das Gefühl von Ohnmacht und Hilflosigkeit geben, das er aufgrund seiner Traumatisierung nur allzu gut kennt. Deshalb sollte nach Möglichkeit niemals über, sondern immer mit dem Flüchtling entschieden werden.

Wofür steht das Bezugsbetreuersystem? Der unbegleitete minderjährige Flüchtling darf mit Folgendem rechnen. Mit:

- Kontinuität bei den Bezugspersonen (▶ Abschn. 5.1.1),
- Kontinuität im Verhalten der Bezugspersonen (▶ Abschn. 5.1.2),
- einem Klima, in dem Vertrauen möglich ist (▶ Abschn. 7.1.2),
- absoluter Verbindlichkeit bei Vereinbarungen und Versprechen,
- einem bewussten Wahrgenommenwerden, sodass sich das Gefühl „Ich werde gesehen" einstellen kann (▶ Abschn. 5.2),
- Wertschätzung und bedingungsloser Annahme (▶ Abschn. 5.2),
- Feinfühligkeit (▶ Abschn. 5.3) einschließlich dialogischer Kommunikation (▶ Abschn. 5.3.2),
- Selbstwirksamkeit (▶ Abschn. 5.4 und ▶ Abschn. 7.1.3),
- der Wahrung seiner Grenzen (▶ Abschn. 5.5),
- einer Begleitung, die um seine Traumatisierung weiß (▶ Kap. 3) und professionell damit umgeht, das heißt, ihn auch stabilisieren und reorientieren kann (▶ Kap. 6),
- Zeit,
- Erreichbarkeit der Bezugsperson (▶ Abschn. 5.1),
- Glaubwürdigkeit und Authentizität des Bezugsbetreuers (▶ Abschn. 5.1.2),
- Vorbereitung und Begleitung bei Behördengängen.

> **? Zum Nachdenken**
> Erfahrungsgemäß suchen unbegleitete minderjährige Flüchtlinge über soziale Netzwerke immer wieder Kontakt zu ihren Bezugsbegleitern. Hier ist eine klare Absprache im Team unerlässlich. Es muss für alle Beteiligten klar sein, dass das nicht geht. Wenn der Bezugsbegleiter frei hat, braucht er die Zeit zur Regeneration. Diese muss ihm – abgesehen von Notfällen, die zuvor definiert wurden – ohne Wenn und Aber ermöglicht werden. Ein anderes Vorgehen führt nicht nur zum Ausgebranntsein der Mitarbeiter, sondern auch zu einer Spaltung im Team. Derjenige, der sich seine Erholungszeit nimmt, bekommt ggf. ein schlechtes Gewissen – unter Umständen auch deshalb, weil es ihm gemacht wird. Und derjenige, der jederzeit auf die Kontaktanfrage des Flüchtlings reagiert, ist der Gute.
> - Wie sieht es bei Ihnen aus? Können Sie Grenzen wahren und für die Einhaltung von Grenzen sorgen?
> - Wenn es Ihnen nicht so gut gelingen sollte, welchen Sinn macht das für Sie? Brauchen Sie vielleicht das Gefühl, gut zu sein – ggf. auch besser zu sein als die anderen –, oder Anerkennung (▶ Abschn. 6.1, ▶ Abschn. 6.3.1 und ▶ Abschn. 7.1.6)? Dann könnten Sie für sich hier eine Lernaufgabe entdecken.

7.2.1.2 Bezugsbetreuersystem in Einrichtungen für Erwachsene und Familien

Bei den Einrichtungen für Erwachsene und Familien handelt es sich um folgende:
- Notunterkünfte, zum Beispiel provisorische Turnhallen oder Zelte: Hier verbleiben die Menschen normalerweise Stunden oder Tage, bis eine Verlegung in eine Anschlussunterbringung möglich ist. Kommen allerdings viele Flüchtlinge auf einmal nach Deutschland, kann eine Notunterkunft auch für mehrere Wochen als Unterkunft dienen.
- Zentrale Erstunterkünfte bzw. Erstaufnahmestellen: Sie sind meist etwas besser ausgestattet als Notunterkünfte. Es dauert etwa drei Monate, bis die Menschen in eine Anschlussunterbringung verlegt werden.

7.2 · Rahmenbedingungen als Basis des Sich-sicher-Fühlens

- Anschlussunterbringungen: Man unterscheidet zentrale Einrichtungen, beispielsweise Gemeinschaftsunterkünfte, und dezentrale Einrichtungen, meist in Einzelwohnungen.

In den Einrichtungen für erwachsene Flüchtlinge und Familien sieht die personelle Ausstattung anders aus als in den oben beschriebenen Einrichtungen für Kinder und Jugendliche. In der Regel gibt es hier

- wenige Sozialarbeiter, die für eine große Anzahl von Flüchtlingen verantwortlich sind, sodass sie oft nur das Nötigste regeln können (meist organisatorische Fragen),
- Sicherheitsdienste,
- ehrenamtliche Helferinnen und Helfer, die – vielleicht wie Sie? – für die Versorgung der Menschen mit Nahrung, Kleidung und Hygieneartikeln verantwortlich sind und/oder die die Menschen bei Behördengängen begleiten.

Ist es unter diesen Umständen möglich, ein Bezugsbetreuersystem zu etablieren? Wir Autorinnen denken ja, und es wird auch schon häufig so gemacht. Dann allerdings eher in Form von Paten. Dabei werden ehrenamtlich Tätigen einige Flüchtlinge mündlich vorgestellt, verbunden mit der Frage, ob sie sich vorstellen können, den einen oder anderen Flüchtling zu begleiten. Dabei geht es zum einen um die Begleitung zum Einkaufen, zu Ärzten oder zu Behörden, zum anderen – sofern es für die Paten denkbar ist – um ein Vermitteln der deutschen Kultur, zum Beispiel über Einladungen zu sich nach Hause.

Den (wenigen) festangestellten Mitarbeitern fehlt bei der großen Anzahl an Flüchtlingen in der Regel die Zeit, um ein festes Bezugsbetreuersystem in Einrichtungen für erwachsene Flüchtlinge und Familien etablieren zu können. Dennoch können auch sie zur Stabilität der Flüchtlinge beitragen, indem sie

- über das Wissen verfügen, was es bedeutet, traumatisiert zu sein (▶ Kap. 3), und es im Umgang mit dem Flüchtling berücksichtigen,
- eine eventuell vorliegende Traumatisierung bei den Flüchtlingen erkennen,
- darauf achten, mit den traumatisierten Flüchtlingen nur dann Wichtiges zu besprechen, wenn sie sich im ANP (▶ Abschn. 3.2.2) oder im gesunden Anteil befinden, wofür die traumatisierten Flüchtlinge unter Umständen erst zu reorientieren sind (▶ Abschn. 7.1.3),
- jederzeit einen Umgang pflegen, in dem sich die Flüchtlinge wertgeschätzt fühlen, selbstwirksam sein dürfen (▶ Abschn. 7.1.3.1) und ihre Grenzen gewahrt werden,
- für eine feste Tagesstruktur sorgen (▶ Abschn. 7.2.3).

So kann trotz des ggf. äußeren Chaos Vertrauen wachsen und ein Gefühl von Bindung und Sicherheit entstehen.

Zudem sollten Sie sich als Mitarbeiter in Erst- und Notunterkünften stets bewusst sein, dass Sie womöglich der erste positive Kontakt zu einem Einheimischen bedeuten, also einen ersten Kontakt mit der neuen Kultur und eine Art Brücke zu all dem Neuen darstellen. Je sicherer sich der traumatisierte Flüchtling bei Ihnen fühlt, desto mehr kann er sich für Veränderungen öffnen (▶ Abschn. 7.1.2 und ▶ Abschn. 7.1.5).

Wie könnte das Bezugsbetreuersystem bzw. die Patenschaft im Hinblick auf ehrenamtliche Helfer aussehen?

- Ehrenamtliche und/oder hauptamtliche Mitarbeiter organisieren einen Bezugspersonenpool, also Menschen, die gezielt als Bezugspersonen geschult und/oder als Lesepaten eingesetzt werden, wie es zum Beispiel der Verein „Gemeinsam leben und lernen in Europa e.V." (www.gemeinsam-in-europa.de) tut.

- Gibt es nicht für jeden Flüchtling eine Bezugsperson, werden Prioritäten gesetzt: Welche Flüchtlinge sind traumatisiert und brauchen am ehesten Unterstützung?
- Die Bezugszeiten werden regelmäßig terminiert und verbindlich eingehalten.
- Die Begleitung zu Behörden, Ärzten usw. wird wünschenswerterweise immer von der gleichen Person übernommen. Um das Gefühl von Sicherheit zu erhöhen, wäre es gut, wenn der Flüchtling um Zeitfenster weiß, in denen er seine Bezugsperson anrufen darf. Des Weiteren sollte er die Rettungswege in Deutschland einschließlich der wichtigsten Telefonnummern kennen.

Wir Autorinnen möchten Ihnen viel Mut machen, das Bezugsbetreuersystem bzw. Patenschaften mit ehrenamtlichen Helfer in Ihrer Einrichtung auszuprobieren und Kreativität walten zu lassen, wenn sich die Umsetzung etwas schwieriger gestaltet als gedacht. Es ist nicht nur ein Instrument, um das Gefühl von Sicherheit und Wohlbefinden auf Seiten der Flüchtlinge zu erhöhen, sondern auch auf Seiten der Mitarbeiter.

Übertragung und Gegenübertragung

Sollte es zu einem Konflikt zwischen Flüchtling und Begleitperson kommen, wird nicht gleich ein neuer Betreuer gesucht, sondern der Konflikt analysiert und auf Augenhöhe gelöst. Der Vergleich hinkt zwar, aber zum Bindungs- und Vertrauensaufbau gehört es auch, gemeinsame Schwierigkeiten gemeinsam zu bewältigen, so wie es im Normalfall auch zwischen Eltern als Bezugsperson und ihrem Kind geschieht. Das schafft Nähe. Oft sind die „Übeltäter" des Konflikts in Flüchtlingseinrichtungen zwischen Begleitperson und Flüchtling in einer Übertragung oder Gegenübertragung zu suchen:
- Bei der Übertragung sieht der Flüchtling in der Begleitperson zum Beispiel seine Mutter oder seinen Vater und hat somit entsprechende Erwartungen an sie.
- Bei der Gegenübertragung spürt die Begleitperson die Erwartungen des Flüchtlings und möchte ihnen gerecht werden. Sie möchte ein guter Vater oder eine gute Mutter sein.

Übertragung und Gegenübertragung kommen in der Begleitung traumatisierter Menschen recht häufig vor, teilweise auch zwischen Ihnen und bestimmten Anteilen des traumatisierten Menschen (▶ Abschn. 3.2.2.5.2). Es kann zum Beispiel sein, dass Sie unbewusst den Vatererwartungen gerecht werden wollen, weil Sie spüren, dass der Vater für den traumatisierten Flüchtling in diesem Augenblick wichtig ist. Damit hätten Sie Ihre Allparteilichkeit aufgegeben (▶ Abschn. 3.2.2). Wechselt der Flüchtling anschließend in einen anderen Anteil, der den Vater zum Beispiel als Aggressor sieht, werden Sie die auf seinen Vater gemünzten Gefühle und Interventionen abbekommen. Damit scheiden Sie in diesem Moment als allparteilicher Betreuer aus. Das bedeutet jedoch nicht, dass Sie ganz aus dem Betreuungssystem aussteigen, denn solche Situationen können sehr gut genutzt werden, um gemeinsam daraus zu lernen und gemeinsam daran zu wachsen. Dafür ist in der Regel jedoch Unterstützung nötig, sei es durch die Teamleitung, den Psychotherapeuten im Haus oder einen Supervisor.

7.2.2 Mentorensystem

Um sich sicher zu fühlen, bedarf es nicht nur der professionellen Begleitung. Auch die Mitbewohner einer Einrichtung können wichtige Wegbegleiter sein und Halt geben.

7.2.2.1 Mentorensystem in Einrichtungen für Kinder und Jugendliche

Wie kann die Organisation eines Mentorensystems in einer Einrichtung für Kinder und Jugendliche aussehen? Ein Mentor ist eine Person, die ihr Wissen und ihre Erfahrungen an eine unerfahrenere Person, dem Mentee, weitergibt, mit dem Ziel, ihn in seiner Entwicklung und bei der Eingewöhnung in sein neuen Umfeld zu unterstützen. In der Flüchtlingseinrichtung sieht es so aus, dass jedem neu ankommenden Flüchtling ein schon länger anwesender Flüchtling an die Seite gestellt wird. Dieser hat die Aufgabe, seinem Mentee

- die Einrichtung, die Umgebung und zum Beispiel Einkaufsmöglichkeiten und vielleicht auch den einen oder anderen schönen Platz zum Ausruhen zu zeigen,
- die Mitbewohner vorzustellen,
- Informationen über die Strukturen der Einrichtung einschließlich Tagesstruktur zu geben,
- sein Wissen über die deutsche Kultur weiterzugeben und überhaupt alles, was dem Neuankömmling bei der Integration in die Einrichtung und darüber hinaus in Deutschland hilft. Das kann zum Beispiel bedeuten, ihm den Umgang mit Messer und Gabel beizubringen oder ihm zu erklären, wie eine Toilette in Deutschland funktioniert.

Sinnvoll ist es, den Mentoren eine gewisse Struktur vorzugeben, die zum Beispiel in Form eines Standards hinterlegt ist. Beispielsweise macht es Sinn, dem Neuankömmling die Einrichtung gleich am ersten oder spätestens zweiten Tag nach seiner Ankunft zu zeigen. Diese Aufgabe einschließlich der zeitlichen Vorgabe ist für den Mentor Pflicht. Das professionelle Betreuerteam muss sich darauf verlassen können, denn seine Arbeit baut auf der des Mentors auf. Selbstverständlich steht es auch jederzeit für Fragen zur Verfügung. Auf diese Weise wird das professionelle Team entlastet und lernt der Jugendliche in seiner Funktion als Mentor, Verantwortung zu tragen. Und der Neuankömmling bekommt auf diese Weise leichter Anschluss, kann Beziehungen aufbauen und wird sich von daher sicherer fühlen.

Selbstverständlich darf der Mentor sich aber nicht allein gelassen fühlen mit seiner Aufgabe. Es gilt, ihn erst einmal mit all den Aufgaben vertraut zu machen und ihn dann zu fragen, ob er sich die Tätigkeit vorstellen kann. Sollte er es sich (noch) nicht zutrauen, ist abzuwägen, ob er Ermutigung braucht oder ob er zum Beispiel aufgrund seiner Traumatisierung dazu (noch) nicht in der Lage ist. So darf es nicht zu einer Überforderung kommen, die zu einer Stress- und Traumareaktion führen könnte (▶ Abschn. 3.2.1 und ▶ Abschn. 3.2.2). Ebenso ist der Prozess des Mentorings kontinuierlich durch die Betreuer zu begleiten, um zum Beispiel Probleme beim Einleben oder problematische Prozesse unter den Jugendlichen, beispielsweise Mobbing, rechtzeitig zu erkennen.

Gelingt das Mentoring, kann es Basis sein für Freundschaften unter den Jugendlichen, die über Religionen und Kulturen hinweg entstehen können. Ein Beispiel in unserer Einrichtung ist Mohammad. Er ist Muslim und mit einem Christen namens Achmad befreundet. Wir Mitarbeiter sind jedes Mal berührt, wenn Verbindungen entstehen, die im Heimatland der Flüchtlinge unvorstellbar gewesen wären.

> **Vertrauen braucht Zeit**
>
> Aus den Erfahrungen in der Flüchtlingsarbeit ist bekannt, wie sehr ein Freund unterstützend wirkt. Gerade bei Familientrennungen kann der Beistand von Freunden enorm wichtig sein. Sie helfen sich gegenseitig, stehen sich Tag und Nacht zur Seite und teilen Freud und Leid. Bis solch eine tiefe und tragende Freundschaft entstanden ist, braucht es aber Zeit. Durch die Traumatisierung und andere Erfahrungen haben die Flüchtlinge die Welt als feindlich erlebt. Starkes Misstrauen ist gewachsen (▶ Abschn. 3.2.2). Das erfahren nicht nur Sie als

Mitarbeiter in der Flüchtlingshilfe, das erfahren ebenso die Kinder und Jugendlichen, die mit einem traumatisierten Gleichaltrigen zu tun haben. So kann es sein, dass die Kinder und Jugendlichen, die schon eine Weile in den Genuss der bindungs- und vertrauensfördernden Umgebung ihrer Einrichtung leben durften, deutlich an Vertrauen gewonnen haben und dann enttäuscht sind, wenn ein Neuankömmling dieses Vertrauen verletzt. Das kann in unterschiedlichsten Formen geschehen: durch rücksichtsloses Verhalten, Gier (▶ Abschn. 7.1.1), Diebstahl von Handy oder Geld sowie Lügen. Gerade das Lügen zeigt sich meistens am Anfang, wenn die Flüchtlinge noch nicht einschätzen können, wer Freund und Feind ist. Erst mit der Zeit fassen sie Vertrauen. Das erklärt auch, warum es vorkommen kann, dass unbegleitete minderjährige Flüchtlinge nach einigen Wochen auf den Bezugsbetreuer zugehen und ihre wahre Identität, zum Beispiel ihren richtigen Namen oder das tatsächliche Alter, preisgeben, weil sie sich erst jetzt sicher fühlen und vertrauen können.

7.2.2.2 Mentorensystem in Einrichtungen für Erwachsene und Familien

Ein Mentorensystem in Einrichtungen für erwachsene Flüchtlinge und Familien zu implementieren, macht nur dann Sinn, wenn die Menschen über einen etwas längeren Zeitraum zusammen sein können. Hier gilt ebenfalls, gut abzuwägen, wer als Mentor infrage kommt. So bedarf es einer Person, die in der Ausnahmesituation – wie sie die Unterkunft in einer Not- oder Ersteinrichtung bzw. in einer zentralen Anschlussunterbringung zweifelsfrei darstellt – eine gewisse Zuversicht und Sicherheit erworben hat. Bei den Aufgaben handelt es sich um die oben beschriebenen.

Konfliktschlichter

Aufgrund der Enge und fehlenden Intimsphäre gibt es immer wieder Spannungen unter den Flüchtlingen. Hier stellt sich die Frage, wie damit auf gute und wertschätzende Art umgegangen werden kann. Eine Möglichkeit ist zum Beispiel, Flüchtlinge bzw. Mentoren zu Konfliktschlichtern auszubilden, wie wir sie beispielsweise aus Schulen kennen. Das hat viele Vorteile:

- Da es sich bei den Konfliktschlichtern um Flüchtlinge handelt, kennen sie die Kulturen und die Mentalitäten und können darauf eingehen. Das schafft eine Verbindung, die sonst nicht möglich wäre (▶ Abschn. 6.2.3).
- Die Flüchtlinge und Mentoren können in der Tätigkeit einen Sinn entdecken (▶ Abschn. 6.1.4 und ▶ Abschn. 7.1.6). Zudem wird ihnen Verantwortung übertragen, was ihnen Selbstwirksamkeit ermöglicht, ihren Selbstwert stärkt und so auch das Gefühl von Sicherheit.
- Die hauptberuflichen und ehrenamtlichen Mitarbeiter werden entlastet.
- Das Klima in den Einrichtungen verbessert sich zusehends, wenn die Konfliktschlichter gut ausgebildet sind und von den hauptberuflichen sowie ehrenamtlichen Mitarbeitern ausreichend Unterstützung erfahren. Sie sind zwar nicht Teil des engsten, jedoch eines erweiterten Teams, sodass auch hier viele der in ▶ Abschn. 7.2.1 genannten Aspekte der Teamgestaltung Berücksichtigung finden sollten.

Welche Inhalte sollte die Ausbildung zum Konfliktschlichter enthalten? Zum Beispiel:
- Umgang mit Gefühlen,
- aktives Zuhören,

- verbale und nonverbale Kommunikation einschließlich der Bedeutung von Ich-Botschaften,
- Schritte der Konfliktschlichtung in Theorie und Praxis – zum Beispiel in Form von Rollenspielen und/oder Hospitationen –, um Konflikte nicht eskalieren, sondern gewaltfrei, eigenverantwortlich und in gegenseitiger Achtung lösen zu können und Angst vor negativen Konsequenzen zu vermeiden.

„Geschulte, unparteiische Konfliktschlichter/innen (,PeaceMaker') sorgen für Fairness im Gespräch, unterstützen bei der Suche nach Lösungen und überwachen die Einhaltung der getroffenen Vereinbarungen" (Carl-Friedrich-Gauß-Schule, KGS Hemmingen).

7.2.3 Tagesstruktur

Wechseln Tagesrhythmen und Abläufe, wissen Menschen nicht, was sie erwartet. Sie verspüren Unsicherheit und im schlimmsten Fall Angst. Abhilfe kann hier eine verbindliche Wochen- bzw. Tagesstruktur schaffen.

7.2.3.1 Tagesstruktur in Einrichtungen für Kinder und Jugendliche

Kinder und Jugendliche brauchen eine feste Tagesstruktur sowie Routinen und Rituale. Zu wissen, warum was und wie lange auf sie zukommt, gibt ihnen Halt. Zudem verbinden Rituale die daran beteiligten Menschen und schaffen eine hohe Verbindlichkeit und Nachhaltigkeit.

Wochenplan für die Einrichtung bzw. Gruppe
Bewährt hat es sich, Tagesstrukturen in Form von „Stundenplänen" für jede Einrichtung bzw. Gruppe zu entwickeln (◘ Tab. 7.1), die dann für jeden einzelnen Jugendlichen individualisiert werden. Diese Tagesstruktur gilt es, konsequent einzuhalten, denn nur dann kann sie Sicherheit geben.

Strukturelement Mahlzeiten
Die gemeinsamen Mahlzeiten sind ein wichtiger Bestandteil der Tagesstruktur. Zudem bieten sie Lernaufgaben im Hinblick auf die Integration – beispielsweise den Umgang mit Messer und Gabel und andere deutsche Tischsitten – und dienen zugleich der Beziehungspflege (siehe auch 7.2.5).

Strukturelement Schule
Kinder und Jugendliche sind ab sechs Jahren und bis zum 16. Lebensjahr in Deutschland nach drei Monaten Aufenthalt schulpflichtig. Manche minderjährige Flüchtlinge besitzen Vorkenntnisse oder sprechen bereits nach kurzer Zeit sehr gut die deutsche Sprache, sodass sie für die Realschule geeignet wären. Fehlt es aufgrund zum Beispiel eines Lehrermangels an geeigneten Schulplätzen, kann es passieren, dass ein potenzieller Realschüler in eine Berufsschule gehen muss.

Eine Studie von Eva Stauf ergab, dass junge Flüchtlinge eine ausgeprägte Lernmotivation haben und wissbegierig sind (vgl. Hargasser 2015, S. 19). Nutzen Lehrer oder Betreuer diese Motivation und fördern die unbegleiteten minderjährigen Flüchtlinge, sind Schul- und Ausbildungsabschlüsse absolut realistisch.

Tab. 7.1 Tagesstruktur in einer in Einrichtungen für Kinder- und Jugendliche

Uhrzeit	Montag	Dienstag	Mittwoch	Donnerstag	Freitag	Samstag	Sonntag
6.10 Uhr	Wecken und Frühsport					Zeit zur freien Verfügung/Ausschlafen	
6.30 Uhr	Körperpflege						
6.50 Uhr	Morgenkreis						
7.00 Uhr	Zeit für häusliche Pflichten/Ämter						
7.30 Uhr	Frühstück					(Freiwillig, bei Bedarf am Tag vorher abmelden)	
8.00 Uhr	Schule einschl. Anfahrt					Zeit zur freien Verfügung/Ausgang (dann zuvor Info ans Team, was gemacht wird)	
13.00 Uhr	Mittagessen					(Freiwillig, bei Bedarf am Tag vorher abmelden)	
13.30 Uhr	Ruhezeit bzw. Zeit für Bezugsbetreuergespräche					Zeit zur freien Verfügung/Ausgang (dann zuvor Info ans Team, was gemacht wird)	
14.15 Uhr	Hausaufgaben, Bibliothek, Einzelförderung (hier könnte zum Beispiel ein Achtsamkeitsspaziergang eingeplant werden; ▶ Abschn. 6.2.1)						
16.15 Uhr	Freizeit, Sport, Spiel, Projekte in der Gruppe, zum Beispiel soziale Kompetenzgruppe, Medienkompetenzgruppe, Deutschgruppe, Kochgruppe, Musikgruppe usw., ggf. auch Berufspraktika						
17.45 Uhr	Zeit für häusliche Pflichten/Ämter						
18.15 Uhr	Abendessen					(Freiwillig, bei Bedarf am Tag vorher abmelden)	
19.00 Uhr	Freie Zeit						
20.00 Uhr	Abendgruppe zur Reflexion des Tages einschl. Konfliktlösung (▶ Abschn. 6.2.3), ggf. auch ein Kinobesuch etc.					Zeit zur freien Verfügung in der Einrichtung	Gemeinschaftsabend
21.15 Uhr	Zeit, um ins Bett zu gehen						
22.00 Uhr	Licht aus, Schlafenszeit						

Strukturelement häusliche Pflichten/Ämter

Wie in einer Familie sollten alle Flüchtlinge ihrem Alter und ihren Fähigkeiten gemäß in einer Einrichtung nicht nur Rechte, sondern auch Pflichten haben, die zu einem sinnerfüllten Leben beitragen. In den Einrichtungen für Kinder und Jugendliche hat es sich bewährt, häusliche Pflichten und Ämter zu vergeben. Die Flüchtlinge können beispielsweise den Müll wegbringen, Reinigungsarbeiten im Haus übernehmen, in der Küche beim Aufräumen mithelfen, Tische decken, Pflanzen gießen, Müll um die Einrichtung herum aufsammeln oder den Garten pflegen. So lernen sie auch, sich in die Gemeinschaft einzubringen.

Wie die Aufgaben eingeteilt werden, kann ganz unterschiedlich aussehen. Bewährt hat sich ein rotierendes System, bei dem die zugewiesenen Aufgaben alle vier bis zwölf Wochen gewechselt werden, sodass jede Aufgabe jeden trifft. Es gibt aber auch andere Möglichkeiten der Verteilung. Beispielsweise können die Ämter im Rahmen einer Gruppenvollversammlung verteilt werden, bei dem jeder ein Mitspracherecht hat. Oder es wird ein Gruppensprecher gewählt, der die Aufgabenverteilung in seiner Gruppe vornimmt.

Manchen Flüchtlingen fällt es sehr schwer, häusliche Dienste zu verrichten. Sie sind in dem von Schleppern geschürten Glauben nach Deutschland gekommen, dass hier das Paradies sei, also eine Art Schlaraffenland. Und nicht alle Flüchtlinge haben gelernt, dass Hausarbeit nicht nur Frauen-, sondern ebenso auch Männerarbeit ist. Es gilt, sie konsequent und verständnisvoll an diese Aufgaben heranzuführen, denn Lernaufgaben – das wissen wir selbst – fallen uns Menschen nicht immer leicht.

Strukturelement Gruppenprojekte

In der Praxis haben sich Kreativ-, Musik-, Sport- und Kochgruppen sowie geplante Ausflüge und Gemeinschaftsabende bewährt.

In den Kreativgruppen können die Kinder und Jugendlichen Neues ausprobieren, zum Beispiel mit Holz oder Ton arbeiten, basteln, malen, fotografieren sowie alte Möbel oder ihr eigenes Zimmer gestalten. Ebenso können die Jugendlichen eine Ressourcenschatzkiste oder ein Ressourcenbilderbuch anfertigen (▶ Abschn. 6.2.3).

In der Sportgruppe kommen die Kinder und Jugendlichen in Bewegung, können somit Leben und sich selbst spüren. Viele der Flüchtlinge sind aber nicht nur sehr bewegungsfreudig, sondern auch sehr musikalisch. Sie bringen Rhythmusgefühl mit und können sich im Tanz und in der Musik ausdrücken. Angebote wie Bewegungstanz, das Spielen von Rhythmusinstrumenten – zum Beispiel Trommeln oder Rasseln – oder anderen Instrumenten wie etwa der Gitarre werden gern angenommen.

Überhaupt lernen viele Flüchtlinge sehr gern und sind äußerst wissbegierig. So kann eine hausinterne Bibliothek mit Bücherverleih gegen Pfand ein weiteres gern genutztes Angebot darstellen. Bilderbücher, Atlanten, Sprach- und Lernbücher werden erfahrungsgemäß gerne ausgeliehen.

In vielen Einrichtungen ist es nicht immer möglich, jeden Tag zu kochen bzw. mit allen zusammen zu kochen. Dann können Kochgruppen gebildet werden, die zum Beispiel an bestimmten Wochentagen mit dem Kochen dran sind. In der Kochgruppe geht es nicht nur um die Zubereitung der Mahlzeiten, sondern auch um die Planung. Dabei müssen sich die Flüchtlinge zusammensetzen und überlegen, welche Nahrungsmittel es in Deutschland gibt und was sie kosten. Auf diese Weise lernen sie etwas über Deutschland und bekommen ein Verständnis für den Wert der europäischen Währung. Und bei der Zubereitung lernen sie nicht nur das Kochen an sich, sondern auch Teamarbeit und den Umgang mit den verschiedenen Küchengeräten. Zu wissen, dass man sich selbst versorgen kann, trägt wesentlich zu einem Gefühl von Selbstwirksamkeit und Sicherheit bei.

Berufspraktikum und Hospitation

Viele Jugendliche sind an Praktika zur Berufsfindung interessiert. Voraussetzung dafür ist, dass das dreimonatige Arbeitsverbot abgelaufen ist, es über den Vormund bei der Ausländerbehörde beantragt und dort bewilligt wird (vgl. BA 2015, S. 1 ff.). Das Gleiche gilt auch für Pflichtpraktika im Rahmen schulischer oder hochschulischer Ausbildungen. Eine Zustimmung der Bundesagentur für Arbeit (BA) bedarf es nicht. Erst wenn ein Berufsorientierungspraktikum länger als drei Monate andauert, ist die Zustimmung von der Bundesagentur für Arbeit in der Regel einzuholen.

> Anders sieht es bei einer Hospitation aus. Dabei ist der Flüchtling nur zu Gast und schaut bei der Arbeit zu. Er ist nicht Teil des betrieblichen Ablaufs bzw. der Arbeitsorganisation wie beim Berufspraktikum. Dann bedarf es weder der Zustimmung der Ausländerbehörde noch der Bundesagentur für Arbeit. Lediglich der Vormund muss einwilligen.

Wochenplan für die Kinder und Jugendlichen

Neben dem Wochenplan für die Einrichtung oder Gruppe (s. oben) ist es sinnvoll, wenn jeder Bezugsbetreuer mit seinem Schützling einen individuellen Wochenplan erstellt, in dem die genannten Tagesordnungspunkte für den Flüchtling konkretisiert werden. Welche Ämter hat er? Welche Fördermaßnahmen bekommt er ganz individuell? Wann finden die Bezugsbetreuergespräche in der Woche statt? All das wird eingetragen, sodass jeder Flüchtling im Besitz eines persönlich auf ihn zugeschnittenen Stundenplanes ist.

Wochenplan für das Team

Ebenso wichtig ist ein Wochenplan für das Team, das an der Informationstafel für die Kinder und Jugendlichen ausgehängt wird. Dadurch wissen sie, wann sie das Dienstzimmer betreten können und wann nicht, weil zum Beispiel gerade eine Teamsitzung stattfindet. Das ist wichtig, um Selbstwirksamkeit zu ermöglichen. Auf diese Weise kann der Jugendliche abwägen, ob sein Anliegen so wichtig ist, dass er die Teamsitzung stört, oder ob er doch lieber abwarten möchte, bis sie zu Ende ist. Der Wochenplan des Teams enthält zum Beispiel

- die Übergabezeiten,
- die Zeiten der Teambesprechungen, sei es
  - im engsten Team,
  - im Team mit allen Therapeuten (zum Beispiel Gestalt- und Ergotherapeuten), Deutschlehrern usw., damit alle, die mit einem Kind oder Jugendlichen arbeiten, über sein Ergehen einschließlich Fortschritte und Krisenzeiten informiert sind, um angemessen darauf eingehen zu können,
  - im erweiterten Team mit den Konfliktschlichtern, Mentoren etc.,
- Supervisionszeiten.

Praxistipp

Im Zusammenhang mit der Tagesstruktur soll noch einmal auf die Bedeutung der Gruppe hingewiesen werden. Durch das Leben in einer Gruppe, wird eine Zugehörigkeit ermöglicht. Zudem können Regeln und soziale Kompetenzen erlernt werden. Ziel ist ein geschützter Rahmen, der Sicherheit vermittelt. Je nach Größe der Einrichtung und der Gruppe und je nach Betreuerteam ist ein Ersatz für eine Familie nur schwer möglich. Aber die gute Nachricht ist, dass sich eine Gruppenkultur entwickeln kann, die ein Wir-Gefühl stärkt. Somit kann die Gruppe als Ressource dienen (▶ Abschn. 6.2.3).

7.2.3.2 Tagesstruktur in Einrichtungen für Erwachsene und Familien

In den Erst- und Notunterkünften ist ein geregelter Tagesablauf ebenso zu empfehlen wie in Anschlussunterbringungen oder den oben geschilderten Einrichtungen für Kinder und Jugendliche. Dem inneren Chaos werden Klarheit, Struktur und eine gewisse Ordnung gegenübergestellt.

7.2 · Rahmenbedingungen als Basis des Sich-sicher-Fühlens

Auch in diesen Einrichtungen hat sich ein Wochenplan bewährt in Form eines Stundenplanes von Montag bis Samstag. Er sollte Zeiten vorsehen für
- das Wecken und die Nutzung der Waschräume,
- die Mahlzeiten,
- Zeiten für Ämter, die an die Flüchtlinge verteilt wurden, zum Beispiel
  - das Putzen der Waschräume und andere Reinigungsarbeiten – ggf. aufgeteilt in mehrere Gruppen/Hallenabschnitte etc. –,
  - das Waschen der Wäsche,
  - das Kochen,
  - das Aufsammeln von Müll um die Einrichtung herum,
  - Reparaturarbeiten,
  - Einkaufen für Menschen und Familien, die das zurzeit nicht können,
- die Kinderbetreuung – fünfmal die Woche –,
- Projekte in der Gruppe, zum Beispiel
  - Spielenachmittage,
  - Musikangebote,
  - Sportangebote – damit die Flüchtlinge nicht nur auf andere Flüchtlinge angewiesen sind, wenn sie sich bewegen wollen, haben sich Fitnessgeräte und Reckstangen in Einrichtungen für Erwachsene und Kinder bewährt –,
  - Deutschkurse,
  - Integrationsgruppen mit Informationen über Deutschland und die deutsche Kultur
- Filmabende,
- Besuche der Kleiderkammer,
- Besuche eines internationalen Cafés in der Einrichtung oder in der Nähe,
- Besuche von Sportvereinen,
- Licht-aus-, Schlafenszeiten.

Die Erfahrung zeigt, dass es eines ordentlichen Tüftelns bedarf, um so einen Wochenplan bzw. solch eine Tagesstruktur zu erstellen, aber es geht. Und der Aufwand lohnt sich. Die Einrichtungen, in denen eine Tagesstruktur verbindlich eingefordert wird, berichten auffallend häufig über ein friedlicheres Zusammenleben, wozu das Gefühl von Halt und Sicherheit beiträgt, aber auch das Wissen eines jeden Flüchtlings, für das Klima in der Einrichtung selbst verantwortlich zu sein und etwas dazu beitragen zu können.

7.2.4 Geregelter Schlaf-Wach-Rhythmus

Beim Schlaf-Wach-Rhythmus handelt es sich um die Abfolge der verschiedenen Stadien des Schlafes und des Wachseins, wobei helles Licht und das soziale Umfeld eine große Rolle spielen. Da sich die Lichtverhältnisse und Lebensgewohnheiten in vielen Ländern stark von denen in Deutschland unterscheiden, weisen Flüchtlinge oftmals einen anderen Schlaf-Wach-Rhythmus auf. Hinzu kommen individuelle Faktoren, beispielsweise lieber früh aufzustehen und dafür eher ins Bett zu gehen oder lieber spät aufzustehen und die Abend- und Nachtstunden noch zu nutzen.

Wie kann mit diesen Unterschiedlichkeiten in Flüchtlingseinrichtungen umgegangen werden, zumal es ja auch die traumatisierten Flüchtlinge gibt, die stress- und traumabedingt unter Ein- und Durchschlafstörungen sowie Albträumen leiden, im Schlaf weinen oder aufschreien oder beim geringsten Geräusch zusammenschrecken?

Eine Lösung, die für alle Flüchtlinge in Flüchtlingseinrichtungen gleich gut ist, gibt es in der Regel nicht, doch kommt an einem geregelten Schlaf-Wach-Rhythmus niemand vorbei, der genug Schlaf bekommen und den Teufelskreis aus Stress und Schlafstörungen durchbrechen möchte:

- Stress verursacht unter anderem durch den erregten Sympathikus Schlafprobleme.
- Schlafprobleme wiederum bedeuten Stress für den Organismus, der durch Leistungsminderung, Konzentrationsschwäche usw. noch zunimmt.
- Und Stress geht immer mit einem Gefühl von Überforderung und Unsicherheit einher.

Im Hinblick auf den bisherigen Schlaf-Wach-Rhythmus kann es bedeuten, auf eine Umstellung hinzuarbeiten und darauf zu achten, dass die Flüchtlinge den benötigten Schlaf bekommen, um ausgeschlafen und entspannt in den Tag starten zu können.

Was hilft beim Ein- und Durchschlafen im Hinblick auf die Situation in den Flüchtlingseinrichtungen und im Hinblick auf mögliche Traumatisierungen?

- Den Menschen auch in der Nacht einen haltgebenden Rahmen bieten durch klare Strukturvorgaben, Präsenz von Mitarbeitern sowie einer hohen Ausprägung von Empathie (vgl. Schleiffer 2009, S. 253). Wenn Menschen zur Ruhe kommen, nehmen sie ihre Gefühle und Gedanken oftmals stärker wahr, was beängstigend sein kann. Um dennoch einschlafen zu können, bedarf es des Gefühls der äußeren Sicherheit und des Vertrauens, dass jemand da ist, zu dem man gehen kann, wenn einen die Angst übermannt. Dabei ist es wichtig, dass alle Persönlichkeitsanteile lernen, dass sie in Sicherheit sind (▶ Abschn. 3.2.2).
- Feste Tagesstruktur als Vorbereitung für eine ruhige Nacht einschließlich fester Zubettgehzeiten auch dann, wenn der Körper noch nicht müde zu sein scheint. Das bedingt wiederum feste Zeiten in den Einrichtungen, an denen das Licht ausgemacht wird und Ruhe einkehrt. Das sollte Teil der Vereinbarungen und Regeln mit allen Flüchtlingen in der Einrichtung sein.
- Die Menschen informieren, dass sie – ausgenommen kleine Kinder, schwangere Frauen, kranke Menschen und Senioren – tagsüber auf Schlaf verzichten und sich nicht aufs Bett legen sollten (es ist wirklich nur für die Nacht da). Bei Ruhebedürfnis auf andere Orte verweisen, zum Beispiel ein Sofa, einen Liegestuhl, eine Wiese. Des Weiteren am Tag Möglichkeiten schaffen, damit sich die Flüchtlinge auspowern können, sodass der Organismus am Abend müde ist und sich ausruhen möchte. Sinnvoll ist auch das Einüben von Entspannungsübungen am Tag, die in der Einschlafsituation genutzt werden können, zum Beispiel die Muskelentspannung nach Jacobson, sofern sich die Flüchtlinge darauf einlassen können und sie ihnen guttut.
- Die Schlafenszeit mit Ritualen einleiten, die dem Körper signalisieren, dass er jetzt zur Ruhe kommen darf, zum Beispiel noch eine Tasse Tee trinken, ein Bilderbuch anschauen, an einem Taschentuch mit Lavendelöl riechen, sofern es dem Betroffenen gut tut, sich an ein Stofftier kuscheln. Hilfreich kann auch ein Abendkreis mit Übungen sein, die in die Stille führen. Auf keinen Fall fernsehen, was auf das Gehirn aktivierend wirkt, am PC arbeiten oder belastende Fotos auf dem Handy anschauen, sondern nach Alternativen suchen, wenn es um die Nähe zu den Personen auf den Bildern geht (▶ Abschn. 7.1.3). Zudem abends auf Aktivitäten verzichten, die den Kreislauf ankurbeln und stark stimulierend wirken, beispielsweise Sport oder laute Musik. In Einrichtungen für Kinder und Jugendliche ist der Bezugsbetreuer gefragt, mit dem Kind und/oder Jugendlichen ein Ritual zu entdecken, das individuell auf das Kind bzw. den Jugendlichen zugeschnitten ist, und mit ihm Strategien zu erarbeiten, die ihm im Falle des Nicht-Schlafen-Könnens helfen. Das kann das Hören einer CD mit Naturgeräuschen sein oder Entspannungsmusik mit einem Takt, der dem ruhigen Schlagen des Herzens entspricht (per Kopfhörer). Ängstigen

7.2 · Rahmenbedingungen als Basis des Sich-sicher-Fühlens

den Flüchtling innere Bilder, von denen er sich nicht ablenken kann und die er auch mit Entspannungsübungen oder der Übung „Sicherer Ort" nicht in den Griff bekommt, kann auch der Einsatz von Hörbüchern angebracht sein. Schlafen tut der Flüchtling dann zwar zunächst auch nicht, dennoch wird es für ihn in der Regel erholsamer sein als die Auseinandersetzung mit traumatisierenden Bildern. Bewährt hat sich auch, mit den Flüchtlingen Lieder mit hilfreichen Texten einzuüben, bei Christen zum Beispiel das Lied „Deine Liebe", in dem es in der dritten Strophe heißt:

> „Wenn ich abends nicht schlafen kann, denke ich im Gebet daran,
> dass im Schutz deiner Flügel mein Zufluchtsort ist
> und ich nirgendwo sein kann, wo du nicht schon bist."
> (Witzgall 2010).

- Ein weiteres, für viele selbstverständliches Ritual ist das Anziehen eines Schlafanzugs oder Nachthemds. Das ist jedoch für viele Flüchtlinge keine Selbstverständlichkeit. Ihr Körper ist noch lange nach ihrer Ankunft auf den stressbedingten Angriffs- oder Fluchtmodus eingestellt, sodass viele von ihnen in ihrer Tageskleidung schlafen wollen, um bei Bedarf schnell reagieren zu können. Wichtig für Sie als Mitarbeiter ist es jedoch, den Flüchtling nach den Gründen seines Tuns zu fragen und nicht zu interpretieren. Vielleicht steckt auch ein anderer Grund dahinter, den es zu klären gilt.
- Vor der Schlafenszeit die Räume lüften und für eine angenehme Schlaftemperatur sorgen (15–19°C), zudem für den Bedarfsfall Getränk ans Bett stellen.
- Ggf. ein Nachtlicht anbieten.

In zentralen (Massen-)Unterkünften können einfache Mittel wie Sichtschutz, gedimmtes Licht, Frauenzimmer oder Familienzimmer neben den oben genannten Faktoren die Ruhe in der Nacht fördern.

Praxistipp

Manche Flüchtlinge haben noch nie in einem Bett geschlafen bzw. noch nie in einem eigenen Bett. So kommt es vor, dass sich Flüchtlinge nicht in das Bett legen, sondern darunter. Dieser Haltung gilt es mit Wertschätzung zu begegnen, und die Flüchtlinge behutsam mit dem unbekannten Möbelstück vertraut zu machen.

7.2.5 Grundversorgung mit Nahrung

Während wir Deutschen uns zunehmend mit der Frage nach einer gesunden Ernährung beschäftigen, ist es für traumatisierte Flüchtlinge wichtig, überhaupt Nahrung zu bekommen, und zwar so viel, um zu überleben und sich sicher fühlen zu können. Erst wenn das gegeben ist, stellt sich die Frage nach dem Geschmack der Nahrung und ihrer Ausgewogenheit. Viele Flüchtlinge haben auf ihrer Flucht gelernt, was es heißt, Hunger zu leiden, und Menschen verhungern sehen. Entsprechend ist die Gier nach Nahrung oft sehr ausgeprägt. Interessant ist dabei jedoch zu erleben, wie schnell persönliche Vorlieben die Oberhand gewinnen, wenn sich der Mensch in Sicherheit fühlt, also weiß, dass es genug zu essen gibt, er keinen Mangel mehr leiden muss. Steht nach der Ankunft in Deutschland die Freude über die ausreichende Nahrung im Mittelpunkt, kippt diese – aus absolut nachvollziehbaren Gründen – schnell in die Richtung, dass sie ihre vertrauten Nahrungsmittel zu sich nehmen möchten. Stellen Sie sich vor, Sie kämen in ein anderes Land und sollten auf einmal Insekten, Froschschenkel oder Algen essen. Sie werden es vermutlich mit der Zeit tun, doch genau das bedarf es: Zeit, um sich an das Neue zu gewöhnen und Vertrauen aufzubauen.

Was die Flüchtlinge in Deutschland anbelangt, kennen sie das klassische Abendessen mit Brot, Butter und Aufschnitt in dieser Form nicht. Ebenso wenig ist ihnen vertraut, dass man bereits um 18.00 oder 19.00 Uhr das Abendessen zu sich nimmt. In den meisten Kulturen der Flüchtlinge wird abends warm gegessen und das ab 20.00 Uhr oder später. So kann es sein, dass Flüchtlinge das Abendessen boykottieren und sich lieber etwas Warmes bei McDonald's holen, sofern sie es sich von ihrem Taschengeld leisten können. An dieser Stelle ist Aufklärung sehr wichtig, damit die Flüchtlinge lernen, dass das deutsche Abendessen kein Affront gegen sie ist – so wie es manche auffassen –, sondern Teil der deutschen Esskultur.

Zu begrüßen ist es, wenn die Vorlieben der Flüchtlinge beim Erstellen des Speiseplanes mit berücksichtigt werden, sofern die Flüchtlinge nicht selbst einkaufen und kochen, wie es zum Beispiel in den Einrichtungen für Kinder und Jugendliche und auch in einigen Massenunterkünften der Fall ist. In vielen Einrichtungen werden aber auch Kochmöglichkeiten zur Verfügung gestellt, sodass sich die Flüchtlinge in den Einkaufsläden das heraussuchen können, was sie mögen.

> **Praxistipp**
>
> Kindern und Jugendlichen aus anderen Ländern geht es beim Essen übrigens oftmals nicht anders als deutschen Kindern, wenn sich die Vorlieben auch ein wenig unterscheiden. Sie mögen das eine lieber als das andere und versuchen, ihren Willen zu bekommen. Somit hat die Frage der Ernährung auch etwas mit Pädagogik zu tun. So wie deutsche Eltern ihr Kind ermutigen, Ungewohntes auszuprobieren mit der überraschenden Erkenntnis, dass es schmecken kann, es aber auch immer wieder mit dem verwöhnen, von dem sie wissen, dass es ihrem Kind schmeckt, so sieht es auch in Einrichtungen für Kinder und Jugendliche aus. Und wie Eltern ihr Kind an der Zubereitung der Mahlzeiten beteiligen, damit es ein Gespür für das bekommt, was es isst, wird es auch in Einrichtungen für unbegleitete Kinder und Jugendliche gemacht. Es wird gemeinsam gekocht und im Speisesaal auf Abwechslung geachtet: nicht nur im Hinblick auf die Ausgewogenheit der Nahrung, sondern auch im Hinblick auf die Geschmäcker.
>
> Für Kinder und Jugendliche ist eine ausgewogene gesunde Ernährung, die das Wachstum fördert, unerlässlich. Dazu gehören viel Obst und Gemüse, was bei den meisten Flüchtlingen kein Problem darstellt, weil sie meist aus Kulturen kommen, die es gewohnt sind, viel Obst und Gemüse zu essen. Das gilt auch für Zwischenmahlzeiten. Vor allem Bananen, Ananas und Äpfel werden gerne gegessen. Beliebt sind aber auch Trockenobst, Nussmischungen oder Kuchen.
>
> In den Einrichtungen, in denen ich tätig bin, werden weiterhin gern gegessen: Basmatireis, Nudeln, Gemüse mit Soßen, Eier/Omelette, Hähnchen- und Rindfleisch. Oft lohnt es sich, die Speisen mit Knoblauch, Curry oder Chili zu würzen, um eine etwas andere Geschmacksnote zu erreichen. Nicht angenommen werden Süßspeisen wie Milchreis oder Pfannkuchen. Auf Nahrungsmittel, die in einigen Religionen nicht erlaubt sind, verzichten wir konsequent. Zum Trinken bieten wir in unseren Einrichtungen stilles Wasser, Säfte oder Tee an.

Ist das physiologische Bedürfnis, nicht (mehr) hungern zu müssen, gestillt, gibt das Sicherheit. Die Nahrungsaufnahme dient in Friedenszeiten aber weit mehr als nur dem Sattwerden. Es dient auch der Beziehungspflege, also dem Grundbedürfnis nach Bindung und Zugehörigkeit. Ist dieses Grundbedürfnis bei Tisch erfüllt, können die Flüchtlinge explorieren. Das bedeutet, dass sie experimentierfreudiger werden, was das Essen anbelangt, und nicht mehr so am Vertrauten hängen. Wenn sie verstanden haben, dass es nicht darum geht, ihre Identität preiszugeben, wenn sie etwas anderes essen, sondern dass sie trotz deutscher Esskultur immer Syrer, Afghaner oder Iraker bleiben und auch bleiben dürfen und dass die Identität nicht von äußeren Faktoren abhängt (▶ Abschn. 7.1.2), dann werden sie sich dem Neuen auch öffnen können. Und genau hier bedarf es der Aufklärungsarbeit in Worten, aber noch wichtiger in Taten. Die Flüchtlinge müssen spüren können, dass sie mit ihrer kulturellen Identität willkommen und wertgeschätzt sind, dass es nicht darum geht, ihnen eine andere Identität zu geben, dass sie bleiben dürfen, wer sie sind mit der Verbundenheit in die Heimat, dass sie aber nicht in ihrer Heimat sind und sich Äußerlichkeiten deshalb verändert haben, denen es sich zu stellen gilt.

> **Praxistipp**
>
> Die Nahrungsaufnahme dient weit mehr als nur dem Sattwerden. Es dient auch der Beziehungspflege, also dem Grundbedürfnis nach Bindung und Zugehörigkeit. Bei Tisch können die Kinder und Jugendlichen von ihren Erlebnissen berichten, und es wird ihnen zugehört. Damit das möglich ist, sollte an jedem Tisch ein Mitarbeiter sitzen, der bewusst zuhört und darauf achtet, dass jeder Anwesende zu Wort kommt.

7.2.6 Gesundheitsförderung

Ein ganz wesentlicher Faktor, um sich sicher zu fühlen, ist der, keine Angst davor haben zu müssen, krank zu werden, sondern gesund bleiben bzw. werden zu können. Hier kommt zum einen die Gesundheitsförderung zum Tragen, in die Lebensweisen und Lebensbedingungen ebenso integriert sind wie die Fragen nach den Ressourcen eines Menschen. Zum anderen spielen die Erkennung und Behandlung von Krankheiten und Verletzungen mit hinein.

7.2.6.1 Aufklärungsarbeit

Die Gesundheitsförderung beinhaltet zu einem großen Teil Aufklärungsarbeit. In Bezug auf Flüchtlinge geht es zum Beispiel um die Aufklärung hinsichtlich der Körperhygiene, der Benutzung westlicher Sanitäranlagen und Waschräume, der Kleiderhygiene und des Gesundheitssystems in Deutschland.

Aufklärung hinsichtlich der Körperhygiene

Die Aufklärung über die Körperhygiene tangiert einen äußerst sensiblen Bereich. Darüber zu sprechen, ist nicht leicht. Für Deutsche nicht, und für Flüchtlinge schon gar nicht, wenn sie aus einer Kultur stammen, in der Körperlichkeit weder angesprochen noch gezeigt werden darf.

Hinzu kommt, dass manche Flüchtlinge aus Ländern kommen, in denen Wasser eine Kostbarkeit darstellt, das zum Durstlöschen, nicht aber zu Reinigungszwecken verwendet wird. So ist auch zu verstehen, dass ein zwölfjähriger Junge bei seiner Ankunft in Deutschland auf die Aufforderung, er möge doch bitte duschen gehen, sagte: „Warum? Ich habe doch erst in der Türkei geduscht."

Auch eine Zahnbürste kennen viele Flüchtlinge nicht. So kann es sein, dass sie diese zwar bei ihrer Ankunft erhalten, nicht aber verwenden, wenn sie über den Sinn und Zweck sowie die Handhabung nicht unterrichtet wurden. Hier hat es sich bewährt, ihnen den Hygienebeutel, den sie bei ihrer Ankunft in vielen Flüchtlingseinrichtungen bekommen und in dem sich eine Zahnbürste, Zahnpasta, ein Deodorant, Duschgel und Shampoo befinden, mittels Dolmetscher zu erklären oder ihnen die Verwendung der Utensilien zu demonstrieren und mit Zeichensprache zu erklären. Sinnvoll ist es, als Mitarbeiter für Demonstrationszwecke eine eigene Zahnbürste parat zu haben, denn wenn Sie eine Zahnbürste benutzen, kann kein Zauber oder übler Trick dahinterstecken, und die Flüchtlinge fassen schneller Vertrauen.

Aber nicht nur die Zahnpflege unterscheidet sich von dem, was die Flüchtlinge kennen, sondern auch die Reinigung des Körpers. Der Umgang mit Waschlappen und Handtüchern, zum Beispiel ein Handtuch pro Person, sowie der Wechselmodus – in vielen Einrichtungen einmal in der Woche und nicht, wie von manchen Flüchtlingen gewohnt, einmal am Tag, nachdem es von mehreren Benutzern verwendet worden ist (▶ Abschn. 1.3.1) – sind zu erklären. Ebenso die Nutzung von Duschen, die manche Flüchtlinge in unserer Einrichtung mit Bidets zur Reinigung des Intimbereichs nach der Toilettenbenutzung verwechselt haben. Hier helfen laminierte Bilder in den Toiletten- und Waschräumen. Noch wichtiger ist aber eine Aufklärung, die bei einem eingeführten Mentorensystem (▶ Abschn. 7.2.2) der Mentor des Neuankömmlings übernimmt, ggf. auch ein Mitarbeiter der Einrichtung oder der Bezugsbetreuer.

Aufklärung hinsichtlich der Benutzung westlicher Sanitäranlagen und Waschräume

In vielen Ländern ist das Hocken die natürliche Körperposition bei der Blasen- und Darmentleerung. Die Sitztoilette wurde erst im späten 18. Jahrhundert entwickelt und hat sich in vielen Ländern nicht durchgesetzt. So sind in Frankreich und Italien immer noch sogenannte Hocktoiletten verbreitet (vgl. Enders 2015, S. 25 ff.). Daneben gibt es zahlreiche Kulturen, die weder eine Sitz- noch eine Hocktoilette kennen. Kommen Menschen aus diesen Kulturen nach Deutschland, wissen sie mit den hiesigen Toiletten wenig anzufangen, weshalb es wichtig ist, ihnen eine Gebrauchsanweisung zu geben. Vergisst man dies, kann es zu Konflikten wegen verdreckter Toilettenbrillen kommen, auf die sich die Flüchtlinge stellen. Auch Toilettenpapier und Toilettenbürste sind nicht allen Flüchtlingen bekannt. Dann staunen sie, dass das Papier im WC heruntergespült werden darf und die Bürste zur Reinigung zur Verfügung steht. Bilder über den Toiletten und eine Einführung vom Mentor bzw. von einem Mitarbeiter der Einrichtung helfen, sich im neuen Land besser zurechtzufinden.

Ähnlich ist es mit Waschmaschinen oder Wäschetrocknern, die viele Flüchtlinge nicht kennen. Auch hier hat sich eine Einführung bewährt. Zusätzlich helfen Bilder und schriftliche Übersetzungen der Gebrauchsanleitungen weiter.

Auch wenn es eine Selbstverständlichkeit sein mag, werden die Flüchtlinge auf die separaten Toiletten- und Waschräume für Männer und Frauen hingewiesen.

Aufklärung hinsichtlich der Kleiderhygiene

Viele Flüchtlinge kommen mit wenig Gepäck in Europa an und haben nur die Kleidung dabei, die sie am Leib tragen. Somit ist ein Waschen der Kleidung fast nicht möglich. Deshalb ist einer der ersten Schritte nach der Ankunft in einer Flüchtlingseinrichtung der Besuch in der Kleiderkammer. Hier erhalten die Flüchtlinge Wechselkleidung, die der Jahreszeit angepasst ist, und ausreichend Unterwäsche. Viele Flüchtlinge tragen gern Jogginghosen, Badeschuhe und T-Shirts, da ihnen das aus ihrem Heimatland vertraut ist. Socken sind für viele ungewohnt, sodass diejenigen, die die Kälte nicht stört, lieber auf Socken verzichten. Da viele Flüchtlinge eher schmal

7.2 · Rahmenbedingungen als Basis des Sich-sicher-Fühlens

gebaut sind, ist darauf zu achten, dass in der Kleiderkammer ausreichend Kleidung in kleinen Größen vorhanden ist.

Bei der Ausgabe von Kleidung ist immer wieder zu beobachten, dass Flüchtlinge durchaus wählerisch sind. Das führt bei manchen Einheimischen zu Unverständnis, weil sie davon ausgehen, dass die Flüchtlinge in Not sind und von daher für jede Spende dankbar sein müssten. Was dabei oftmals übersehen wird, ist, dass die Flüchtlinge teilweise aus gut situierten Familien stammen. So sind insbesondere Flüchtlinge aus Syrien oftmals einen hohen Lebensstandard gewohnt. Und nicht zu vergessen: Sich in seiner Kleidung wohlzufühlen, sich zu pflegen und schön zu machen, sind grundlegende menschliche Bedürfnisse.

Nicht alle Flüchtlinge wissen, wie man Kleidung pflegt und dass sie in Deutschland frei von Körpergerüchen sein sollte. Hier bedarf es der Aufklärung verbunden mit einer Erklärung der Waschmaschine vor Ort und ggf. der Benutzung von Körperdeodorants.

Immer wieder kommt es vor, dass Flüchtlinge, wenn sie verlegt werden, ihre Kleidung zurücklassen. Für dieses Verhalten haben wir in unserer Einrichtung folgende zwei Antworten gefunden:
- Die Flüchtlinge betrachten die erhaltene Kleidung als Geschenk. In einigen Kulturen ist es jedoch so, dass man für ein Geschenk etwas geben muss. Um einer Einrichtung nichts schuldig zu bleiben, lassen Flüchtlinge, wenn sie die Einrichtung verlassen, ihre dort erhaltene Kleidung zurück.
- Einige Flüchtlinge wollen auf der Weiterreise kein Gepäck dabei haben, um bei Bedarf schnell und ohne Ballast fliehen zu können.

Aufklärung hinsichtlich des Gesundheitssystems in Deutschland

In jedem Land ist das Gesundheitssystem anders aufgebaut. Flüchtlinge können demnach nicht wissen, wie es in Deutschland funktioniert, welche Rechte und Pflichten sie haben.

Über folgende Punkte sollten Flüchtlinge aufgeklärt werden:
- Gesundheitsleistungen, den Aufbau des Gesundheitssystems (niedergelassene Ärzte, Fachärzte, Kliniken), Vorsorgeuntersuchungen und andere Präventionsmaßnahmen wie Schwangerschafts- und Sozialberatungsstellen, sofern sie einen Anspruch darauf haben,
- das deutsche Gesundheitsverständnis, zum Beispiel dass Krankheit keine Strafe Gottes oder ein Fluch ist, sondern auf erklärbaren Fakten beruht,
- dass die Inanspruchnahme von Gesundheitsleistungen keinen Einfluss hat auf die Sicherheit des Arbeitsplatzes oder eine Abschiebung,
- gesundheitsfördernde und präventive Angebote, zum Beispiel örtliche Laufgruppen, Rückengymnastik, Besuch von Vereinen (vgl. BZgA, o.J., S. 8 ff.).

Müssen die Flüchtlinge zum Arzt, ist das in den meisten Bundesländern zuvor mit einem Behördenbesuch verbunden, um einen Antrag auf einen Arztbesuch zu stellen. Sowohl der Behörden- als auch der Arztbesuch sind oft begleitet von Angst und Unsicherheit. Hier haben sich Patenschaften bewährt, bei denen ehrenamtliche Helfer die Flüchtlinge begleiten. Allein die Tatsache, dass sich Menschen Zeit nehmen, um mit ihnen zum Arzt zu gehen, schafft eine gewisse Vertrauensbasis. Im Idealfall verfügen die Ehrenamtlichen über eine gewisse Traumakompetenz (▶ Kap. 3), um die traumatisierten Flüchtlinge bei Bedarf stabilisieren und reorientieren zu können.

7.2.6.2 Hygienemaßnahmen

Um die Gesundheit der Flüchtlinge zu erhalten, sind in den Einrichtungen bestimmte Hygieneanforderungen zu erfüllen. In stationären Einrichtungen der Kinder- und Jugendhilfe werden zum Beispiel Hygienepläne vorgeschrieben, während in Notunterkünften wie Turnhallen das gemacht wird, was in einer Krisensituation möglich ist. Gerade deshalb ist es für die Sicherheit der Flüchtlinge, aber auch für Sie als Mitarbeiter wichtig, grundlegende Hygienemaßnahmen zu beachten.

Folgende Hygienemaßnahmen haben sich bewährt:
- Einführen von Hygieneplänen und Hygienechecklisten: Wer macht was wann und wie oft? Wichtig ist eine regelmäßige Durchführung der Desinfektionsmaßnahmen, um keine Krankheiten zu verbreiten.
- Erlernen einer korrekten Händedesinfektion aller Mitarbeiter sowie der Flüchtlinge: Dafür neben den Desinfektionsmittelspendern Bilder zur richtigen Händesdesinfektion anbringen (lassen). Spender mit Desinfektionsmittel sollten nicht nur in den Toiletten- und Waschräumen angebracht sein, sondern auch in den Küchen und vor Speisesälen.
- Infektionsschutz der Mitarbeiter: Schutzimpfungen durchführen sowie Einmalhandschuhe und Desinfektionsmittel bereitstellen. Die Flüchtlinge sind selten geimpft oder können keinen Impfschutz nachweisen, weshalb eine zeitnahe Impfung zu empfehlen ist.
- Durchführung von Erste-Hilfe- und Hygieneschulungen für alle Mitarbeiter.
- Organisation von ausreichend Kleidung, die ein Wechseln ermöglicht.
- Tägliche, ggf. mehrfache desinfizierende Reinigung aller Böden, Sanitäranlagen und Flächen.
- Regelmäßige Desinfektion mit speziellem Flächendesinfektionsmittel von häufig benutzten Gegenständen wie Türklinken.
- Aufklärung über Körperhygiene und Kleiderhygiene.
- Erstellung eines Notfallplanes. Diesen für alle Mitarbeiter sichtbar aushängen. Er enthält folgende Angaben:
    - Wann liegt ein meldepflichtiger Notfall vor?
    - Wer informiert wen (mit Angabe der Telefonnummern)?
    - Was ist in einem Notfall Schritt für Schritt zu tun?

Das Robert-Koch-Institut (RKI) bietet zahlreiche Informations- und Merkblätter zu den Themen Hygiene und Infektionskrankheiten an, zum Beispiel:
- Infektionsschutzgesetz (IfSG) (www.rki.de/DE/Content/Infekt/IfSG/Gesetze/gesetze_node.html),
- „Gemeinsam vor Infektionen schützen" in deutscher Sprache (www.rki.de/DE/Content/Infekt/IfSG/Belehrungsbogen/belehrungsbogen_eltern_deutsch.pdf?__blob=publicationFile),
- „Gemeinsam vor Infektionen schützen" in arabischer Sprache (www.rki.de/DE/Content/Infekt/IfSG/Belehrungsbogen/belehrungsbogen_eltern_arabisch.pdf?__blob=publicationFile),
- Merkblatt für Asylhelfer zur Infektionsgefährdung (www.lgl.bayern.de/downloads/gesundheit/infektionsschutz/doc/merkblatt_asylhelfer_infektionsgefaehrdungen.pdf),
- Schwerpunktbericht der Gesundheitsberichterstattung des Bundes, Migration und Gesundheit (www.rki.de/DE/Content/Gesundheitsmonitoring/Gesundheitsberichterstattung/GBEDownloadsT/migration.pdf?__blob=publicationFile),
- Skabies (Krätze) (www.rki.de/DE/Content/Infekt/EpidBull/Merkblaetter/Ratgeber_Skabies.html),
- Tuberkulose (www.rki.de/DE/Content/Infekt/EpidBull/Merkblaetter/Ratgeber_Tuberkulose.html).

Für Großunterkünfte, die länger bestehen, ist es empfehlenswert, mit dem zuständigen Gesundheitsamt bzw. Amtsarzt die Einrichtung zu begehen und die Hygiene- und Schutzmaßnahmen abzustimmen.

> **Praxistipp**
>
> Mitarbeiter der Flüchtlingshilfe sind angehalten, bei Bedarf Maßnahmen zum Schutz der eigenen Person zu treffen. Dazu gehört in erster Linie, regelmäßig die Hände zu desinfizieren, da sie mit vielen Gegenständen und Händen in Berührung kommen und damit potenzielle Keimträger sind. Blut und andere menschliche Sekrete können ebenfalls Krankheiten übertragen. Daher sollten Wunden stets mit Einmalhandschuhen versorgt werden. Bei auffälligem Husten ist immer an eine Tuberkuloseerkrankung zu denken. Um sich vor einer Tröpfcheninfektion zu schützen, sollte ein Mundschutz getragen und der Husten schnellstmöglich diagnostisch abgeklärt werden.

7.2.6.3 Früherkennung

Je mehr Menschen auf engem Raum zusammenleben, desto größer ist die Gefahr, dass sich ansteckende Krankheiten schneller ausbreiten. Deshalb sollten Flüchtlinge, ehe sie in der Einrichtung ein Bett oder Zimmer zugewiesen bekommen, einen Gesundheitscheck in einem dafür vorgesehenen Erstuntersuchungszimmer durchlaufen haben, der von einem Arzt durchgeführt wird. Liegt eine Krankheit vor, kann der Arzt entscheiden, ob der Flüchtling dennoch aufgenommen werden kann, ohne die Mitbewohner anzustecken, oder ob eine andere Unterbringung notwendig ist. Liegt ein Notfall vor, kann der Rettungsdienst gerufen werden, auch wenn der Flüchtling zu dem Zeitpunkt noch nicht krankenversichert sein sollte. Ärzte und Krankenhäuser sind im Notfall dazu verpflichtet, Menschenleben zu retten.

Viele Flüchtlinge bringen Verletzungen und Krankheiten mit, die nicht auf den ersten Blick sichtbar sind. Einige Flüchtlinge haben offene Wunden, Abszesse oder sind stark ausgetrocknet, fiebrig und erschöpft. Die Anstrengungen der Flucht und das wenige Trinken und Essen haben Spuren hinterlassen und müssen häufig behandelt werden. Allerdings ist es eine Frage des Vertrauens und des Schutzes der Intimsphäre, ob Flüchtlinge über ihre Krankheiten sprechen und ihre Wunden zeigen. Hier sind separate Untersuchungs- und Behandlungsräume angezeigt zum Schutz der Intimsphäre.

Ob der häufig geäußerte Wunsch von Flüchtlingsfrauen, von einer Ärztin untersucht zu werden, erfüllt werden kann, hängt von der Personalausstattung der Einrichtung ab. Natürlich wäre es wünschenswert, doch aufgrund der gegebenen Umstände nicht immer umsetzbar. Das gilt es, den Frauen zu erklären und um Verständnis zu werben. Auch deutsche Frauen müssen sich oftmals überwinden, sich von einem Mann untersuchen zu lassen.

7.2.7 Räumliche Ausstattung

Was die Ausstattung von Einrichtungen anbelangt, gibt es je nach Unterkunft große Unterschiede. So sind Einrichtungen für unbegleitete minderjährige Flüchtlinge oftmals deutlich besser ausgestattet als Not- und Erstunterkünfte oder Anschlussunterbringungen.

Folgende Räumlichkeiten wären neben den Schlaf- und Wohnräumen, Aufenthaltsräumen, Toiletten- und Waschräumen sowie der Küche wünschenswert:
- Raum des Rückzugs, der Stille.
- Raum zum Ausüben religiöser Bedürfnisse.

In Großunterkünften sind zudem separate Kinderaufenthaltsräume – am besten mit professioneller Betreuung als Kindertageseinrichtung – sowie Mutter-Kind-Räume von Vorteil, damit Babys in einem geschützten Rahmen gestillt werden und Kinder sich austoben können. Im besten Fall gibt es für Frauen, für Mütter mit ihren Kindern und für Familien separate Schlafräume.

7.2.7.1 Raum des Rückzugs, der Stille

Wer kennt das nicht, sich einfach einmal zurückziehen zu wollen? In Gemeinschaftsunterkünften und Einrichtungen der stationären Kinder- und Jugendhilfe ist das gar nicht so leicht. Umso wichtiger ist es, einen Raum der Stille anzubieten (▶ Abschn. 6.2.2). In vielen Einrichtungen dient der Raum der Stille gleichzeitig als Gebetsraum, was sich oftmals aber nicht bewährt hat. Stellen Sie sich vor, Sie suchen die Stille, während Muslime dort beten. Das klappt nicht. Sollte es nicht anders gehen, weil alle Räumlichkeiten zur Unterbringung der Flüchtlinge benötigt werden, sind für die Nutzung des Raumes unter Einbeziehung der Flüchtlinge Regeln zu erstellen. Darin kann enthalten sein, wer den Raum in welcher Weise wie lange nutzen darf.

Ein anderer Rückzugsort kann die Natur sein. Ein ruhiger Waldspaziergang, ein Spaziergang im Park oder ein gezielter Achtsamkeitsspaziergang sind Beispiele dafür. Wichtig ist, eine Reizüberflutung zu vermeiden. Der Flüchtling sollte so viele positive Sinneseindrücke wie möglich sammeln dürfen.

7.2.7.2 Raum zum Ausüben religiöser Bedürfnisse

Jede Einrichtung sollte einen Raum zur Ausübung religiöser Bedürfnisse anbieten können. Dabei muss der Raum nicht immer in der Einrichtung selbst zu finden sein, obwohl das natürlich wünschenswert wäre: zum einen aufgrund der Nähe, zum anderen weil die Flüchtlinge den Raum dann selbst gestalten können. Bei der Gestaltung und Nutzung des Raumes ist darauf zu achten, dass allen Religionen Rechnung getragen wird, was bedeutet, bestimmte Symbole im Raum nicht fest zu verankern und ihn aus Rücksichtnahme auf die Muslime nicht mit Schuhen zu betreten. Kreuze, Bibeln und Marienbilder von Christen sollten ebenso in einem Schrank aufbewahrt werden können wie die Gebetsteppiche der Muslime. Eine Möglichkeit besteht auch darin, dass jede Religion eine Wand gestaltet, die mit Vorhängen verhüllt werden kann. Zudem sind bestimmte Uhrzeiten festzulegen, welche Religion wann und wie lange den Raum nutzen darf.

Sollte kein Raum zur Verfügung gestellt werden können, kann mit den umliegenden Kirchengemeinden und Moscheen gesprochen werden, ob dort Gebets- und Andachtsräume zur Verfügung stehen, um die Flüchtlinge darüber informieren zu können.

7.2.8 Informationsmanagement

Für viele Flüchtlinge bedeutet das Ankommen in einem neuen Land eine große rechtliche Unsicherheit. Oft ist der Aufenthaltsstatus lange Zeit unklar, und die Asylverfahren dauern an. Das bedeutet, dass sie oft nicht wissen, ob sie in Deutschland bleiben können und wie es nach der Entscheidung für sie weitergeht. Ebenso unklar ist lange Zeit, ob sie eine Arbeitserlaubnis bekommen oder nicht. Das ist in der Regel aber nicht das, was die Flüchtlinge am meisten verunsichert. Die größte Unsicherheit besteht darin, dass sie nicht verstehen, nicht nachvollziehen können, was in Deutschland genau gemacht wird, warum es so lange dauert, welche Kriterien genau eine Rolle spielen bei der Entscheidung eines Asylantrags usw. Ihnen fehlt die Transparenz. Nicht zu verstehen, was geschieht, das verunsichert jeden Menschen. Entsprechend wichtig ist die Aufklärung der Menschen über das Rechtssystem in Deutschland, und zwar in einer Sprache, die sie verstehen. Dafür bedarf es Dolmetscher.

Tab. 7.2 Planung und Ablauf von Gesprächen mit Dolmetschern. (Nach Hegemann und Budimlic 2016)

Phase der Planung	Dolmetscher aussuchen (wenn möglich gleiches Geschlecht wie Flüchtlinge, gleicher soziokultureller Hintergrund, ähnliches Alter)
	Finanzierung klären
	Termin, Ort und Teilnehmende festlegen
	Teilnehmende einladen
Vorgespräch zwischen Mitarbeitern und Dolmetscher	Rollen klären, zum Beispiel wer die Gesprächsführung innehat (in der Regel ein Mitarbeiter)
	Absprechen, nach wie vielen Sätzen übersetzt werden soll (in der Regel nach ein bis drei Sätzen)
	Vereinbarung treffen, dass wörtlich übersetzt und auf gestische oder mimische Darstellungen verzichtet wird
	Bei Bedarf weitere Methoden zum Dolmetschen vereinbaren
	Alle nötigen Informationen mitteilen, die der Dolmetscher braucht, um verstehen und richtig übersetzen zu können
Gespräch	Sitzordnung so festlegen, dass Mitarbeiter und Flüchtling in Beziehung sein können (Nähe, möglicher Augenkontakt)
	Alle Teilnehmenden begrüßen und vorstellen
	Regeln und Dolmetschertechniken benennen
	Auf Allparteilichkeit achten, damit der Flüchtling nicht das Gefühl bekommt, ausgeschlossen zu sein
	Darauf hinweisen, dass sich Dolmetscher und Flüchtling nicht in ihrer Sprache unterhalten und die Mitarbeiter ausgeschlossen sind
	Den Flüchtling direkt ansprechen und nicht mit dem Dolmetscher über ihn reden
	Kurze Sätze, langsam und deutlich sprechen
	Auf Ironie und Sprechen eines Dialekts verzichten
	Bei langen Gesprächen Inhalte am Ende des Gesprächs zusammenfassen
	Ggf. den Dolmetscher auf die zuvor getroffenen Vereinbarungen hinweisen, dass es zum Beispiel um eine wörtliche Wiedergabe der Inhalte geht
Nachgespräch zwischen Mitarbeitern und Dolmetscher	Dem Dolmetscher die Möglichkeit geben, über belastende Inhalte des Gesprächs zu reden
	Formalien klären, zum Beispiel Abrechnung

7.2.8.1 Informationsmanagement mithilfe von Dolmetschern

Da es zu wenige ausgebildete Dolmetscher gibt, fungieren oft Menschen als Dolmetscher, die zwar die Sprache sprechen, aber nicht gelernt haben, wobei es beim Übersetzen ankommt. Entsprechend wichtig ist es, sie darauf hinzuweisen, dass sie möglichst wortwörtlich übersetzen sollen, damit es nicht zu Missverständnissen kommt.

Was ist im Umgang mit Dolmetschern zu beachten? Eine Antwort darauf gibt ◘ Tab. 7.2.

7.2.8.2 Sonstiges Informationsmanagement

In Flüchtlingseinrichtungen ist es schwer, einen Ansprechpartner für alle Fragen zu finden. Viele Ehrenamtliche, Dolmetscher, Mitarbeiter von Wohlfahrtsverbänden, Sozialarbeiter, Ärzte etc. arbeiten zusammen, um die Versorgung der Flüchtlinge zu gewährleisten. Oft stehen

organisatorische Angelegenheiten im Vordergrund. Es kann hilfreich sein, gezielt Teams zu bilden, die
- Aufklärungsbroschüren in der passenden Sprache verteilen,
- Begegnungsräume für Infoveranstaltungen mit Dolmetschern schaffen,
- Orientierungshilfen zur Verfügung zu stellen, zum Beispiel Landkarten oder Wörterbücher.

Die meisten Flüchtlinge haben einen großen Wissensdurst. Sie wollen erfahren, wo genau sie in Deutschland angekommen sind, was die deutschen Wörter bedeuten und wie es mit ihnen weitergeht.

Die wenige Zeit der Mitarbeiter reicht aber oft nicht aus, um alle Fragen und Anliegen der Flüchtlinge zu klären, denn die Fragen zum alltäglichen Leben und zum Asylrecht sind sehr vielschichtig. Dann können Broschüren und Aufklärungsschriften weiterhelfen, zum Beispiel vom Bundesministerium für Migration und Flüchtlinge (BAMF). Viele sind in den unterschiedlichsten Sprachen online erhältlich. Hier einige Beispiele:
- BAMF-Broschüre „Willkommen in Deutschland" in vielen Sprachen (http://www.bamf.de/SharedDocs/Anlagen/DE/Publikationen/Broschueren/willkommen-in-deutschland.html?nn=1368562),
- Pro-Asyl-Leitfaden „Herzlich Willkommen – Wie man sich für Flüchtlinge engagieren kann" (http://www.proasyl.de/fileadmin/fm-dam/q_PUBLIKATIONEN/2015/Leitfaden_Willkommen_Web_END.pdf).

Vielerorts werden auch kommunale oder kirchliche Schriften zur Flüchtlingshilfe mit wichtigen örtlichen Ansprechpartnern herausgegeben. Diese stehen in der Regel ebenfalls online zur Verfügung.

Was Fragen zum Asylrecht anbelangt, bieten einige Anwälte für Asylrecht oder Jurastudenten an Universitäten kostenlose Rechtsberatungen an. Es lohnt sich, diese ausfindig zu machen und den Flüchtling dorthin zu begleiten. Eine andere Möglichkeit für Ratsuchende ist, die Asylberatungsstellen von Städten, Landkreisen und Wohlfahrtsverbänden wie der Caritas in Anspruch zu nehmen (vgl. BAMF 2012). Auch gibt es in jedem Bundesland einen Flüchtlingsrat, der sehr gut mit regionalen Vereinen und Institutionen vernetzt ist, sodass man sich bei Fragen an diesen wenden kann (vgl. Pro Asyl 2015).

Literatur

Ahlers, Christoph Joseph (2013), in: Faller, Heike, Vom Himmel auf Erden – Wissen wir wirklich alles über Sex? Ein Gespräch mit dem Sexualpsychologen Christoph Joseph Ahlers, www.zeit.de/2013/18/sexualitaet-therapie-christoph-joseph-ahlers/komplettansicht (Zugegriffen: 14. März 2016)

BA (Bundesagentur für Arbeit) (2015), „Praktika" und betriebliche Tätigkeiten für Asylbewerber und geduldete Personen, www.arbeitsagentur.de/web/wcm/idc/groups/public/documents/webdatei/mdaw/mjc3/~edisp/l6019022dstbai772426.pdf (Zugegriffen: 16. März 2016)

BAMF (Bundesamt für Migration und Flüchtlinge) (2012), Beratung für Erwachsene, www.bamf.de/DE/Willkommen/InformationBeratung/ErwachseneBeratung/erwachseneberatung-node.html (Zugegriffen: 16. März 2016)

Bauer, Joachim (2013), Schmerzgrenze – Vom Ursprung alltäglicher und globaler Gewalt, 2. Auflage, München: Wilhelm Heyne

Bauer, Joachim (2015a), Selbststeuerung – Die Wiederentdeckung des freien Willens, München: Blessing

Bauer, Joachim (2015b), Auch irrationale Taten haben Ursachen – Auf soziale Ausgrenzung reagieren menschliche Gehirne mit Schmerzen. Terror kann die Folge sein, Berlin: taz (21.11.2015)

Benz, Meinrad (2009), Motivationale Systeme und Beziehungsgestaltung, BVF (Berufsverband Heilpädagogische Früherziehung)-Forum, Heft 71

Literatur

Besser, Lutz-Ulrich (2015), Bindungssehnsucht und der Einfluss der Medien, in: Brisch, Karl Heinz/Hellbrügge, Theodor (Hrsg.), Bindung, Angst und Aggression, 2. Auflage, Stuttgart: Klett-Cotta
Buber, Martin (2014), Ich und Du, Gütersloh: Gütersloher Verlagshaus
BZgA (Bundeszentrale für gesundheitliche Aufklärung) (o. J.): Migration, Prävention und Gesundheitsförderung – Empfehlungen für Fachkräfte, www.bzga.de/infomaterialien/einzelpublikationen/?idx=2034 (Zugegriffen: 16. März 2016)
Carl-Friedrich-Gauß-Schule (KGS Hemmingen), Konfliktschlichter, http://www.kgshemmingen.de/index.php?id=84 (Zugegriffen: 14. März 2016)
Enders. Giulia (2015), Darm mit Charme – Alles über ein unterschätztes Organ, 37. Auflage, Berlin: Ullstein
Frankl, Viktor (1996), Der Mensch vor der Frage nach Sinn, 8. Auflage, München/Zürich: Piper
Frankl, Viktor (2013), Das Leiden am sinnlosen Leben – Psychotherapie für heute, 23. Auflage, Freiburg: Herder
Frankl, Viktor (o.J.), http://www.aphorismen.de (Zugegriffen: 18. März 2016)
Hargasser, Brigitte (2015), Unbegleitete minderjährige Flüchtlinge – Sequentielle Traumatisierungsprozesse und die Aufgaben der Jugendhilfe, 2. Auflage. Frankfurt am Main: Brandes & Apsel
Hegemann, Thomas/Budimlic, Melisa (2016), Brücken bauen zwischen Sprachen und Kulturen – Zum Einsatz von Gemeindedolmetschern zur Überbrückung von Kommunikationshindernissen in psychosozialen Diensten, in: Brisch, Karl Heinz, Bindung und Migration, Stuttgart: Klett-Cotta
Hüther, Gerald (2016), Mit Freude lernen ein Leben lang, Göttingen: Vandenhoeck & Ruprecht
Klein, Felicitas (2010), Teamarbeit in der Psychiatrie, in: Amberger, Stefanie/Roll, Sibylle (Hrsg.), Psychiatriepflege und Psychotherapie, Stuttgart: Thieme
Kracht, Stefan (2014), Wenn die Nacht zu laut wird – Konzepte für das Ein- und Durchschlafen traumatisierter Kinder und Jugendlicher, in: Baierl, Martin/Frey, Kurt (Hrsg.), Praxishandbuch Traumapädagogik – Lebensfreude, Sicherheit und Geborgenheit für Kinder und Jugendliche, Göttingen: Vandenhoeck & Ruprecht
Kropp, Klemens (2010), Beziehungsgestaltung zum Patienten, in: Amberger, Stefanie/Roll, Sibylle (Hrsg.), Psychiatriepflege und Psychotherapie, Stuttgart: Thieme
Längle, Alfried (2011), Sinnvoll leben – Eine praktische Anleitung der Logotherapie, 2. Auflage, St. Pölten-Salzburg: Residenz
Lexikon der Psychologie (2000), Sensorische Deprivation, www.spektrum.de/lexikon/psychologie/sensorische-deprivation/14102, Heidelberg: Spektrum Akademischer Verlag
Lindgren, Astrid (1982), Ronja Räubertochter, Hamburg: Friedrich Oetinger
Müller-Jung, Joachim (2008), Lebenslanges Lernen ist wie eine Muskelübung, http://www.faz.net/aktuell/feuilleton/f-a-z-serie-gehirntraining-lebenslanges-lernen-ist-wie-eine-muskeluebung-1512195.html (Zugegriffen: 14. März 2016)
Pro Asyl (2015), Leitfaden Herzlich Willkommen – Wie man sich für Flüchtlinge engagieren kann, www.proasyl.de/fileadmin/fm-dam/q_PUBLIKATIONEN/2015/Leitfaden_Willkommen_Web_END.pdf (Zugegriffen: 16. März 2016)
Reddemann, Luise (2014), Imagination als heilsame Kraft – Zur Behandlung von Traumafolgen mit ressourcenorientierten Verfahren, 18. Auflage, Stuttgart: Klett-Cotta
Reddemann, Luise/Dehner-Rau, Cornelia (2012), Trauma heilen – Ein Übungsbuch für Körper und Seele, 4. Auflage, Stuttgart: Trias
Schleiffer, Roland (2009), Der heimliche Wunsch nach Nähe – Bindungstheorie und Heimerziehung, 4. Auflage, Weinheim: Juventa
Spitzer, Manfred (2004), Gehirnforschung für lebenslanges Lernen, in: OECD (Hrsg.), Wie funktioniert das Gehirn? Auf dem Weg zu einer neuen Lernwissenschaft, Stuttgart: Schattauer
Wagner, Beatrice (2011), So wirkt Sex auf die Gesundheit, www.medical-tribune.de/home/news/artikeldetail/so-wirkt-sex-auf-die-gesundheit.html (Zugegriffen 13. März 2016)
Ware, Bronnie (2013), 5 Dinge, die Sterbende am meisten bereuen – Einsichten, die Ihr Leben verändern werden, 13. Auflage, München: Arkana
Westickenberg, Hiltrud (2013), Unterlagen im Rahmen der Weiterbildung zur christlich orientierten Traumabegleitung
Witzgall, Martin (2010), Deine Liebe, Ravensburg: Faithlift Music
Wuthe, Inge (1995), Das Märchen von der traurigen Traurigkeit, in: Körner, Heinz/Körner, Lucy (Hrsg.), Alle Farben dieser Welt – Ein Märchenbuch, Fellbach: Lucy Körner, alternativ www.inge-wuthe.de/traurigetraurigkeit.htm (Zugegriffen: 14. März 2016)

# Traumatisierte Flüchtlinge begleiten – ja oder nein?

Kapitel 8 Motivationsaspekte für die Arbeit
mit traumatisierten Flüchtlingen – 239
Anne-Kathrin Schmieg

Motivationsaspekte für die Arbeit mit traumatisierten Flüchtlingen

Anne-Kathrin Schmieg

8.1 Motivationsaspekt 1: Seien Sie mutig und fangen Sie an – 240

8.2 Motivationsaspekt 2: Wenn etwas nicht mehr heil ist, geht es nicht mehr kaputt – 241

8.3 Motivationsaspekt 3: Ohne Entwicklung geht es fast nicht – 241

8.4 Motivationsaspekt 4: Ihre Ideen sind wichtig – 242

8.5 Motivationsaspekt 5: Führen Sie Regie – 242

8.6 Motivationsaspekt 6: Nutzen Sie Ihre Fähigkeiten – 243

8.7 Motivationsaspekt 7: Es ist wie es ist – 243

8.8 Motivationsaspekt 8: Motivation ist nicht von anderen Menschen abhängig – 243

8.9 Motivationsaspekt 9: Ermöglichen Sie Zukunftsperspektiven – 245

8.10 Motivationsaspekt 10: Sie ganz persönlich sind gefragt – 245

Literatur – 246

© Springer-Verlag Berlin Heidelberg 2017
U. Imm-Bazlen, A.-K. Schmieg, *Begleitung von Flüchtlingen mit traumatischen Erfahrungen*,
DOI 10.1007/978-3-662-49561-2_8

Es gibt viele Gründe, mit etwas nicht anzufangen. So wünscht man sich als Mitarbeiter vielleicht, dass alles perfekt vorbereitet sein soll. Aber ist das nötig? Ist es manchmal nicht zielführender, gleich anzufangen und nicht auf bessere Umstände zu warten, wenn man spürt, dass man gefragt ist?

8.1 Motivationsaspekt 1: Seien Sie mutig und fangen Sie an

Anzufangen und mit etwas Neuem loszulegen, heißt, etwas zu wagen. Dazu braucht es Mut. Ebenso bedeutet es, die eigene Komfortzone zu verlassen und sich möglicherweise angreifbar zu machen, weil Neues in der Regel bedeutet, etwas auszuprobieren, etwas nicht perfekt zu beherrschen, sich ggf. Kritik auszusetzen, wenn etwas noch nicht reibungslos gelingt. Das kann zu einem Gefühl der Angst führen. Mitarbeiter in der Flüchtlingshilfe erzählen oft, dass sie sich anfangs unsicher im Umgang mit traumatisierten Flüchtlingen gefühlt haben und Angst hatten, mit deren Erlebnissen konfrontiert zu werden, ohne zu wissen, wie sie darauf reagieren sollen. Sie hatten Angst, etwas falsch zu machen. Sie standen vor der Frage, wer auf ihrem Chefsessel sitzen soll: sie selbst oder ihre Angst? Und sie haben sich entschieden, selbst Chef ihres Lebens sein zu wollen.

Und so möchten wir Sie ermutigen, die Regie in Ihrem Leben zu übernehmen, denn Sie haben beim Lesen des Buches gehört, was auch der Psychologe Wayne W. Dyer in seinen Büchern betont: „Jeder ist das Ergebnis dessen, wozu er sich in der jeweiligen Lebenslage entscheidet" (1986, S. 259). Es mag Gründe geben, nicht in der Flüchtlingshilfe mitzuarbeiten, nämlich dann, wenn Sie die Entscheidung nicht aus Ihrem wahren Selbst heraus treffen, sondern nur, um zum Beispiel Anerkennung zu bekommen, oder wenn Sie Ihre eigene Geschichte noch nicht aufgearbeitet haben und hier selbst vor einer Lernaufgabe stehen und somit für den traumatisierten Menschen kein wirkliches Gegenüber sind, weil Sie ihn gar nicht bewusst wahrnehmen oder gar containen können (▶ Abschn. 5.3.2). Es kann auch sein, dass die Mitarbeit in der Flüchtlingshilfe wirklich nicht Ihre Aufgabe ist, Ihr wahres Selbst keinen Frieden damit findet. Wenn Sie das erkennen, während Sie auf Ihrem Chefsessel sitzen, nehmen Sie sich ernst und sorgen Sie gut für sich. Sitzt aber die Angst auf dem Chefsessel, zum Beispiel zu versagen, obwohl Sie spüren, dass die Mithilfe in der Flüchtlingsarbeit für Sie dran wäre, möchten wir Sie ermutigen, die Regie in Ihrem Leben zu übernehmen und Ihren Weg zu gehen. Nur dann werden Sie ein selbstbestimmtes Leben führen und wahres Glück spüren können.

> „Man muss nur den nächsten Schritt tun.
> Mehr als den nächsten Schritt kann man überhaupt nicht tun.
>
> Wer behauptet, er wisse den übernächsten Schritt, lügt.
> So einem ist auf jeden Fall mit Vorsicht zu begegnen.
>
> Aber wer den nächsten Schritt nicht tut, obwohl er sieht, dass er ihn tun könnte, tun müsste, der ist feig.
>
> Der nächste Schritt ist nämlich immer fällig. Der nächste Schritt ist nämlich nie ein großes Problem. Man weiß ihn genau.
>
> Eine andere Sache ist, dass er gefährlich werden kann. Nicht sehr gefährlich. Aber ein bisschen gefährlich kann auch der fällige nächste Schritt werden.

Aber wenn du ihn tust, wirst du dadurch, dass du erlebst, wie du ihn dir zugetraut hast, auch Mut gewinnen.

Während du ihn tust, brichst du nicht zusammen, sondern fühlst dich gestärkt. Gerade das Erlebnis, dass du einen Schritt tust, den du dir nicht zugetraut hast, gibt dir ein Gefühl von Stärke.

Es gibt nicht nur die Gefahr, dass du zu viel riskierst, es gibt auch die Gefahr, dass du zu wenig riskierst.

Dem Gehenden schiebt sich der Weg unter die Füße."
(Martin Walser 1998)

8.2 Motivationsaspekt 2: Wenn etwas nicht mehr heil ist, geht es nicht mehr kaputt

Hamed ist elf Jahre alt und kommt als unbegleiteter minderjähriger Flüchtling in einer vorläufigen Inobhutnahmestelle in Deutschland an. Er wirkt sehr verängstigt, angespannt und eingeschüchtert. Seit Langem hat er nicht mehr richtig gegessen. Eine Mitarbeiterin bietet ihm eine Mahlzeit an. Unter argwöhnischen Blicken fängt er an zu essen, traut der Gesamtsituation aber nicht. Er steht wie „unter Strom", der Fluchtmodus ist nach wie vor eingeschaltet. Von einem anderen unbegleiteten minderjährigen Flüchtling erfährt die Mitarbeiterin, dass Hamed nicht weiß, wo seine Eltern sind und ob sie noch leben. Sie haben sich auf der Flucht verloren. Als unbegleitete Minderjährige wurden sie zudem oft beklaut, von den Schleusern geschlagen und haben viel Hunger erlitten. Es scheint der Mitarbeiterin, als wäre bei Hamed menschlich gesehen schon einiges kaputt gegangen, und sie spürt Angst. Angst, sich falsch zu verhalten, ihm nicht gerecht werden zu können. Doch die gute Nachricht: Wenn etwas kaputt ist, können Sie es nicht mehr kaputt machen. Sie können versuchen, es wieder zusammenzufügen, oder daran mitwirken, es heil werden zu lassen. Wenn es um das Thema Trauma geht, ist der Mensch nicht kaputt, das möchten wir betonen. Hier hinkt der Vergleich. Der Mensch ist aber auch nicht mehr heil, seine Seele wurde verletzt mit nachfolgenden Konsequenzen (▶ Abschn. 3.3). Er ist traumatisiert unabhängig davon, wie Sie ihm begegnen. Für sein Trauma tragen Sie nicht die Verantwortung. Und auch nicht dafür, dass es ihm besser geht. Hier hat der Flüchtling eine eigene Verantwortung. Und so können Sie sich darauf konzentrieren, ihm Gutes zu tun – zum Beispiel in Form einer verlässlichen Beziehung, eines sicheren Bindungsangebots (▶ Abschn. 3.1.2) und Sicherheit gebender Rahmenbedingungen (▶ Abschn. 7.2). Es geht darum, dem Flüchtling Halt zu geben und ihm zu ermöglichen, in einem geschützten Rahmen an seiner Resilienz (▶ Abschn. 3.1.2) zu arbeiten, um eine andere Einstellung zu dem zu bekommen, was passiert ist, und stark zu werden. Sind das nicht wunderbare Ziele und Aufgaben?

8.3 Motivationsaspekt 3: Ohne Entwicklung geht es fast nicht

Das Tolle an der Arbeit mit Menschen ist, dass es immer wieder Begegnungen, Entwicklungen und/oder Situationen gibt, mit denen man als Mitarbeiter nicht gerechnet hätte, sofern man sie zulassen und sehen möchte. Wenn Sie zum Beispiel erleben, wie der anfangs sehr ängstliche junge Flüchtling Vertrauen fasst, lebendiger wird und Sie herzlich begrüßt, wenn Sie die Einrichtung betreten. Oder wenn Sie beobachten, wie der Flüchtling stolz seine ersten deutschen Sätze spricht oder der Inhalt des in ▶ Kap. 6 erwähnten Notfallkoffers eine spürbare Hilfe für den Flüchtling darstellt. Das sind kleine, aber sehr bedeutende Entwicklungen. Manchmal sind es große Schritte, manchmal klitzekleine, die nur dann zu bemerken sind, wenn Sie bewusst darauf achten. Diese zu erkennen und dem Flüchtling zu spiegeln, macht nicht nur diesen glücklich, sondern in der Regel auch Sie als seine Bezugsperson. Zudem werden Sie bei sich selbst Entwicklungen feststellen. Das kann die zunehmende Sicherheit in der Begleitung von traumatisierten Flüchtlingen sein. Oder das bessere Spüren der eigenen Grenzen. Oder die spürbar werdende Achtsamkeit sich selbst und der Umwelt gegenüber. Das ist etwas sehr Wertvolles und Bereicherndes.

8.4 Motivationsaspekt 4: Ihre Ideen sind wichtig

Nicht immer sind Veränderungen willkommen. Dann braucht es Mut und oft auch Überzeugungsarbeit sowie Kraft, um sie umsetzen zu können. Aber: Ihre Kreativität und Ihre Ideen sind in der Flüchtlingsarbeit gefragt. Damit können Sie sich zwar angreifbar machen, doch nur so werden Sie etwas bewegen können. Und etwas bewegen zu können, macht Freude, denn Bewegung heißt zu leben. Sie werden sich spüren und einen Sinn in dem sehen, was Sie tun. Und das wirkt sich auf Ihr ganzes Leben aus.

Natürlich ist es nicht immer der bequemste Weg, Veränderungen zu forcieren. Und es bedarf oft eines ordentlichen Selbstwertgefühls, diese im Kollegenkreis anzusprechen und sich dafür einzusetzen. Doch wie vielen Flüchtlingen können Sie damit helfen, wenn ihre Traumatisierung erkannt wird, sie in ihrer Not gesehen werden und eine Begleitung erfahren, die zur inneren Heilung beiträgt? Sie können wesentlich dazu beitragen, indem Sie Ihren Kollegen von Ihrem Wissen erzählen, mit dem Ziel, traumatisierte Flüchtlinge in Zukunft im ganzen Team traumakompetent zu begleiten.

In einer Einrichtung für unbegleitete minderjährige Flüchtlinge wurde zum Beispiel eine Expertengruppe „Traumabegleitung" gebildet. Es wurde Raum geschaffen zum Austauschen, Reflektieren und Entwickeln weiterer Umsetzungsmöglichkeiten. Viele tolle Ideen kamen zum Vorschein und zur Umsetzung wie beispielsweise ein Teeritual am Abend mit einem Samowar oder der Ausbau des Sportangebots in der Einrichtung. Die Erfahrungen in der Praxis zeigen, dass viele Menschen viele wertvolle Ideen haben. Jeder sieht mit seinem eigenen Blick auf die Dinge. Daher lohnt es sich, Veränderungen anzustoßen und Kollegen zu gewinnen, sich mit Ihnen auf den Weg zu machen.

8.5 Motivationsaspekt 5: Führen Sie Regie

Immer gibt es Umstände, die einen davon abhalten können, das zu tun, was man tun möchte. Man meint, zu wenig Zeit zu haben oder dass die Rahmenbedingungen sich erst ändern müssten. Es wird tatsächlich kaum so sein, dass sich die Zeit für Gespräche mit den Flüchtlingen automatisch einstellt oder sich die Tür zu einem stillen Raum ohne Ihr Zutun auftut. Wichtig ist, was Sie möchten, wofür Sie sich entscheiden, dann werden Sie auch Wege finden – zusammen mit dem Team oder für sich.

Mitarbeiter in der Flüchtlingsarbeit erzählen immer wieder, dass es sich lohnt, ab und zu innezuhalten und sich selbst bzw. sich im Team die Zeit zu nehmen, um in Ruhe zu überlegen, welche Prioritäten man in seiner Einrichtung setzen möchte und wie der Weg dahin aussehen kann. Wenn mir Einzelgespräche wichtig sind bzw. uns im Team, können wir uns zum Beispiel fragen, ob es nicht doch möglich ist, Zeiträume im Tagesablauf für Einzelgespräche zu schaffen, oder ob wir nicht doch einen Raum für ruhige Gespräche finden können. Gibt es zum Beispiel Vereine oder Clubs, die Geldspenden sammeln können, um die Materialien für die Raumgestaltung oder den in ▶ Kap. 6 erwähnten Notfallkoffer zu finanzieren? Könnte man nicht doch eine Fortbildung für alle Mitarbeiter beantragen, damit Flüchtlinge mit traumatischen Erfahrungen adäquat begleitet werden können?

Auch wenn vieles auf den ersten Blick nicht machbar zu sein scheint, haben Sie es in der Hand, wie Sie den traumatisierten Menschen begegnen und Ihre Prioritäten (um-)setzen. Führen Sie in Ihrem Leben – beruflich wie privat – selbst Regie (▶ Abschn. 6.1.4).

8.6 Motivationsaspekt 6: Nutzen Sie Ihre Fähigkeiten

Fähigkeiten stehen für Be-Fähigung, für Vermögen und Können (vgl. Duden 2015). Ob Sie es wissen oder nicht – Sie können sehr viel (sollten Sie daran zweifeln, lesen Sie noch einmal ▶ Abschn. 6.2). Viele Dinge lernen wir Menschen nicht in der Schule, in der Ausbildung oder im Studium, sondern im Alltag. Wissenschaftler gehen davon aus, dass fast 80 Prozent außerhalb von Bildungseinrichtungen gelernt werden (vgl. Arnold 2010, S. 1). Jeder Mensch hat im Leben gelernt und kann etwas. Darauf dürfen Sie vertrauen.

Welche Ihrer Fähigkeiten möchten Sie als Erstes einbringen? Ihre Empathie? Ihre Geduld? Ihre Wertvorstellungen? Ihre Achtsamkeit? Ihre Toleranz? Ihre Zeit? Ihre (Lebens-)Erfahrung? Ihre Liebe zu Menschen? Ihr Interesse an anderen Kulturen? Jede Ihrer Fähigkeiten können Sie einbringen.

8.7 Motivationsaspekt 7: Es ist wie es ist

Es ist, wie es ist. Sie dürfen entspannt sein. Nicht alles liegt in Ihrer Verantwortung, und manchmal hilft es, die Dinge anzunehmen, wie sie sind. So kommt es auf dem Weg der Veränderung auch immer wieder zu angeblichen Rückschritten. Lassen Sie sich davon nicht entmutigen, denn ein Schritt zurück kann ein ganz wichtiger Schritt sein. Vielleicht war der letzte Schritt zu früh, zu weit, zu groß oder zu viel?

Im Leben hat alles seine Zeit, auch das Gehen. Der Flüchtling wird – ebenso wie Sie – nur das tun können, was sein Körper und seine Seele verkraften. So kann es sein, dass ein altes Symptom wieder auftritt oder eine Verhaltensweise, von der man dachte, sie überwunden zu haben. Nehmen Sie an, was ist, und suchen Sie nach dem nächsten Schritt. Vielleicht geht es noch weiter zurück, vielleicht aber auch einen großen Schritt nach vorn. Wir wissen es im Voraus nicht, weil es nicht steuerbar ist.

Es ist, wie es ist. Das heißt, zu akzeptieren und wertzuschätzen, was ist. Es heißt aber auch, aus der Vergangenheit zu lernen und das Gelernte in das Leben zu integrieren. Leben tun wir immer nur im Heute, in diesem Augenblick.

8.8 Motivationsaspekt 8: Motivation ist nicht von anderen Menschen abhängig

Menschen sind vielfältig oder, wie der Volksmund sagt, die Welt ist bunt. Das zeigt sich auch immer wieder in der Arbeit mit Menschen. Der eine mag das lieber, der andere etwas anderes. Der eine ist groß, der andere klein, der eine hat gelernt, dankbar zu sein, der andere arbeitet noch daran. Der eine ist voller Erwartungen an andere, der andere hat gelernt, dass er sich damit von anderen Menschen abhängig macht. Jeder Mensch hat Erwartungen, doch damit sie nicht zu Problemen werden, ist es wichtig, sie zu prüfen. Möchte der Mensch, an den meine Erwartungen gerichtet sind, meine Erwartungen überhaupt erfüllen, ja, kann er sie erfüllen? Dafür gilt es, mit diesem Menschen im Gespräch zu sein. Kann oder möchte er sie nicht erfüllen, bin ich nicht Opfer, sondern habe die Aufgabe zu schauen, wie mein nächster Schritt aussieht. Ist es zum Beispiel wirklich so wichtig, dass genau dieser Mensch meine Erwartungen erfüllt? Warum habe ich die Erwartungen? Sind sie überhaupt angebracht? Sind sie dem Menschen oder der Situation angemessen? Inwieweit kann ich meine Erwartungen verändern? Wir Menschen haben immer Wahlmöglichkeiten, wir müssen sie nur sehen. Und manchmal tun wir es erst, wenn uns die Tür auf dem Weg zugeschlagen wird, den wir ursprünglich gehen wollten. Nicht selten können wir im Nachhinein dann sogar Dankbarkeit dafür entwickeln, weil wir so den für uns gesünderen Weg gefunden haben (▶ Abschn. 3.1.2). Manchmal ist es aber auch so, dass Menschen von uns Hilfe erwarten. Dann ist es wichtig, sich selbst zu prüfen, ob man diese Hilfe geben möchte unabhängig davon, ob sie am Ende etwas gebracht hat oder nicht. Wenn ich merke, dass ich helfen möchte, aber nur dann, wenn der andere auch wirklich seine Versprechungen hält, kann ich meine Hilfe auch mit einer Vereinbarung kombinieren.

Dazu ein Beispiel: In einer Flüchtlingseinrichtung ist Frau K. Bezugsbetreuerin von Ali (Name geändert), einem unbegleiteten minderjährigen Flüchtling, der schon sehr gut Deutsch spricht und sich in der Vorbeschulung zur Regelschule unterfordert fühlt. Er überzeugt Frau K. davon, dass er motiviert ist und mehr lernen möchte. Nach Rücksprache im Team sucht Frau K. das Gespräch mit den Lehrern von Ali mit der Folge, dass er extra Bücher für fortgeschrittene Deutschschüler und andere Lernmittel erhält. Zudem macht sie ihm immer neue Beschäftigungsangebote. Doch was passiert? Ali nutzt die Angebote nicht, was Frau K. sehr enttäuscht. In einem Supervisionsgespräch wird darüber gesprochen und Frau K. ihr Verhalten gespiegelt, zudem werden ihr andere Verhaltensmöglichkeiten aufgezeigt. Frau K. sucht noch einmal das Gespräch mit Ali und fragt ihn, was er bräuchte, um die Beschäftigungsangebote annehmen zu können. Im Gespräch kommen sie darauf, dass Ali nicht gelernt hat, etwas alleine zu machen. Sie entwickeln die Idee, den Freund von Ali zu fragen, ob er sich vorstellen könnte, mit ihm zusammen zu lernen, was dieser mit Freude annimmt, denn er hatte sich zurückgesetzt gefühlt und sich deshalb von Ali distanziert. Anschließend trifft Frau K. eine Vereinbarung mit beiden Jungen, die sie schriftlich festhalten. Darin steht, dass die beiden Jungen die zusätzlichen Angebote annehmen und sich bei Frau K. melden, wenn sie merken, dass sie es nicht schaffen. So haben sie die Möglichkeit, gemeinsam eine Lösung zu finden. Melden sie sich nicht und verweigern die Zusatzangebote, ohne darüber zu reden, stellt Frau K. die Angebote ein.

Viele Menschen tun etwas Gutes in der Erwartung, dass sie dafür etwas zurückbekommen, sei es Wertschätzung zum Beispiel in Form von Freundlichkeit wie „Ich bin nett zu dir, dann sei du nett und anständig zu mir", sei es Bestätigung, Anerkennung und Lob oder Dankbarkeit im Sinne von „Ich habe dir geholfen, zeige mir Dankbarkeit" und vieles mehr. Aber nicht immer werden diese Erwartungen erfüllt. Jeder darf Erwartungen haben, doch ob sie erfüllt werden, liegt in der Hand des anderen. Somit machen Erwartungen, die nicht in oben genannter Weise geklärt sind, abhängig. Abhängigkeit macht jedoch keinen Menschen glücklich, da wir zur Freiheit geschaffen wurden, dazu, das Leben nach unserer Wahl zu gestalten (▶ Abschn. 3.1.2). Denken Sie daran: Umstände können wir nicht immer ändern, aber wir haben es in der Hand, wie wir mit den Umständen umgehen. Wenn wir in der Flüchtlingshilfe tätig sind, um Anerkennung zu bekommen, werden wir mit Sicherheit irgendwann enttäuscht werden. Wenn Sie sich für die Tätigkeit entscheiden, weil Sie sie tun möchten, weil ihr wahres Selbst sich dafür entschieden hat, weil Sie darin einen Sinn für sich entdecken, ist Ihre Arbeit in der Flüchtlingshilfe intrinsisch motiviert. Und dann ist der einzige Mensch, von dem Sie abhängig sind, Sie selbst. Das macht frei (▶ Abschn. 3.1.2), bedeutet jedoch auch, Verantwortung zu tragen, denn zur wahren Freiheit gehört es auch, sich seiner Verantwortung zu stellen (vgl. Dyer 1986, S. 22). Lösen Sie sich von Abhängigkeiten und leben Sie Ihre Freiheit.

8.9 Motivationsaspekt 9: Ermöglichen Sie Zukunftsperspektiven

Für traumatisierte Flüchtlinge sind eine sichere Bindung und Sicherheit wichtig, um Heilung zu erfahren und Resilienz zu entwickeln (▶ Kap. 5, ▶ Kap. 6 und ▶ Kap. 7). Wenn Sie daran mitwirken, dass der Flüchtling ein Umfeld hat, das bindungs- und vertrauensfördernd ist, gestalten Sie seine Zukunft mit.

Mokhatar (Name geändert) ist ein Flüchtling, der sich von allen Menschen seiner Umgebung zurückzieht. Wer den Versuch unternimmt, sich ihm zu nähern, wird mit Schlägen und Tritten konfrontiert. Im Laufe der Begleitung durch eine feste Bezugsperson zeigt Mokhatar zunehmend Teilnahme am Leben. Immer öfter lächelt er, zeigt Interesse für Musik und lernt fleißig die deutsche Sprache, auch wenn er weiterhin sehr introvertiert ist und die Kontaktaufnahme sich mit ihm weiterhin schwierig gestaltet. Die Begleitung von Menschen mit traumatischen Erfahrungen ist ergebnisoffen. Aber sie kann Möglichkeiten eröffnen, dass die Zukunft für den Betroffenen besser wird. Ob der Flüchtling die Möglichkeiten nutzt und annimmt, ist seine eigene Entscheidung. Die Begleitung ist ein wertvolles und förderliches Angebot für die Zukunftsgestaltung der Flüchtlinge.

8.10 Motivationsaspekt 10: Sie ganz persönlich sind gefragt

Wenn Sie sich von dem Buch angesprochen fühlen und sich fragen, ob Sie in der Flüchtlingshilfe mitarbeiten möchten, sind Sie gefragt. Gern verweisen wir Menschen dann jedoch auf andere, die das viel besser können als wir, wir sind doch nicht so wichtig. Kennen Sie dieses Denken? Deshalb möchten wir Ihnen zurufen: Wenn Sie sich angesprochen fühlen, dann sind Sie gefragt. Das bedeutet nicht, dass Sie alles umsetzen müssen, was in diesem Buch steht. Vielleicht ist nur ein ganz kleiner Teil davon für Sie dran. Prüfen Sie sich. Wo bekommen Sie leuchtende Augen? Dann machen Sie sich auf den Weg. Dabei geht es nicht um Perfektion, sondern darum, das neu erworbene Traumawissen in kleinen Schritten umzusetzen, auszuprobieren und sich im Tun zu entwickeln.

In ▶ Abschn. 7.1.3 haben Sie gelesen, dass unser Gehirn lernen möchte. Es ist zum Lernen geschaffen, und zwar lebenslänglich. Vielleicht ist die Arbeit mit traumatisierten Flüchtlingen das, was Sie anspricht, wo Sie sich einbringen möchten, wo Sie spüren, dass das Lernen neben aller Anstrengung auch Freude bereitet. Bringen Sie sich ein. Kein Mensch hat dieselben Fähigkeiten wie Sie. Kein Mensch fühlt wie Sie, weshalb auch kein anderer Mensch genauso auf die traumatisierten Flüchtlinge zugeht wie Sie. Sie tun das auf eine einzigartige Weise. Sie sind ein Individuum, einmalig, und Sie sind wertvoll. Wenn Sie sich angesprochen fühlen, geben Sie den Flüchtlingen etwas von Ihnen als Geschenk.

Literatur

Arnold, Rolf (2010), Selbstlernen will gelernt sein – fünf Thesen, in: Schulleitung heute, http://www.sowi.uni-kl.de/fileadmin/paed/veroeff/Arnold/Selbstlernen_will_gelernt_sein-fuenf_Thesen.pdf (Zugegriffen: 16. März 2016)

Duden (2015), Fähigkeit, http://www.duden.de/rechtschreibung/Faehigkeit (Zugegriffen: 16. März 2016)

Dyer, Wayne W. (1986), Führen Sie in Ihrem Leben selbst Regie – Manipulationsversuche erkennen und sofort kontern, 4. Auflage, Landsberg am Lech: mvg

Walser, Martin (1998), Wer kennt sich schon – Lektüre zwischen den Jahren, Berlin: Suhrkamp

Serviceteil

Stichwortverzeichnis – 248

Stichwortverzeichnis

A

Achtsamkeit(s) 127–128
- spaziergang 130
Adrenalin 53, 69
Affektregulation Siehe Emotionsregulation
Affektregulation zu zweit 100
Afghanistan 12
Afrika 18
Aggressionen 98–99, 165, 207–208
Aggressionsverschiebung 208
Allparteilichkeit 68
Ambivalenz 41–42, 61
Amnesie 63
Amygdala 55, 57, 61, 145
Angst 155, 240
Anhörung 29
Ankunftszentren 9
Annahme, bedingungslose 88
ANP Siehe Persönlichkeitsanteile, anscheinend normale
Anschlussunterbringung 6, 215
Asyl 26
- antrag 28–29
- berechtigung 31
- bescheid, Einspruch 32
- bewerber 6
- gesetz 26
- recht 26
- verfahren 28
- verfahrensbeschleunigungsgesetz 27
Aufenthaltsgestattung 29
Aufspaltung Siehe Dissoziation
Authentizität 42
Autonomie 113

B

Bedürfnisse(n) 174, 178
- Hierarchie von 184
- nach Bindung und Zugehörigkeit 175, 187
- nach Exploration und Selbstwirksamkeit 175, 193
- nach sensorisch-sexueller Stimulation 176, 204
- nach Sinn 176, 208
- nach Vermeidung von negativen Stimuli 176, 207
- physiologische 174, 184
- Umgang mit 174
Belastungsreaktion, posttraumatische 70
Belohnung(s) 145, 147
- system 66, 147
Berührung 176
Bezugsbetreuersystem 97, 211
- in Einrichtungen für Erwachsene und Familien 214
- in Einrichtungen für Kinder und Jugendliche 213
- Voraussetzungen 212
Bindung(s) 45
- Bedeutung 41, 45–46, 51, 57, 114
- entwicklung 46
- erfahrungen, sichere 85
- muster 50, 69
- phasen 46
- repräsentationen 50
- schrei 67
- theorie 46
- und Gehirnentwicklung 51
- verhalten 46, 67
Blickkontakt 91
Borderline-Störung 165

C

Clearing 8–9
- stelle der Polizei 9
- stelle im Auftrag des Jugendamtes 8
Containing 99–101
Co-Regulation 102
Cortisol 53, 59, 176

D

Dankbarkeit 43
Debriefing 74
Depersonalisation 63
Deprivation 204
Derealisation 63
Dissoziation 61–63, 128
- Entstehung 64
- Hauptsymptome 62
- körperbezogene 63, 72
- körperliche Symptome 69
- primäre strukturelle 68, 71
- sekundäre strukturelle 69, 71
- tertiäre strukturelle 69, 74
dissoziierte Anteile Siehe Persönlichkeitsanteile, dissoziierte
dissoziierte Persönlichkeitsanteile Siehe Persönlichkeitsanteile, dissoziierte
Distanzierungstechniken 198
Dolmetscher 233
Dopamin 139, 146, 178, 204
Drittstaaten, sichere 6
Dublin-Verfahren 29
Duldung 31

E

Egoismus 178
einfache posttraumatische Belastungsstörung 70
Einreise 7
- erlaubte 7
- unerlaubte 7
emotionales Netz
- primäres 162
- sekundäres 162
Emotion(s) 161
- Intensität 162
- modell 161, 163
- regulation 47, 51, 167, 198
- Sinn der 165
Entscheidungsfreiheit 39, 64–65, 122, 187, 189–190, 196
Epigenetik 44
EP Siehe Persönlichkeitsanteile, emotionale
Erschöpfung 163, 172
Erstaufnahmestellen 214
Erstunterkünfte 214
Erwartungen, Umgang mit 244
Erziehungsaufgaben 66

F

Feinfühligkeit 47, 97, 99–100, 102
Flashbacks 69–70
Flucht
- erlebnisse 11
- gründe 10
- wege 10
Flüchtlinge
- Anzahl 4
- begleitete minderjährige 21
- Definition 6

Stichwortverzeichnis

- erwachsene 6
- unbegleitete minderjährige 5
freier Wille 42, 64
Freiheit 42, 65, 106, 122–123, 134, 171, 189, 191
Früherkennung, gesundheitliche 231

G

Gedanken, Umgang mit 171, 174
Gefühlen, Umgang mit 161, 164
Gefühl(s) 161–162, 197
- protokoll 169
- regulation 169
Gegenübertragung 216
Gehirn 193
- entwicklung 51
- integrative Kapazität 53
Genfer Flüchtlingskonvention 27
Genusstraining
- im Alltag 132
- in der Gruppe 131
Gesundheitliche Früherkennung 231
Gesundheitsförderung 227
Ghettoisierung 152
Gier 185, 195
Glück 139, 191
Grenzen setzen 106, 191, 195
Grundgesetz der Bundesrepublik Deutschland 26
Gruppe(n) 153
- als Ressource 151
- angebote 153
- projekte 221
- Psychoedukations 160
- Reflexions 153

H

Harmonie 178
häusliche Pflichten 220
Hippocampus 55, 61
Homöostase 68
Hospitation 222
Hygieneanforderungen in Flüchtlingseinrichtungen 229
Hyperarousal 70
Hypersensibilität 57
Hyperventilation 203
Hypervigilanz 67

I

Identität(s) 64, 189–191
- störung, dissoziative 73

- unsicherheit 63
- wechsel 63
Immunsystem
- Schwächung 53
Informationsmanagement 232
innere Helfer 148
inneres Durcheinander 62, 64, 164
Inobhutnahme 8
Interaktionsstil
- responsiver 99
- sensitiver 99
interkulturelle Kompetenz 12
Intrusionen 69
Irak 17
islamisches Opferfest 15

J

Jugendamt
- Aufgaben 8
- Auftrag 8

K

Klarheit 104
Kommunikation, dialogische 99
- Kennzeichen 99
komplexe posttraumatische Belastungsstörung 71
Konflikt
- management 216
- schlichter 218
Königsteiner Schlüssel 5
Konstriktion 69
Kontinuität 85
- bei den Bindungspersonen 85
- im Verhalten der Mitarbeiter 86
Kraftlosigkeit 41, 163, 172
Krisensituation 100
Kultur
- afghanische 12
- afrikanische 18
- Definition 11
- irakische 17
- syrische 14

L

Leben(s)
- sinn Siehe Sinn
- ziele 122
Lernen 193
Lernfenster 58

M

Mahlzeiten 219
Meditation 129
Mentee 217
Mentor 217
Mentorensystem 216
- in Einrichtungen für Erwachsene und Familien 218
- in Einrichtungen für Kinder und Jugendliche 217
Morphium, körpereigenes 61, 139, 178
motivationale Systeme 174
- Dynamik 184
Multitasking 127
Muslime, Pflichten 12

N

Nachsorgeeinrichtungen 8
Nähe 93
Noradrenalin 53, 59, 69
Notfall
- koffer 150–151
- liste 149
Notunterkünfte 214

O

Opfer 171, 189, 195, 198, 244
- fest, islamisches 15
- haltung 41
- rolle 41, 189, 195
- status 123

P

Patenschaft 215
Persönlichkeitsanteile 63
- anscheinend normale 64, 66
- dissoziierte 63, 66
- emotionale 64, 67, 98
- Opfer 67
- Täter 67
posttraumatische Belastungsreaktion 70
posttraumatische Belastungsstörung 70
- einfache 70
- komplexe 71
- Symptome bei Kindern und Jugendlichen 72
präfrontaler Cortex 39, 51, 64, 102, 198

Praktika zur Berufsfindung 221
Priming 49, 88
Psychoedukation 160
Psychologie und Psychiatrie des Konzentrationslagers 122
PTBS Siehe posttraumatische Belastungsstörung

R

Ramadan 15
Reflexionsrunde 153
Regelnund ihre Bedeutung 196
Regelverstoß 65, 166
Registrierzentren 9
Reinszenierung 101
– Täter-Opfer 101
Reorientierungstechniken 201
Resilienz 37
– Bedeutung, Auswirkungen 42
– faktoren 40
– von kleinen Kindern 45
Respektlosigkeit 104
Ressourcen
– Bedeutung 136
– bilderbuch 144
– bilderwand 144
– biologische 136
– diagramm 142–143
– entdecken 137
– finanzielle 136
– Gruppe 151
– gymnastik 144
– im Alltag 136
– Individual 136
– liste 145, 147
– orientierung 135, 137
– poesiealbum 144
– post 144
– sprituelle 136
– System. 136
– tanz 144
– trance 137–139
Ressourcenschatzkiste 143
Ritzen 65, 73, 170

S

Schengener Abkommen 7
Schlaf 186
Schlaf-Wach-Rhythmus 223
Schleusung 7
Schmerz 59, 99, 170, 207
– grenze, neurobiologische 99, 207
– sozialer 207
Schreckhaftigkeit 57

Schulbesuchverweigerung 65
Schule 219
Selbst 41
– akzeptanz 161
– annahme 120
– befriedigung, sexuelle 73
– bestimmung 113
– bewusstsein 116, 155
– entwicklung, gesunde 105
– erkennung 127
– fürsorge 161, 198
– kontrolle 41, 51, 198
– steuerung 185, 198
– verantwortung 41, 65, 106, 121, 123, 166–167, 195
– vertrauen 114
– wahres Siehe wahres Selbst
– wert 65, 117, 190
– wert stärken 116
– wertentwicklung 117
– wirksamkeit 65, 104, 106, 167, 175, 194, 197
Serotonin 139, 178
sicherer Ort 200
Sicherheit 184
Sinn 122, 135, 174, 176, 194, 207–210
– entdecken 179
– ermittlung von Emotionen 165
– frage 176
– geber 179
– suche 123, 195
– von Emotionen 165
Soforthilfe bei einem Traumaereignis 74
Spannungsskala Siehe Notfallliste
Spiegelneurone 68, 139
Stabilisieren 112
Stille 133, 135
Stress 53
– bei (ungeborenen) Kindern 54
– reaktionen 53
– toleranzfenster 58
– verarbeitungssystem 55
Subsidiärer Schutz 31
Sucht 51, 73, 147, 195
– verhalten, konditioniertes 86
Syrien 14

T

Tagesstruktur 219–220, 222
– in Einrichtungen für Erwachsene und Familien 222
– in Einrichtungen für Kinder und Jugendliche 219

Taschentherapeut 149
Täter-Opfer-Reinszenierung 101
Teamentwicklung 212
Trance 137
– Ressourcen 138–139
Trauern 123, 192
Trauma
– begleitung 81
– entstehung 52
– Definition 36
– folgestörungen, Hauptsymptome 69
– klassifikationen 36
– konfrontation 80
– pädagogik 81
– reaktion 59
– reaktionen 54
– therapie 80
– zange 58–59
Traumabegleitung 81
– Ambivalenz 61
– Fundament 45
– Ziel 41, 68
Tresorübung 200

U

Übertragung 216
UN-Kinderrechtskonvention 27

V

Vergeben 43, 124
Vertrauen(s) 113
– grundlagen 114
Verweigerung Schulbesuch 65
Vormund 8

W

Wahres Selbst 133
wahres Selbst 41, 64, 187
Wahrheit 114
Werkzeuge für die nonverbale Vermittlung von Annahme 89
– angemessenes Tempo 96
– Geduld 96
– Gestik 91
– Nähe 93
– Ruhe 96
– strukturelle Voraussetzungen 97
– Zeit 96
Werkzeuge für die non-verbale Vermittlung von Annahme

- Blickkontakt 91
- Mimik 89
- Stimme 89
- Zuwendung 95

Wille, freier 42
Willkommenskultur 112
Wochenplan
- für das Team 222
- für die Kinder und Jugendlichen 222
- in Einrichtungen oder Gruppen 219–220

Würde 189

Z

Zeit der Stille 133
Zeitverluste 74
Zukunftslosigkeit 122
Zuwendung 95

 springer.com

Willkommen zu den Springer Alerts

Jetzt anmelden!

- Unser Neuerscheinungs-Service für Sie:
  aktuell *** kostenlos *** passgenau *** flexibel

Springer veröffentlicht mehr als 5.500 wissenschaftliche Bücher jährlich in gedruckter Form. Mehr als 2.200 englischsprachige Zeitschriften und mehr als 120.000 eBooks und Referenzwerke sind auf unserer Online Plattform SpringerLink verfügbar. Seit seiner Gründung 1842 arbeitet Springer weltweit mit den hervorragendsten und anerkanntesten Wissenschaftlern zusammen, eine Partnerschaft, die auf Offenheit und gegenseitigem Vertrauen beruht.

Die SpringerAlerts sind der beste Weg, um über Neuentwicklungen im eigenen Fachgebiet auf dem Laufenden zu sein. Sie sind der/die Erste, der/die über neu erschienene Bücher informiert ist oder das Inhaltsverzeichnis des neuesten Zeitschriftenheftes erhält. Unser Service ist kostenlos, schnell und vor allem flexibel. Passen Sie die SpringerAlerts genau an Ihre Interessen und Ihren Bedarf an, um nur diejenigen Information zu erhalten, die Sie wirklich benötigen.

Mehr Infos unter: springer.com/alert

GPSR Compliance

The European Union's (EU) General Product Safety Regulation (GPSR) is a set of rules that requires consumer products to be safe and our obligations to ensure this.

If you have any concerns about our products, you can contact us on

ProductSafety@springernature.com

In case Publisher is established outside the EU, the EU authorized representative is:

Springer Nature Customer Service Center GmbH
Europaplatz 3
69115 Heidelberg, Germany